Der Anspruch auf den gesetzlichen Mindestlohn

Europäische Hochschulschriften Recht

European University Studies in Law

Publications Universitaires Européennes de Droit

Band/ Volume **6075**

Katja Grühn

Der Anspruch auf den gesetzlichen Mindestlohn

Untersuchung des Anwendungsbereichs des Mindestlohngesetzes und der Haftung gemäß § 13 MiLoG mit Blick auf die Reaktionsmöglichkeiten für den Arbeitgeber

PETER LANG

Bibliografische Information der Deutschen Nationalbibliothek
Die Deutsche Nationalbibliothek verzeichnet diese Publikation in der Deutschen Nationalbibliografie; detaillierte bibliografische Daten sind im Internet über http://dnb.d-nb.de abrufbar.

Zugl.: Mannheim, Univ., Diss., 2018

D 180
ISSN 0531-7312
ISBN 978-3-631-78198-2 (Print)
E-ISBN 978-3-631-78654-3 (E-PDF)
E-ISBN 978-3-631-78655-0 (EPUB)
E-ISBN 978-3-631-78656-7 (MOBI)
DOI 10.3726/15477

Peter Lang – Berlin · Bern · Bruxelles · New York · Oxford · Warszawa · Wien

Diese Publikation wurde begutachtet.

www.peterlang.com

Danksagung

Mein Dank gilt zunächst Herrn Prof. Fischinger für die Betreuung der Dissertation und die zügige Erstellung des Gutachtens. Der konstruktive Austausch und die zahlreichen Ideen haben mich während der gesamten Promotionszeit immer wieder auf neue Gedankengänge geführt und motiviert. Daneben möchte ich mich auch bei Herrn Prof. Kainer bedanken, der die Dissertation als Zweitgutachter betreut hat. Außerdem bedanke ich mich bei meinen Mitstudentinnen, die mich auf dem Weg durch die Studienzeit begleitet haben.

Ein besonderer Dank gilt meiner Familie, die mich während meines Studiums und der Promotionszeit unterstützt hat, insbesondere meinen Eltern und meinen Schwestern

Ich möchte mich vor allem bei meinem Mann Florian und meinen Töchtern Rosa-Marie und Klara bedanken, die mir die Zeit und Kraft gegeben haben, die Arbeit fertig zu stellen. Ohne ihre unglaublich hilfreiche Unterstützung hätte ich meine Promotion nicht vollenden können.

Inhaltsverzeichnis

Abkürzungsverzeichnis

a. A.	andere Ansicht
a. a. O.	am angegebenen Ort
Abs.	Absatz
AEntG	Arbeitnehmer-Entsendegesetz
AEUV	Vertrag über die Arbeitsweise der Europäischen Union
a. F.	alte Fassung
AGB	Allgemeine Geschäftsbedingungen
AiB	Arbeitsrecht im Betrieb (Zeitschrift)
Alt.	Alternative
Anm.	Anmerkung
AP	Arbeitsrechtliche Praxis (Entscheidungssammlung)
ArbG	Arbeitsgericht
ArbRAktuell	Arbeitsrecht Aktuell (Zeitschrift)
Art.	Artikel
AuA	Arbeit und Arbeitsrecht (Zeitschrift)
AuR	Arbeit und Recht (Zeitschrift)
Ausschuss Drs.	Ausschussdrucksache
AÜG	Arbeitnehmerüberlassungsgesetz
BAG	Bundesarbeitsgericht
BauR	Baurecht (Zeitschrift)
BB	Betriebs-Berater (Zeitschrift)
BBiG	Berufsbildungsgesetz
BDA	Bundesvereinigung der Deutschen Arbeitgeberverbände
BDSG	Bundesdatenschutzgesetz
BeckOK	Beck'scher Onlinekommentar
BeckRS	Beck-Rechtsprechung
BetrVG	Betriebsverfassungsgesetz
BGB	Bürgerliches Gesetzbuch
BGBl.	Bundesgesetzblatt
BGH	Bundesgerichtshof
BGHST	Entscheidungen des Bundesgerichtshofs in Strafsachen
BMAS	Bundesministerium für Arbeit und Soziales
BR-Drs.	Bundesratsdrucksachen
BSG	Bundessozialgericht
BT-Drs.	Bundestagsdrucksachen
BVerfG	Bundesverfassungsgericht
BVerfGE	Entscheidungen des Bundesverfassungsgerichts

BVerfGG	Bundesverfassungsgerichtsgesetz
bzw.	beziehungsweise
DB	Der Betrieb (Zeitschrift)
DFB	Deutscher Fußball-Bund
DGB	Deutscher Gewerkschaftsbund
DIW	Deutsches Institut für Wirtschaftsforschung
DJT	Deutscher Juristentag
DJZ	Deutsche Juristen-Zeitung (Zeitschrift)
DStR-Beih.	Deutsches Steuerrecht Beiheft (Zeitschrift)
Einf.	Einführung
Einl.	Einleitung
ESC	Europäische Sozialcharta
EStG	Einkommensteuergesetz
EuGH	Europäischer Gerichtshof
EuZA	Europäische Zeitschrift für Arbeitsrecht
EuZW	Europäische Zeitschrift für Wirtschaftsrecht
f.	folgend(-e, er)
ff.	fortfolgend(-e)
Fn.	Fußnote
FS	Festschrift
GewO	Gewerbeordnung
GG	Grundgesetz
GRC	Charta der Grundrechte der Europäischen Union
GWB	Gesetz gegen Wettbewerbsbeschränkungen
GWR	Gesellschafts- und Wirtschaftsrecht (Zeitschrift)
ggf.	Gegebenenfalls
HGB	Handelsgesetzbuch
HK	Handkommentar
h. M.	herrschende Meinung
Hrsg.	Herausgeber
i. S. d.	im Sinne des
i. S. v.	im Sinne von
i. V. m.	in Verbindung mit
JA	Juristische Arbeitsblätter (Zeitschrift)
JArbSchG	Jugendarbeitsschutzgesetz
jM	juris Monatszeitschrift
jurisPR-TranspR	juris PraxisReport Transportrecht
JZ	Juristen-Zeitung (Zeitschrift)
KG	Kammergericht
KSchG	Kündigungsschutzgesetz

LAG	Landesarbeitsgericht
LTO	Legal Tribune Online (Rechtsmagazin)
MiArbG	Mindestarbeitsbedingungengesetz
MiLoG	Mindestlohngesetz
MiLoDokV	Mindestlohndokumentationspflichtenverordnung
MiLoMeldV	Mindestlohnmeldeverordnung
MüKo	Münchener Kommentar
m. w. N.	mit weiteren Nachweisen
NachwG	Nachweisgesetz
n. F.	neue Fassung
NJW	Neue Juristische Wochenschrift (Zeitschrift)
NJW-RR	Neue Juristische Wochenschrift Rechtsprechungs-Report (Zeitschrift)
Nr.	Nummer
NZA	Neue Zeitschrift für Arbeitsrecht
NZA-RR	Neue Zeitschrift für Arbeitsrecht Rechtsprechungs-Report (Zeitschrift)
NZBau	Neue Zeitschrift für Baurecht und Vergaberecht
OGH	Oberster Gerichtshof (in Österreich)
OLG	Oberlandesgericht
RdA	Recht der Arbeit (Zeitschrift)
RL	Richtlinie
Rn.	Randnummer
Rspr.	Rechtsprechung
S.	Seite
SchwbG	Schwerbehindertengesetz
SGB	Sozialgesetzbuch
sog.	sogenannte(-r,-s)
st. Rspr.	ständige Rechtsprechung
SZ	Süddeutsche Zeitung
TVG	Tarifvertragsgesetz
TzBfG	Teilzeit- und Befristungsgesetz
u. a.	unter anderem
VerfGH	Verfassungsgerichtshof
VGH	Verwaltungsgerichtshof
vgl.	vergleiche
VO	Verordnung
z. B.	zum Beispiel
ZESAR	Zeitschrift für europäisches Sozial- und Arbeitsrecht
ZfA	Zeitschrift für Arbeitsrecht

Ziff.	Ziffer
ZIP	Zeitschrift für Wirtschaftsrecht
ZPO	Zivilprozessordnung
ZRP	Zeitschrift für Rechtspolitik

Kapitel 1: Einleitung

I. Darstellung der Problematik

In den letzten 20 Jahren ist die Niedriglohnbeschäftigung in Deutschland stetig gestiegen.[1] Während schon zahlreiche EU-Nachbarländer dem Niedriglohnanstieg mit einer allgemeinen gesetzlichen Lohnuntergrenze entgegenwirkten[2], wurde in Deutschland auf andere Instrumente gesetzt. Die Lohnuntergrenze sollte jahrelang durch tarifvertragliche Mindestlöhne gesichert werden.[3] Durch die sinkende Tarifbindung in Deutschland erhitzte sich die Debatte um einen gesetzlichen Mindestlohn immer mehr und die Forderung nach einem gesetzlichen Mindestlohn wurde schließlich Thema im Wahlkampf zur Bundestagswahl 2013.[4] Nachdem der Mindestlohn im Koalitionsvertrag verankert wurde, stellte sich nicht mehr die Frage des „ob", sondern des „wie", d. h. der Ausgestaltung des Gesetzes.[5] Das Mindestlohngesetz trat letztendlich am 16.08.2014 im Rahmen des Tarifautonomiestärkungsgesetzes in Kraft.[6] Die Höhe des Mindestlohns wurde zunächst auf 8,50 € brutto festgelegt. Anfang 2017 stieg der Mindestlohn bereits auf 8,84 € brutto. Eine weitere Erhöhung für 2019 (9,19 €) und 2020 (9,35 €) wurde im Sommer 2018 beschlossen.[7] Das Mindestlohngesetz wurde schon während des Gesetzgebungsverfahrens stark kritisiert. Gerade auf Arbeitgeberseite löste es erhebliche wirtschaftliche Bedenken aus.[8] Durch die Einführung des Mindestlohngesetzes mit seinen Verordnungen haben sich weitreichende praktische Konsequenzen ergeben. Interessant ist deshalb auch

---

1 Ausführlich mit genauen Zahlen vgl. *Haberzettl*, S. 25 ff.

2 Neben Frankreich, Belgien, Niederlande und zahlreichen weiteren EU-Ländern ist in Deutschland als 22. Mitglied ein gesetzlicher Mindestlohn eingeführt worden; eine Übersicht hierzu bei NK-GA/*Forst*, Einleitung MiLoG Rn. 25.

3 *Haberzettl*, S. 45.

4 *Hilgenstock*, Mindestlohngesetz, Rn. 1.

5 *Lakies*, AuR 2013, 69, 72.

6 BGBl. Nr. 39/2014, S. 1348 ff.

7 Beschluss der Mindestlohnkommission nach § 9 MiLoG vom 26.06.2018 unter: https://www.mindestlohn-kommission.de/DE/Bericht/pdf/Beschluss2018.pdf?__blob=publicationFile&v=11 (abgerufen am 11.10.2018); bestätigt durch Beschluss des Bundeskabinetts vom 31.10.2018, vgl. Pressemitteilung vom 31.10.2018 unter: https://www.bundesregierung.de/breg-de/aktuelles/mindestlohn-steigt-1138404 (abgerufen am 05.11.2018).

8 *Hilgenstock*, Mindestlohngesetz, Rn. 4.

die Frage, wie Arbeitgeber auf das Gesetz reagieren können.[9] Für Arbeitgeber bedeutet das Gesetz zum einen die Erhöhung der Personalkosten und zum anderen die Schaffung neuer Bürokratievorgaben. Da der Mindestlohn bereits ab dem 01.01.2015 zu zahlen war, musste die Umsetzung der Regelungen zeitnah erfolgen. Bei Gesetzesverstößen drohen den Arbeitgebern nämlich neben Zahlungsklagen der Arbeitnehmer[10] Bußgelder, der Ausschluss von öffentlichen Vergabeverfahren bis hin zu Strafverfahren.[11] Die rechtskonforme Umsetzung des Gesetzes ist hierbei nicht unproblematisch. Das Mindestlohngesetz hat zahlreiche Rechtsunsicherheiten geschaffen. Rechtsdogmatisch stellt sich zudem die Frage, ob einzelne Vorschriften des Mindestlohngesetzes gegen höherrangiges Recht verstoßen. Die Auslegung des Gesetzes ist somit wesentlicher Teil dieser Arbeit.

Das Gesetz wirft zahlreiche Einzelfragen auf, die im Rahmen dieser Arbeit nicht alle untersucht werden können, da dies den Umfang der Arbeit sprengen würde. Nicht eingegangen wird u. a. auf die Frage der Verfassungsmäßigkeit eines gesetzlichen Mindestlohns an sich, die Frage der Anspruchshöhe, insbesondere die Frage der Anrechenbarkeit von Zulagen bzw. Zuschlägen im Einzelnen und Rechtsfolgefragen bei Unterschreitung des Mindestlohns. Die vorliegende Arbeit befasst sich mit ausgewählten Einzelproblemen des Gesetzes, ohne dabei den Blick auf die Ziele des Gesetzgebers zu verlieren. Ziel der Arbeit ist zu klären, wer Anspruch auf den gesetzlichen Mindestlohn hat und wer für diesen Anspruch einstehen muss. Durch den erheblichen Eingriff in die Vertragsfreiheit[12] stellt sich zudem die Frage, wie Arbeitgeber auf das Gesetz reagieren können.

II. Gang der Untersuchung

Zunächst wird die Entwicklung des Mindestlohngesetzes erörtert. Neben der Darstellung der verschiedenen Ziele des Gesetzes werden im Rahmen der Schilderung des Gesetzgebungsverfahrens die Streitpunkte des Gesetzes aufgezeigt. Das dritte Kapitel beschäftigt sich entsprechend des Anspruchs auf den gesetzlichen Mindestlohn mit der Frage, wann der persönliche und örtliche

---

9 Vgl. Kapitel 5 der Arbeit.

10 Es sind stets Personen männlichen und weiblichen Geschlechts gemeint; aus Gründen der besseren Lesbarkeit wird im Folgenden die männliche Form verwendet.

11 *Schubert/Jerchel/Düwell*, Das neue Mindestlohngesetz, Rn. 294.

12 Zum Eingriff eines gesetzlichen Mindestlohns in die Arbeitsvertragsfreiheit vgl. etwa *Sittard*, NZA 2010, 1160, 1161; *Bayreuther*, NJW 2007, 2022, 2024.

Anwendungsbereich des Gesetzes eröffnet ist. Zunächst werden die einzelnen Ausnahmetatbestände untersucht, wobei auch ein Blick auf die Vereinbarkeit mit höherrangigem Recht geworfen wird. Anschließend wird der örtliche Anwendungsbereich dargelegt und die Frage nach der Vereinbarkeit mit Unionsrecht problematisiert. Schwerpunktmäßig wird danach die Haftung des Auftraggebers gemäß § 13 MiLoG untersucht. Neben der ausführlichen Prüfung der Übertragbarkeit der Rechtslage zum Arbeitnehmer-Entsendegesetz auf das Mindestlohngesetz werden Möglichkeiten der Haftungsbegrenzung analysiert. Interessant ist letztendlich, wie Arbeitgeber auf den gesetzlichen Mindestlohn reagieren können, weshalb verschiedene Reaktionsmöglichkeiten für Arbeitgeber dargestellt werden. Hierbei werden insbesondere die Rechte des Betriebsrats untersucht. Im sechsten Kapitel werden schließlich alle wichtigen Ergebnisse und Thesen zusammengefasst.

Kapitel 2: Entwicklung des Gesetzes und Regelungszwecke

I. Hintergrund für die Einführung des Mindestlohngesetzes

Im Rahmen des Gesetzes zur Stärkung der Tarifautonomie wurde zum 01.01.2015 ein flächendeckender Mindestlohn eingeführt. Neben Frankreich, Belgien, Niederlande und zahlreichen weiteren EU-Ländern ist in Deutschland als 22. Mitglied ein gesetzlicher Mindestlohn eingeführt worden. Mit 8,50 € brutto lag Deutschland bei Einführung des Mindestlohns im Vergleich zu den europäischen Nachbarn im Mittelfeld.[13] Der gesetzliche Mindestlohn durchdringt dabei erhebliche Teile des deutschen Arbeitsrechts. Neben Entgeltfragen sind durch das Mindestlohngesetz auch Vorgaben zur Arbeitszeitaufzeichnung konkretisiert und Rechtsfragen zum Thema Fälligkeit berührt.[14] Im Zuge der Umsetzung des Gesetzes zur Stärkung der Tarifautonomie wurden neben dem Mindestlohngesetz als zentraler Bestandteil zahlreiche weitere Gesetzesänderungen durchgeführt und das Mindestarbeitsbedingungsgesetz aufgehoben.

Hintergrund des gesetzlichen Mindestlohns ist das Grundrecht auf Gewährung eines menschenwürdigen Existenzminimums aus Art. 1 GG in Verbindung mit dem Sozialstaatsprinzip aus Art. 20 I GG.[15] Einige leiten aus den Schutzpflichten der Grundrechte sogar eine Pflicht des Gesetzgebers her, einen gesetzlichen Mindestlohn einzuführen.[16] Jedenfalls wird der Mindestlohn überwiegend als legitimer Zweck für den Eingriff in die Koalitions-, Berufs- und Vertragsfreiheit anerkannt, der grundsätzlich eine Rechtfertigung darstellen kann.[17] Als Grund für die Notwendigkeit des gesetzlichen Mindestlohns wird auch die sinkende Tarifbindung angeführt. Der Staat übernehme deshalb eine Aufgabe, für die bisher in Deutschland die Tarifautonomie zuständig war.[18] Grundsätzlich

---

13 *Schulten, Thorsten*, Böckler Impuls Ausgabe 18/2013, unter: https://www.boeckler.de/44681_44700.htm (abgerufen am 13.05.2017); zur jüngsten Entwicklung der Mindestlöhne vgl. *Lübker/Schulten*, WSI Report Nr. 39 vom Februar 2018 unter: https://www.boekler.de/wsi-tarifarchiv_7052.htm (abgerufen am 13.05.2018).

14 *Schubert/Jerchel/Düwell*, Das neue Mindestlohngesetz, Rn. 11.

15 BVerfG, Urteil vom 09.02.2010, 1 BvL 1,3,4/09, NJW 2010, 505 ff.

16 *Bieback*, RdA 2000, 207, 209; *Kocher*, NZA 2007, 600, 601.

17 U. a. *Willemsen/Sagan*, NZA 2008, 1216, 1220; *Sodan/Zimmermann*, NJW 2001, 2003; zur Rechtfertigung aufgrund des Sozialstaatsprinzips siehe *Preis/Ulber*, Gutachten 2014, S. 71; *Lakies*, AuR 2013, 69, 71 f.

18 *Waltermann*, NJW 2010, 801.

handeln die Tarifvertragsparteien Entgeltfragen aus. Dies soll auch weiterhin so bleiben, sogar durch die Ausweitung von allgemeinverbindlich erklärten Tarifverträgen gefördert werden. Nur in Bereichen, in denen keine tariflichen Regelungen getroffen werden, greift der Schutz des Mindestlohngesetzes.

Bei den Regelungszwecken des gesetzlichen Mindestlohns herrscht im Gegensatz zur Umsetzung des Gesetzes im Einzelnen weitgehend Einigkeit. Ob das Gesetz in der jetzigen Fassung die angestrebten Ziele tatsächlich erreicht, kann erst in naher Zukunft analysiert werden.

II. Regelungszwecke des Mindestlohngesetzes

Im Rahmen der Untersuchung des Gesetzes stellt sich zunächst die Frage, welche Regelungszwecke verfolgt werden, insbesondere wen und wovor der Gesetzgeber schützen will.

1. Schutz der Arbeitnehmer

Rund 3,7 Millionen Beschäftigte im Niedriglohnsektor werden laut den Angaben des Bundesministeriums für Arbeit und Soziales maßgeblich von dieser Neuregelung profitieren.[19] Primäres Ziel ist die Existenzsicherung für Arbeitnehmer.[20] In Politik, Gesellschaft und Rechtswissenschaft wird überwiegend vertreten, dass ein Arbeitnehmer von seiner Arbeit leben können muss.[21] Ausgegangen wird hier von einem alleinstehenden Vollzeitbeschäftigten. Ihm soll bei einer durchschnittlichen tariflichen Wochenarbeitszeit von 37,7 Stunden ein Monatseinkommen oberhalb der Pfändungsfreigrenze gemäß § 850c I 1 ZPO zur Verfügung stehen. Zum Zeitpunkt der Einführung des Mindestlohngesetzes lag diese Grenze bei monatlich 1.045,04 € (bereinigtes Nettoeinkommen).[22] Die Pfändungsfreigrenze stellt ein auf die Situation der Arbeitnehmer zugeschnittenes pauschaliertes Existenzminimum dar, das ihnen einen moderaten Selbstbehalt sichert. Berücksichtigt sind dabei Sonderkosten, die Arbeitnehmern

---

19 BMAS, Allgemeine Fragen zum Mindestlohn, unter: http://www.der-mindestlohn-wirkt.de/ml/DE/Ihre-Fragen/Allgemeine-Fragen-zum-Mindestlohn/faq-zum-mindestlohn-info.html (abgerufen am 13.05.2017).

20 Vgl. zu den im Gesetzesentwurf aufgeführten Ziele des MiLoG *Heukenkamp*, S. 90 ff.

21 Vgl. § 1 des MiLoG-Gesetzentwurfs des Bundesrats, BT-Drs. 17/12857; Koalitionsvertrag vom 16.12.2013, S. 67: „Gute Arbeit muss…existenzsichernd sein.“; *Picker*, RdA 2014, 25, 28.

22 Zöller-ZPO/*Stöber*, § 850c Rn. 1 ff.

typischerweise durch die Erwerbstätigkeit entstehen.[23] Ein Stundenlohn von 8,50 € ergibt bei einer durchschnittlichen tariflichen Wochenarbeitszeit von 37,7 Stunden (Vollzeit) ein Monats-Brutto von 1.388 € (4,33 Wochen/Monat). Bei Steuerklasse 1 verbleibt somit ein Monats-Netto in Höhe von 1.036 €.[24] Dies entspricht ungefähr der Pfändungsfreigrenze. Nach Erhöhung des Mindestlohns auf 8,84 € ergibt sich bei gleicher Berechnung ein Monats-Brutto von 1.443 €, was einem Monats-Netto von 1.069 € entspricht.[25] Zum Zeitpunkt der Erhöhung lag die Pfändungsfreigrenze bei knapp 1.074 €.[26] Damit kann das Ziel der Sicherung des Existenzminimums in Höhe der Pfändungsfreigrenze eines alleinstehenden Arbeitnehmers bei Vollzeitbeschäftigung grundsätzlich erreicht werden.

2. Fairer Wettbewerb

Durch die aus dem gesetzlichen Mindestlohn resultierende Verhinderung eines Lohnunterbietungswettbewerbs soll ein fairer Wettbewerb gefördert werden.[27] Der Wettbewerb zwischen den Unternehmen soll grundsätzlich nicht zu Lasten der Arbeitnehmer wirken, sondern über bessere Produkte und Dienstleistungen stattfinden.[28] Der steigende Preiskampf im Niedriglohnsektor zwingt die Arbeitgeber, die Löhne immer weiter zu senken. Einige Arbeitgeber forderten sogar einen Mindestlohn.[29] Tarifverträge spielen schließlich im Niedriglohnsektor keine Rolle.[30] Da der gesetzliche Mindestlohn die untere Grenze darstellt, ist eine Lohnunterbietung nur bis zu diesem Betrag möglich. So wird der Preiskampf zwar nicht gänzlich gestoppt, wenn sich jedoch alle Marktteilnehmer an

23 Referentenentwurf der Bundesregierung vom 19.03.2014, S. 30; Erfurter Kommentar 2018/*Franzen*, § 1 MiLoG, Rn. 3.

24 Vgl. hierzu Portal Sozialpolitik, unter: http://www.portal-sozialpolitik.de/info-grafiken/wo-der-mindestlohn-nicht-reicht (abgerufen am 13.05.2017).

25 Vgl. *Jung, Ralf*, unter: www.brutto-netto-rechner.info (abgerufen am 03.06.2017).

26 Stand gemäß den Pfändungsfreigrenzenbekanntmachungen, BGBl. Teil II Nr. 16 vom 27.04.2015, gültig bis 01.07.2017; anschließend erhöht sich die Grenze auf knapp 1.134 €, vgl. BGBl. Teil I Nr. 18 vom 07.04.2017.

27 BMAS, Hintergrund zum Mindestlohn, unter: http://www.der-mindestlohn-gilt.de/ml/DE/Alle-Fakten/Hintergrund/hintergrund-zur-tarifautonomie.html (abgerufen am 13.05.2017).

28 Referentenentwurf der Bundesregierung vom 19.03.2014, S. 1 f.

29 Vgl. *Dettmer, Markus*, Spiegelonline vom 10.09.2013 „Fleischkonzerne machen Weg frei für Mindestlohn", unter: http://www.spiegel.de/wirtschaft/tarifpolitik-mindestlohn-fuer-fleischbranche-a-921464.html (abgerufen am 13.05.2017).

30 *Waltermann*, NZA 2013, 1041, 1048.

das Gesetz halten, wird er unterhalb dieser Grenze nicht mehr zu Lasten der Arbeitnehmer geführt. Außerdem sollen die marktverzerrenden Subventionswirkungen, die beim Nebeneinander von Lohn und steuerfinanzierter Aufstockung entstehen, verringert werden.[31] Einige Arbeitgeber kalkulieren nämlich die Aufstockung durch Sozialleistungen bei den Vertragsverhandlungen mit den Arbeitnehmern ein[32] und verschaffen sich dadurch Wettbewerbsvorteile.

3. Stabilität der Sozialsicherungssysteme

Wichtiges Ziel des Gesetzgebers ist die Stärkung der sozialen Sicherungssysteme.[33] Die finanzielle Stabilität und die sozialen Sicherungssysteme sind Ausprägungen des Sozialstaatsprinzips (Art. 20 I GG). Es handelt sich um verfassungsrechtlich verankerte Gemeinwohlbelange, die etwaige Grundrechtseingriffe rechtfertigen können.[34] Eine Aufstockung des Grundgehalts durch Sozialleistungen soll durch eine existenzsichernde Lohnhöhe verhindert werden.[35] Das Fehlen eines Mindestlohns kann ein Anreiz sein, einen Lohnunterbietungswettbewerb zwischen den Unternehmen auch zu Lasten der sozialen Sicherungssysteme zu führen, weil nicht existenzsichernde Arbeitsentgelte durch staatliche Leistungen der Grundsicherung für Arbeitsuchende „aufgestockt“ werden können.[36] Der Staat ist gegenüber seinen Bürgern verpflichtet, ein Existenzminimum zu garantieren und gegebenenfalls Sozialleistungen zu erbringen. Dieser Grundsatz soll nicht dazu führen, dass Arbeitgeber im Niedriglohnsektor die Sozialleistungen als Lohnsubvention ausnutzen und bei der Lohnfestsetzung einkalkulieren.[37]

---

31 *Waltermann*, ZRP 2011, 95.

32 *Picker*, RdA 2014, 25, 29.

33 Referentenentwurf der Bundesregierung vom 19.03.2014, S. 27.

34 *Picker*, RdA 2014, 25, 29; BVerfG, Beschluss vom 11.07.2006, 1 BvL 4/00, BVerfGE 116, 202, 223 f.; BVerfG, Beschluss vom 03.04.2001, 1 BvL 32/97, BVerfGE 103, 293, 307; BVerfG, Beschluss vom 14.05.1985, 1 BvR 449/82, 1 BvR 523/82, 1 BvR 728/82, 1 BvR 700/82, BVerfGE 70, 1, 26, 30; BVerfG, Beschluss vom 06.10.1987, 1 BvR 1086/82, 1 BvR 1468/82, 1 BvR 1623/82, BVerfGE 77, 84, 107.

35 *Lakies*, AuR 2013, 69, 70.

36 BT-Drs. 18/1558, S. 28; *Picker*, RdA 2014, 25, 29.

37 *Picker*, RdA 2014, 25, 29; *Löwisch/Rieble*, TVG, 3. Auflage 2012, Grundlagen, Rn. 181; *Waltermann*, Abschied vom Normalarbeitsverhältnis?, Gutachten B zum 68. Deutschen Juristentag, 2010, S. B 88 ff.; Vgl. zum hier angesprochenen Regelungszweck auch *Heukenkamp*, S. 92.

4. Stärkung der Tarifautonomie

Da die Ordnung des Arbeitslebens durch Tarifbindung seit Jahren rückläufig ist und vor allem im Bereich einfacher Tätigkeiten die Tarifvertragsparteien keine angemessenen Löhne erreichen, soll die tarifliche Ordnung durch das Tarifautonomiestärkungsgesetz, dessen Bestandteil das Mindestlohngesetz ist, gestützt werden.[38] Ob der Mindestlohn jedoch die Ordnung durch Tarifverträge stärkt oder der Zweck nur durch die Ausweitung der allgemeinverbindlich erklärten Tarifverträge gefördert wird, ist fraglich.[39]

Einerseits wird vertreten, dass ein staatlicher Mindestlohn die Tarifautonomie gerade einschränkt und den Zweck der Stärkung der Tarifautonomie nicht fördert.[40] Durch die Normsetzung des Staates würden tarifvertragliche Regelungen verdrängt.[41] Als Argument wird angeführt, dass die Verhandlungsmöglichkeiten einer Tarifpartei eingegrenzt werden, weil durch die staatliche Vorgabe das grundsätzlich verhandelbare Ergebnis der genauen Entgelthöhe vom Staat festgelegt wird.[42] Daneben würde der Zuständigkeitsbereich der Tarifvertragsparteien geschmälert. Der gesetzliche Mindestlohn wird im Hinblick auf eine Schwächung der Gewerkschaften kritisiert. Arbeitnehmer würden keinen Grund mehr sehen, sich Gewerkschaften anzuschließen, weshalb die Gewerkschaften an Stärke verlieren würden.[43]

Andererseits wird der Wettbewerb außerhalb bestehender Tarifverträge beschränkt. Eine arbeitsvertragliche Unterbietung der Tarifverträge durch nichttarifgebundene Arbeitgeber und Arbeitnehmer wird verhindert.[44] Dadurch könnten etwa Verbandsaustritte weniger attraktiv werden. Eine Unterbietung des Tariflohns ist nicht mehr unbegrenzt, sondern nur bis zur Höhe des Mindestlohns möglich. Da der Mindestlohn nur eine Untergrenze darstellt, werden die Tarifvertragsparteien außerdem nicht gehindert, Tarifverträge auszuhandeln.[45] Regelmäßig liegen die Bedingungen in den ausgehandelten Tarifverträgen über

---

38 Referentenentwurf der Bundesregierung vom 19.03.2014, S. 1.

39 Zu den tarifpolitischen Folgen vgl. ausführlich *Henssler*, RdA 2015, 43 ff.

40 *Zeising/Weigert*, NZA 2015, 15, 16; *Willemsen/Sagan*, NZA 2008, 1216, 1218.

41 *Sodan/Zimmermann*, NJW 2009, 2001, 2003.

42 BVerfG, Beschluss vom 27.04.1999, 1 BvR 2203/93 und 1 BvR 897/95, BVerfGE 100, 271, 283, NJW 1999, 3033, 3034; mit Blick auf die Schwächung der Verhandlungsposition der Gewerkschaften vgl. auch *Löwisch*, ZRP 2011, 95.

43 *Löwisch*, ZRP 2011, 95.

44 *Caspers*, in: Rieble/Junker/Giesen, Mindestlohn als politische und rechtliche Herausforderung, 2011, S. 147, 155.

45 *Schubert/Jerchel/Düwell*, Das neue Mindestlohngesetz, Rn. 58.

den gesetzlichen Untergrenzen.[46] Eine überwiegende Verdrängung der Tarifordnung wird durch die Festsetzung einer staatlichen Lohnuntergrenze nicht stattfinden. Günstigere Tarifvertragsnormen bleiben weiterhin zulässig.[47] Aufgrund der Möglichkeit der Übergangsregelungen des Mindestlohngesetzes wurden 2014 in einigen Niedriglohnbranchen (z. B. Fleischwirtschaft, Wäschereidienstleistungen, Gebäudereinigung Ost) sogar neue Tarifverträge abgeschlossen.[48]

Ob darüber hinaus die Tarifautonomie gestärkt wird[49], kann erst beantwortet werden, wenn das Mindestlohngesetz die ersten Jahre besteht. Allein die Tatsache, dass das Mindestlohngesetz als zentraler Bestandteil des Tarifautonomiestärkungsgesetzes eingeführt wurde, löst diese Frage nicht. Laut der Entwurfsbegründung dient das Instrument der Allgemeinverbindlicherklärung von Tarifverträgen einer Abstützung der tariflichen Ordnung.[50] Somit bezieht sich der Zweck der Stärkung der Tarifautonomie wohl nicht auf den Mindestlohn.[51] Zumindest die Ordnung des Arbeitslebens wird durch die Lohnuntergrenze zum Schutz der schwächeren Arbeitnehmer gestärkt.

5. Bekämpfung von Arbeitslosigkeit?

Fraglich ist, ob durch die Einführung des Mindestlohngesetzes die Arbeitslosigkeit bekämpft werden soll und kann. Der Gesetzgeber führt dieses Ziel nicht explizit in der Entwurfsbegründung auf.[52] Durch die Ausnahme für Langzeitarbeitslose soll jedoch eine nachhaltige Integration in den Arbeitsmarkt erfolgen.[53] Dadurch soll die Zahl der Langzeitarbeitslosen reduziert und letztendlich Arbeitslosigkeit bekämpft werden.

Das hier aufgeführte Ziel stellt als Ausfluss des Sozialstaatsprinzips eine verfassungsimmanente Schranke für die Einschränkung der Berufsfreiheit und Koalitionsfreiheit dar.[54] Dass die Arbeitslosigkeit durch einen gesetzlichen

---

46 *Naujoks*, S. 34.

47 So auch *Deinert*, AuR 2016, 444, 448.

48 *Schubert/Jerchel/Düwell*, Das neue Mindestlohngesetz, Rn. 203.

49 *Schubert/Jerchel/Düwell*, Das neue Mindestlohngesetz, Rn. 61 – Autoren sehen den Mindestlohn als Anreiz für günstigere tarifliche Lohngestaltungen.

50 BT-Drs. 18/1558, S. 1.

51 *Zeising/Weigert*, NZA 2015, 15, 16.

52 Referentenentwurf der Bundesregierung vom 19.03.2014.

53 BT-Drs. 18/1558, S. 43.

54 BVerfG, Beschluss vom 27.04.1999, 1 BvR 2203/93 und 1 BvR 897/95, BVerfGE 100, 271, 283, NJW 1999, 3033, 3034; BVerfG, Beschluss vom 20.03.2007, 1 BvR 1047/05, NZA 2007, 609, 611.

Mindestlohn gesenkt werden kann oder sogar Arbeitsplätze wegfallen, ist äußerst fragwürdig und heftig umstritten.[55]

Der Faktor Arbeit verteuert sich nämlich durch den Mindestlohn für diejenigen Arbeitgeber, die bislang unterhalb des Mindestlohns bezahlt haben. Dadurch könnten Arbeitsplätze verloren gehen.[56] Das für Lohnzahlungen zur Verfügung stehende Kapital kann theoretisch bei gleichbleibendem Gesamtvolumen nur noch auf weniger Beschäftigte verteilt werden.[57] Die betroffenen Arbeitgeber könnten eine Erhöhung der Lohnkosten akzeptieren und entsprechend Arbeitsplätze streichen. Alternativ könnten die Arbeitgeber die Preise erhöhen oder die Effektivität der Arbeitnehmer steigern, sodass keine Arbeitsplätze verloren gehen.

Andererseits wird durch den Mindestlohn Lohndumping vermieden, sodass über die Lohnkosten der Verdrängungswettbewerb, dem insbesondere kleine und mittlere Betriebe nicht standhalten könnten, unterbunden werde und Arbeitsplätze erhalten blieben.[58] Regelmäßig ergibt sich die Verdrängung der kleineren Betriebe aber durch den höheren Faktor der Lohnkosten im Rahmen der Preisbildung. Kleinere Handwerksbetriebe setzen naturgemäß weniger maschinelle Arbeitskraft als große Industriebetriebe ein. Der Nachteil gegenüber den großen Industriebetrieben wird durch die Einführung des Mindestlohngesetzes gerade noch verstärkt. Außerdem wird befürchtet, dass in Grenzregionen, insbesondere in Nachbarschaft zu mittel-/osteuropäischen Staaten, auch Verlagerungseffekte ins benachbarte Ausland stattfinden.[59] Für die Bekämpfung von Arbeitslosigkeit spricht wiederum der Effekt, dass bei einer höheren Vergütung die Kaufkraft steigt und somit die Konjunktur angekurbelt wird. Das hat zur Folge, dass mehr produziert wird und hierfür neue Arbeitsplätze geschaffen werden.

Ob durch die Einführung des Mindestlohngesetzes letztendlich vielleicht sogar Arbeitsplätze wegfallen, ist eine ökonomische Frage, die hier nicht beantwortet werden kann. Vielfach wurde ein Beschäftigungsrückgang befürchtet.[60] Kurz nach Einführung im Februar 2015 gab es keine Anzeichen für einen

---

55 Näher hierzu *Wank*, in: Bauer/Kort/Möllers/Sandmann, FS Buchner, 2009, S. 898, 903 f.; vgl. auch ausführlich hinsichtlich der Erfahrungen in Frankreich und Großbritannien *George*, Gesetzlicher Mindestlohn S. 56 ff.

56 *Sodan/Zimmermann*, NJW 2009, 2001, 2004.

57 *Sodan/Zimmermann*, NJW 2009, 2001, 2004.

58 Vgl. auch BVerfG, Beschluss vom 20.03.2007, 1 BvR 1047/05, NZA 2007, 609, 611; *Sodan/Zimmermann*, NJW 2009, 2001, 2004.

59 U. a. *Wank*, RdA 2015, 88, 90.

60 *Löwisch*, ZRP 2011, 95.

Beschäftigungsrückgang.[61] Auch im Jahr 2017 und 2018 war dies nicht zu beobachten. Die Entwicklung der Gesamtbeschäftigung war laut derzeitigen Studien positiv.[62] Eine klare Antwort hierzu kann erst im Laufe der Zeit gegeben werden.

6. Gleichberechtigung von Frauen

Auch wenn es in der Entwurfsbegründung nicht explizit aufgeführt ist[63], wirkt sich der Mindestlohn positiv auf die Gleichbehandlung von Frauen aus. Frauen sind doppelt so häufig von Löhnen unter 8,50 € betroffen wie Männer.[64] Der „Gender Pay Gap“[65] lag in Deutschland im Jahr 2013 bei 22 Prozent.[66] Hierauf kann sich die Einführung des Mindestlohns positiv auswirken.[67] Bis zum Jahr 2016 sank der „Gender Pay Gap“ in Deutschland zwar nur minimal auf 21 Prozent.[68] Die Lohnentwicklung unserer Nachbarländer zeigt aber, dass langfristig deutlichere Resultate möglich sind. Nach der Einführung des gesetzlichen Mindestlohns in Großbritannien (NMW – National Minimum Wage) im Jahr 1999

---

61 Bundesagentur für Arbeit, Presseinfo Nr. 9 vom 26.02.2015, unter: http://www.arbeitsagentur.de/web/content/DE/Presse/Presseinformationen/ArbeitsundAusbildungsmarkt/Detail/index.htm?dfContentId=L6019022DSTBAI728576 (abgerufen am 01.03.2015).

62 Vgl. Institut für Arbeitsmarkt- und Berufsforschung, Forschungsbericht Arbeitsmarktspiegel, Entwicklung nach Einführung des Mindestlohns, 02/2017, unter: http://www.iab.de/185/section.aspx/Publikation/k170215301 (abgerufen am 05.06.2017); zur Entwicklung in 2017 vgl. übersichtlich NZA aktuell, Heft 2/2018, S. VII, Nachrichten; Beschluss der Mindestlohnkommission nach § 9 MiLoG vom 26.06.2018 unter: https://www.mindestlohn-kommission.de/DE/Bericht/pdf/Beschluss2018.pdf?__blob=publicationFile&v=11 (abgerufen am 11.10.2018).

63 Referentenentwurf der Bundesregierung vom 19.03.2014.

64 *Brenke, Karl*, DIW-Wochenbericht Nr. 5/2014, unter: http://www.diw.de/documents/publikationen/73/diw_01.c.436181.de/14-5-1.pdf (abgerufen am 13.05.2017).

65 Der „Gender Pay Gap“ beschreibt den prozentualen Unterschied zwischen abhängig beschäftigten Männern und Frauen beim durchschnittlichen Bruttostundenverdienst.

66 Statistisches Bundesamt, Gender Pay Gap, unter: https://www.destatis.de/DE/ZahlenFakten/Indikatoren/QualitaetArbeit/Dimension1/1_5_GenderPayGap.html (abgerufen am 13.05.2017).

67 *Becker*, in: Sterkel/Schulten/Wiedemuth, Mindestlöhne gegen Lohndumping, 2006, S. 77; *Wank*, RdA 2015, 429.

68 Statistisches Bundesamt, Pressemitteilung Nr. 094 vom 14.03.2017, unter: https://www.destatis.de/DE/PresseService/Presse/Pressemitteilungen/2017/03/PD17_094_621.html (abgerufen am 27.01.2018), aktuellere Zahl bisher nicht veröffentlicht; Zahlen geben den sog. unbereinigten Gender Pay Gap wieder.

stieg der Verdienst der Frauen in den ersten Jahren schneller als der der Männer, sodass der geschlechtsspezifische Lohnunterschied kleiner wurde.[69] Der „Gender Pay Gap" sank im Zeitraum von 1999 bis 2011 von 16,4 auf 9,2 Prozent.[70] Auch in Frankreich profitieren vor allem Frauen vom gesetzlichen Mindestlohn. Unter den sog. „Smicards" (Mindestlohnempfänger in Frankreich) finden sich überdurchschnittlich viele Frauen.[71] Mit Blick auf das Gesetz zur gleichen Bezahlung von Frauen und Männern (Entgeltgleichheitsgesetz) ist diese positive Wirkung des Mindestlohns zu begrüßen.

7. Keine gerechten und angemessenen Löhne als Gegenleistung für die Arbeitsleistung/keine Leistungsgerechtigkeit

Fraglich ist, ob durch die Einführung des Mindestlohngesetzes Austauschgerechtigkeit bzw. Leistungsgerechtigkeit im Arbeitsverhältnis geschaffen werden soll. Zunächst stellt sich deshalb die Frage, ob es einen gerechten Lohn an sich gibt.[72] Vereinzelt ist die Rede von „angemessenen" und „gerechten" Löhnen bzw. Leistungsgerechtigkeit.[73] Es gibt jedoch keine definierbare Größe für einen gerechten Lohn. Richtig ist, dass der Mindestlohn das untere Maß der vertraglichen Austauschgerechtigkeit zwischen Arbeitgeber und Arbeitnehmer darstellen kann.[74] Dies gilt vor allem für den Bereich der Niedriglöhne. Dadurch wird der Mindestwert der Arbeit festgelegt, bei dessen Unterschreitung ein nichtiges Rechtsgeschäft gemäß § 134 BGB vorliegt.[75] Vereinbarungen, die den Mindestlohn unterschreiten, sind nämlich gemäß § 3 S. 1 MiLoG insoweit unwirksam. Eine Sittenwidrigkeitskontrolle gemäß § 138 BGB wird jedoch durch die Einführung

---

69 *Burgess*, in: Schulten/Bispinck/Schäfer, Mindestlöhne in Europa, 2006, S. 49 m. w. N.

70 Low Pay Commission, The National Minimum Wage Report 2013, S. 48, unter: https://www.gov.uk/government/uploads/system/uploads/attachment_data/file/226822/National_minimum_wage_Low_Pay_Commission_report_2013.pdf (abgerufen am 15.03.2018).

71 *Schmid/Schulten*, in: Schulten/Bispinck/Schäfer, Mindestlöhne in Europa, 2006, S. 113.

72 Ablehnend u. a. *Picker*, RdA 2014, 25, 28; *Henssler/Sittard*, RdA 2007, 159, 161.

73 *Thüsing*, AEntG, Einl. AEntG Rn. 25; *Esslinger, Detlef*, Was ist ein gerechter Lohn?, SZ-Artikel vom 17.05.2010, unter: http://www.sueddeutsche.de/wirtschaft/tarifforderung-der-ig-metall-was-ist-ein-gerechter-lohn-1.693233 (abgerufen am 13.05.2017); Art. 4 S. 1 ESC spricht von einem „gerechten Arbeitsentgelt"; vgl. auch *Wank*, in: Bauer/Kort/Möllers/Sandmann, FS Buchner, 2009, S. 898, 899 f., zum Mythos vom „gerechten Lohn".

74 *Picker*, RdA 2014, 25, 34; dagegen jedoch *Heukenkamp*, S. 92.

75 *Rieble/Klebeck*, ZIP 2006, 829 ff.

des Mindestlohns nicht entbehrlich.[76] Im Rahmen der Ausnahmetatbestände ist die Sittenwidrigkeitsgrenze gleichsam weiterhin relevant.[77] Außerdem spielt sie auch im Zusammenhang des Anwendungsbereichs des Mindestlohngesetzes eine Rolle, etwa in Bereichen, in denen der übliche Lohn deutlich oberhalb des Mindestlohns liegt. Schon mit Blick auf die Rechtsprechung des BAG zur Sittenwidrigkeit von Löhnen[78] wird klar, dass eine Beurteilung der Lohnuntergrenze immer branchenabhängig erfolgen muss. Es gibt seit 2009 einen Richtwert des BAG für die Bestimmung der Sittenwidrigkeit einer Lohnabrede. Hiernach ist eine Lohnabrede regelmäßig sittenwidrig, wenn die Vergütung geringer ist als Zwei-Drittel des üblichen Tariflohns.[79] Der Mindestlohn kann letztendlich keine generelle Gerechtigkeit im Austauschverhältnis zwischen Arbeitgeber und Arbeitnehmer herstellen[80], denn die Angemessenheit der Vergütung misst sich (auch im Niedriglohnbereich) an zahlreichen Faktoren, wie etwa Berufserfahrung, Qualifikation und Betriebszugehörigkeit. Auch die Marktbedingungen sind bei der Lohnfindung maßgeblich.[81] Volkswirtschaftliche Faktoren wie etwa Nachfrage und Angebot spielen hierbei eine Rolle. Gerade in Zeiten des Fachkräftemangels ist eine Lohngrenze in Höhe des gesetzlichen Mindestlohns für viele Arbeitnehmer nicht angemessen. Das Mindestlohngesetz kann vor diesem Hintergrund nicht als Ziel haben, Austauschgerechtigkeit bei der Vergütungshöhe zu erreichen.

8. Kein Ausgleich der sozialen Gegensätze/keine Gleichberechtigung der Arbeitnehmer

Fraglich ist, ob durch die Einführung des Mindestlohngesetzes die Gleichberechtigung der Arbeitnehmer und der Ausgleich sozialer Gegensätze beabsichtigt

---

76 *Bayreuther*, NJW 2007, 2022; vgl. ausführlich zum Verhältnis von Mindestlohn und Sittenwidrigkeitsrechtsprechung *Boeck*, RdA 2018, 210 ff.

77 Vgl. z. B. für die Ausnahmeregelung für Langzeitarbeitslose, *Riechert/Nimmerjahn*, MiLoG Kommentar (2. Auflage), § 22 Rn. 187.

78 Näheres hierzu mit Fundstellen zur Rechtsprechung: *Sack/Fischinger*, in: Staudinger Kommentar, 2011, § 138 BGB Rn. 540 ff.; u. a. BAG, 24.03.2004, 5 AZR 303/03, NZA 2004, 971.

79 U. a. BAG, Urteil vom 22.04.2009, 5 AZR 436/08, NZA 2009, 837, 838; ausführlich zur Zwei-Drittel-Grenze vgl. *Sack/Fischinger*, in: Staudinger Kommentar, 2011, § 138 BGB Rn. 551 ff.

80 *Picker*, RdA 2014, 25, 28.

81 So u. a. auch *Wank*, in: Bauer/Kort/Möllers/Sandmann, FS Buchner, 2009, S. 898, 901.

werden.[82] Die Entwurfsbegründung gibt hierfür keine Anhaltspunkte. Außerdem wird durch die Ausnahmetatbestände im Gesetz (etwa Jugendliche, Zeitungszusteller in der Übergangsphase) keine Gleichbehandlung aller Arbeitnehmer erreicht. Zwar wird sich die Lohnerhöhung nicht in allen Bereichen gleich stark auswirken, da vor allem der Niedriglohnsektor betroffen ist. Jedoch liegt auf der Hand, dass ein Ausgleich sozialer Gegensätze nicht stattfindet, weil die Einkommensunterschiede trotz des Mindestlohns immens bleiben. Dies ist wohl auch nicht bezweckt.

9. Schutz der Privatautonomie der Arbeitnehmer?

Letztendlich stellt sich die Frage, ob der Schutz der Privatautonomie der Arbeitnehmer gefördert wird. *Christian Picker* vertritt die Meinung, dass ein staatlicher Mindestlohn der Vertragsfreiheit der strukturell unterlegenen Arbeitnehmer diene. Ein Mindestlohn sei geeignet, die einseitige Lohngestaltung im Niedriglohnbereich, die „privatrechtswidrig" sei, zu bekämpfen.[83] Er stellt damit die These auf, dass mehr Vertragsparität zur Förderung der Vertragsfreiheit der Arbeitnehmer führe. Ob der Schutz der Privatautonomie der Arbeitnehmer einen legitimen Zweck darstellt und durch den Mindestlohn tatsächlich gefördert wird, ist jedoch nicht unproblematisch.

Gegen den hier diskutierten Regelungszweck spricht zwar, dass die Festsetzung eines Mindestlohns beide Seiten in ihrer Privatautonomie einschränkt, sowohl Arbeitgeber als auch Arbeitnehmer. Es ist nach dem Mindestlohngesetz gerade ausgeschlossen, Regelungen unterhalb der Mindestlohngrenze zu vereinbaren. Solche Regelungen sind nach § 3 S. 1 MiLoG nämlich unwirksam.

Die Vorgaben des Mindestlohngesetzes können jedoch auch dem Schutz der strukturell unterlegenen Arbeitnehmer (vor allem im Niedriglohnsektor) dienen, da das untere Maß an Austauschgerechtigkeit vorgegeben wird.[84] Durch mehr Vertragsparität im Arbeitsverhältnis könne nach Ansicht von *Christian Picker* die Vertragsfreiheit der Arbeitnehmer gefördert werden. Vertragsparität ist hierbei das annähernde Gleichgewicht von Leistung und Gegenleistung[85], das heißt, dass die gegenseitigen Leistungen in einem ausgewogenen Verhältnis stehen. Davon zu unterscheiden ist die Vertragsfreiheit der Arbeitnehmer.

---

82 *Zeising/Weigert*, NZA 2015, 15, 17 f.

83 *Picker*, RdA 2014, 25, 30.

84 *Picker*, RdA 2014, 25, 30.

85 *Larenz*, Richtiges Recht, Grundzüge einer Rechtsethik, S. 67 ff, 70.

Vertragsfreiheit ist die Freiheit des Einzelnen, selbst darüber zu entscheiden, ob, mit wem und mit welchem Inhalt er einen Vertrag abschließen will.[86]

Die Vertragsparität ist zwar keine zwingende Voraussetzung für die Ausübung der Vertragsfreiheit des Arbeitnehmers, kann sie jedoch stärken. Ohne Existenz des gesetzlichen Mindestlohns ist der Arbeitnehmer in seiner unterlegenen Stellung zwar theoretisch immer rechtlich frei in seiner Entscheidung, welche Lohnhöhe er akzeptiert. Es besteht jedoch eine psychische Drucksituation, wegen Existenzsorgen des Arbeitnehmers einen Arbeitsvertrag abzuschließen, auch wenn er nachteilig ist. Dadurch ist regelmäßig die Vertragsparität im Arbeitsverhältnis gestört. Die Privatautonomie des Arbeitgebers wird hier zugunsten des Arbeitnehmers eingeschränkt, da nur noch eine Vergütung mit dem Mindestlohn als untere Grenze vereinbart werden kann. Durch die Festlegung der unteren Grenze des Austauschverhältnisses wird somit der Arbeitnehmer geschützt und seine Privatautonomie gefördert.[87]

10. Zwischenergebnis

Wesentliche Ziele des Gesetzgebers sind der Arbeitnehmerschutz, ein fairer Wettbewerb, die Stabilität der Sozialsicherungssysteme und die Stärkung der Tarifautonomie. Diese Regelungszwecke wurden in die Entwurfsbegründung zum Tarifautonomiestärkungsgesetz ausdrücklich aufgenommen. Durch die Erleichterung des Berufseinstiegs für Langzeitarbeitslose soll ein Weg aus der Arbeitslosigkeit erreicht werden. Weiterer positiver Nebenzweck ist die Förderung der Gleichberechtigung von Frauen und die Förderung der Privatautonomie der Arbeitnehmer.

III. Gang des Gesetzgebungsverfahrens

1. Mindestlohn in Deutschland

Einen allgemeinen gesetzlichen Mindestlohn hat es in Deutschland bis zum Inkrafttreten des Mindestlohngesetzes nicht gegeben. Vereinbarungen zu „Hungerlöhnen“ wurden im BGB kurz nach Inkrafttreten Anfang des 20. Jahrhunderts als Verstoß gegen die guten Sitten gewertet.[88] Neben der zivilrechtlichen Generalklausel des § 138 BGB zur Sicherung eines Mindestarbeitsentgelts[89] wurde

---

86 Deutsches-Rechtslexikon, S. 4585.
87 *Picker*, RdA 2014, 25, 30.
88 *Oertmann*, DJZ 1913, 254 ff; *Thüsing*, AEntG, Einl. AEntG Rn. 43.
89 *Thüsing*, AEntG, Einl. AEntG Rn. 44.

schon in der Weimarer Republik die Möglichkeit der Tariferstreckung durch Allgemeinverbindlicherklärungen geschaffen.[90] Durch die Wirtschaftskrise und den Zweiten Weltkrieg verlor dies aber zeitweise an Bedeutung.[91] Das Gesetz über die Festsetzung von Mindestarbeitsbedingungen aus dem Jahr 1952[92] eröffnete die Möglichkeit, durch Rechtsverordnungen Mindestarbeitsentgelte festzulegen. Davon wurde aber nie Gebrauch gemacht.[93] Auch nach der Novellierung im Jahr 2009[94] erlangte das Gesetz keine Bedeutung.[95]

Die Möglichkeit, Mindestlöhne branchenbezogen einzuführen, ergab sich 1998 mit Ergänzungen des Arbeitnehmer-Entsendegesetzes. Der erste deutschlandweite branchenspezifische Mindestlohn wurde im Jahr 1999 eingeführt. In der Folgezeit wurde der Anwendungsbereich des Arbeitnehmer-Entsendegesetzes auf weitere Branchen ausgedehnt.[96] Ein System dualer Mindestlöhne wurde schon im Jahr 2006 gefordert.[97] Diese Forderung der Linken wurde jedoch mit Stimmen der Fraktionen der CDU/CSU, SPD und FDP abgelehnt.[98] Nachdem sich der 68. Deutsche Juristentag im Jahr 2010 für einen allgemeinen Mindestlohn ausgesprochen hat[99], wurde er drei Jahre später politisch umgesetzt und im Koalitionsvertrag verankert. Es gab zwar auch kritische Stimmen gegen einen gesetzlichen Mindestlohn. Neben negativen Beschäftigungseffekten[100] und einer Sogwirkung der Löhne nach unten[101] wurden etwa die Schwächung des Tarifvertragssystems[102] und „Low Performer"-Kündigungen[103] befürchtet. Der Gesetzgeber hat sich jedoch im Rahmen seiner Einschätzungsprärogative für den Mindestlohn entschieden. Vor allem die positiven Wirkungen für Arbeitnehmer

90 *Oetker*, in: Wiedemann, TVG-Kommentar, 2007, Geschichte Rn. 7 ff.
91 *Thüsing*, in: Thüsing, MiLoG/AEntG, Einl. Rn. 44 ff.
92 BGBl. I, Nr. 2 vom 17.01.1952, S. 17 f.
93 *Joussen*, in: Thüsing, AEntG, Vor § 1 MiArbG, Rn. 3.
94 BGBl. I, Nr. 21 vom 27.04.2009, S. 818; Näheres zu den wesentlichen Neuerungen vgl. *Joussen*, in: Thüsing, AEntG, Vor § 1 MiArbG, Rn. 23 ff.
95 BT-Drs. 18/1558, S. 57; *Lakies*, MiLoG 2017, Einl. Rn. 78 f.
96 *Thüsing*, AEntG, Einl. AEntG Rn. 47a.
97 BT-Drs. 16/1878 S. 1.
98 BT-Drs. 16/11669 S. 3 f.
99 Deutscher Juristentag e.V., Beschlüsse zum 68. DJT, S. 7, unter: http://www.djt.de/fileadmin/downloads/68/68_djt_beschluesse.pdf (abgerufen am 13.05.2017); Kritisch hierzu *Sittard*, NZA 2010, 1160 ff.
100 *Löwisch*, ZRP 2011, 95.
101 *Bepler*, in: Annuß/Picker/Wissmann, FS Richardi, 2007, S. 189, 198 f.
102 *Zeising/Weigert*, NZA 2015, 15, 16; *Willemsen/Sagan*, NZA 2008, 1216, 1218.
103 BeckOK-MiLoG/*Greiner*, § 1 Rn. 11.

in Deutschland und positive Erfahrungen in den EU-Nachbarländern, zum Beispiel Frankreich, bestärkten die Einführung eines gesetzlichen Mindestlohns.

2. Wende nach der Bundestagswahl 2013

Aus der Verpflichtung zur Einführung eines Mindestlohns im Koalitionsvertrag zur 18. Legislaturperiode zwischen der CDU/CSU und der SPD folgte im März 2014 der Referentenentwurf. Der Kabinettsbeschluss über den Erlass des Tarifautonomiestärkungsgesetzes wurde am 02.04.2014 mit wenigen Änderungen vorgelegt.[104] Danach folgten diverse Stellungnahmen und Ausschussanhörungen. Die Bundesvereinigung der Deutschen Arbeitgeberverbände lehnte hierbei den Gesetzentwurf der Bundesregierung ab.[105] Der Mindestlohn sowie die übrigen Änderungen im Tarifvertragsgesetz und Arbeitnehmer-Entsendegesetz würden die Tarifautonomie schwächen und den Arbeitsmarkt erheblich belasten. Der Deutsche Gewerkschaftsbund begrüßte den Gesetzentwurf dagegen als Meilenstein in der sozialen Absicherung der Arbeitnehmer.[106] Das Tarifautonomiestärkungsgesetz wurde letztlich ohne wesentliche Änderungen am 15.08.2014 verkündet und trat am 16.08.2014 in Kraft.[107] Das Mindestlohngesetz ergänzt die bereits bestehenden tariflichen Mindestentgelte nach dem Arbeitnehmer-Entsendegesetz bzw. dem Arbeitnehmerüberlassungsgesetz und stellt dabei die untere Lohngrenze dar (§ 1 III MiLoG).[108]

3. Streitpunkte des Gesetzes

Während des Gesetzgebungsverfahrens wurde zu einigen Stellen im Gesetz Kritik geäußert. Vor allem in der 1. Lesung des Deutschen Bundestags im Juni 2014 wurde heftig diskutiert.[109] Die Hauptstreitpunkte sollen im Folgenden kurz dargestellt werden. Der Hintergrund der Diskussion zeigt deutlich, dass die Hauptprobleme der Umsetzung des Mindestlohngesetzes schon vor Inkrafttreten erkannt wurden. Nur vereinzelt wurden Klarstellungen im Gesetz eingefügt. Vieles muss nun durch die Gerichte und Anwendung in der Praxis gelöst

---

104 Bundesregierung, Arbeitsmarkt, Bericht vom 02.04.2014, unter: http://www.bundesregierung.de/Content/DE/Artikel/2014/04/2014-04-02-mindestlohn-kabinett.html (abgerufen am 13.05.2017).

105 Ausschuss-Drs. 18(11)149, S. 6 ff.

106 BT-Drs. 18/2010 (neu), S. 10 f.

107 BGBl. Nr. 39/2014, S. 1348 ff.

108 Erfurter Kommentar 2018/*Franzen*, § 1 MiLoG, Rn. 1.

109 Ausführliche Diskussion siehe Plenarprotokoll 18/39 vom 05.06.2014, S. 3315–3336.

werden. Die Auflistung der einzelnen Kritikpunkte soll helfen, das Gesetz richtig auszulegen und den Sinn der Regelungen zu verdeutlichen.

a) Persönlicher und örtlicher Anwendungsbereich

Gerade der persönliche Anwendungsbereich war im Gesetzgebungsverfahren heftig umstritten. Vor allem die Linken forderten ursprünglich neben einem höheren Stundenlohn einen Mindestlohn für alle. Jeder müsse von seinem Lohn leben können. Es sollte keine Ausnahme geben (auch nicht für Praktikanten), da dies eine Diskriminierung darstellt.[110] Auch die Grünen und Mitglieder der SPD kritisierten das Gesetz aufgrund zu vieler Ausnahmetatbestände.[111] Der Referentenentwurf[112] wurde jedoch mit Blick auf die vielen Ausnahmen, insbesondere die Praktikanten, nur formal geändert. Die Ausnahmetatbestände sollen negative Beschäftigungseffekte auf dem Arbeitsmarkt verhindern.[113] Durch die Einbeziehung der Praktikanten in den Anwendungsbereich des Mindestlohngesetzes soll der Missbrauch von Praktika verhindert werden.[114] Praktika sollen nur noch im Rahmen der Ausnahmetatbestände mindestlohnfrei möglich sein. Dagegen wurden andere Gruppen wie zum Beispiel Rentner und Saisonarbeitskräfte trotz Forderungen[115] nicht in den Ausnahmebereich aufgenommen.[116]

Die Gruppe der Langzeitarbeitslosen wurden schon im Referentenentwurf für die ersten sechs Monate ihrer Beschäftigung aus dem Geltungsbereich des Mindestlohngesetzes ausgenommen. Dies wurde im Wesentlichen auch beibehalten (§ 22 IV MiLoG). Ergänzt wurde, dass die Evaluation zeigen muss, dass die Ausnahmeregelung die Wiedereingliederung fördert (§ 22 IV 2 MiLoG). Der Ausnahmetatbestand für Langzeitarbeitslose soll den Einstieg in die Berufswelt erleichtern.[117] Einige Kritiker[118] befürchten jedoch eine Umgehung der Ausnahme, indem die Langzeitarbeitslosen jeweils nur für sechs Monate eingestellt

---

110 Plenarprotokoll 18/39 vom 05.06.2014, S. 3325.

111 Plenarprotokoll 18/39 vom 05.06.2014, S. 3326 f., S. 3333.

112 Referentenentwurf der Bundesregierung vom 19.03.2014, S. 2.

113 Etwa *Stephan Stracke* von der CDU/CSU, Plenarprotokoll 18/39 vom 05.06.2014, S. 3329.

114 BT-Drs. 18/1558, S. 42.

115 Näheres hierzu *Deter*, AuR 2014, 61.

116 *Hilgenstock*, Mindestlohngesetz, Rn. 56 ff; BT-Drs. 18/2010 (neu), S. 10.

117 Referentenentwurf der Bundesregierung vom 19.03.2014, S. 42.

118 Siehe *Kerstin Griese* von der SPD, Plenarprotokoll 18/39 vom 05.06.2014, S. 3325; Stellungnahme DGB, Ausschuss-Drs. 18(11)150, S. 32; HK-MiLoG/*Schubert/Jerchel*, § 22 Rn. 72; *Preis/Ulber*, Gutachten 2014, S. 139.

werden.[119] Außerdem sehen sie eine Diskriminierung. Als Problem erkannt wird auch die praktische Umsetzung. Fraglich ist, wie man die Langzeitarbeitslosigkeit genau feststellen kann, insbesondere inwieweit die Arbeitsagenturen Auskunft geben dürfen.[120]

Kinder und Jugendliche (§ 2 I und II JArbSchG) werden vom Mindestlohn ausgenommen (§ 22 II MiLoG) mit dem Argument, sie sollen keinen bezahlten Job einer Ausbildung vorziehen.[121] Die Ausnahmeregelung umfasst aber auch Nebentätigkeiten während der Schul- oder Ausbildungszeit und geht deshalb für die Kritiker zu weit.[122] Außerdem stellt sich die Frage, ob Jugendliche tatsächlich auf eine Ausbildung verzichten würden, wenn sie eine nach dem Mindestlohn bezahlte Arbeitsstelle finden würden. Mit Blick auf das Diskriminierungsverbot nach Art. 3 I GG wird die Regelung kritisiert. Außerdem steht die unionsrechtliche Zulässigkeit wegen möglicher Altersdiskriminierung zur Debatte.[123]

Streitigkeiten ergeben sich auch hinsichtlich des örtlichen Anwendungsbereichs, der in § 20 MiLoG normiert ist.[124] Kritisiert wird, dass nach dem Wortlaut der Norm alle Arbeitnehmer, die im Inland beschäftigt werden, einen Anspruch auf Zahlung des gesetzlichen Mindestlohns haben, unabhängig davon, welcher Rechtsordnung der Arbeitsvertrag unterfällt.[125] Hierbei wird auch die unionsrechtliche Zulässigkeit infrage gestellt.[126]

---

119 Vgl. näher hierzu Kapitel 5 II. 1.

120 *Schweibert/Leßmann*, DB 2014, 1866, 1867; Erfurter Kommentar 2018/*Franzen*, § 22 MiLoG, Rn. 15; *Heukenkamp*, S. 145;. einen Auskunftsanspruch ablehnend etwa *Richardi/Fischinger*, in: Staudinger Kommentar, 2016, § 611 BGB Rn. 1352; näher hierzu m. w. N. Kapitel 3 I. 6. c).

121 Plenarprotokoll 18/39 vom 05.06.2014, S. 3329.

122 U. a. *Brors*, NZA 2014, 938, 942; *Riechert/Nimmerjahn*, MiLoG Kommentar (2. Auflage), § 22 Rn. 138.

123 *Schubert/Jerchel/Düwell*, Das neue Mindestlohngesetz, Rn. 172 ff.; ausführlich hierzu Kapitel 3 I. 3. b), d).

124 Vgl. etwa Erfurter Kommentar 2018/*Franzen*, § 20 MiLoG, Rn. 2; *Sittard*, NZA 2015, 78, 79 f.; *Forst*, ZESAR 2015, 205, 207 ff.; *Bissels/Falter/Evers*, ArbRAktuell 2015, 4, 7; *Riechert/Nimmerjahn*, MiLoG Kommentar (2. Auflage), § 20 Rn. 13.

125 Erfurter Kommentar 2018/*Franzen*, § 20 MiLoG, Rn. 1; ausführlich hierzu Kapitel 3 II. 1.

126 Ausführlich hierzu Kapitel 3 II. 2. e).

b) Übergangsregelungen nach § 24 I MiLoG a. F.

Während sich die Mitglieder der CDU/CSU für die Ausnahmeregelungen und Übergangsphasen aussprachen[127], sahen die Mitglieder der Opposition die Übergangsregelungen kritisch[128]. Vor allem mit Blick auf die Inflation sei die Übergangsphase zu lange. Außerdem wurden Übergangsregelungen abgelehnt, da dadurch organisierte Arbeitnehmer schlechter gestellt würden als nicht organisierte. Für die schrittweise Einführung argumentierten die Mitglieder der CDU/CSU vor allem mit der Gefahr negativer Beschäftigungseffekte in bestimmten Branchen.

c) Übergangsregelung für Zeitungszusteller nach § 24 II MiLoG a. F.

Die Ausnahme für Zeitungszusteller, die bis Ende 2017 Gültigkeit hatte, war im Gesetzesentwurf der Bundesregierung ursprünglich nicht enthalten[129] und sorgte nach Einführung für Diskussionen.[130] Erst nach Anhörungen von Sachverständigen und diversen Stellungnahmen wurde die Ausnahmeregelung auf Antrag der Fraktionen der CDU/CSU und der SPD eingefügt.[131] Die Lobbyarbeit des Bundesverbands der Zeitungsverleger hat sich hier ausgezahlt.[132] Diese stufenweise Einführung des Mindestlohns für die Zeitungszustellung sei erforderlich, weil die mit der Einführung des Mindestlohns einhergehenden Mehrkosten, insbesondere in ländlichen und strukturschwachen Regionen, die Trägerzustellung beeinträchtigen. Begründet wurde diese Ausnahme auch mit der Notwendigkeit des Schutzes der Pressefreiheit nach Art. 5 I GG.[133]

---

127 Plenarprotokoll 18/39 vom 05.06.2014, S. 3329.

128 Plenarprotokoll 18/39 vom 05.06.2014, S. 3319.

129 BT-Drs. 18/1558.

130 Vgl. etwa HK-MiLoG/*Jerchel/Trümner*, § 24 Rn. 44 ff.; *Sagan/Witschen*, jM 2014, 372, 373; *Barczak/Pieroth*, Gutachten 2014, S. 71; *Riechert/Nimmerjahn*, MiLoG Kommentar (2. Auflage), § 24 Rn. 52 ff.; *Bayreuther*, NZA 2014, 865, 872; *Preis/Ulber*, Gutachten 2014, S. 140 ff.; *Fischer-Lescano*, Gutachten 2014, S. 24.

131 Ausschuss-Drs. 18 (11) 183.

132 *Schubert/Jerchel/Düwell*, Das neue Mindestlohngesetz, Rn. 209; *Bayreuther*, NZA 2014, 865, 872.

133 *Schweibert/Leßmann*, DB 2014, 1866, 1868; zur Verfassungsmäßigkeit jüngst BAG, Urteil vom 25.04.2018, 5 AZR 25/17, Redaktion beck-aktuell, Meldung vom 26.04.2018.

d) Haftung gemäß § 13 MiLoG

Die Haftung des Auftraggebers ist in § 13 MiLoG normiert. Demnach findet § 14 AEntG entsprechende Anwendung. § 14 AEntG regelt, dass ein Unternehmer bei der Fremdvergabe von Werk- oder Dienstleistungen für die Mindestlohnansprüche der Arbeitnehmer des Beauftragten haftet. Die Haftung umfasst hierbei die Mindestlohnansprüche der Arbeitnehmer von allen eingesetzten Nachunternehmern, Subunternehmern und im Rahmen der Beauftragung eingesetzten Leiharbeitnehmern.

Nachdem im Gesetzgebungsverfahren zum Mindestlohngesetz zunächst ein eigenständiger Wortlaut – angelehnt an den Wortlaut des § 14 AEntG – und eine Exkulpationsmöglichkeit für den Auftraggeber eingefügt wurde[134], sieht das Mindestlohngesetz nun eine verschuldensunabhängige Haftung vor. Die Frage des Haftungsumfangs wurde nicht gelöst. Die damalige Bundesarbeitsministerin Nahles sprach sich zwar für eine Generalunternehmerhaftung aus[135], jedoch ist eine Haftungseinschränkung nur durch Heranziehung der Rechtsprechung zum Arbeitnehmer-Entsendegesetz möglich. Viele Arbeitgeber sind verunsichert und befürchten eine unabsehbare Haftung. Kritisiert wurde die weite Haftung schon im Gesetzgebungsverfahren.[136] Die Rechtsunsicherheiten bleiben wohl bis zu ersten Gerichtsentscheidungen bestehen.[137]

e) Dokumentationspflichten für Arbeitgeber

Der bürokratische Aufwand hat sich für viele Arbeitgeber durch das Mindestlohngesetz erhöht. Vor allem die Arbeitszeitaufzeichnungspflicht nach § 17 MiLoG und die ausführlichen Meldepflichten nach § 16 MiLoG stellen einen erheblichen Mehraufwand für Arbeitgeber dar.[138] Auch die verschiedenen Verordnungen, die kurz nach Inkrafttreten erlassen wurden, erleichtern die Dokumentationspflicht nur gering.[139] Von vielen Politikern und Unternehmern

---

134 Vgl. § 13 MiLoG-Entwurf in BR-Drs. 147/14; im Gegensatz zum Referentenentwurf der Bundesregierung vom 19.03.2014, der noch keine Exkulpation vorsah.

135 Dies ergibt sich u. a. aus den dargestellten Beispielen, vgl. BMAS, Allgemeine Fragen zum Mindestlohn, unter: http://www.der-mindestlohn-wirkt.de/ml/DE/Ihre-Fragen/Allgemeine-Fragen-zum-Mindestlohn/faq-zum-mindestlohn-info.html (abgerufen am 13.05.2017).

136 Stellungnahme der BDA, Ausschuss-Drs. 18(11)149.

137 Vgl. ausführlich zur Haftung Kapitel 4.

138 Kritisch zur Dokumentationspflicht etwa *Schrader/Novak*, NJW 2015, 1783.

139 Kritisch zur Praxistauglichkeit und Zumutbarkeit der Vorschriften vgl. *Schmitz-Witte/Killian*, NZA 2015, 415 ff.

werden sie als praxisfern bezeichnet.[140] Kleine und mittlere Unternehmen haben häufig keine elektronische Zeiterfassung und müssen nun die Dokumentation (handschriftlich oder elektronisch) sicherstellen. Gerade die Aufzeichnungspflicht für Minijobber betrifft zahlreiche Arbeitgeber und stellt einen beträchtlichen Aufwand dar. Mit dem Argument, dass eine effektive Kontrolle nur durch eine Aufzeichnungspflicht möglich ist, kann man diesen praktischen Mehraufwand nur bedingt rechtfertigen. Die Kosten und der Mehraufwand belasten vor allem kleine Handwerksbetriebe immens. Deshalb wird ein Bürokratieabbau gefordert.[141] Die Dokumentationspflichten entfallen gemäß § 1 MiLoDokV erst ab einem Bruttogehalt von 2.958 €. Die Erleichterung betrifft viele Arbeitgeber nicht. Zwar ist eine Übertragung der Aufzeichnungspflichten denkbar, jedoch bleibt die Pflicht zur Überprüfung beim Arbeitgeber, denn ihn treffen die möglichen Sanktionen.[142]

f) Mindestlohnkommission

Vor der Einbringung des Referentenentwurfs in das Gesetzgebungsverfahren wurden verschiedene Modelle einer Mindestlohnkommission diskutiert.[143] Geeinigt hat man sich auf eine Zusammensetzung aus Vertretern der Tarifparteien und Beratern aus der Wissenschaft.[144] Die Besetzung der Kommission wurde von Mitgliedern der Grünen kritisiert. *Kerstin Andreae* forderte ein Stimmrecht für die Vertreter der Wissenschaft.[145] Weitgehend einig war man sich bei der Aussage, dass die Festsetzung der Höhe des Mindestlohns keine Aufgabe der Politik sei, sondern der Tarifparteien und somit unabhängig erfolgen müsse. Sie kennen die Lage in den Branchen und Betrieben am besten. Wie die Kommission den Mindestlohn festsetzt und ob sie tatsächlich politisch unabhängig handelt, wird sich in Zukunft zeigen.[146]

---

140 Vgl. u. a. Stellungnahme Zentralverband des Deutschen Handwerks, Ausschuss-Drs. 18(11)137.

141 DPA, SZ-Artikel vom 27.04.2015, unter: http://www.sueddeutsche.de/news/politik/koalition-mindestlohn-streit-bringt-koalitionsklima-auf-tiefpunkt-dpa.urn-newsml-dpa-com-20090101-150427-99-01220 (abgerufen am 13.05.2017); für die Ausweitung auf weitere Branchen hingegen etwa *Müller-Wenner*, AuR 2016, 45.

142 Vgl. § 21 I Nr. 7, Nr. 8 i. V. m. § 17 MiLoG.

143 Im Einzelnen *Picker*, RdA 2014, 25, 35 m. w. N.

144 Vgl. zur Diskussion auch *Spielberger/Schilling*, NZA 2014, 414, 417.

145 Plenarprotokoll 18/39 vom 05.06.2014, S. 3322.

146 Auf Fragen zur Mindestlohnkommission wird in der vorliegenden Arbeit nicht näher eingegangen.

g) Durchsetzung des Mindestlohns

Durch die Kontrollen der Zollbehörden bei der Einhaltung des Gesetzes soll sichergestellt werden, dass die mit dem Mindestlohngesetz verfolgten Ziele erreicht werden. Ohne diese staatliche Kontrolle wäre laut den Ausführungen im Referentenentwurf eine effektive Durchsetzung nicht gegeben, da sich ein einzelner Arbeitnehmer oft vor der Geltendmachung seiner Ansprüche scheut.[147] Teilweise wurde deshalb ein Verbandsklagerecht gefordert.[148] Dies wurde aber nicht umgesetzt.[149] Neben der Möglichkeit der individuellen Klage der Arbeitnehmer zur Durchsetzung des Mindestlohns verweist das BMAS bei Verstößen gegen das Mindestlohngesetz auf die Mindestlohn-Hotline.[150] Für die Prüfung der Zahlung des Mindestlohnes sowie für die Verfolgung von Mindestlohnverstößen sind die Behörden der Zollverwaltung, Finanzkontrolle Schwarzarbeit, zuständig.[151] Die Frage der Effektivität der Kontrolle hängt hierbei von der Anzahl der Kontrolleure ab.[152] Somit müssten die Stellen beim Zoll ausgebaut werden, sodass der Mehraufwand abgearbeitet werden kann.

Trotz Forderungen während des Gesetzgebungsverfahrens wurde ein explizites Maßregelungsverbot, für den Fall, dass Verstöße gegen das Mindestlohngesetz gemeldet wurden, nicht eingefügt.[153] Ein Maßregelungsverbot ist bereits in § 612a BGB geregelt. Die Erhebung einer Klage gegen den Arbeitgeber wegen behaupteter Ansprüche aus dem Arbeitsverhältnis gehört zu den Fällen der zulässigen Ausübung einer Rechtsposition gemäß § 612a BGB.[154] Wenn ein

147 Referentenentwurf der Bundesregierung vom 19.03.2014, S. 2.

148 *Nielebock*, AuR 2014, 63; Stellungnahme Deutscher Gewerkschaftsbund, Ausschuss-Drs. 18(11)150; Stellungnahme *Dr. Thorsten Schulten*, Ausschuss-Drs. 18(11)159; vgl. auch zur Forderung von Verbandsklagerechten für Gewerkschaften und Verbraucherverbände *Fechner/Kocher*, NZA 2017, 755, 760 f.

149 Warum ein Verbandsklagerecht nicht eingeführt wurde, wird in den Unterlagen zum Gesetzgebungsverfahren nicht dargelegt.

150 BMAS, Allgemeine Fragen zum Mindestlohn, unter: http://www.der-mindestlohn-wirkt.de/ml/DE/Ihre-Fragen/Allgemeine-Fragen-zum-Mindestlohn/faq-zum-mindestlohn-info.html (abgerufen am 13.05.2017).

151 Vgl. zur administrativen und justiziellen Zusammenarbeit des Zolls zur Aufdeckung etwaiger Verstöße *Aulmann*, NZA 2015, 418 ff.; kritisch zu den Regelungen zur Durchsetzung vgl. *Maschmann*, NZA 2014 929 ff.

152 *Nielebock* a. a. O.

153 *Schubert/Jerchel/Düwell*, Das neue Mindestlohngesetz, Rn. 80.

154 Mü-Ko/*Müller-Glöge*, §612a BGB, Rn. 11; LAG Sachsen, Urteil vom 24.06.2015, 2 Sa 156/15, BeckRS 2015, 71674; ArbG Berlin, Teilurteil vom 17.04.2015, 28 Ca 2405/15, BeckRS 2015, 68089; *Schiefer/Köster*, DB 2016, 169, 171.

Arbeitnehmer Ansprüche aus dem Mindestlohngesetz geltend macht, greift dieses Maßregelungsverbot ein.[155] Eine klarstellende Regelung im Mindestlohngesetz wäre überflüssig.

Auch eine diskutierte Beweislastumkehr bei der Durchsetzung des Mindestlohnanspruchs für Arbeitnehmer wurde nicht umgesetzt.[156] Eine vom Bundesrat[157] geforderte Klarstellung, welche Lohnbestandteile auf den Mindestlohn anzurechnen sind, wurde von der Bundesregierung[158] mit Verweis auf die Rechtsprechung des Europäischen Gerichtshofs und des Bundesarbeitsgerichts im Hinblick auf den Mindestentgeltsatz des Arbeitnehmer-Entsendegesetzes als geklärt angesehen.[159]

IV. Gesamtergebnis zu Kapitel 2

Trotz zahlreicher Bedenken wurde die Einführung eines gesetzlichen Mindestlohns primär zum Schutz der Arbeitnehmer vom Gesetzgeber als notwendig erachtet. Der Inhalt und die Systematik des Gesetzes werfen einige Fragen auf, die erst durch Entscheidungen der Gerichte rechtssicher geklärt werden können. Zahlreiche Anpassungen und Klarstellungen werden in der politischen Diskussion schon von Anfang an gefordert. Im Folgenden sollen die Voraussetzungen des aus § 1 MiLoG[160] folgenden Anspruchs untersucht werden. Konkret wird hierbei der persönliche und örtliche Anwendungsbereich des Gesetzes analysiert.

---

155 *Schubert/Jerchel/Düwell*, Das neue Mindestlohngesetz, Rn. 82; vgl. näher hierzu Kapitel 5 I. 1. e) und Kapitel 5 I. 2. e).

156 *Schubert/Jerchel/Düwell*, Das neue Mindestlohngesetz, Rn. 80.

157 BR-Drs. 147/14 (Beschluss), S. 2.

158 BT-Drs. 18/1558, S. 67.

159 Näher zur Anrechenbarkeit von Vergütungsbestandteilen vgl. Kapitel 5 I. 2. a).

160 Näher zum Streit um die genaue Anspruchsgrundlage vgl. HK-MiLoG/*Schubert/Jerchel*, § 20 Rn. 5 ff.

Kapitel 3: Anwendungsbereich des Mindestlohngesetzes

I. Persönlicher Anwendungsbereich

1. Anknüpfungspunkt und Systematik des Gesetzes

Der persönliche Anwendungsbereich ergibt sich zunächst aus § 1 I 1 MiLoG, wonach jede Arbeitnehmerin und jeder Arbeitnehmer einen Anspruch auf Zahlung des Mindestlohns hat. Das Gesetz knüpft hierbei an den einheitlichen Arbeitnehmerbegriff an.[161] Der Arbeitnehmerbegriff, wie ihn die Rechtsprechung entwickelt hat[162], ist seit April 2017 in § 611a I BGB normiert. Arbeitnehmer ist gemäß § 611a I 1 BGB, wer im Dienste eines anderen zur Leistung weisungsgebundener, fremdbestimmter Arbeit in persönlicher Abhängigkeit verpflichtet ist. Konkretisiert wird der Anwendungsbereich des Mindestlohngesetzes durch § 22 MiLoG. § 22 I MiLoG ist durch ein Regel-Ausnahme-System geprägt. In § 22 I 2 MiLoG werden Praktikanten im Sinne des § 26 BBiG grundsätzlich Arbeitnehmern im Sinne des Mindestlohngesetzes mithilfe einer gesetzlichen Fiktion gleichgestellt. Neben Pflichtpraktika, Orientierungspraktika und ausbildungsbegleitenden Praktika sind Einstiegsqualifizierungen nach § 54a SGB III und Berufsausbildungsvorbereitungen nach §§ 68 bis 70 BBiG hingegen vom Ausnahmebereich umfasst. Daneben regelt § 22 II MiLoG eine Ausnahme für Jugendliche unter 18 Jahren ohne abgeschlossene Berufsausbildung. Absatz 3 schließt Auszubildende sowie ehrenamtliche Tätigkeiten von der Mindestlohnpflicht aus. Absatz 4 definiert eine Ausnahme für Langzeitarbeitslose. Eine weitere Ausnahme für den persönlichen Anwendungsbereich ergab sich bis Ende 2017 für Zeitungszusteller aus § 24 II MiLoG.[163]

---

161 Nicht erfasst vom MiLoG werden somit arbeitnehmerähnliche Personen, z. B. schwerbehinderte Menschen, die in einem Werkstattverhältnis tätig werden, vgl. LAG Schleswig-Holstein, Beschluss vom 11.01.2016, 1 Sa 224/15; Personen, die eine Arbeitspflicht öffentlich-rechtlicher Natur erbringen, vgl. für Strafgefangene. OLG Hamburg, Beschluss vom 15.07.2015, 3 WS 59/15; Rheinland-pfälzischer VerfGH, Beschluss vom 08.06.2015, VGH B 41/14; vgl. für Sicherungsverwahrte. OLG Hamburg, Beschluss vom 18.09.2015, 3 WS 79/15; weitere Personengruppen, die nicht vom Anwendungsbereich umfasst sind, siehe *Riechert/Nimmerjahn*, MiLoG Kommentar (2. Auflage), § 22 Rn. 4 ff.

162 BAG, Urteil vom 25.05.2005, 5 AZR 347/04, AP BGB § 611 Abhängigkeit Nr. 117 m. w. N.

163 Vgl. hierzu § 24 II MiLoG in der Fassung vom 16.08.2014 bis zum 31.12.2017.

Diskussionswürdig sind vor allem die zahlreichen Ausnahmetatbestände mit den jeweiligen Abgrenzungsproblemen. Dies trifft auch auf die verfassungsrechtlichen Fragen zu, wobei es bisher noch keine wesentliche Entscheidung des Bundesverfassungsgerichts gibt.[164]

2. Aufnahme von Praktikanten in den Anwendungsbereich des Mindestlohngesetzes und Ausnahme für bestimmte Praktikumsverhältnisse

Praktikanten sind nicht in einem Arbeitsverhältnis beschäftigt,[165] sodass sie eigentlich keinen Anspruch auf Zahlung des Mindestlohns hätten, wenn sich der Gesetzgeber nicht ausdrücklich für die Aufnahme der Praktikanten in den persönlichen Anwendungsbereich des Mindestlohngesetzes entschieden hätte (§ 22 I 2 MiLoG). Der Grundsatz, dass Praktikanten primär keine „echte" (zumindest verwertbare) Arbeitsleistung erbringen müssen,[166] sondern die Ausbildung und der Lernerfolg vordergründig sein müssen,[167] wird durch den missbräuchlichen Einsatz von Praktikanten infrage gestellt. Der Gesetzgeber möchte diesem Missbrauch entgegenwirken.[168] Bis auf die aufgelisteten Ausnahmen in § 22 I 2 Nr. 1 bis Nr. 4 MiLoG haben nun alle Praktikanten einen Anspruch auf Zahlung des gesetzlichen Mindestlohns. Obwohl § 26 BBiG eine Regelung zu Praktikanten enthält und hierauf ausdrücklich verwiesen wird, hat der Gesetzgeber die neue Regelung im Mindestlohngesetz verortet und in § 22 I 3 MiLoG eine Definition für den Begriff des Praktikanten aufgenommen.

---

164 Lediglich BVerfG, Nichtannahmebeschluss vom 25.06.2015, 1 BvR 37/15 zu § 22 II MiLoG; BVerfG, Nichtannahmebeschluss vom 25.06.2015, 1 BvR 20/15 zu § 24 II MiLoG; zur Verfassungsmäßigkeit von § 24 II MiLoG jüngst BAG, Urteil vom 25.04.2018, 5 AZR 25/17, Redaktion beck-aktuell, Meldung vom 26.04.2018.

165 Das Praktikumsverhältnis fällt unter den Anwendungsbereich von § 26 BBiG und grenzt sich vom Arbeitsverhältnis ab. Vgl. ausführlich *Benecke,* in: Benecke/Hergenröder, BBiG, § 26 Rn. 9 ff. m. w. N.; Erfurter Kommentar 2018/*Schlachter*, § 26 BBiG, Rn. 1; BAG, Urteil vom 19.06.1974, 4 AZR 436/73, AP BAT § 3 Nr. 3.

166 *Orlowski*, RdA 2009, 38, 41. Richtigerweise wird der Ausbildungszweck auch erfüllt, wenn praktisch mitgearbeitet wird, vgl. BAG, Urteil vom 18.12.1986, 2 AZR 717/85, BeckRS 2009, 69350.

167 BAG, Urteil vom 13.03.2003, 6 AZR 564/01, BeckRS 2008, 54164; LAG Baden-Württemberg, Urteil vom 08. 02. 2008, 5 Sa 45/07, NZA 2008, 768; richtigerweise wird der Ausbildungszweck auch erfüllt, wenn praktisch mitgearbeitet wird, vgl. hierzu BAG, Urteil vom 18.12.1986, 2 AZR 717/85, BeckRS 2009, 69350.

168 BT-Drs. 18/1558, S. 42.

Der Anwendungsbereich des Mindestlohngesetzes soll sich nach § 22 I 2 MiLoG auf Praktikumsverhältnisse im Sinne des § 26 BBiG erstrecken. Andere von § 26 BBiG erfasste Vertragsverhältnisse sollen nicht erfasst werden.[169] Nicht erfasst von § 26 BBiG werden Pflichtpraktika im Rahmen einer Ausbildung oder Schülerpraktika.[170] Auch Teilnehmer von dualen Studiengängen und Teilnehmer an Berufsausbildungsvorbereitungen fallen grundsätzlich nicht in den Anwendungsbereich des § 26 BBiG.[171] Von § 26 BBiG erfasst werden neben Praktikanten auch Volontäre und Anlernlinge. Vertragspartner in diesen beiden letztgenannten Rechtsverhältnissen haben wie bisher nach §§ 26, § 17 I BBiG einen Anspruch auf eine angemessene Vergütung.[172] Dies ergibt sich auch aus dem Wortlaut des § 22 I 2 MiLoG, der sich ausdrücklich nur auf Praktikanten bezieht. Wie hoch diese angemessene Vergütung ist, ist im Einzelfall festzustellen.[173] Auch die Personengruppen, die in den Ausnahmetatbeständen in § 22 I 2 MiLoG aufgelistet sind, haben wie bisher einen Anspruch auf Zahlung einer angemessenen Vergütung gemäß §§ 26, 17 BBiG, eine Pflicht zur Zahlung des Mindestlohnanspruchs besteht aber nicht. Alle anderen Praktikanten haben einen Anspruch auf Zahlung des Mindestlohns. Diese Pflicht ergibt sich unmittelbar aus § 22 I 2 MiLoG. Vergütungen von Praktikanten unterhalb des Mindestlohns sind jedenfalls unangemessen im Sinne der §§ 26, 17 BBiG.[174] §§ 1, 22 MiLoG verdrängen somit §§ 26, 17 BBiG, wenn Praktikanten dem Anwendungsbereich des Mindestlohngesetzes unterfallen.[175] Zunächst stellt sich deshalb die Frage, wann der Anwendungsbereich von §§ 1, 22 MiLoG für Praktikanten eröffnet ist bzw. wann ein Ausnahmetatbestand greift.

a) Auslegung der Ausnahmetatbestände

Im Folgenden werden die einzelnen Ausnahmetatbestände dahingehend untersucht und geprüft, welche Praktika mindestlohnfrei abgeleistet werden können.

---

169 BT-Drs. 18/1558, S. 42.

170 BeckOK-BBiG/*Hagen*, § 26 Rn. 4.

171 BeckOK-BBiG/*Hagen*, § 26 Rn. 6; differenzierend *Koch-Rust/Kolb/Rosentreter*, NZA 2015, 402, 404.

172 *Riechert/Nimmerjahn*, MiLoG Kommentar, § 22 Rn. 40.

173 Die Höhe richtet sich im Wesentlichen nach der Verkehrsanschauung und orientiert sich regelmäßig an den einschlägigen Tarifverträgen, vgl. BAG, Urteil vom 29.04.2015, 9 AZR 108/14; BB 2015, 2548.

174 BT-Drs. 18/1558, S. 42.

175 *Picker/Sausmikat*, NZA 2014, 942, 945.

aa) Pflichtpraktikum gemäß § 22 I 2 Nr. 1 MiLoG

Nicht vom Anwendungsbereich des Mindestlohngesetzes erfasst werden sog. Pflichtpraktika, die aufgrund einer (hoch-)schulrechtlichen Regelung oder im Rahmen einer Ausbildungsordnung verpflichtend sind. Umfasst werden hierbei auch Praxisphasen einer gesetzliche geregelten Berufsakademie (vgl. Nr. 1). § 22 I 2 Nr. 1 wirkt hierbei lediglich deklaratorisch.[176]

(1) Sinn und Zweck

Richtigerweise dient ein Pflichtpraktikum im Sinne der Nr. 1 der Ausbildung und somit der Berufsvorbereitung, weshalb kein Mindestlohnanspruch erforderlich ist. Die Länge ist hierbei unerheblich, da sich diese nach den jeweiligen Bestimmungen in den (Hoch-)Schulordnungen richtet. Die Regelung soll insbesondere dem System der dualen Studiengänge gerecht werden.[177] Die jeweiligen Schulen und Ausbildungsstätten dürfen frei entscheiden, wie lange die Praxisphase dauert. Die Dauer der Praxisphase umfasst regelmäßig die Zeit, die der Praktikant zur Vorbereitung auf die berufliche Tätigkeit benötigt.

(2) Überschreitung des Verpflichtungszeitraums

Problematisch ist, ab wann der Mindestlohn zu zahlen ist, wenn die Dauer des Verpflichtungszeitraums überschritten wird (bereits ab dem ersten Tag oder erst nach Ablauf des Verpflichtungszeitraums?). Hierbei sind zwei Fallkonstellationen denkbar: Zum einen kann das Praktikum von Anfang an länger als von der Schul- bzw. Studienordnung vorgesehen vereinbart werden. Zum anderen kann das Praktikumsverhältnis nachträglich verlängert werden.

1. Lösung: Zahlung des Mindestlohns nach Ablauf des Verpflichtungszeitraums

Wenn lediglich eine Mindestdauer vorgeschrieben ist, wird vertreten, dass für die Mindestdauer kein Mindestlohn zu zahlen sei.[178] Nur insoweit sei das

---

176 *Riechert/Nimmerjahn*, MiLoG Kommentar, § 22 Rn. 41; *Natzel*, BB 2014, 2490, 2492; ausführlich zu den einzelnen Ausnahmetatbeständen vgl. *Riechert/Nimmerjahn*, MiLoG Kommentar, § 22 Rn. 41 ff.

177 BT-Drs. 18/2010 (neu), S. 24; *Picker/Sausmikat*, NZA 2014, 942, 941.

178 *Burkhard-Pötter/Sura*, NJW 2015, 517, 521; Erfurter Kommentar 2018/*Franzen*, § 22 MiLoG, Rn. 9; HWK/*Sittard*, § 22 MiLoG Rn. 13; *Riechert/Nimmerjahn*, MiLoG Kommentar (2. Auflage), § 22 Rn. 76, anders beim Orientierungspraktikum vgl. § 22 Rn. 89 ff.

Praktikum obligatorisch.[179] Das Pflichtpraktikum soll nach dem Prinzip des Mindestlohngesetzes für die Dauer des Verpflichtungszeitraums jedoch immer mindestlohnfrei sein[180], auch wenn es von vornherein oder nachträglich verlängert wird. Erst nach Ablauf des Verpflichtungszeitraums muss der Mindestlohn bezahlt werden.

2. Lösung: Mindestlohnpflicht von Anfang an

Denkbar ist, dass das Praktikum bereits ab dem 1. Tag mit dem Mindestlohn zu vergüten ist. Dies müsse unabhängig davon gelten, ob das Praktikum nachträglich verlängert wird oder von vornherein länger dauern soll.[181] Es könne andernfalls die Gefahr bestehen, dass die Praktikanten von Anfang an als billige Arbeitskräfte vorgesehen waren und die mindestlohnfreie Zeit als günstige Einarbeitungsphase ausgenutzt wird.[182]

Im Fall der nachträglichen Verlängerung stellt sich jedoch die Frage, was mit der Lohnabrede passiert. Aus § 3 S. 1 MiLoG ergibt sich nämlich die Unwirksamkeit. Fraglich ist, ob die Lohnabrede nachträglich unwirksam wird. Dies müsste konsequenterweise bejaht werden. Es ist somit für die Rechtsfolge unerheblich, ob das Praktikum von Anfang an länger vereinbart wird oder erst im Nachhinein. Somit stellt sich die Frage, ob ein Anspruch auf Zahlung des Mindestlohns besteht oder sogar einen Anspruch auf die übliche Vergütung gemäß § 612 II BGB. Im Rahmen des § 3 S. 1 MiLoG ist dies umstritten.[183]

---

179 *Riechert/Nimmerjahn*, MiLoG Kommentar (2. Auflage), § 22 Rn. 76.

180 HWK/*Sittard*, § 22 MiLoG Rn. 13.

181 A. A. jedoch zu den Tatbeständen Nr. 2 und 3: *Vogelsang*, in: Schaub, Arbeitsrecht, 2015, § 66, Rn. 16.

182 Vgl. zum Orientierungspraktikum *Schubert/Jerchel/Düwell*, Das neue Mindestlohngesetz, Rn. 169.

183 U. a. für einen Anspruch in Höhe des Mindestlohns Erfurter Kommentar 2018/*Franzen*, § 3 MiLoG, Rn. 1a; *Riechert/Nimmerjahn*, MiLoG Kommentar (2. Auflage), § 3 Rn. 12; *Lembke*, NZA 2015, 70, 77; *Waltermann*, AuR 2015, 166, 170; wohl auch BAG, Urteil vom 25.05.2016, 5 AZR 135/16, NZA 2016, 1327; a. A. etwa *Richardi/Fischinger*, in: Staudinger Kommentar, 2016, § 611 BGB Rn. 1371; *Däubler*, NJW 2014, 1924, 1927; Bayreuther, NZA 2014, 865, 866, der einen Anspruch gemäß § 612 II BGB bejaht, es sei denn, der Arbeitnehmer hat die Anpassung in Höhe des Mindestlohns abgelehnt; ebenso *Pötters/Krause*, NZA 2015, 398; vgl. ausführlich zum Streit mit Stellungnahme Kapitel 5 I. 1.

Stellungnahme:

Der Wortlaut der Norm gibt keine Anhaltspunkte dafür, ab wann der Mindestlohn zu zahlen ist. Auch in der Entwurfsbegründung finden sich keine Hinweise zum vorliegenden Problem.[184] Fraglich ist somit, ob die Systematik aufschlussreicher ist. Der Ausnahmetatbestand regelt gerade keine Karenzzeit, weil er nicht wie der Ausnahmetatbestand des § 22 IV MiLoG formuliert ist. Letzterer regelt ausdrücklich, dass der Mindestlohn in den ersten sechs Monaten der Beschäftigung nicht gilt. Solch eine Formulierung ist in § 22 I 2 Nr. 1 nicht aufgenommen worden.[185] Das spricht dafür, dass der Mindestlohn bereits ab dem 1. Tag zu zahlen ist. Zu prüfen ist jedoch, ob der Sinn der Norm eine Mindestlohnpflicht ab dem 1. Tag erfordert. Zunächst muss klargestellt werden, dass es für die Frage keinen Unterschied macht, ob das Praktikum von vornherein länger dauern soll oder nachträglich verlängert wird, andernfalls ist die Mindestlohnpflicht vom Zeitpunkt der Vereinbarung abhängig. Sinn der Regelung ist es, genug Kapazität für obligatorische Praxisphasen im Rahmen der Ausbildung sicherzustellen.[186] Pflichtpraktika dienen klar der Berufsvorbereitung, sodass die Mindestlohnpflicht nicht greift.[187] Richtigerweise greift die Mindestlohnpflicht erst nach Ablauf des Verpflichtungszeitraums, denn lediglich insoweit ist es verpflichtend.[188] Eine Umgehungsgefahr ist hier nicht gegeben.[189] Das Pflichtpraktikum soll stets mindestlohnfrei sein.[190] Wie das gleichlaufende Problem im Rahmen des Orientierungspraktikums gelöst wird ist hierbei unerheblich.[191] Im Gegensatz zum Orientierungspraktikum ist eine zeitliche Begrenzung beim Pflichtpraktikum gerade nicht vorgesehen. Außerdem ergeben sich Differenzen hinsichtlich der Intention des Gesetzgebers.[192]

---

184 BT-Drs. 18/1558, S. 42.

185 Vgl. zum Orientierungspraktikum *Riechert/Nimmerjahn*, MiLoG Kommentar (2. Auflage), § 22 Rn. 89.

186 *Riechert/Nimmerjahn*, MiLoG Kommentar (2. Auflage), § 22 Rn. 51.

187 Zum Sinn der Regelung näher Ziff. I. 2. a) aa) (1) dieses Kapitels.

188 *Riechert/Nimmerjahn*, MiLoG Kommentar (2. Auflage), § 22 Rn. 76.

189 *Riechert/Nimmerjahn*, MiLoG Kommentar (2. Auflage), § 22 Rn. 51.

190 HWK/*Sittard*, § 22 MiLoG Rn. 13.

191 Vgl. hierzu nachfolgend unter bb).

192 Vgl. hierzu *Riechert/Nimmerjahn*, MiLoG Kommentar (2. Auflage), § 22 Rn. 51, 78, demnach sieht der Gesetzgeber beim Orientierungspraktikum eine, wenn auch geringe, Missbrauchsgefahr.

Fazit:

Eine Pflicht zur Zahlung des Mindestlohns besteht erst nach Ablauf des Verpflichtungszeitraums. Im Anschluss an das Pflichtpraktikum besteht lediglich die Möglichkeit, mindestlohnfrei ein begleitendes Praktikum[193] oder ein zweites vorgeschriebenes Pflichtpraktikum zu absolvieren. Hier empfiehlt sich der Abschluss eines neuen Praktikumvertrags, um klarzustellen, dass es sich um ein andersartiges bzw. weiteres verpflichtendes Praktikumsverhältnis handelt.

bb) Orientierungspraktikum gemäß § 22 I 2 Nr. 2 MiLoG

Der Ausnahmetatbestand in Nr. 2 umfasst Praktika, wenn diese zur Orientierung für eine Ausbildung oder für die Aufnahme eines Studiums absolviert werden. Im Gegensatz zum ersten Ausnahmetatbestand wirkt § 22 I 2 Nr. 2 konstitutiv.[194] Ein sog. mindestlohnfreies Orientierungspraktikum ist nur noch mit einer Dauer von drei Monaten möglich. Danach greift die Pflicht zur Zahlung des Mindestlohns.

(1) Sinn und Zweck

Hintergrund der zeitlichen Begrenzung ist der Gedanke, dass nach drei Monaten der Zeitraum der Orientierung abgeschlossen sein soll.[195] Bei dem Begriff der Orientierung, der gesetzlich nicht näher definiert ist, muss richtigerweise auf eine objektive Gesamtbetrachtung abgestellt werden.[196] Würde man allein auf den Willen der Parteien abstellen, könnte der Mindestlohnanspruch abbedungen werden. Dies ist schon nach § 3 MiLoG nicht zulässig.[197] Es ist somit maßgeblich, ob das Praktikum geeignet ist, eine Orientierung zu geben. Dies ist nicht der Fall, wenn bereits zuvor ein Praktikum im selben Lehrberuf abgeleistet wurde.[198] Erforderlich ist ein gewisser inhaltlicher Bezug zu der beabsichtigten Berufsausbildung bzw. dem beabsichtigten Studium.[199] Vor der Aufnahme eines Jura Studiums kann beispielsweise ein Praktikum in der Rechtsabteilung eines

---

193 *Riechert/Nimmerjahn*, MiLoG Kommentar (2. Auflage), § 22 Rn. 76.

194 *Riechert/Nimmerjahn*, MiLoG Kommentar, § 22 Rn. 41; *Natzel*, BB 2014, 2490, 2492; ausführlich zu den einzelnen Ausnahmetatbeständen vgl. *Riechert/Nimmerjahn*, MiLoG Kommentar, § 22 Rn. 41 ff.

195 *Riechert/Nimmerjahn*, MiLoG Kommentar, § 22 Rn. 63.

196 HK-MiLoG (2. Auflage)/*Schubert/Jerchel*, § 22 Rn. 36; *Schubert/Jerchel/Düwell*, Das neue Mindestlohngesetz, Rn. 169.

197 *Schubert/Jerchel/Düwell*, Das neue Mindestlohngesetz, Rn. 169.

198 *Schubert/Jerchel/Düwell*, Das neue Mindestlohngesetz, Rn. 169.

199 BeckOK-MiLoG/*Greiner*, § 22 Rn. 30.

Unternehmens sinnvoll sein. Vor der Aufnahme eines BA-Studiums im Bereich Handel kann etwa ein Praktikum in einem Lebensmitteleinzelhandelsgeschäft sinnvoll sein, wenn hierbei Einblicke in die Waren- und Beschaffungswirtschaft ermöglicht werden. Der Orientierungszweck fehlt jedoch, wenn der Praktikant Tätigkeiten leistet (beispielsweise Kassiertätigkeit im Modegeschäft), die mit dem beabsichtigten Ausbildungs- bzw. Studiengang (beispielsweise Ausbildung zum Modeschneider oder Modedesign Studium) nichts zu tun haben.[200] Bei der Gesamtbetrachtung wird neben objektiven Indizien darauf abgestellt, ob die Vertragsparteien gemeinsam von einem Orientierungspraktikum ausgehen und dies auch schriftlich festhalten.[201] Der Praktikant soll innerhalb von drei Monaten ein umfassendes Bild von dem Berufsfeld bekommen haben und sich dann für die Aufnahme eines Studiums bzw. einer Ausbildung entscheiden können.

(2) Überschreitung der drei Monate

Fraglich ist, ab wann die Mindestlohnpflicht greift, wenn das Orientierungspraktikum länger als drei Monate dauern soll.[202] Dies wird im Schrifttum unterschiedlich beantwortet.[203] Auch hier ist, wie beim Ableisten eines Pflichtpraktikums, denkbar, dass das Praktikum von vornherein länger abgeleistet werden soll oder eine nachträgliche Verlängerung vereinbart wird. Ob das eine unterschiedliche Handhabung rechtfertigt wird nachfolgend beantwortet.

1. Lösung: Zahlung des Mindestlohns ab dem 4. Monat

Einerseits soll erst ab dem vierten Monat der Mindestlohn zu zahlen sein.[204] Argumentiert wird mit der Intention des Gesetzgebers das Instrument des

---

200 Ausführlich hierzu *Riechert/Nimmerjahn*, MiLoG Kommentar (2. Auflage), § 22 Rn. 87.

201 *Schubert/Jerchel/Düwell*, Das neue Mindestlohngesetz, Rn. 169.

202 Zur ähnlichen Problematik bei Überschreitung des Verpflichtungszeitraums vgl. Ziff. I. 2. a) aa) (2).

203 Mindestlohnpflicht ab dem 1. Tag: u. a.: *Schubert/Jerchel/Düwell*, Das neue Mindestlohngesetz, Rn. 169; *Jöris/v. Steinau-Steinrück*, BB 2014, 2101, 2102; *Burkhard-Pötter/Sura*, NJW 2015, 517, 520; *Lakies*, MiLoG 2017, § 22 Rn. 37; HK-MiLoG (2. Auflage)/*Schubert/Jerchel*, § 22 Rn. 37 f.; Mü-Ko (7. Auflage)/*Müller-Glöge*, § 1 MiLoG Rn. 13; *Bayreuther*, NZA 2015, 385, 388; *Riechert/Nimmerjahn*, MiLoG Kommentar, § 22 Rn. 63 m. w. N.; Mindestlohnpflicht erst ab dem 4. Monat: etwa Erfurter Kommentar 2018/*Franzen*, § 22 MiLoG, Rn. 12; *Lembke*, NZA 2015, 70, 77.

204 *Popella*, S. 296; Erfurter Kommentar 2018/*Franzen*, § 22 MiLoG, Rn. 12; wohl auch *Lembke*, NZA 2015, 70, 77, zumindest für die Ausnahmeregelung in Nr. 3.

Praktikums nicht übermäßig einzuschränken.[205] Außerdem wird die Regelung der Nr. 3 vergleichend herangezogen. Wenn hier eine Aufspaltung des Praktikums in zwei Abschnitte möglich ist und die Mindestlohnpflicht erst für den zweiten Zeitabschnitt greift, dann muss auch der Fall der Verlängerung eines Orientierungspraktikums gleich behandelt werden.[206]

2. Lösung: Mindestlohnpflicht von Anfang an

Andererseits wird vertreten, dass bereits ab dem ersten Tag die Mindestlohnpflicht greift.[207] Argumentiert wird sowohl mit dem Wortlaut der Norm, als auch mit der Systematik.[208] Im Rahmen des Tatbestandes der Nr. 2 gilt der Praktikant ausnahmsweise nicht als Arbeitnehmer im Sinne des Mindestlohngesetzes. Im Gegensatz zu Absatz 4 regelt die Ausnahme in § 22 I S. 2 Nr. 2 MiLoG außerdem gerade keine Karenzzeit.[209] Auch der Normzweck lässt nach dieser Ansicht kein anderes Ergebnis zu.[210] Der Gesetzgeber hat sich hier im Rahmen seiner Einschätzungsprärogative die zeitliche Grenze von drei Monaten entschieden. Erst danach sei die Missbrauchsgefahr gegeben.[211]

Stellungnahme:

Der Wortlaut der Norm regelt die Frage nicht eindeutig.[212] Aufgrund der Systematik und einem Vergleich mit der Ausnahmeregelung für Langzeitarbeitslose (Absatz 4) kommt man jedoch zu dem Ergebnis, dass der Mindestlohn bereits ab dem 1. Tag zu zahlen ist. Hierfür spricht auch der Sinn der Ausnahmeregelung. Insoweit ist *Riechert* und *Nimmerjahn*[213] zuzustimmen. Eine Aufspaltung

---

205 Erfurter Kommentar 2018/*Franzen*, § 22 MiLoG, Rn. 12 mit Verweis auf BT-Drs. 18/1558, S. 42.

206 Erfurter Kommentar 2018/*Franzen*, § 22 MiLoG, Rn. 12.

207 *Schubert/Jerchel/Düwell*, Das neue Mindestlohngesetz, Rn. 169; *Jöris/v. Steinau-Steinrück*, BB 2014, 2101, 2102. *Burkhard-Pötter/Sura*, NJW 2015, 517, 520; *Lakies*, MiLoG 2017, § 22 Rn. 37; HK-MiLoG (2. Auflage)/*Schubert/Jerchel*, § 22 Rn. 37 f.; Mü-Ko (7. Auflage)/*Müller-Glöge*, § 1 MiLoG Rn. 13; *Riechert/Nimmerjahn*, MiLoG Kommentar, § 22 Rn. 63 m. w. N.

208 Vgl. ausführlich *Riechert/Nimmerjahn*, MiLoG Kommentar (2. Auflage), § 22 Rn. 89;

209 So auch HK-MiLoG (2. Auflage)/*Schubert/Jerchel*, § 22 Rn. 37 f.

210 *Riechert/Nimmerjahn*, MiLoG Kommentar (2. Auflage), § 22 Rn. 89.

211 *Riechert/Nimmerjahn*, MiLoG Kommentar (2. Auflage), § 22 Rn. 89.

212 Erfurter Kommentar 2018/*Franzen*, § 22 MiLoG, Rn. 12.

213 *Riechert/Nimmerjahn*, MiLoG Kommentar (2. Auflage), § 22 Rn. 89.

des Praktikumsverhältnisses ist hier nicht möglich.[214] Es kann somit auch kein Unterschied machen, ob das Praktikumsverhältnis von Anfang an länger andauern soll oder nachträglich verlängert wird.[215] Andernfalls kann man die Rechtsfolge willkürlich umgehen. Anders als bei der Überschreitung der Dauer des Pflichtpraktikums besteht hier nämlich eine gewisse Missbrauchsgefahr.[216] Im Falle der nachträglichen Verlängerung wird die Lohnabrede unwirksam, vgl. § 3 S. 1 MiLoG. Ob folglich ein Anspruch auf Zahlung des Mindestlohns besteht oder sogar einen Anspruch auf die übliche Vergütung gemäß § 612 II BGB ist umstritten und wird später beantwortet.[217]

Fazit:

Bei Überschreitung der Praktikumsdauer von drei Monaten ist bereits ab dem 1. Tag der Mindestlohn zu bezahlen. Im Anschluss an ein Orientierungspraktikum besteht jedoch die Möglichkeit, mindestlohnfrei ein Pflichtpraktikum oder ein begleitendes Praktikum zu absolvieren. Hier schließt sich ein neues andersartiges Praktikumsverhältnis an, was einer ausdrücklichen Vereinbarung bedarf.

(3) Mehrfache Orientierung bei einem Arbeitgeber

Zu klären ist, ob der Mindestlohn bezahlt werden muss, wenn mehrere Praktika bei ein und demselben Arbeitgeber abgeleistet werden möchten. Zwei Orientierungspraktika bei ein und demselben Arbeitgeber scheiden grundsätzlich aus.[218] Die Orientierungsphase soll dazu dienen, dass der Praktikant einen Einblick

---

214 *Riechert/Nimmerjahn*, MiLoG Kommentar (2. Auflage), § 22 Rn. 92.

215 Mü-Ko (7. Auflage)/*Müller-Glöge*, § 1 MiLoG Rn. 13; a. A. *Vogelsang*, in: Schaub, Arbeitsrecht, 2015, § 66, Rn. 16.

216 Vgl. hierzu *Riechert/Nimmerjahn*, MiLoG Kommentar (2. Auflage), § 22 Rn. 51, 78, demnach sieht der Gesetzgeber beim Orientierungspraktikum eine, wenn auch geringe, Missbrauchsgefahr.

217 U. a. für einen Anspruch in Höhe des Mindestlohns Erfurter Kommentar 2018/*Franzen*, § 3 MiLoG, Rn. 1a; *Riechert/Nimmerjahn*, MiLoG Kommentar (2. Auflage), § 3 Rn. 12; *Lembke*, NZA 2015, 70, 77; *Waltermann*, AuR 2015, 166, 170; wohl auch BAG, Urteil vom 25.05.2016, 5 AZR 135/16, NZA 2016, 1327; a. A. etwa *Richardi/Fischinger*, in: Staudinger Kommentar, 2016, § 611 BGB Rn. 1371; *Däubler*, NJW 2014, 1924, 1927; Bayreuther, NZA 2014, 865, 866, der einen Anspruch gemäß § 612 II BGB bejaht, es sei denn, der Arbeitnehmer hat die Anpassung in Höhe des Mindestlohns abgelehnt; ebenso *Pötters/Krause*, NZA 2015, 398; vgl. ausführlich zum Streit mit Stellungnahme Kapitel 5 I. 1.

218 *Riechert/Nimmerjahn*, MiLoG Kommentar (2. Auflage), § 22 Rn. 94.

in das Berufsfeld und die Arbeit bei dem Unternehmen bekommt. Hierfür reichen grundsätzlich drei Monate Praktikumseinsatz aus. Andernfalls wäre eine Umgehung der Regelung möglich. Das gilt aber dann nicht, wenn ein Praktikant in einem Unternehmen in unterschiedlichen Arbeitsbereichen ein Orientierungspraktikum machen möchte. Dies ist vor allem dann der Fall, wenn sich bei dem ersten Praktika herausstellt, dass das gewählte Berufsfeld nicht den Vorstellungen entspricht und deshalb eine andere Berufsrichtung eingeschlagen werden möchte. Beispielsweise kann ein Praktikant, der im Verkauf eines großen Textilunternehmens tätig ist um Einblicke in den Beruf des Einzelhandelskaufmanns zu erlangen, durchaus anschließend in den Personalbereich dieses Unternehmens wechseln, wenn er sich im Lauf des ersten Praktikums dazu entscheidet eine Ausbildung im Personalbereich zu absolvieren. Richtigerweise müssen ausnahmsweise somit mehrere Praktika möglich sein, ohne dass diese vom Mindestlohn erfasst werden.[219] Dafür spricht, dass ein ausdrückliches Verbot des Vorpraktikums wie in § 22 I 2 Nr. 3 MiLoG der Ausnahmetatbestand in Nr. 2 nicht vorsieht.[220] Voraussetzung ist lediglich, dass es der Orientierung für einen anderen Beruf dient. Hier muss in der Praxis klar differenziert werden. Deshalb ist es wichtig, die Zielrichtung und das Berufsfeld zu dokumentieren.[221]

(4) Berufliche Umorientierung

Problematisch ist, ob die Anwendung des Ausnahmetatbestands für Orientierungspraktika nach einer abgeschlossenen Ausbildung oder einem Studium ausgeschlossen ist. Dies wird im Schrifttum unterschiedlich beantwortet.[222] *Schubert* und *Jerchel* sind der Ansicht, dass ein Orientierungspraktikum nach einer abgeschlossenen Ausbildung gar nicht mehr möglich sei, sondern lediglich bei Abbruch einer Ausbildung oder eines Studiums.[223] Andernfalls wäre die Gefahr gegeben, dass Unternehmen mit verschiedenen Berufsfeldern trotz abgeschlossener Ausbildung das Ableisten eines Praktikums unter dem Vorwand der

---

219 So auch *Popella*, S. 289; strenger hierbei HK-MiLoG (2. Auflage)/*Schubert/Jerchel*, § 22 Rn. 35.

220 *Riechert/Nimmerjahn*, MiLoG Kommentar (2. Auflage), § 22 Rn. 94.

221 *Riechert/Nimmerjahn*, MiLoG Kommentar (2. Auflage), § 22 Rn. 94.

222 Für die Ablehnung des Ausnahmetatbestandes: HK-MiLoG/*Schubert/Jerchel*, § 22 Rn. 35; a. A. u. a.: *Riechert/Nimmerjahn*, MiLoG Kommentar, § 22 Rn. 61; BeckOK-MiLoG/*Greiner*, § 22 Rn. 29; *Heukenkamp*, S. 113; a. A. auch noch *Schubert/Jerchel/Düwell*, Das neue Mindestlohngesetz, Rn. 169.

223 HK-MiLoG (2. Auflage)/*Schubert/Jerchel*, § 22 Rn. 35.

Umorientierung verlangen.[224] Außerdem müsse mangels gesetzlicher Definition des Begriffs der Orientierung auf eine objektive Gesamtbetrachtung abgestellt werden und nicht allein auf den subjektiven Willen der Parteien und insbesondere des Arbeitgebers.[225] *Riechert* und *Nimmerjahn* sind hingegen der Meinung, dass ein mindestlohnfreies Orientierungspraktikum nach einer abgeschlossenen Ausbildung oder einem abgeschlossenen Studium nicht ausgeschlossen sei, wenn es der Umorientierung diene.[226] Das Gesetz differenziere zum einen nicht zwischen erstmaliger und weiterer Orientierung. Außerdem sei auch nach dem Sinn der Regelung keine Mindestlohnpflicht erforderlich, da in Fällen der Umorientierung keine Missbrauchsgefahr vorliege.[227]

Letztere Ansicht ist überzeugend. Anknüpfungspunkt ist lediglich der Begriff „Orientierung". Darunter kann nicht nur eine erstmalige, sondern auch eine Umorientierung hinsichtlich eines neuen Berufsfelds subsumiert werden. Wenn das Ableisten mehrerer Orientierungspraktika nach Abbruch eines Studiums oder einer Ausbildung mindestlohnfrei möglich ist[228], muss dies auch möglich sein, wenn eine Umorientierung stattfindet und die Aufnahme eines weiteren Studiums oder einer Ausbildung beabsichtigt ist. Es macht keinen Sinn, warum derjenige ohne Ausbildungsabschluss bzw. Studienabschluss leichter einen mindestlohnfreien Praktikumsplatz bekommen soll, als derjenige mit Abschluss, der sich lediglich umorientieren möchte. Hier ist eine weite Auslegung erforderlich. Dient das freiwillige Praktikum jedoch nicht der Aufnahme eines Studiums, sondern der Fortsetzung, beispielsweise der Fortsetzung eines fachgleichen Bachelorstudiums durch ein Masterstudium, ist der Ausnahmetatbestand nicht einschlägig. Nach einem abgeschlossenen Bachelorstudium ist regelmäßig davon auszugehen, dass die Orientierungsphase für das gewählte Berufsfeld abgeschlossen ist.[229] Danach kommt für das freiwillige Praktikum im Sinne der Nr. 2 nur noch eine Umorientierung in Betracht. Im Ergebnis ist somit nach einer abgeschlossenen Ausbildung oder einem abgeschlossenen Studium ein Orientierungspraktikum möglich, soweit es der beruflichen Umorientierung dient.

---

224 HK-MiLoG (2. Auflage)/*Schubert/Jerchel*, § 22 Rn. 35.
225 HK-MiLoG (2. Auflage)/*Schubert/Jerchel*, § 22 Rn. 36.
226 *Riechert/Nimmerjahn*, MiLoG Kommentar (2. Auflage), § 22 Rn. 82 ff.
227 *Riechert/Nimmerjahn*, MiLoG Kommentar (2. Auflage), § 22 Rn. 86.
228 HK-MiLoG (2. Auflage)/*Schubert/Jerchel*, § 22 Rn. 37.
229 *Riechert/Nimmerjahn*, MiLoG Kommentar (2. Auflage), § 22 Rn. 85; *Popella*, S. 288; a. A. BeckOK-MiLoG/*Greiner*, § 22 Rn. 29.

cc) Ausbildungsbegleitendes Praktikum gemäß § 22 I 2 Nr. 3 MiLoG

Vom Anwendungsbereich des Mindestlohngesetzes ausgenommen werden ferner solche Praktika, die begleitend zu einer Berufs- oder Hochschulausbildung geleistet werden (sog. ausbildungsbegleitende Praktika), einen Bezug zur Ausbildung aufweisen und die Dauer von drei Monaten nicht überschreiten.[230] § 22 I 2 Nr. 3 wirkt konstitutiv.[231] Voraussetzung für den Ausnahmetatbestand ist, dass nicht zuvor ein solches Praktikumsverhältnis mit dem Ausbildenden bestanden hat. Das Verbot des Kettenpraktikums in Nr. 3 bezieht sich nur auf das ausbildungsbegleitende Praktikum im Sinne der Nr. 3.[232] Dies folgt schon aus der systematischen Stellung. Die Regelung ist ausdrücklich unter Nr. 3 verankert und nicht übergreifend für alle Ausnahmetatbestände, etwa als S. 3 in § 22 I MiLoG, aufgenommen worden. „Ein solches" ist auch nach dem Sinn und Zweck der Norm eng auszulegen und bezieht sich nur auf das ausbildungsbegleitende Praktikum, da eine Umgehung der Begrenzung auf drei Monate verhindert werden soll.[233]

Nach § 22 I 2 Nr. 3 MiLoG greift die Ausnahme nur ein, wenn nicht bereits zuvor ein solches Praktikumsverhältnis bestanden hat. Fraglich ist, wie der Wortlaut „nicht zuvor" zu verstehen ist.[234] Eine ähnliche Formulierung findet sich auch in § 14 II 2 TzBfG. Demnach ist eine Befristung nach Satz 1 nicht zulässig, wenn mit demselben Arbeitgeber bereits zuvor ein befristetes oder unbefristetes Arbeitsverhältnis bestanden hat. Das BAG hat im Jahr 2011 im Rahmen des Vorbeschäftigungsverbotes bei befristeten Arbeitsverhältnissen eine restriktive Auslegung der Vorschrift vorgenommen und entschieden, dass eine „Zuvor-Beschäftigung" nicht gegeben ist, wenn das frühere Arbeitsverhältnis mehr als drei Jahre zurückliegt.[235] Dies stellte eine wesentliche Änderung zur bisherigen Rechtsprechung dar, da das BAG bis dato an einer unbegrenzten Dauer des Vorbeschäftigungsverbotes festgehalten hat.[236] Ausschlaggebend hierfür waren die

---

230 *Hilgenstock*, Mindestlohngesetz, Rn. 27.

231 *Riechert/Nimmerjahn*, MiLoG Kommentar, § 22 Rn. 41; *Natzel*, BB 2014, 2490, 2492; ausführlich zu den einzelnen Ausnahmetatbeständen vgl. *Riechert/Nimmerjahn*, MiLoG Kommentar, § 22 Rn. 41 ff.

232 *Riechert/Nimmerjahn*, MiLoG Kommentar, § 22 Rn. 71; *Bayreuther*, NZA 2014, 865, 872.

233 *Hilgenstock*, Mindestlohngesetz, Rn. 29; *Riechert/Nimmerjahn*, MiLoG Kommentar, § 22 Rn. 71.

234 *Heukenkamp*, S. 118 ff.

235 BAG, Urteil vom 06.04.2011, 7 AZR 716/09, NZA 2011, 905 ff.

236 Vgl. u. a. BAG, Urteil vom 06.11.2003, 2 AZR 690/02, NZA 2005, 218; BAG, Beschluss vom 29.07.2009, 7 AZN 368/09, BeckRS 2011, 77126.

Auslegung der Norm nach dem Zweck und verfassungsrechtliche Aspekte. Ein zeitlich unbegrenztes Vorbeschäftigungsverbot beschränke die Berufsfreiheit des Arbeitnehmers und die Privatautonomie der Parteien des Arbeitsvertrages unverhältnismäßig.[237]

Die Rechtsprechung zu Kettenbefristungen[238] auf den Ausnahmetatbestand der Nr. 3 anzuwenden, liegt zwar aufgrund der ähnlichen Formulierung des § 14 II 2 TzBfG nahe, jedoch steht dies dem Schutzzweck der Norm des § 22 I 2 Nr. 3 MiLoG entgegen.[239] Ziel der Regelung ist zu verhindern, dass das Instrument des Praktikums missbraucht wird, um billige Arbeitskräfte zu beschäftigen.[240] Eine Einschränkung des Wortlauts, der ein striktes Verbot ausbildungsbegleitender Vorpraktika vorsieht, ist nicht erforderlich. Anders als im Befristungsrecht ist nicht jede Vorbeschäftigung verboten, da andere bereits geleistete Praktika von dem Verbot in Nr. 3 nicht erfasst sind.[241] Eine unzulässige Berührung grundrechtlich geschützter Interessen der Praktikanten ist nicht gegeben.[242] Gegen die Anwendung der Rechtsprechung zu Kettenbefristungen spricht auch folgender Aspekt: Die Rechtsprechung des BAG wird sehr kritisch gesehen[243] und seit Juni 2018 sogar als verfassungswidrig eingestuft.[244] Eine Übertragung der Rechtsprechung des BAG scheidet somit schon aus diesem Grund aus. Ohne jeglichen Bezug bzw. Verweis zum Teilzeit- und Befristungsgesetz ist eine Übertragung der Grundsätze zu § 14 II 2 TzBfG außerdem zu weit hergeholt.[245] *Heukenkamp* stützt sich im Rahmen ihrer Gegenansicht weitgehend auf die Begründung des BAG zur Kettenbefristung, verkennt jedoch, dass davon auszugehen ist, dass der Gesetzgeber die Ansicht des BAG und dessen Argumente bei Einführung des Mindestlohngesetzes kannte und sich dennoch nicht für die Übertragung der Grundsätze entschieden hat. Andernfalls hätte

---

237 BAG, Urteil vom 06.04.2011, 7 AZR 716/09, NZA 2011, 905, 909; kritisch hierzu LAG Baden-Württemberg, Urteil vom 16.11.2016, 17 Sa 14/16, BeckRS 2016, 116437.

238 Vgl. BAG, Urteil vom 06.04.2011, 7 AZR 716/09, NZA 2011, 905 ff.

239 So auch HK-MiLoG (2. Auflage)/*Schubert/Jerchel*, § 22 Rn. 44; *Riechert/Nimmerjahn*, MiLoG Kommentar, § 22 Rn. 73; im Ergebnis auch *Bayreuther*, NZA 2014, 865, 871; a. A. *Hilgenstock*, Mindestlohngesetz, Rn. 30; *Heukenkamp*, S. 120 f.; *Popella*, S. 320 ff.

240 *Riechert/Nimmerjahn*, MiLoG Kommentar, § 22 Rn. 72.

241 *Riechert/Nimmerjahn*, MiLoG Kommentar, § 22 Rn. 73.

242 *Riechert/Nimmerjahn*, MiLoG Kommentar, § 22 Rn. 73.

243 LAG Baden-Württemberg, Urteil vom 16.11.2016, 17 Sa 14/16, BeckRS 2016, 116437.

244 BVerfG, Beschluss vom 06.06.2018, 1 BvL 7/14, 1 BvR 1375/14.

245 Für die Übertragung der Rechtsprechung des BAG zum Vorbeschäftigungsverbot dagegen *Heukenkamp*, S. 121.

der Gesetzgeber die Rechtsprechung zu Kettenbefristungen auch direkt in das Mindestlohngesetz einarbeiten können, beispielsweise durch die ausdrückliche Nennung der Dauer des Vorbeschäftigungsverbots.

dd) Einstiegsqualifizierung und Berufsausbildungsvorbereitung gemäß § 22 I 2 Nr. 4 MiLoG

Nr. 4 verweist auf zwei behördlich kontrollierte Verfahren vor allem für ausbildungsschwache Jugendliche. Solange Praktikanten an einer solchen Maßnahme teilnehmen, unterfallen sie nicht der Mindestlohnpflicht. Hintergrund der Einstiegsqualifizierung und der Berufsausbildungsvorbereitung ist das Ziel, die Beschäftigungschancen von jüngeren Menschen mit Vermittlungshemmnissen zu erhöhen. Dieser Zweck soll nicht durch eine Mindestlohnpflicht gefährdet werden.[246] Da die Einstiegsqualifizierung unter § 26 BBiG fallen kann[247], ist die Aufnahme in das Mindestlohngesetz insoweit konstitutiv.[248] Die Gefahr missbräuchlicher Ausnutzung von Praktikanten sah der Gesetzgeber wohl aufgrund der Beteiligung der Behörden nicht.[249] Die Regelung zur Berufsausbildungsvorbereitung nach § 68 BBiG stellt deklaratorisch klar, dass keine Mindestlohnpflicht besteht.[250]

Die Ausnahme ist mit Blick auf die Förderung und Qualifizierung der Teilnehmer sinnvoll, da gerade keine Arbeitsleistung erbracht wird. Durch die Teilnahme soll vorerst sog. Ausbildungsreife hergestellt werden, wobei dies durch eine sozialpädagogische Unterstützung gefördert wird, vgl. § 68 BBiG.[251] Die Gefahr der Umgehung des Mindestlohns ist somit nicht gegeben.

b) Sinn und Zweck der Aufnahme der Praktikanten in den Anwendungsbereich des Mindestlohngesetzes

Die Aufnahme der Definition des Praktikanten dient der Abgrenzung zum Begriff des Arbeitnehmers und zum Auszubildenden. Durch die Legaldefinition

---

246 *Hilgenstock*, Mindestlohngesetz, Rn. 37 ff.

247 Erfurter Kommentar 2018/*Schlachter*, § 26 BBiG, Rn. 1; *Riechert/Nimmerjahn*, MiLoG Kommentar, § 22 Rn. 78.

248 *Riechert/Nimmerjahn* § 22 Rn. 41; *Natzel*, BB 2014, 2490, 2492; ausführlich zu den einzelnen Ausnahmetatbeständen vgl. *Riechert/Nimmerjahn*, MiLoG Kommentar, § 22 Rn. 41 ff.

249 *Riechert/Nimmerjahn*, MiLoG Kommentar, § 22 Rn. 79.

250 *Riechert/Nimmerjahn*, MiLoG Kommentar, § 22 Rn. 82 f.; BT-Drs. 18/2012 (neu), S. 24.

251 *Riechert/Nimmerjahn*, MiLoG Kommentar, § 22 Rn. 85.

soll Rechtssicherheit geschaffen werden.[252] Maßgebliches Tatbestandsmerkmal in § 22 I 3 MiLoG ist „zur Vorbereitung auf eine berufliche Tätigkeit". Um das Instrument des Praktikums nicht gänzlich zu verhindern, wurden zahlreiche Rückausnahmen eingefügt, die die Mindestlohnpflicht unter bestimmten formalen Voraussetzungen wieder entfallen lassen. Durch die Konstruktion des Regel-Ausnahmeverhältnisses hat der Praktikant hinsichtlich der Darlegungs- und Beweislast prozessuale Vorteile.[253] Er muss im Falle eines Scheinpraktikums vor Gericht nicht mehr nachweisen, dass er tatsächlich Arbeitnehmer ist, sondern kann bereits nach § 22 I 2 MiLoG den Mindestlohn verlangen.[254] Vom Grundsatz her haben nämlich alle Praktikanten einen Anspruch auf den Mindestlohn.[255] Der Arbeitgeber muss die Voraussetzungen der Ausnahmetatbestände darlegen und beweisen, wenn er Praktikanten mindestlohnfrei beschäftigen möchte.[256]

c) Kritik

Die Regelung stößt auf erhebliche Kritik.[257] Zum einen wird die systematische Stellung der Definition kritisiert.[258] Die Regelung hätte besser in das Berufsbildungsgesetz (genauer in § 26) gepasst.[259] Zum anderen wird die mindestlohnrechtliche Gleichstellung von Praktikanten und Arbeitnehmern abgelehnt.[260] Hierbei wird insbesondere die unterschiedliche Handhabung der Vergütung von Praktikanten und Auszubildenden kritisiert, da bei beiden Instituten der Ausbildungszweck im Vordergrund stehe und die bisherige Gleichbehandlung aufgegeben würde.[261] Außerdem wird befürchtet, dass das Instrument des Praktikums

---

252 BT-Drs. 18/2010 (neu), S. 24.

253 *Pötters*, in: Thüsing, MiLoG/AEntG, § 22 MiLoG Rn. 8; *Ludwig* in: Grobys/Panzer, SWK-ArbR 2017, Mindestlohn Rn. 71.

254 *Heukenkamp*, S. 101.

255 *Burkhard-Pötter/Sura*, NJW 2015, 517, 520.

256 *Greiner*, NZA 2016, 594, 595; *Bayreuther*, NZA 2014, 865, 871; *Burkhard-Pötter/Sura*, NJW 2015, 517, 520.

257 U. a. *Picker/Sausmikat*, NZA 2014, 942, 943; *Natzel*, BB 2014, 2490, 2492 f.; BeckOK-MiLoG/*Greiner*, § 22 Rn. 12; *Sagan/Witschen*, jM 2014, 372, 378.

258 *Schweibert/Leßmann*, DB 2014, 1866, 1867; kritisch zur Systematik vgl. u.a. auch BeckOK-MiLoG/*Greiner*, § 22 Rn. 12; *Sagan/Witschen*, jM 2014, 372, 378.

259 U.a. *Schweibert/Leßmann*, DB 2014, 1866, 1867.

260 *Picker/Sausmikat*, NZA 2014, 942, 943; einen Mindestlohnanspruch für Praktikanten schon vor Einführung des Mindestlohngesetzes ablehnend *Orlowski*, S. 482.

261 *Picker/Sausmikat*, NZA 2014, 942, 944 f.

durch die Regelung eingeschränkt wird.[262] Es wird demzufolge gemutmaßt, dass keine Praktikumsplätze außerhalb der Ausnahmen angeboten werden, weil dies mangels verwertbarer Arbeitsleistung für viele Arbeitgeber zu teuer sein wird.[263] Seit Einführung des Mindestlohngesetzes muss nämlich jede Tätigkeit, die nicht von den Ausnahmen erfasst ist, mit dem Mindestlohn bezahlt werden, was zur Folge habe, dass ein Arbeitgeber regelmäßig auch eine Gegenleistung erwartet.[264] Außerdem verdienen Praktikanten nun regelmäßig mehr als Auszubildende, was zu Unmut bei den eigenen Auszubildenden führen kann.[265] Letztendlich wird auch die Verfassungsmäßigkeit der Norm beanstandet.[266]

d) Stellungnahme

Die Regelung des § 22 I MiLoG ist jedenfalls deshalb sinnvoll, da erstmals eine gesetzliche Definition des Praktikanten eingefügt wurde. Dadurch wird mehr Rechtssicherheit geschaffen.[267] Richtig ist jedoch, dass die systematische Stellung nicht optimal gelungen ist. Die Regelung hätte besser in das Berufsbildungsgesetz gepasst[268], da grundlegende Regelungen zum Praktikumsverhältnis im Berufsbildungsgesetz verortet sind (vgl. etwa § 26 BBiG). Auch die Gleichstellung der Praktikanten mit Arbeitnehmern stellt einen Systembruch dar. Das Praktikumsverhältnis unterscheidet sich nämlich grundlegend vom Arbeitsverhältnis.[269] Beim Praktikum steht (im Gegensatz zum Arbeitsverhältnis) klar die Ausbildungsabsicht im Vordergrund.[270] Außerdem wird durch die grundsätzliche Mindestlohnpflicht das Instrument des Praktikums eingeschränkt. Praktika

---

262 *Picker/Sausmikat*, NZA 2014, 942, 944; *Natzel*, BB 2014, 2490, 2493; vgl. auch *Naumann*, Mindestlohn vernichtet Praktikumsplätze, unter: https://www.morgenpost.de/printarchiv/wirtschaft/article135772466/Mindestlohn-vernichtet-Praktikumsplaetze.html (abgerufen am 19.03.2018).

263 *Picker/Sausmikat*, NZA 2014, 942, 943; *Natzel*, BB 2014, 2490, 2492 f.

264 *Natzel*, BB 2014, 2490, 2493.

265 *Bouabba*, Lohn+Gehalt 2016, 84, 86.

266 Vgl. ausführlich Ziff. I. 2. e) dieses Kapitels.

267 BT-Drs. 18/2010 (neu), S. 24.

268 *Schweibert/Leßmann*, DB 2014, 1866, 1867; kritisch zur Systematik vgl. u. a. auch BeckOK-MiLoG/*Greiner*, § 22 Rn. 12; *Sagan/Witschen*, jM 2014, 372, 378.

269 Vgl. etwa *Benecke,* in: Benecke/Hergenröder, BBiG, § 26 Rn. 12.

270 BAG, Urteil vom 13.03.2003, 6 AZR 564/01, BeckRS 2008, 54164; LAG Baden-Württemberg, Urteil vom 08. 02. 2008, 5 Sa 45/07, NZA 2008, 768; richtigerweise wird der Ausbildungszweck auch erfüllt, wenn praktisch mitgearbeitet wird, vgl. hierzu BAG, Urteil vom 18.12.1986, 2 AZR 717/85, BeckRS 2009, 69350.

außerhalb der Ausnahmetatbestände sind zwar theoretisch möglich, wegen der hohen Kosten für viele Arbeitgeber jedoch wenig lukrativ.[271] Eine verwertbare Arbeitsleistung des Praktikanten wird demnach gerade am Anfang regelmäßig nicht erbracht. Für Arbeitgeber ist die Ausbildung von Praktikanten außerdem mit erheblichem Aufwand verbunden.[272] Arbeitgeber müssen genau prüfen, ob ein Ausnahmetatbestand vorliegt oder nicht und sollten dies genau dokumentieren. Die Norm hat jedoch auch positive Wirkungen. Durch die Regelung wird der Missbrauch des Praktikumsverhältnisses eingeschränkt.[273] Das Problem der Scheinpraktikanten wird zwar nicht gänzlich gelöst, denn im Rahmen der Ausnahmetatbestände können weiterhin sog. Scheinpraktikanten beschäftigt werden. Durch die Aufnahme der Praktikanten in das Mindestlohngesetz sind die Umgehungsmöglichkeiten jedoch wesentlich geringer, denn nur im Rahmen der Ausnahmetatbestände sind mindestlohnfreie Praktika möglich. Diese mindestlohnfreien Praktika sind an strenge Voraussetzungen geknüpft. Unbegrenzt lange unterbezahlte Orientierungspraktika sind beispielsweise nicht mehr möglich, da eine zeitliche Obergrenze festgelegt wurde.[274] Die Beweiserleichterung für Praktikanten[275] ist ebenfalls sinnvoll. Dadurch werden Arbeitgeber beispielsweise motiviert, sich entsprechende Studienbescheinigungen vorlegen zu lassen, um etwa zu prüfen, ob es sich tatsächlich um ein verpflichtendes Praktikum handelt. Letztendlich hat sich der Gesetzgeber durch die Schaffung der Regelung dafür entschieden, dass ein mindestlohnfreies Praktikum nur noch begrenzt möglich ist, was er durchaus im Rahmen seiner Einschätzungsprärogative festlegen darf.[276]

e) Verfassungsrechtliche Würdigung

Fraglich ist, ob durch die Aufnahme der Praktikanten in das Mindestlohngesetz eine unzulässige Ungleichbehandlung zu Auszubildenden vorliegt und somit ein Verstoß gegen Art. 3 I GG.

Gemäß §§ 26, 17 BBiG waren Praktikanten vor Einführung des Mindestlohngesetzes den Berufsauszubildenden weitgehend gleichgestellt. Hintergrund

---

271 *Picker/Sausmikat*, NZA 2014, 942, 943.
272 *Picker/Sausmikat*, NZA 2014, 942, 943.
273 *Preis/Ulber*, Gutachten 2014, S. 135 f.
274 *Preis/Ulber*, Gutachten 2014, S. 135 f.
275 Vgl. zur Darlegungs- und Beweislast *Pötters*, in: Thüsing, MiLoG/AEntG, § 22 MiLoG Rn. 8.
276 Vgl. ausführlich zur Einschätzungsprärogative *Ulber*, NZA 2016, 619 m. w. N.

war die gleiche Zweckrichtung, nämlich der Ausbildungszweck, der bei beiden Rechtsinstituten überwiegt.[277] Nach § 17 BBiG hatten beide Gruppen einen Anspruch auf eine angemessene Vergütung.[278] Während die eine Gruppe durch die Gleichstellung der Praktikanten mit Arbeitnehmern in § 22 I 2 MiLoG nun grundsätzlich einen Anspruch auf Zahlung des Mindestlohns hat, bleibt die Ausbildungsvergütung weiterhin über § 17 BBiG geregelt. Dass dabei im Ergebnis der Mindestlohn bezahlt wird, ist zu bezweifeln, da die Ausbildungsvergütung besondere Funktionen hat und anders als die Vergütung für geleistete Arbeit nicht in einem synallagmatischen Verhältnis zur Leistung des Auszubildenden steht.[279] Zwar fallen einige Praktikanten durch die Ausnahmeregelungen in § 22 I MiLoG wieder aus dem Anwendungsbereich des Mindestlohns heraus, dennoch liegt eine rechtlich relevante Ungleichbehandlung vor, da die Praktikanten im Grundsatz den Arbeitnehmern gleichgestellt werden.

aa) Prüfungsmaßstab

Zunächst ist der Prüfungsmaßstab festzulegen. Die Anforderungen an die Rechtfertigung einer Ungleichbehandlung reichen vom bloßen Willkürverbot bis zu einer strengen Bindung an die Verhältnismäßigkeitsprüfung.[280] Geht es um die Ungleichbehandlung von Sachverhalten und sind keine Freiheitsrechte betroffen, wird eine Willkürprüfung durchgeführt.[281] Handelt es sich dagegen um die Ungleichbehandlung von Personengruppen, wird eine Verhältnismäßigkeitsprüfung durchgeführt.[282] Die Prüfung beschränkt sich vorliegend aufgrund der personenbezogenen Ungleichbehandlung nicht auf die Willkürprüfung. Es gilt somit grundsätzlich ein stufenloser, am Verhältnismäßigkeitsgrundsatz orientierter Maßstab. Die Prüfung der Verhältnismäßigkeit fällt nach der sog. neuen Formel umso strenger aus, je stärker sich die Ungleichbehandlung auf

---

277 *Picker/Sausmikat*, NZA 2014, 942, 943.

278 *Picker/Sausmikat*, NZA 2014, 942, 943 f.

279 Vgl. ausführlich Ziff. I. 4. a) dieses Kapitels.

280 St. Rspr. vgl. u. a. BVerfG, Urteil vom 20.04.2004, 1 BvR 1748/99, 905/00, BVerfGE 110, 274, 291; BVerfG, Beschluss vom 06.07.2010, 1 BvL 9/06, 2/08, BVerfG 126, 233, 263; BVerfG, Beschluss vom 17.01.2012, 2 BvL 4/09, BVerfGE, 130, 52, 66.

281 BVerfG, Beschluss vom 13.06.2006, 1 BvR 1160/03, BVerfGE 116, 135, 161. *Jarass*, GG Jarass/Pieroth, Art. 3 Rn. 20 f. m. w. N.

282 BVerfG, Urteil vom 30.07.2008, 1 BvR 3262/07, 402/08, 906/08, BVerfGE 121, 317, 369; *Jarass*, GG Jarass/Pieroth, Art. 3 Rn. 19 m. w. N.

die Ausübung grundrechtlich geschützter Freiheiten auswirkt.[283] Demgemäß bekommen nur die Praktikanten, die nicht von den Ausnahmetatbeständen erfasst sind, eine Vergütung in Höhe des Mindestlohns. Auszubildende haben grundsätzlich keinen Anspruch auf Bezahlung in Höhe des Mindestlohns. Für diese Differenzierung müsste ein ausreichender sachlicher Grund vorliegen. Zu prüfen ist, ob ein legitimes Ziel vorliegt und die Regelung geeignet, erforderlich und angemessen ist.

bb) Legitimes Ziel

Ziel der Regelung in § 22 I MiLoG ist, den Missbrauch von Praktika und den Einsatz von Praktikanten als billige Arbeitskräfte zu verhindern.[284] Somit soll letztendlich die Umgehung zwingender Arbeitnehmerschutzvorschriften verhindert werden. Dies stellt ein legitimes Ziel dar, das grundsätzlich eine Ungleichbehandlung rechtfertigen kann.

cc) Geeignetheit

Fraglich ist, ob die Mittel des Gesetzgebers geeignet sind, dieses Ziel zu erreichen. Dagegen führen *Christian Picker* und *Sausmikat*[285] an, dass sog. Scheinpraktika von vornherein nicht unter § 26 BBiG fallen würden, da kein Praktikum vorliege, sondern schon nach dem regulären Arbeitnehmerbegriff ein Arbeitsverhältnis. Die Norm des § 22 I MiLoG sei somit ungeeignet.

Es ist zwar richtig, dass sog. Scheinpraktikanten wie Arbeitnehmer zu behandeln sind und der Einsatz von Scheinpraktikanten schon vor Einführung des Mindestlohngesetzes rechtswidrig war.[286] Die Regelung in § 22 I MiLoG ist jedoch nicht gänzlich ungeeignet, den Missbrauch von Praktika zu verhindern. Dies gilt jedenfalls insoweit, als dass alle Praktika, die nicht von den Ausnahmetatbeständen umfasst sind, mit dem Mindestlohn zu vergüten sind. Der Gesetzgeber hat sich durch die Schaffung der Regelung dafür entschieden, dass ein mindestlohnfreies Praktikum nur noch begrenzt möglich ist, was er durchaus im Rahmen seiner Einschätzungsprärogative festlegen darf.[287] Außerdem hat

283 BVerfG, Urteil vom 30.07.2008, 1 BvR 3262/07, 1 BvR 402/08, 1 BvR 906/08, NJW 2008, 2409, 2417; BVerfG, Beschluss vom 24.01.2012, 1 BvL 21/11, BeckRS 2012, 47488, Rn. 41; *Jarass*, GG Jarass/Pieroth, Art. 3 Rn. 22 m. w. N.

284 BT-Drs. 18/1558, S. 42; *Riechert/Nimmerjahn*, MiLoG Kommentar, § 22 Rn. 28.

285 *Picker/Sausmikat*, NZA 2014, 942, 944.

286 *Pötters*, in: Thüsing, MiLoG/AEntG, § 22 MiLoG Rn. 6.

287 Vgl. ausführlich zur Einschätzungsprärogative *Ulber*, NZA 2016, 619 m. w. N.

der Gesetzgeber durch die Regel-Ausnahme-Konstruktion eine Beweiserleichterung für Praktikanten eingeführt, die die Arbeitgeber dazu bewegt, genau zu prüfen, ob ein mindestlohnfreies Praktikum möglich ist.[288] Macht er dies nicht, drohen nachträgliche Mindestlohnforderungen und Bußgelder. Durch die Regelung wird die Beschäftigung von sog. Scheinpraktika letztendlich unattraktiver, da Praktikanten nun grundsätzlich einen Mindestlohnanspruch haben. Die Gleichstellung von Praktikanten mit Arbeitnehmern und die daraus folgende Ungleichbehandlung mit Auszubildenden sind somit geeignet, das Regelungsziel zu erreichen.

dd) Erforderlichkeit

Fraglich ist, ob die Regelung erforderlich ist, d. h. ein milderes, gleich geeignetes Mittel in Betracht kommt. Nach Ansicht von *Christian Picker* und *Sausmikat* sei der Schutz von sog. Scheinpraktikanten schon über §§ 138 BGB, 612 II BGB gewährleistet.[289] Außerdem würde schon über § 1 I MiLoG ein Anspruch auf Zahlung des Mindestlohns bestehen. Das Problem des Scheinpraktikanten war somit nach Ansicht von *Christian Picker* und *Sausmikat* rechtlich schon gelöst, weshalb die Regelung in § 22 I MiLoG nicht erforderlich sei. Für die Abgrenzung würde es schon taugliche Kriterien geben, die eine Statuskontrolle effektuieren würden.[290]

Dem ist insoweit zuzustimmen, als dass der Einsatz von Scheinpraktikanten, wie bereits erwähnt, schon vor Einführung des Mindestlohngesetzes rechtswidrig war.[291] Das Problem war jedoch nicht gelöst. Die allgemeinen zivilrechtlichen Instrumente reichen nicht aus um den Missbrauch von Praktika zu verhindern bzw. sind nicht gleich geeignet. Der Schutz von sog. Scheinpraktika wird durch die Regelung verstärkt, denn die Umgehungsmöglichkeiten sind durch die tatbestandlich eingegrenzten Ausnahmen geringer als zuvor.[292] Die bisherige Rechtslage war letztendlich für den Gesetzgeber nicht ausreichend, da das Instrument des Praktikums bisher missbraucht wurde.[293]

Auch eine Aufnahme der Auszubildenden in den Anwendungsbereich des Mindestlohngesetzes stellt kein milderes, gleich geeignetes Mittel dar. Dadurch

---

288 *Pötters*, in: Thüsing, MiLoG/AEntG, § 22 MiLoG Rn. 8.
289 NZA 2014, 942, 944.
290 NZA 2014, 942, 944.
291 Pötters, in: Thüsing, MiLoG/AEntG, § 22 MiLoG Rn. 6.
292 *Greiner*, NZA 2016, 594, 596.
293 BT-Drs. 18/1558, S. 42.

würde zwar die Ungleichbehandlung zu Praktikanten beseitigt, jedoch wäre das Institut der Ausbildung erheblich gefährdet.[294]

Mit Blick auf die Einschätzungsprärogative des Gesetzgebers ist die Regelung somit erforderlich.[295]

ee) Angemessenheit

Problematisch ist, ob die Regelung angemessen ist. Dies ist nicht unumstritten.

(1) Pro

Einerseits wird vertreten, dass die Ausnahme für Praktikanten verhältnismäßig sei, da sog. Scheinpraktika, in denen Praktikanten ohne wesentlichen Ausbildungsinhalt beschäftigt werden, bekämpft werden.[296] Die Gleichstellung der Praktikanten mit Arbeitnehmern ist auch nach Ansicht von *Greiner* gerechtfertigt.[297] Das Arbeitsverhältnis und das Praktikumsverhältnis weisen seiner Ansicht nach Gemeinsamkeiten auf, die hier eine punktuelle, mindestlohnrechtliche Gleichstellung rechtfertigten. Außerdem würden die Missbrauchsgefahr und die Gesetzesumgehung mit der Regelung in § 22 I 2 MiLoG eingeschränkt.[298] Das Ausbildungsverhältnis hingegen dürfe nicht mit dem Arbeits- bzw. dem Praktikumsverhältnis gleichgestellt werden, da es wesentliche Unterschiede aufweist[299] und das Institut der Ausbildung gefährdet sei, wenn eine Mindestlohnpflicht bestehen würde.[300]

(2) Contra

Andererseits wird die Angemessenheit abgelehnt.[301] Die Regelung sei zum einen unangemessen, da sie das Institut des Praktikums unattraktiv mache.[302] Es bestünde zudem die Gefahr, dass manche Arbeitgeber die Entwurfsbegründung als Einladung verstehen würden, künftig Arbeitskräfte als Praktikanten zu

294 Vgl. ausführlich nachfolgend unter ee) (3).

295 A. A. *Picker/Sausmikat*, NZA 2014, 942, 944.

296 *Preis/Ulber*, Gutachten 2014, S. 135 f.

297 *Greiner*, NZA 2016, 594, 596.

298 *Greiner*, NZA 2016, 594, 596.

299 *Riechert/Nimmerjahn*, MiLoG Kommentar, § 22 Rn. 31; *Popella*, S. 253; zur Differenzierung des Ausbildungsverhältnisses zum Praktikantenverhältnis vgl. auch *Picker/Sausmikat*, NZA 2014, 942, 945.

300 *Hilgenstock*, Mindestlohngesetz, Rn. 48.

301 *Picker/Sausmikat*, NZA 2014, 942, 944.

302 *Picker/Sausmikat*, NZA 2014, 942, 944.

Mindestlohnkonditionen zu beschäftigen, anstatt in einem regulären Arbeitsverhältnis. Grund hierfür sei die fehlende Kontrolle. Es wird befürchtet, dass der Zoll lediglich die Zahlung des Mindestlohns prüfe und nicht die statusrechtliche Einordnung als Praktikant.[303] Es ist zudem problematisch, ob neben den mindestlohnfreien Praktika überhaupt noch echte Praktika angeboten werden. Folge der Ausnahmeregelung ist nämlich, dass der Arbeitgeber zur Zahlung des Mindestlohns verpflichtet wird und somit regelmäßig auch eine Gegenleistung erwartet[304], obwohl bei einem Praktikum der Ausbildungszweck im Vordergrund steht.[305] Für viele Arbeitgeber kann die Ausbildung von Praktikanten, die einen Mindestlohnanspruch haben somit zu teuer werden, sodass nur noch mindestlohnfreie Praktika angeboten werden. Die Aufnahme der Praktikanten in das Mindestlohngesetz und die daraus folgende Ungleichbehandlung der Praktikanten und der Auszubildenden wäre demnach nicht gerechtfertigt.

(3) Stellungnahme

Insoweit ein Praktikum mindestlohnpflichtig abgeleistet wird, ist *Christian Picker* und *Sausmikat* zuzustimmen, als dies für viele Arbeitgeber unattraktiv werden kann.[306] Praktikanten erbringen regelmäßig keine Arbeitsleitung, sodass sich der Einsatz für viele Arbeitgeber finanzielle nicht lohnen wird.

Die Befürchtung, dass der Zoll gerade nicht prüft, ob es sich rechtlich um ein Praktikum handelt und so Arbeitskräfte als Praktikanten beschäftigt werden, ist jedoch unbegründet. Natürlich ist es nicht Aufgabe des Zolls, sittenwidrige Löhne zu prüfen, dies bleibt weiterhin den Gerichten vorbehalten. Dennoch kann der Zoll die statusrechtliche Einordnung prüfen. Die Befugnisse des Zolls beziehen sich nämlich auch auf die Einhaltung des Mindestlohns gegenüber Praktikanten gemäß § 22 I 2 MiLoG.[307] Hierbei können auch die Praktikumsverträge gesichtet werden. Somit kann auch überprüft werden, ob es sich um ein mindestlohnfreies Praktikum handelt oder nicht. Es ist außerdem nicht Aufgabe des Gesetzgebers, jeglichem potentiellen künftigen Gesetzesverstoß entgegen zu

303 *Picker/Sausmikat*, NZA 2014, 942, 944.

304 *Natzel*, BB 2014, 2490, 2493.

305 BAG, Urteil vom 13.03.2003, 6 AZR 564/01, BeckRS 2008, 54164; LAG Baden-Württemberg, Urteil vom 08.02.2008, 5 Sa 45/07, NZA 2008, 768; richtigerweise wird der Ausbildungszweck auch erfüllt, wenn praktisch mitgearbeitet wird, vgl. hierzu BAG, Urteil vom 18.12.1986, 2 AZR 717/85, BeckRS 2009, 69350; BeckOK-BBiG/*Hagen*, § 26 Rn. 3.

306 *Picker/Sausmikat*, NZA 2014, 942, 944

307 *Riechert/Nimmerjahn*, MiLoG Kommentar, § 15 Rn. 14.

wirken. Letztendlich wird das Problem der sog. Scheinpraktikanten nicht gänzlich gelöst, aber durchaus eingeschränkt.[308]

Die mindestlohnrechtliche Gleichstellung von Praktikanten und Arbeitnehmern und die daraus folgende Ungleichbehandlung der Praktikanten und Auszubildenden sind gerechtfertigt. Anders als im Berufsausbildungsverhältnis stehen bei Praktika nicht der Abschluss einer Prüfung und der Erwerb eines Qualifikationsscheins im Vordergrund.[309] Das Institut der Ausbildung soll nicht dem Arbeitsverhältnis gleichgestellt werden, da der Ausbildungszweck im Vordergrund steht. Zwar steht auch bei einem Praktikumsverhältnis der Ausbildungszweck im Vordergrund,[310] weshalb die Gleichstellung mit Arbeitnehmern nicht optimal gelungen ist. Alle ausbildungsrelevanten Praktika (also solche, bei denen der Ausbildungszweck im Vordergrund steht) sollen jedoch weiterhin mindestlohnfrei möglich sein, da diese von den Ausnahmetatbeständen erfasst werden. Alle Praktikanten, die nicht unter die Ausnahmetatbestände fallen, leisten dagegen kein ausbildungsrelevantes Praktikum ab und sollen deshalb einen Anspruch auf den Mindestlohn haben.[311] Weiterer Grund für die Ungleichbehandlung ist die Tatsache, dass ein Missbrauch der Auszubildenden als billige Arbeitskräfte nicht so verbreitet ist wie bei Praktikanten, gerade weil eine Ausbildung an viele formale Vorgaben der Handwerkskammern und Ausbildungsordnungen geknüpft ist.[312] Das Institut der Ausbildung wäre gefährdet, wenn Unternehmen den Mindestlohn bezahlen müssten, ohne hierbei eine entsprechende Gegenleistung zu erhalten. Im Vordergrund steht der Ausbildungsaufwand, denn gerade am Anfang fehlt eine verwertbare Arbeitsleistung.[313] Viele kleine Betriebe würden keine Auszubildenden mehr einstellen.[314] Eine mindestlohnrechtliche Gleichstellung von Auszubildenden mit Arbeitnehmern wäre nicht sachgerecht und würde dem Ausbildungszweck widersprechen. Die Regelung für Praktikanten ist letztendlich angemessen.

308 *Preis/Ulber*, Gutachten 2014, S. 135 f.

309 *Riechert/Nimmerjahn*, MiLoG Kommentar, § 22 Rn. 31; zur Differenzierung des Ausbildungsverhältnisses zum Praktikantenverhältnis vgl. auch *Picker/Sausmikat*, NZA 2014, 942, 945.

310 BeckOK-BBiG/*Hagen*, § 26 Rn. 3.

311 *Fischer-Lescano*, Gutachten 2014, S. 15.

312 Vgl. hierzu auch *Popella*, S. 253.

313 *Picker/Sausmikat*, NZA 2014, 942, 943.

314 *Hilgenstock*, Mindestlohngesetz, Rn. 48.

ff) Ergebnis

Ein Verstoß gegen Art. 3 I GG liegt im Ergebnis nicht vor.[315]

f) Lösung de lege ferenda

Aufgrund der systematisch unpassenden Gleichstellung der Praktikanten mit Arbeitnehmern und der unpassenden Verortung der Definition für Praktikanten stellt sich die Frage, ob es andere Lösungsmöglichkeiten gegen den Missbrauch von Praktika gibt. Die wichtigsten Alternativen im Zusammenhang mit der Regelung in § 22 I MiLoG werden nachfolgend dargestellt.[316]

aa) Lösung über §§ 26, 17 BBiG

Die Gleichstellung der Praktikanten mit Arbeitnehmern könnte überflüssig sein, wenn sich bereits über die Regelung von §§ 26, 17 BBiG eine sachgerechte Lösung entwickeln lässt. Gemäß § 17 BBiG besteht ein Anspruch auf Zahlung einer angemessenen Vergütung. Außerdem spielen bei der Vergütungshöhe die Grundsätze des sittenwidrigen Lohns eine Rolle. Solange jedoch kein Arbeitsverhältnis vorliegt, besteht auch über § 17 BBiG kein Anspruch auf Zahlung des Mindestlohns. Dies folgt schon aus der unterschiedlichen Zweckrichtung der Ausbildungsvergütung/Praktikumsvergütung nach §§ 26, 17 BBiG und dem Anspruch auf den Mindestlohn.[317] Man kommt somit regelmäßig nur über die Begründung eines Arbeitsverhältnisses zum Mindestlohnanspruch. Die Abgrenzung, ob ein Arbeitsverhältnis oder ein anderes Vertragsverhältnis i. S. d. § 26 BBiG vorliegt, würde außerdem weiterhin den Gerichten vorbehalten sein. Es gibt zwar anerkannte Kriterien[318], die jedoch vom Beschäftigten dargelegt und bewiesen werden müssten. Mangels gesetzlicher Grundlage bestehen hier erhebliche Rechtsunsicherheiten. Jeder Einzelfall muss bisher vom Gericht geprüft werden.[319] Eine Verwendung des Instruments des Praktikums wäre ohne

---

315 So im Ergebnis auch *Greiner*, NZA 2016, 594, 596; a. A. *Picker/Sausmikat*, NZA 2014, 942, 944 f.

316 Vgl. im Unterschied zu den vorliegenden Lösungen *Popella*, S. 365 ff., der aufgrund divergierender Ansichten zu anderweitigen rechtspolitischen Vorschlägen kommt.

317 Vgl. ausführlich zur Ausbildungsvergütung Ziff. I. 4. dieses Kapitels.

318 BAG, Urteil vom 13.03.2003, 6 AZR 564/01, BeckRS 2008, 54164; ArbG Bochum, Urteil vom 25.03.2014, 2 Ca 1482/13, BeckRS 2014, 71220.

319 *Orlowski*, RdA 2009, 38, 42.

eine gesetzliche Regelung nahezu unbegrenzt möglich. Vor allem eine zeitliche Begrenzung gab es bisher nicht.[320]

bb) Klarstellung im Berufsbildungsgesetz

Da die Problematik des sog. Scheinpraktikums nicht neu ist, wurden bereits in der Vergangenheit zahlreiche Lösungsvorschläge diskutiert.[321] Viele zielen auf eine Änderung oder Ergänzung des § 26 BBiG ab. *Orlowski* forderte folgende Klarstellung in § 26 BBiG:[322]

> *Abs. 1:*
> *Soweit nicht ein Arbeitsverhältnis vereinbart ist, gelten für Personen, die eingestellt werden, um berufliche Fertigkeiten, Kenntnisse, Fähigkeiten oder berufliche Erfahrungen zu erwerben, ohne dass es sich um eine Berufsausbildung im Sinne dieses Gesetzes handelt (Volontäre und Praktikanten), die §§ 10 bis 23 und 25 mit der Maßgabe, dass die gesetzliche Probezeit abgekürzt und bei vorzeitiger Lösung des Vertragsverhältnisses nach Ablauf der Probezeit abweichend von § 23 Abs. 1 Satz 1 Schadensersatz nicht verlangt werden kann. Auf die Vertragsniederschrift kann verzichtet werden, wenn das Vertragsverhältnis die Dauer eines Monats nicht übersteigt.*
>
> *Abs. 2:*
> *Beherrscht nicht der Ausbildungszweck die Vertragsbeziehung, sondern erbringen Personen im Sinne des Absatzes 1 überwiegend eine Tätigkeit, die üblicherweise von Arbeitnehmern des Betriebs verrichtet werden, so liegt ein Arbeitsverhältnis vor.*

Durch die Regelung soll laut *Orlowski* klargestellt werden, für welche Personengruppen die Norm gilt. Außerdem soll eine Abgrenzung zum Arbeitsverhältnis erleichtert werden (durch eine Klarstellung zur bisherigen Rechtslage).[323] Durch die Nachweispflicht sollen die Praktikanten geschützt werden.[324] Der Verzicht auf die Niederschrift soll daher nur möglich sein, solange das Praktikumsverhältnis die Dauer von einem Monat nicht übersteigt.

Würdigung: Die Verortung in § 26 BBiG ist systematisch richtig und besser als im Mindestlohngesetz. Durch die Eingrenzung der Norm auf Volontäre und Praktikanten werden jedoch andere Vertragsverhältnisse, wie z. B.

---

320 Die Rechtsprechung spricht von einem „in aller Regel nur vorübergehenden Einsatz“, vgl. BAG, Urteil vom 13.03.2003, 6 AZR 564/01, BeckRS 2008, 54164. Eine Begrenzung der Dauer lässt sich daraus nicht ableiten.

321 *Orlowski*, RdA 2009, 38 ff.; *Orlowski*, S. 480 ff.

322 *Orlowski*, S. 495. Ergänzungen zum ursprünglichen Gesetzestext sind unterstrichen.

323 *Orlowski*, S. 499 f.

324 *Orlowski*, RdA 2009, 38, 43 f.

Anlernverhältnisse und andere Einarbeitungsverhältnisse[325], verhindert. Eine Eingrenzung der Norm führt dazu, dass nicht alle ursprünglich von § 26 BBiG erfassten Vertragsverhältnisse geregelt werden. Dies führt zu einer Regelungslücke. Eine Definition des Praktikums, wie sie durch die Rechtsprechung entwickelt wurde, wurde nicht eingefügt, sodass die genaue Abgrenzung nicht klargestellt wurde. Gerade die Aufnahme von Tatbestandsmerkmalen und die Einarbeitung der Grundsätze zum Praktikumsverhältnis, wie sie durch die Rechtsprechung entwickelt wurden, würde mehr Transparenz schaffen. Außerdem sieht die Regelung keinerlei Begrenzung vor, sodass die Gefahr des Missbrauchs des Praktikums weiterhin besteht. Richtigerweise wurde die Nachweispflicht eingeführt, jedoch liegt die Darlegungslast weiterhin bei den Beschäftigten. Auch Abs. 2 ändert hieran nichts, denn der Beschäftigte muss darlegen, dass die Merkmale des Arbeitsverhältnisses überwiegen. Eine Erleichterung zugunsten der sog. Scheinpraktikanten, die sinnvoll wäre, liegt nicht vor.

cc) Definition des Praktikums im Berufsbildungsgesetz

Fraglich ist, ob die Verortung der Definition des Praktikums im Berufsbildungsgesetz einen sinnvollen Lösungsansatz darstellt. Dies folgt schon daraus, dass die bisherige gesetzliche Grundlage in § 26 BBiG geregelt ist und der primäre Zweck des Praktikums im Wesentlichen mit dem der Berufsausbildung übereinstimmt. Ein systematisch richtiger Lösungsvorschlag könnte folgendermaßen aussehen:[326]

> *§26 I BBiG:*
> *Soweit nicht ein Arbeitsverhältnis vereinbart ist, gelten für Personen, die eingestellt werden, um berufliche Fertigkeiten, Kenntnisse, Fähigkeiten oder berufliche Erfahrungen zu erwerben, ohne dass es sich um eine Berufsausbildung im Sinne dieses Gesetzes handelt, die §§ 10 bis 23 und 25 mit der Maßgabe, dass die gesetzliche Probezeit abgekürzt und bei vorzeitiger Lösung des Vertragsverhältnisses nach Ablauf der Probezeit abweichend von § 23 Abs. 1 Satz 1 Schadensersatz nicht verlangt werden kann.*
>
> *Abs. 2:*[327]
> *Personen im Sinne des Absatzes 1 sind insbesondere Praktikanten. Praktikantin oder Praktikant ist unabhängig von der Bezeichnung des Rechtsverhältnisses, wer sich nach der tatsächlichen Ausgestaltung und Durchführung des Vertragsverhältnisses für eine begrenzte Dauer zum Erwerb praktischer Kenntnisse und Erfahrungen einer bestimmten*

325 Vgl. hierzu BeckOK-BBiG/*Hagen*, § 26 Rn. 8; Erfurter Kommentar 2018/*Schlachter*, § 26 BBiG, Rn. 4.

326 Ergänzungen zum ursprünglichen Gesetzestext sind unterstrichen.

327 Angelehnt an die Definition im MiLoG.

betrieblichen Tätigkeit zur Vorbereitung auf eine berufliche Tätigkeit unterzieht, ohne dass es sich dabei um eine Berufsausbildung im Sinne des Berufsbildungsgesetzes oder um eine damit vergleichbare praktische Ausbildung handelt.

Durch die Aufnahme des Abs. 2 wird das Praktikumsverhältnis definiert und dadurch an richtiger Stelle mehr Rechtsklarheit geschaffen. Andere Vertragsverhältnisse, wie etwa das Volontariat und Anlernverhältnisse, bleiben weiterhin möglich.[328] Letztendlich kann somit zumindest die systematische Stellung der Definition optimiert werden.

g) Fazit

Die Verhinderung des Missbrauchs des Instruments des Praktikumsverhältnisses stellt einen legitimen Zweck dar, der durch die Regelung in § 22 I MiLoG auch erreicht wird. Unerwünschte Nebenfolge kann jedoch sein, dass in der Praxis keine Praktika mehr angeboten werden, die mit dem Mindestlohn bezahlt werden müssen. Dies könnte vielen Arbeitgebern zu teuer sein. Dieser potentiellen Gefahr war sich der Gesetzgeber vermutlich aber bewusst. Auch wenn kein Verfassungsverstoß vorliegt, ist die Regelung nicht optimal gelungen. Die Definition für Praktikanten hätte besser in das Berufsbildungsgesetz gepasst.

3. Ausnahme für unter 18-Jährige

a) Sinn und Zweck der Regelung

Gemäß § 22 II MiLoG haben Jugendliche unter 18 Jahre, die noch keine abgeschlossene Ausbildung haben, keinen Anspruch auf den Mindestlohn. Sie gelten nach dem Wortlaut der Norm nicht als Arbeitnehmer i. S. d. Mindestlohngesetzes. Die Ausnahme ist gemäß dem Gesetzesentwurf als Begründung der Bundesregierung auf eine nachhaltige Integration junger Menschen in den Arbeitsmarkt gerichtet.[329] Hintergrund der Norm ist, dass Jugendliche durch den Mindestlohn nicht eine bezahlte Beschäftigung einer Berufsausbildung vorziehen sollen. Sie sollen keinen Anreiz haben, auf eine Berufsausbildung oder weitere Schulbildung zu verzichten.[330] Die Norm wurde schon während des Gesetzgebungsverfahrens erheblich kritisiert.[331] Sie wird im Hinblick auf Verfassungsrecht

---

328 Durch die Aufnahme des Begriffs „insbesondere“ in Abs. 2.

329 BT-Drs. 18/1558, S. 42 f.

330 BT-Drs. 18/1558, S. 42 f.

331 Vgl. oben Kapitel 2 III. 3 a).

und Unionsrecht sehr kritisch gesehen.[332] Eine gegen die Ausnahme gerichtete Verfassungsbeschwerde wurde mit Verweis auf den Subsidiaritätsgrundsatz nicht zur Entscheidung angenommen, weshalb eine ausführliche Prüfung der Verfassungsmäßigkeit vorzunehmen ist.[333]

b) Verfassungsrechtliche Würdigung

Fraglich ist, ob durch die Ausnahmeregelung für Jugendliche eine unzulässige Ungleichbehandlung vorliegt und somit ein Verstoß gegen Art. 3 I GG. Die Herausnahme der unter 18-Jährigen vom Anwendungsbereich des Mindestlohngesetzes stellt eine rechtlich relevante Ungleichbehandlung gegenüber volljährigen Arbeitnehmern dar. Fraglich ist, ob diese gerechtfertigt ist. Zunächst ist der Prüfungsmaßstab festzulegen. Die Anforderungen an die Rechtfertigung einer Ungleichbehandlung reichen vom bloßen Willkürverbot bis zu einer strengen Bindung an die Verhältnismäßigkeitsprüfung.[334] Richtigerweise muss hier von einem Prüfungsmaßstab anhand der Verhältnismäßigkeitsprüfung ausgegangen werden.[335] Anknüpfungspunkt für die Ungleichbehandlung ist nämlich ein personenbezogenes Kriterium, das Alter.

aa) Legitimes Ziel

Schon am Ziel des Gesetzgebers, dass Jugendliche einen mit dem Mindestlohn bezahlten Job einer Ausbildung oder schulischen Weiterbildung vorziehen[336], wird Kritik geübt.[337] Die Norm umfasst nämlich auch Jugendliche, die bereits eine Ausbildung absolvieren und daneben eine Nebentätigkeit ausüben, sowie Schüler, die sich ihr Taschengeld aufbessern wollen.[338] Betrachtet man das

---

332 Vgl. *Riechert/Nimmerjahn*, MiLoG Kommentar, § 22 Rn. 97 ff.; *Brors*, NZA 2014, 938, 942, 943; HK-MiLoG (2. Auflage)/*Schubert/Jerchel*, § 22 Rn. 52 ff.; *Preis/Ulber*, Gutachten 2014, S. 129 ff.; *Fischer-Lescano*, Gutachten 2014, S. 19 ff, 34 f.; *Däubler*, NJW 2014, 1924, 1925; a. A. in Bezug auf die Verfassungskonformität *Barczak*, RdA 2014, 290, 298; *Grzeszick*, ZRP 2014, 66, 67 f.

333 BVerfG, Beschluss vom 25.06.2015, 1 BvR 37/15, NZA 2015, 866.

334 St. Rspr. vgl. u.a. BVerfG, Urteil vom 20.04.2004, 1 BvR 1748/99, 905/00, BVerfGE 110, 274, 291; BVerfG, Beschluss vom 06.07.2010, 1 BvL 9/06, 2/08, BVerfGE, 126, 233, 263; BVerfG, Beschluss vom 17.01.2012, 2 BvL 4/09, BVerfGE, 130, 52, 66; vgl. näher zum Prüfungsmaßstab Ziff. I. 2. e) aa) dieses Kapitels.

335 HK-MiLoG (2. Auflage)/*Schubert/Jerchel*, § 22 Rn. 52.

336 BT-Drs. 18/1558, S. 42 f.

337 Kritisch u. a. *Preis/Ulber*, Gutachten 2014, S. 130 f.

338 HK-MiLoG (2. Auflage)/*Schubert/Jerchel*, § 22 Rn. 52.

Regelungsziel mit Blick auf den weiten Gestaltungsspielraum des Gesetzgebers in der Arbeitsmarkt-, Sozial- und Wirtschaftspolitik[339], kann es aber durchaus plausibel erscheinen. Die nachhaltige Integration junger Menschen soll durch eine gute Qualifizierung im Rahmen der Ausbildung gefördert werden.[340] Da die Ausbildungsvergütung regelmäßig deutlich unter dem Mindestlohn liegt, sollen Jugendliche nicht den Anreiz haben, ungelernt in die Berufswelt einzusteigen. Da für die Ausbildungsvergütung keine Mindestlohnpflicht greift, können die Ausbildungsangebote, unabhängig von den langfristigen Chancen auf eine bessere Bezahlung und ggf. der langfristigen Verhinderung von Arbeitslosigkeit aufgrund einer abgeschlossenen Ausbildung, jedoch kurzfristig finanziell weniger attraktiv sein. Abgesehen von der Frage, ob die Regelung tatsächlich geeignet und erforderlich ist, liegt jedenfalls ein legitimes Regelungsziel vor.[341]

bb) Geeignetheit

Anschließend ist zu klären, ob die Regelung geeignet ist. Zwar fangen einige Schulabgänger erst mit 18 Jahren eine Ausbildung an, sodass die Ausnahme dann nicht greift. Aber zumindest für die minderjährigen Schulabgänger werden die finanziellen Aspekte nicht in den Vordergrund gerückt. Der Gesetzgeber wollte wohl gerade die Jugendlichen im Alter von 16 bis 18 Jahren schützen. Im Rahmen seiner Einschätzungsprärogative kann sich der Gesetzgeber für eine besonders gefährdete Gruppe entscheiden.[342] Die Entscheidung, ob eine weiterführende Schule oder eine Ausbildung begonnen wird, fällt überwiegend nach der 9. bzw. 10. Klasse, wenn die Schüler regelmäßig noch nicht volljährig sind und somit keinen Mindestlohnanspruch haben. Jugendliche wissen zwar oftmals, dass sie mit einer Ausbildung langfristig bessere Chancen auf dem Arbeitsmarkt haben[343], dennoch kann – wie bereits erwähnt – kurzfristig gesehen ein finanzieller Anreiz bestehen, einen mit dem Mindestlohn bezahlten Job einer Ausbildung vorzuziehen. Zwar besteht auch die Gefahr, dass Jugendliche ohne abgeschlossene Ausbildung für Niedriglöhne eingestellt werden und dadurch eine Lohnunterbietung stattfindet.[344] Der Gesetzgeber möchte aber gerade durch die in Aussicht gestellte niedrige Bezahlung verhindern, dass Jugendliche

---

339 *Osterloh/Nußberger*, Sachs Kommentar, Art. 3 GG Rn. 96 m. w. N.

340 *Riechert/Nimmerjahn*, MiLoG Kommentar, § 22 Rn. 104.

341 *Riechert/Nimmerjahn*, MiLoG Kommentar, § 22 Rn. 103 ff.; a. A. HK-MiLoG (2. Auflage)/*Schubert/Jerchel*, § 22 Rn. 52; *Preis/Ulber*, Gutachten 2014, S. 131.

342 *Riechert/Nimmerjahn*, MiLoG Kommentar, § 22 Rn. 107.

343 Vgl. auch Stellungnahme von *Schulten* in BT-Ausschuss DRs. 18 (11) 148, 85.

344 HK-MiLoG (2. Auflage)/*Schubert/Jerchel*, § 22 Rn. 52.

überhaupt einen Job antreten. Zumindest für diejenigen Schüler, die einen Einstieg in die Berufswelt ohne Ausbildung in Betracht ziehen, sind unterhalb des Mindestlohns bezahlte Jobs weniger attraktiv. Die Regelung ist mit Blick auf die Einschätzungsprärogative des Gesetzgebers jedenfalls nicht ungeeignet.[345]

cc) Erforderlichkeit

Fraglich ist, ob ein milderes, gleich geeignetes Mittel in Betracht kommt. Zu denken ist hier etwa an einen abgestuften Mindestlohn für unter 18-Jährige, das bedeutet, dass Jugendliche einen betragsmäßig geringeren Mindestlohnanspruch haben als volljährige Arbeitnehmer.[346] Solch eine Regelung wäre wohl nicht gleich geeignet, da selbst ein abgestufter Mindestlohn wohl deutlich über der Ausbildungsvergütung liegen würde.[347] Der Auszubildende erbringt nämlich im Gegensatz zu einem Arbeitnehmer grundsätzlich keine vollwertige Arbeitsleistung.[348] Auch bei einem abgestuften Mindestlohn würde somit ein finanzieller Anreiz bestehen bleiben, einen bezahlten Job einer Ausbildung oder schulischen Weiterbildung vorzuziehen.

Ein weiterer Ansatzpunkt ist etwa die Begrenzung der Arbeitszeit für Jugendliche, die dann aber mit dem Mindestlohn bezahlt werden soll.[349] Dies könnte laut *Preis* und *Ulber* eine taugliche Begrenzung der Verdienstmöglichkeit darstellen, ohne dass Jugendliche zu einem Niedriglohn beschäftigt werden können. Dagegen spricht aber, dass für minderjährige Schulabgänger, die keine Ausbildung absolvieren möchten, nur eine begrenzte Verdienstmöglichkeit besteht. Die Begrenzung der Arbeitszeit ist schon mit Blick auf die Berufsfreiheit bedenklich. Auch wenn für Jugendliche bei der Absolvierung einer Ausbildung langfristig die Vorteile überwiegen, ist es nicht sachgerecht, ihnen durch die Begrenzung der Arbeitszeit die Möglichkeit auf einen Job zu nehmen, der ihrer Existenzsicherung und dem Bestreiten ihres Lebensunterhaltes dient. Jugendliche können nicht durch eine gesetzliche Regelung zur Absolvierung einer Ausbildung gezwungen werden. Sie müssten dann ggf., wenn sie keine

---

345 Vgl. zur Frage der Geeignetheit auch *Riechert/Nimmerjahn*, MiLoG Kommentar, § 22 Rn. 106; an der Geeignetheit zweifelnd HK-MiLoG (2. Auflage)/*Schubert/Jerchel*, § 22 Rn. 52; *Preis/Ulber*, Gutachten 2014, S. 131.

346 HK-MiLoG/*Schubert/Jerchel*, § 22 Rn. 52; BT Ausschuss DRs. 18 (11) 148, 85; vgl. für einen gestaffelten Mindestlohn als milderes Mittel etwa *Popella*, S. 257.

347 Sogar die hohe Ausbildungsvergütung der Metallbranche liegt deutlich unterhalb des Mindestlohns, vgl. hierzu *Picker/Sausmikat*, NZA 2014, 942, 944 m. w. N.

348 *Picker/Sausmikat*, NZA 2014, 942, 943.

349 *Preis/Ulber*, Gutachten 2014, S. 132.

Ausbildung machen möchten, von ihren Eltern bzw. dem Staat finanziert werden, bis sie volljährig sind. Außerdem gibt es zahlreiche minderjährige Schulabgänger, die die Übergangsphase zur Ausbildung oder zum Studium mit einer Erwerbstätigkeit überbrücken, um sich dadurch ggf. auch ihre Ausbildung zu finanzieren. Diese Möglichkeit wäre nur noch begrenzt gegeben. Dieses Mittel ist letztendlich nicht gleich geeignet.

Denkbar ist in diesem Zusammenhang auch, dass man die Arbeitszeit der Jugendlichen zwar nicht begrenzt, jedoch differenziert entlohnt. Bis zu zehn Stunden in der Woche beispielsweise müssen mit dem Mindestlohn bezahlt werden, was darüber hinaus geht, unterfällt nicht der Mindestlohnpflicht. Der finanzielle Anreiz, eine mit dem Mindestlohn bezahlte Nebentätigkeit auszuüben, anstatt einer Ausbildung, wäre zwar geringer. Problematisch ist bei diesem Modell jedoch die praktische Handhabung. Es stellt sich nämlich die Frage, wie Arbeitgeber prüfen können, ob sie den Jugendlichen unterhalb des Mindestlohns bezahlen können, wenn dieser beispielsweise mehrere Jobs hat. Hier muss zumindest ein Fragerecht des Arbeitgebers bestehen, dahingehend dass der Jugendliche angibt, ob er bereits die mindestlohnpflichtige Arbeitszeit in Anspruch nimmt. Eine Nachprüfung ist jedoch kaum möglich. Selbst wenn der Jugendlich lediglich bei ein und demselben Arbeitgeber tätig wird, ist problematisch, wie dieser mit der differenzierten Entlohnung umgeht, wenn die Arbeitszeit über zehn Stunden pro Woche hinausgeht. Arbeitgeber würden regelmäßig gar nicht von der Ausnahmeregelung für Jugendlich Gebrauch machen, weil diese Regelung wenig praxistauglich wäre. Dieses Modell ist somit nicht gleich geeignet.

Die Ausnahme hätte jedoch auf Jugendliche unter 18 Jahren ohne abgeschlossene Ausbildung begrenzt werden können, die eine Vollzeitbeschäftigung annehmen wollen.[350] So wäre zumindest die Ausübung ausbildungsbegleitender Nebentätigkeiten, die mit dem Mindestlohn bezahlt werden müssten, möglich. Solch eine Regelung wäre jedoch nicht gleich geeignet, da es gerade im 1. Ausbildungsjahr vorkommen kann, dass eine sehr geringe Vergütung bezahlt wird, teilweise sogar unter der Minijob-Grenze von 450 €. Der finanzielle Anreiz, eine mit dem Mindestlohn bezahlte Nebentätigkeit auszuüben, anstatt einer gering bezahlten Ausbildung, bleibt hier bestehen. Andere gleich geeignete Mittel sind somit nicht ersichtlich.

Die Erforderlichkeit kann somit, auch mit Blick auf den Beurteilungsspielraum des Gesetzgebers, bejaht werden.

---

350 *Brors*, NZA 2014, 938, 942, 943.

dd) Angemessenheit

Zu klären ist, ob die Ungleichbehandlung angemessen ist. Dies ist höchst umstritten, wobei verschiedenen Argumente abgewogen werden.[351]

(1) Keine Differenzierung nach Haupt- und Nebentätigkeit

Zunächst ist die Einhaltung des Übermaßverbots zu beachten. Dies könnte problematisch sein, da die Mindestlohnausnahme für sämtliche Tätigkeiten der Jugendlichen gilt, unabhängig davon, ob es sich um eine hauptberufliche Tätigkeit handelt, die anstatt einer Ausbildung ausgeübt wird, oder um eine Nebentätigkeit, die begleitend zu einer Ausbildung verrichtet wird. Im letzteren Fall wird vertreten, dass der Zweck der Norm gar nicht mehr greift, sodass gegen das Übermaßverbot verstoßen wird.[352] Der Gesetzgeber kann zwar im Rahmen seiner Einschätzungsprärogative eine generalisierende Betrachtung vornehmen[353], insbesondere wenn auch hier ein geringer Anreiz für Jugendliche bestehen kann, einen Minijob einer Ausbildung vorzuziehen.[354] Jedoch sind von der Ausnahme ganz überwiegend Minderjährige betroffen, die eine Nebentätigkeit ausüben, sodass die Regelung unverhältnismäßig ist.[355]

(2) Schutz der Jugendlichen durch Benachteiligung?

Es ist zudem nicht nachvollziehbar, wie Jugendliche geschützt werden sollen, wenn sie gleichzeitig benachteiligt werden.[356] Für Jugendliche ohne abgeschlossene Ausbildung gelten nämlich die Mindeststandards des Mindestlohngesetzes nicht.[357] Es ist nicht sachgerecht, dass Jugendliche ohne abgeschlossene

351 *Riechert/Nimmerjahn*, MiLoG Kommentar (2. Auflage), § 22 Rn. 138; *Brors*, NZA 2014, 938, 942; HK-MiLoG (2. Auflage)/*Schubert/Jerchel*, § 22 Rn. 52 ff. (lehnen bereits die Erforderlichkeit ab); *Preis/Ulber*, Gutachten 2014, S. 129 ff.; *Fischer-Lescano*, Gutachten 2014, S. 19 ff, 34 f. (lehnt bereits die Geeignetheit ab); *Däubler*, NJW 2014, 1924, 1925; a. A. *Barczak*, RdA 2014, 290, 298; *Grzeszick*, ZRP 2014, 66, 67 f.

352 *Riechert/Nimmerjahn*, MiLoG Kommentar, § 22 Rn. 110 f.

353 *Riechert/Nimmerjahn*, MiLoG Kommentar (2. Auflage), § 22 Rn. 138; zur weiten Gestaltungsfreiheit des Gesetzgebers auf dem Gebiet der Arbeitsmarkt-, Sozial- und Wirtschaftsordnung und dessen Einschätzungsprärogative vgl. u. a. BVerfG, Beschluss vom 06.10.1987, 1 BvR 1086/82, NJW 1988, 1195, 1196.

354 Vgl. Stellungnahme unter cc) zur Erforderlichkeit.

355 *Riechert/Nimmerjahn*, MiLoG Kommentar (2. Auflage), § 22 Rn. 138.

356 Vgl. hierzu näher *Preis/Ulber*, Gutachten 2014, S. 132.

357 Vgl. den berechtigten Hinweis von *Schubert/Jerchel*, dass Arbeitsverträge mit Jugendlichen (im Gegensatz zu § 3 MiLoG) Ausschlussfristen enthalten können, HK-MiLoG/*Schubert/Jerchel*, § 22 Rn. 52.

Ausbildung durch den Ausschluss vom Mindestlohnanspruch weniger geschützt werden als volljährige Arbeitnehmer. Darin liegt eine offensichtliche Benachteiligung. Dies gilt vor allem für Jugendliche, die nach dem Schulabschluss die Übergangsphase bis zur Ausbildung mit einer Aushilfstätigkeit überbrücken bzw. die ihre Ausbildung mithilfe einer Nebentätigkeit finanzieren.

Außerdem ist es nicht nachvollziehbar, warum ein Minderjähriger mit abgeschlossener Berufsausbildung für ein und dieselbe Tätigkeit, z. B. Hilfstätigkeit, bei der keine Ausbildung erforderlich ist, höher bezahlt wird als ein Jugendlicher, der diese Tätigkeit erledigt, um seine Ausbildungsvergütung aufzustocken bzw. diese Tätigkeit als Aushilfstätigkeit in den Schulferien ausübt. Erstgenannter hat nämlich einen Anspruch auf den Mindestlohn, unabhängig davon, ob er in seinem Ausbildungsberuf oder in einem anderen Bereich arbeitet.[358]

(3) Gefahr der Ausnutzung der Ausnahmeregelung

Des Weiteren kann durch die Regelung ein Anreiz für Arbeitgeber entstehen, Minderjährige zu einem Niedriglohn zu beschäftigen.[359] Hier kann ein Lohnunterbietungswettbewerb zwischen jungen und älteren Arbeitnehmern entstehen. Auch hieraus ergibt sich letztendlich wieder eine unangemessene Benachteiligung für die Jugendlichen. Zwar ergibt sich eine Lohnuntergrenze für Jugendliche auch schon aus vor dem Mindestlohn bestehenden Vorschriften[360], sodass Jugendliche im Rahmen der Erbringung von Arbeitsleistung nicht gänzlich ungeschützt sind. Wann ein Lohnwucher vorliegt, kann aber generell sehr schwer festgestellt werden.[361] Jedenfalls sind die Jugendlichen schlechter gestellt als Arbeitnehmer, die vom Anwendungsbereich des Mindestlohngesetzes erfasst sind.

(4) Generelle Lohnanpassung

Abgesehen von diesem Aspekt kann es aber durchaus auch vorkommen, dass einige Arbeitgeber den Lohn von minderjährigen Beschäftigten auf den

---

358 *Heukenkamp*, S. 132.

359 *Preis/Ulber*, Gutachten 2014, S. 131.

360 Eine Lohnuntergrenze ergibt sich aus § 138 I, II BGB, vgl. u. a. BAG, Urteil vom 24.03.2004, 5 AZR 303/03, NZA 2004, 971; BAG, Urteil vom 22.04.2009, 5 AZR 436/08, NZA 2009, 837; *Bayreuther*, NJW 2007, 2022 m. w. N. und mit ausführlichem Meinungsstand zur Sittenwidrigkeitsgrenze.

361 Erfurter Kommentar 2018/*Preis*, § 612 BGB, Rn. 3 ff.; einen Orientierungsmaßstab bilden hierbei regelmäßig die Tariflöhne vgl. u. a. BAG, Urteil vom 17.10.2012, 5 AZR 792/11, NZA 2013, 266.

Mindestlohn anpassen, um eine Gleichbehandlung zwischen den Arbeitnehmern zu schaffen. Gerade in großen Betrieben im Niedriglohnsektor kann es einfacher sein, den Lohn einmal für alle Beschäftigten anzupassen, anstatt bei der Einstellung und während der Beschäftigungsphase zu prüfen, ob und ggf. wie lange eine Ausnahme vom Mindestlohn vorliegt. In diesen Fällen kommt es dann zwar nicht zu einer Benachteiligung von Jugendlichen. Resultierend aus dieser Lohnanpassung nach oben läuft jedoch der Gesetzeszweck, dass Jugendliche keinen Anreiz haben sollen, einen mit dem Mindestlohn bezahlten Job einer Ausbildung vorzuziehen, hier ins Leere. Allein das Alter stellt für viele Arbeitgeber nämlich keinen Grund zur unterschiedlichen Behandlung dar. Die Arbeitgeber stellen bei der Bezahlung regelmäßig auf andere Aspekte ab, wie etwa Erfahrung und Qualifikation.[362] Es ist außerdem nicht nachvollziehbar, warum die Arbeitsleistung eines Jugendlichen weniger wert sein soll als die eines gerade volljährig gewordenen Beschäftigten.

(5) Finanzieller Anreiz der Jugendlichen?

Auch der vom Gesetzgeber[363] aufgeführte Aspekt des finanziellen Anreizes überzeugt nicht. Die Intention des Gesetzgebers ist zwar auf den ersten Blick plausibel, da der Anreiz einen mit dem Mindestlohn bezahlten Job einer Ausbildung vorzuziehen theoretisch bestehen kann.[364] Die Auswirkungen eines Mindestlohns auf die Ausbildungsbereitschaft von Jugendlichen sind aber nicht eindeutig nachweislich belegt.[365] Auch ein Vergleich mit den Nachbarländern, in denen es Jugendmindestlöhne gibt, stützt die Argumentation des Gesetzgebers nicht. Zwar kann kurzfristig ein finanzieller Anreiz bestehen, einen höher bezahlten Job einer Ausbildung vorzuziehen, jedoch hängt die Entscheidung des Jugendlichen regelmäßig nicht allein von der Vergütungshöhe ab.[366] Ein vernünftiger Jugendlicher wägt die Vor- und Nachteile einer Ausbildung regelmäßig ab und entscheidet hier sicherlich nicht spontan. *Schulten* weist beispielsweise darauf hin, dass ein Jugendlicher durchaus weiß, dass das Risiko arbeitslos zu werden

---

362 PersonalMarkt, Die Qualifikation als Faktor für die Gehaltseinstufung, unter: https://www.gehaltsvergleich.com/karriere/gehalt/gehaltsstufen (abgerufen am 12.07.2017).

363 BT-Drs. 18/1558, S. 42 f.

364 Vgl. Ausführungen unter aa), bb) und cc).

365 Stellungnahme von *Schulten* in BT-Ausschuss DRs. 18 (11) 148, 85; vgl. auch Bericht der Mindestlohnkommission Rn. 18, unter: https://www.mindestlohn-kommission.de/DE/Bericht/pdf/Bericht2016.pdf?__blob=publicationFile&v=4 (abgerufen am 06.03.2018).

366 Stellungnahme von *Schulten* in BT-Ausschuss DRs. 18 (11) 148, 85.

durch eine Ausbildung verringert wird.[367] Ein minderjähriger Schulabgänger denkt regelmäßig auch langfristig und lässt sich langfristig gesehen meist nicht durch mit dem Mindestlohn bezahlte Jobangebote von einer Ausbildung abhalten. Im Großteil der Fälle läuft der Normzweck somit ins Leere.

Die Intention des Gesetzgebers ist somit nicht überzeugend und rechtfertigt im Ergebnis keine Ungleichbehandlung der Jugendlichen.

ee) Ergebnis

Die Ungleichbehandlung der Jugendlichen ist unangemessen und stellt somit einen Verstoß gegen Art. 3 I GG dar.[368]

c) Rechtsfolge des Verfassungsverstoßes

Zu klären ist, welche Rechtsfolge sich aus dem Verfassungsverstoß ergibt.[369] Zunächst ist festzuhalten, dass eine verfassungskonforme Auslegung ausscheidet, da dies gegen den eindeutigen Wortlaut des Gesetzes und den Willen des Gesetzgebers spricht.[370] Wird die Verfassungswidrigkeit durch das Bundesverfassungsgericht festgestellt und kommt keine verfassungskonforme Auslegung in Betracht, folgt daraus gemäß § 78 S. 1 BVerfGG grundsätzlich die Nichtigkeit.[371] Das Bundesverfassungsgericht spricht jedoch bei Verstößen gegen den allgemeinen Gleichheitssatz regelmäßig die Unvereinbarkeit der Norm aus.[372] Eine bloße Erklärung der Unvereinbarkeit ist nach Ansicht des Bundesverfassungsgerichts insbesondere geboten, wenn der Gesetzgeber verschiedene Möglichkeiten hat, den Verfassungsverstoß zu beseitigen und durch die Nichtigkeitserklärung eine verfassungswidrige Rechtslage entsteht.[373]

---

367 Stellungnahme von *Schulten* in BT-Ausschuss DRs. 18 (11) 148, 85.

368 *Riechert/Nimmerjahn*, MiLoG Kommentar, § 22 Rn. 110 f.; HK-MiLoG (2. Auflage)/*Schubert/Jerchel*, § 22 Rn. 52; *Popella*, S. 258.

369 Zu den Rechtsfolgen eines Gleichheitsverstoßes vgl. auch *Fischinger*, Haftungsbeschränkung im Bürgerlichen Recht, S. 25.

370 Zur verfassungskonformen Auslegung und ihren Grenzen vgl. u. a. BVerfG, Beschluss vom 30.06.1964, 1 BvL 16 u. a., BVerfGE 18, 97, 111; BVerfG, Beschluss vom 15.06.1983, 1 BvR 1025/79, BVerfGE 64, 229, 242.

371 So etwa auch BVerfG, Beschluss vom 08.05.2013, 1 BvL 1/08, BeckRS 2013, 51178.

372 Vgl. u. a. Heidelberger Kommentar/*Graßhof*, § 78 BVerfGG, Rn. 74 ff.; BVerfG, Urteil vom 06.03.2002, 2 BvL 17/99, BeckRS 2002, 20905; BVerfG, Beschluss vom 06.07.2004, 1 BvL 4, 5, 6/97, BeckRS 2004, 26393; BVerfG, Beschluss vom 06.07.2010, 2 BvL 13/09, BeckRS 2010, 51035; BVerfG, Beschluss vom 19.06.2012, 2 BvR 1397/09, BeckRS 2012, 54203; BVerfG, Urteil vom 17.12.2014, 1 BvL 21/12, NJW 2015, 303.

373 BVerfG, Urteil vom 06.03.2002, 2 BvL 17/99, BeckRS 2002, 20905, unter D. I. m. w. N.

aa) Argumente für die Unvereinbarkeitserklärung

Fraglich ist zunächst, ob der Gesetzgeber verschiedene Möglichkeiten hat, den Verfassungsverstoß zu beseitigen. Der Gesetzgeber könnte die Ausnahmeregelung für Jugendliche streichen bzw. neu regeln. Im Ergebnis entsteht durch die Unvereinbarkeitserklärung auch keine Regelungslücke oder verfassungswidrige Rechtslage. Durch die Unvereinbarkeitserklärung wird die Ausnahmeregelung nicht mehr angewendet und der Gesetzgeber unterliegt einer Neuregelungspflicht.[374] Außerdem wird so der Gestaltungsspielraum des Gesetzgebers dahingehend geschützt, dass er mehrere Möglichkeiten hat den Verfassungsverstoß zu beseitigen.[375]

bb) Argumente für die Nichtigkeitserklärung

Eine Neuregelung bzw. Gesetzesänderung nimmt aber zunächst einige Zeit in Anspruch. Fraglich ist deshalb, ob hier nicht eine Nichtigkeitserklärung gefordert werden muss. Folge der Unvereinbarkeitserklärung wäre die Aussetzung etwaiger laufender Verfahren der Jugendlichen, bis der Gesetzgeber eine Neuregelung vorgenommen hat.[376] Da die Verfahren jedoch ausgesetzt werden, haben die Jugendlichen nach Erlass einer Neuregelung entsprechende Ansprüche. Die bloße Unvereinbarkeitserklärung könnte aber dem Schutz der betroffenen Jugendlichen nicht gerecht werden, die bisher eine Bezahlung unterhalb des Mindestlohns akzeptiert haben. Fraglich ist, wie der Gesetzgeber hinsichtlich dem Grundrechtsverstoß gegenüber diesen Jugendlichen umgeht. Eine rückwirkende Begünstigung wird tatsächlich nicht möglich sein, weder durch die Unvereinbarkeits- noch durch die Nichtigkeitserklärung.[377] Hieraus ergibt sich somit kein Vorteil der Unvereinbarkeitserklärung. Letztendlich ist die Nichtigkeitserklärung auch nicht deshalb ausgeschlossen, weil dadurch eine verfassungswidrige Rechtslage entsteht. Folge wäre nämlich, dass alle Jugendlichen einen Anspruch auf den Mindestlohn haben.

cc) Stellungnahme

Die einschlägigen Argumente für die Unvereinbarkeitserklärung greifen im vorliegenden Fall jedoch nicht ein. Der Gestaltungsspielraum des Gesetzgebers

374 Heidelberger Kommentar/*Graßhof*, § 78 BVerfGG, Rn. 75.

375 Vgl. ausführlich zu den Rechtsfolgen der Unvereinbarkeitserklärung Heidelberger Kommentar/*Graßhof*, § 78 BVerfGG, Rn. 74 ff.

376 Heidelberger Kommentar/*Graßhof*, § 78 BVerfGG, Rn. 75 m. w. N.

377 Heidelberger Kommentar/*Graßhof*, § 78 BVerfGG, Rn. 77.

ist nämlich begrenzt, da der Gleichheitsverstoß nur durch die Ausdehnung des Mindestlohngesetzes auf alle Jugendlichen beseitigt werden kann.[378] Eine Beseitigung der Begünstigung durch Streichung des Mindestlohngesetzes ist nahezu unwahrscheinlich. Andere Instrumente kommen nicht in Betracht. Wie bereits im Rahmen der Erforderlichkeit dargestellt gibt es keine geeigneten Mittel das bezweckte Ziel zu erreichen.[379] Eine Differenzierung zwischen Haupt- und Nebentätigkeit beispielsweise, wie *Riechert* und *Nimmerjahn* angedeutet haben[380], ist nicht zielführend. Eine solche Differenzierung ist in der Praxis kaum handhabbar, da auch Jugendliche, die zur Überbrückung eine Haupttätigkeit ausführen, nicht vom Zweck der Regelung erfasst sind.[381] Außerdem ist die Intention des Gesetzgebers nicht überzeugend, vor allem im Hinblick auf die Benachteiligung der Jugendlichen, die durch die Herausnahme aus dem Anwendungsbereich des Mindestlohngesetzes besteht. Wie bereits erwähnt liegen keine eindeutigen Belege für die Auswirkungen eines Mindestlohns auf die Ausbildungsbereitschaft vor.[382] Durch die Nichtigkeitserklärung entsteht auch keine verfassungswidrige Rechtslage, sodass diese Rechtsfolge keine Nachteile mit sich bringt.

dd) Fazit

Richtigerweise ist hier ausnahmsweise die Nichtigkeitserklärung geboten, weil vorliegend allein die Streichung der Ausnahmeregelung für Jugendliche folgerichtig erscheint.

d) Verstoß gegen Unionsrecht

Obwohl es in vielen Mitgliedsstaaten der Europäischen Union (z. B. Frankreich, Griechenland, Niederlande) ebenfalls mindestlohnrechtliche Sonderregelungen

378 Ausführlich zu den Ausnahmefällen in denen eine Unvereinbarkeitserklärung nicht ausreicht: etwa Erfurter Kommentar 2018/*Schmidt*, Art. 3 GG, Rn. 55; BVerfG, Beschluss vom 26.01.1993, 1 BvL 38/92, NJW 1993, 1517; BVerfG, Beschluss vom 28.04.2011, 1 BvR 1409/10, NZA 2011, 857 Rn. 62 m. w. N.

379 Zu den verschiedenen Möglichkeiten vgl. Ziff. I. 3. b) cc) dieses Kapitels.

380 *Riechert/Nimmerjahn*, MiLoG Kommentar, § 22 Rn. 111.

381 Zu den verschiedenen Möglichkeiten vgl. Ziff. I. 3. b) cc) dieses Kapitels.

382 Stellungnahme von *Schulten* in BT-Ausschuss DRs. 18 (11) 148, 85; vgl. auch Bericht der Mindestlohnkommission Rn. 18, unter: https://www.mindestlohn-kommission.de/DE/Bericht/pdf/Bericht2016.pdf?__blob=publicationFile&v=4 (abgerufen am 06.03.2018).

für junge Arbeitnehmer gibt[383], hatte der EuGH bislang keine Gelegenheit, die Zulässigkeit der Ungleichbehandlung zu überprüfen. Zu klären ist deshalb, ob die Ausnahme für Jugendliche unionsrechtskonform ist. Prüfungsmaßstab ist Art. 6 I der RL 2000/78/EG, der im Lichte des Art. 21 GRC auszulegen ist.[384] Art. 6 I schreibt vor, dass die Mitgliedstaaten vorsehen können, dass solche Ungleichbehandlungen „keine Diskriminierung darstellen, sofern sie objektiv und angemessen sind und im Rahmen des nationalen Rechts durch ein legitimes Ziel, worunter insbesondere rechtmäßige Ziele aus den Bereichen Beschäftigungspolitik, Arbeitsmarkt und berufliche Bildung zu verstehen sind, gerechtfertigt sind und die Mittel zur Erreichung dieses Ziels angemessen und erforderlich sind", wobei eine strenge Auslegung vorzunehmen ist.[385] Voraussetzungen der Rechtfertigung sind somit ein legitimes Ziel, Geeignetheit, Erforderlichkeit und Angemessenheit der Regelung.[386] Bei dieser Verhältnismäßigkeitsprüfung werden dieselben Argumente wie bei der verfassungsrechtlichen Prüfung abgewogen[387], sodass eine ausführliche Prüfung an dieser Stelle entbehrlich ist. Im Rahmen der Prüfung ist zu beachten, dass der EuGH dem Gesetzgeber zwar einen gewissen Ermessensspielraum einräumt, aber im Rahmen der Erforderlichkeit und Angemessenheit streng prüft, ob die Maßnahme zur Erreichung des Gesetzeszwecks erforderlich ist und nicht über das Ziel hinausgeht.[388] Maßgeblich ist, dass die Regelung über das Ziel hinausschießt, da von der Regelung auch Jugendliche vom Mindestlohn ausgeschlossen werden, bei denen sich der Zweck der Regelung nicht verwirklichen kann, weil sie eine ausbildungsbegleitende Nebentätigkeit ausüben, weshalb die Regelung unverhältnismäßig und damit europarechtswidrig ist.[389]

---

383 *Riechert/Nimmerjahn*, MiLoG Kommentar, § 22 Rn. 98.

384 HK-MiLoG (2. Auflage)/*Schubert/Jerchel*, § 22 Rn. 53; Erfurter Kommentar 2018/*Wißmann*, Vorbemerkung zum AEUV, Rn. 5.

385 Vgl. EuGH, Urteil vom 22.11.2005, C 144/04, NZA 2005, 1345 (Mangold); HK-MiLoG/*Schubert/Jerchel*, § 22 Rn. 53; Fischer-Lescano, Gutachten 2014, S. 34.

386 *Fischer-Lescano*, Gutachten 2014, S. 35.

387 Vgl. zum Prüfungsmaßstab HK-MiLoG (2. Auflage)/*Schubert/Jerchel*, § 22 Rn. 53.

388 EuGH, Urteil vom 22.11.2005, C 144/04, NZA 2005, 1345, 1347.

389 *Brors*, NZA 2014, 938, 942; *Fischer-Lescano*, Gutachten 2014, S. 35; *Preis/Ulber*, Gutachten 2014, S. 132 f; HK-MiLoG (2. Auflage)/*Schubert/Jerchel*, § 22 Rn. 54; im Ergebnis auch *Popella*, S. 257.

e) *Rechtsfolge des Unionsrechtsverstoßes*

Fraglich ist, welche Rechtsfolge sich aus dem Verstoß gegen Unionsrecht ergibt. Zunächst ist zu klären, inwieweit gegen Unionsrecht verstoßen wurde.

Unstreitig liegt ein Richtlinienverstoß vor. Grundsätzlich sind die Mitgliedstaaten verpflichtet eine richtlinienkonforme Auslegung vorzunehmen.[390] Eine richtlinienkonforme Auslegung ist hier aber abzulehnen, da dies contra legem nicht möglich ist.[391] In Betracht kommt dann nur der Weg über die Staatshaftung.[392]

Es liegt jedoch nicht nur ein Verstoß gegen die Richtlinie vor, sondern auch ein Verstoß gegen Primärrecht. Das Verbot der Altersdiskriminierung stellt einen allgemeinen Grundsatz des Gemeinschaftsrechts dar, der durch die Richtlinie konkretisiert wird.[393] Dieses Verbot ist seit 2009 auch ausdrücklich in Art. 21 I GRC normiert.[394] Es gilt der Grundsatz vom Vorrang des Unionsrechts.[395] Aus dem Verstoß gegen Europarecht ergibt sich die Unanwendbarkeit der Norm.[396]

f) *Ergebnis*

Die Ausnahmeregelung verstößt sowohl gegen den verfassungsrechtlichen Gleichbehandlungsgrundsatz als auch gegen Unionsrecht.

4. Ausnahme für Auszubildende

Gemäß § 22 III MiLoG sind zur Berufsausbildung Beschäftigte vom Mindestlohn ausgenommen. Der Gesetzgeber knüpft hierbei an den Begriff des Auszubildenden im Sinne des Berufsbildungsgesetzes an.[397] Die Rechtsprechung versteht

---

390 *Sagan* in Preis/Sagan, Europäisches Arbeitsrecht, § 1 Rn. 142.

391 HK-MiLoG (2. Auflage)/*Schubert/Jerchel*, § 22 Rn. 54 m. w. N.

392 HK-MiLoG (2. Auflage)/*Schubert/Jerchel*, § 22 Rn. 54; zur Staatshaftung wegen fehlender RL-Umsetzung vgl. ausführlich *Sagan* in Preis/Sagan, Europäisches Arbeitsrecht, § 1 Rn. 160 ff.

393 Vgl. hierzu EuGH, Urteil vom 22.11.2005, C 144/04 (Mangold), NZA 2005, 1345; HK-MiLoG (2. Auflage)/*Schubert/Jerchel*, § 22 Rn. 54 m. w. N.

394 *Preis* in Preis/Sagan, Europäisches Arbeitsrecht, § 4 Rn. 5.

395 *Arndt/Fischer/Fetzer*, Europarecht, Rn. 342.

396 EuGH, Urteil vom 22.11.2005, C 144/04, NZA 2005, 1345, 1348; EuGH, Urteil vom 09.03.1978, Rs 106/77, NJW 1978, 1741; *Arndt/Fischer/Fetzer*, Europarecht, Rn. 348; für die Unanwendbarkeit auch *Popella*, S. 258; HK-MiLoG (2. Auflage)/*Schubert/Jerchel*, § 22 Rn. 54 m. w. N.

397 HK-MiLoG (2. Auflage)/*Schubert/Jerchel*, § 22 Rn. 56.

darunter Personen, die in einer Berufsausbildungseinrichtung eingestellt werden, um im Rahmen einer geregelten Berufsausbildung die beruflichen Fertigkeiten, Kenntnisse und Fähigkeiten vermittelt zu bekommen, die zur Erreichung des Ausbildungszieles erforderlich sind (vgl. § 1 III BBiG).[398]

a) Sinn und Zweck der Regelung

Die Regelung hat laut der Entwurfsbegründung lediglich deklaratorischen Charakter, da Auszubildende schon statusrechtlich nicht in einem Arbeitsverhältnis beschäftigt sind.[399] Dies ist insoweit richtig, als Auszubildende keine Arbeitnehmer sind.[400] Die Anwendung des Mindestlohngesetzes könnte sich jedoch bei Fehlen der gesetzlichen Regelung ggf. über den Verweis aus § 10 II BBiG ergeben, denn für das Ausbildungsverhältnis gelten grundsätzlich die für das Arbeitsverhältnis maßgebenden Vorschriften.[401] Arbeitsrechtliche Vorschriften sind jedoch nur dann auf das durch den Ausbildungszweck geprägte Ausbildungsverhältnis anwendbar, wenn sich aus dem Wesen und Zweck des Ausbildungsvertrags sowie dem Berufsbildungsgesetz nichts anderes ergibt.[402] Die Vergütung von Auszubildenden ist jedoch durch die Schutzvorschrift des § 17 I BBiG geregelt. Die Vergütung richtet sich wie bisher nach § 17 I BBiG, da die Norm dem gesetzlichen Mindestlohnanspruch vorgeht.[403]

Fraglich ist, ob sich über den Anspruch des Auszubildenden auf eine angemessene Vergütung gemäß § 17 I BBiG in der Höhe letztlich der Mindestlohnanspruch ergibt. Dies muss jedenfalls bejaht werden, wenn eine Vergütung unterhalb des gesetzlichen Mindestlohns unangemessen wäre. Der Begriff der Angemessenheit ist nach dem Zweck der Vergütung zu bestimmen.[404] Im

---

398 *Vogelsang*, in: Schaub, Arbeitsrecht, 2015, § 15, Rn. 4: Erfurter Kommentar 2018/*Schlachter*, § 10 BBiG, Rn. 2; BAG, Beschluss vom 13.05.1992, 7 ABR 72/91, NZA 1993, 762.

399 BT-Drs. 18/1558, S. 43.

400 *Vogelsang*, in: Schaub, Arbeitsrecht, 2015, § 15, Rn. 5; BAG, Urteil vom 10.07.2003, 6 AZR 348/02, NZA 2004, 269.

401 BAG, Urteil vom 20.09.2006, 10 AZR 439/05, NZA 2007, 977; Erfurter Kommentar 2018/*Schlachter*, § 10 BBiG, Rn. 3.

402 *Vogelsang*, in: Schaub, Arbeitsrecht, 2015, § 15, Rn. 5; BeckOK-MiLoG/*Greiner*, § 22 Rn. 55; BeckOK-BBiG/*Hagen*, § 10 Rn. 10.

403 *Däubler*, NJW 2014, 1924, 1926; dies ergibt sich auch aus der Vorschrift des § 10 II BBiG.

404 *Vogelsang*, in: Schaub, Arbeitsrecht, 2015, § 174, Rn. 63; BeckOK-BBiG/*Hagen*, § 17 Rn. 4.

Wesentlichen hat die Vergütung nach der Rechtsprechung drei Funktionen. Sie soll dem Auszubildenden und seinen Eltern eine finanzielle Hilfe sichern, der Heranbildung eines qualifizierten Nachwuchses dienen und die Arbeitsleistung abgelten.[405] Ob der Zweck der Vergütung eine Bezahlung mit dem Mindestlohn erforderlich macht, ist anhand der einzelnen Intentionen zu prüfen.

aa) Vergütung als finanzielle Hilfe für den Auszubildenden und seine Eltern

Im Gegensatz zum Mindestlohn soll die Ausbildungsvergütung keine Existenzsicherung darstellen[406], sondern lediglich eine finanzielle Hilfe bieten. Sie orientiert sich zwar an den Lebenshaltungskosten, muss diese aber hierbei nicht decken.[407] Das Institut der Ausbildung wäre gefährdet, wenn der Ausbilder den Mindestlohn bezahlen müsste, ohne hierbei eine entsprechende Gegenleistung zu erhalten. Im Vordergrund steht der Ausbildungsaufwand, denn gerade am Anfang fehlt eine verwertbare Arbeitsleistung.[408] Viele kleine Betriebe würden keine Auszubildenden mehr einstellen.[409] Aufgrund der hier angesprochenen unterschiedlichen Zweckrichtung ergibt sich im Ergebnis somit kein Mindestlohnanspruch.

bb) Vergütung zur Heranbildung qualifizierten Nachwuchses

Außerdem soll durch die Vergütung im Ausbildungsverhältnis ein Anreiz zur Ableistung einer Ausbildung geschaffen werden, um die Heranbildung eines qualifizierten Nachwuchses sicherzustellen. Dieser Zweck würde zwar durch die Zahlung des Mindestlohns und die damit ggf. verbundene Erhöhung der Ausbildungsvergütung gefördert werden. Diese Intention darf aber nicht isoliert betrachtet werden. Eine Anwendung des Mindestlohnanspruchs auf die Ausbildungsvergütung wird dem Ausbildungszweck nicht gerecht.[410] Dies folgt schon aus den unterschiedlichen Vertragspflichten. Während beim Arbeitsverhältnis die Erbringung der Arbeitsleistung gegen Entgelt geschuldet wird, ist der Auszubildende verpflichtet, sich ausbilden zu lassen, während die Hauptpflicht des

405 BeckOK-BBiG/*Hagen*, § 17 Rn. 3; BAG, Urteil vom 17.03.2015, 9 AZR 732/13, BeckRS 2015, 69079; BAG, Urteil vom 19.02.2008, 9 AZR 1091/06, NZA 2008, 828; BAG, Urteil vom 22.01.2008, 9 AZR 999/06, NJW 2008, 1833 m. w. N.

406 Näher zur Existenzsicherung des Mindestlohns Kapitel 2 II. 1.

407 BAG, Urteil vom 17.03.2015, 9 AZR 732/13, BeckRS 2015, 69079, IV. 3. der Gründe; BAG, Urteil vom 24.10.2002, 6 AZR 626/00, NZA 2003, 1203, III. 4. der Gründe.

408 *Picker/Sausmikat*, NZA 2014, 942, 943.

409 *Hilgenstock*, Mindestlohngesetz, Rn. 48.

410 *Riechert/Nimmerjahn*, MiLoG Kommentar, § 22 Rn. 114.

Ausbilders darin besteht, dem Auszubildenden die für das Erreichen des Ausbildungsziels erforderlichen Kenntnisse und Fertigkeiten zu vermitteln.[411] Mangels Erbringung vollwertiger Arbeitsleistung ist es nicht sachgerecht, während der Ausbildung eine Vergütung zu bezahlen, die der eines Arbeitnehmers entspricht, was auch ein Blick auf das nächste Ziel der Vergütung verdeutlicht.

cc) Vergütung zur Abgeltung der Arbeitsleistung des Auszubildenden

Nach Ansicht der Rechtsprechung muss die Ausbildungsvergütung eine Mindestentlohnung für die Leistung des Auszubildenden darstellen.[412] *Hilgenstock* wirft die Frage auf, ob eine „Mindestentlohnung" im Sinne dieser Vorschriften gegeben sein kann, wenn diese unterhalb des Mindestlohns liegt.[413] Die Ausbildungsvergütung soll zwar richtigerweise auch eine Entlohnung darstellen. Maßgeblich ist jedoch, dass der Auszubildende nicht nur Arbeitsleistungen erbringt, sondern im Wesentlichen ausgebildet und somit qualifiziert wird. Zu seinen Pflichten aus dem Ausbildungsvertrag gehören neben der Tätigkeit im Betrieb auch die Anwesenheit in der Berufsschule und das Erlernen der theoretischen und praktischen Fähigkeiten des Ausbildungsberufes. Welche Vergütung hier angemessen ist, kann nur unter Abwägung der Interessenlagen der Vertragspartner und unter Berücksichtigung der besonderen Umstände des Einzelfalles festgestellt werden.[414] Wesentlicher Unterschied zum Arbeitnehmerstatus ist, dass Auszubildende eine Berufsausbildung aufgrund eines Berufsausbildungsvertrages gemäß § 10 BBiG absolvieren, bei dem die Erlernung der beruflichen Fähigkeiten im Vordergrund steht und die Vergütungspflicht lediglich eine Nebenpflicht darstellt.[415] Die Vergütungspflicht steht nicht im synallagmatischen Verhältnis zum Produktionsinteresse des Ausbildenden.[416] Von Auszubildenden wird ja gerade keine volle Arbeitsleistung erwartet. Im Wesen stellt das Ausbildungsverhältnis somit kein Arbeitsverhältnis dar, sodass der gesetzliche Mindestlohn nicht als Maßstab herangezogen werden kann.

---

411 BAG, Beschluss vom 13.05.1992, 7 ABR 72/91, NZA 1993, 762.

412 U. a. BAG, Urteil vom 15.11.2000, 5 AZR 296/99, NZA 2001, 1248, 1250; BAG, Urteil vom 10.04.1991, NZA 1991, 773, 774.

413 *Hilgenstock*, Mindestlohngesetz, Rn. 47 ff.

414 BAG, Urteil vom 15.11.2000, 5 AZR 296/99, NZA 2001, 1248, 1250.

415 BAG, Beschluss vom 10.02.1981, 6 ABR 86/78, DB 1981, 1935.

416 BAG, Urteil vom 17.08.2000, 8 AZR 578/99; Erfurter Kommentar 2018/*Schlachter*, § 17 BBiG, Rn. 1.

b) *Fazit*

Die dargestellten Unterschiede des Ausbildungsverhältnisses und des Arbeitsverhältnisses rechtfertigen eine unterschiedliche Behandlung hinsichtlich der (Mindest-)Höhe der Vergütung. Die Pflicht zur Zahlung des Mindestlohns ergibt sich somit nicht mittelbar über §§ 17, 18 BBiG.[417]

5. Ausnahme für ehrenamtlich Tätige

a) *Sinn und Zweck der Regelung*

§ 22 III MiLoG lautet wie folgt: „Von diesem Gesetz nicht geregelt wird die Vergütung von zu ihrer Berufsausbildung Beschäftigten sowie ehrenamtlich Tätigen." Zunächst stellt sich die Frage, warum diese Regelung für ehrenamtlich Tätige eingefügt wurde. Der Mindestlohn soll grundsätzlich Arbeitnehmer schützen und eine angemessene existenzsichernde Entlohnung darstellen.[418] Ehrenamtlich Tätige haben regelmäßig einen sozialen Zweck bzw. Gemeinwohlbelange im Blick.[419] Die Begriffe sind somit schon von der Zielrichtung völlig unterschiedlich. Ehrenamtliche könnten schon aus dem Anwendungsbereich des Mindestlohngesetzes fallen, wenn die Arbeitnehmereigenschaft fehlt. Arbeitnehmer ist, wer aufgrund eines privatrechtlichen Vertrags im Dienste eines anderen zur Leistung weisungsgebundener, fremdbestimmter Arbeit in persönlicher Abhängigkeit verpflichtet ist, vgl. § 611a I 1 BGB.[420] Eine Definition des Begriffs der ehrenamtlichen Tätigkeit gibt es dagegen nicht.[421] Das Ehrenamt kennzeichnet sich durch die freiwillige Leistungserbringung ohne Erwartung einer Vergütung.[422] Die Tätigkeit als Arbeitnehmer hingegen erfolgt regelmäßig entgeltlich.[423] Mangels Arbeitnehmereigenschaft werden ehrenamtlich Tätige schon gar nicht vom persönlichen Anwendungsbereich des Mindestlohngesetzes erfasst. Die Norm

---

417 *Hilgenstock*, Mindestlohngesetz, Rn. 47 ff. kritisch, lehnt aber im Ergebnis einen Mindestlohnanspruch ab; *Riechert/Nimmerjahn*, MiLoG Kommentar, § 22 Rn. 114; *Vogelsang*, in: Schaub, Arbeitsrecht, 2015, § 174, Rn. 63; *Heukenkamp*, S. 130.

418 Vgl. näher dazu Kapitel 2 II. 1.

419 *Lakies*, MiLoG 2017, § 22 Rn. 12 f.

420 BAG, Urteil vom 25.05.2005, 5 AZR 347/04, AP BGB § 611 Abhängigkeit Nr. 117 m. w. N.; gesetzliche Normierung seit April 2017 in § 611a BGB.

421 *Greiner*, NZA 2015, 285, 286.

422 *Lakies*, MiLoG 2017, § 22 Rn. 12; *Riechert/Nimmerjahn*, MiLoG Kommentar, § 22 Rn. 122.

423 *Richardi/Fischinger*, in: Staudinger Kommentar, 2016, § 611 BGB Rn. 22.

(§ 22 III MiLoG) entfaltet somit nur deklaratorische Wirkung.[424] Eine genaue Abgrenzung der Arbeitnehmereigenschaft zu einer ehrenamtlichen Tätigkeit ist im Rahmen einer Gesamtabwägung im Einzelfall vorzunehmen.[425] Das BAG hat die Unterschiede und Überschneidungen der ehrenamtlichen Tätigkeit und der Tätigkeit als Arbeitnehmer in grundlegenden Entscheidungen dargestellt.[426] Diese entwickelten Grundsätze können bei der Auslegung im Rahmen des persönlichen Anwendungsbereichs des Mindestlohngesetzes Berücksichtigung finden. Praktisch bedeutsam wird diese Abgrenzung vor allem bei Trainern im Sportverein, Amateursportlern und Mitarbeitern karitativer Einrichtungen, wie z. B. Seelsorgern. Welche Merkmale wesentliche Bedeutung haben, sollen die folgenden Ausführungen darstellen.

b) Abgrenzungsmerkmal persönlich zu erbringende Dienstleistung

Mangels gesetzlicher Regelung muss zunächst die systematische Einordung des Ehrenamts in die Vertragsarten des BGB verdeutlicht werden. Die ehrenamtliche Tätigkeit weist Merkmale des Auftrages gemäß § 662 ff. BGB auf[427], denn der Auftrag ist die Übertragung eines unentgeltlichen Geschäfts.[428] Der Arbeitsvertrag hingegen hat dienstvertraglichen Charakter und ist geprägt durch das synallagmatische Verhältnis von Arbeitsleistung und Lohn.[429] Typisches Merkmal des Arbeitsvertrages ist somit die Erbringung einer Dienstleistung. Dienste können aber nicht nur im Rahmen eines Arbeitsvertrages erbracht werden, sondern auch auf Basis eines Auftrags und somit im Rahmen einer ehrenamtlichen

424 BT-Drs. 18/1558, S. 43; u. a. *Riechert/Nimmerjahn*, MiLoG Kommentar, § 22 Rn. 119.

425 BAG, Urteil vom 29.08.2012, 10 AZR 499/11, NZA 2012, 1433, 1434; zur Abgrenzung zum Arbeitsverhältnis vgl. u.a. *Riechert/Nimmerjahn,* MiLoG Kommentar, § 22 Rn. 122.

426 Vgl. jüngst zur fehlenden Arbeitnehmereigenschaft einer Tätigkeit in der Telefonseelsorge BAG, Urteil vom 29.08.2012, 10 AZR 499/11, NZA 2012, 1433; vgl. zur fehlenden Arbeitnehmereigenschaft eines Mitglieds von Scientology BAG, Beschluss vom 26.09.2002, 5 AZB 19/01, NZA 2002, 1412; vgl. zur fehlenden Arbeitnehmereigenschaft von Rot-Kreuz-Schwestern bis 2016 u. a. BAG, Urteil vom 18.02.1956, 2 AZR 294/54, NJW 1956, 647; BAG, Beschluss vom 03.06.1975, 1 ABR 98/74, AP BetrVG 1972 § 5 Rotes Kreuz Nr. 1; BAG, Beschluss vom 06.07.1995, 5 AZB 9/93, NZA 1996, 33; vgl. jedoch jüngst zur Arbeitnehmereigenschaft von Rot-Kreuz-Schwestern im Sinne der Leiharbeits-RL: EuGH, Urteil vom 17.11.2016, C-216/15, EuZW 2017, 68 und BAG, Beschluss vom 21.02.2017, 1 ABR 62/12, NZA 2017, 662.

427 Vgl. BAG, Urteil vom 29.08.2012, 10 AZR 499/11, NZA 2012, 1433.

428 Mü-Ko/*Müller-Glöge*, § 611 BGB Rn. 34.

429 Mü-Ko/*Müller-Glöge*, § 611 BGB Rn. 7.

Tätigkeit.[430] § 662 BGB regelt nämlich die Besorgung eines „übertragenen Geschäfts“. Gegenstand des Auftrags ist also die Tätigkeit für einen anderen.[431] Hierunter können alle (unentgeltlichen) Tätigkeiten fallen, seien sie rechtsgeschäftlicher, rechtsgeschäftsähnlicher oder faktischer, wirtschaftlicher oder ideeller Art.[432] Es gibt jedoch auch Dienstverträge, die eine Geschäftsbesorgung zum Gegenstand haben, vgl. § 675 I BGB.[433] Der Gegenstand des Auftrags deckt sich insoweit mit dem möglichen Inhalt eines Dienstvertrages.[434] Beispielsweise kann eine Tätigkeit als Seelsorger sowohl als Ehrenamt ausgeübt werden[435] als auch im Rahmen eines Arbeitsvertrages.[436]

Zusammenfassend ist das Vorliegen einer Dienstleistung somit kein taugliches Abgrenzungsmerkmal.

Weitere Gemeinsamkeit des Arbeitsvertrags und des Auftrags ist die Unübertragbarkeit (vgl. § 613, § 664 BGB). Grundsätzlich muss die Leistung in Person des Arbeitnehmers bzw. des Beauftragten erfolgen. Die persönliche Leistungserbringung ist auch bei der ehrenamtlichen Tätigkeit die Regel, sodass hiernach nicht abgegrenzt werden kann. Gerade bei Tätigkeiten in einem Verein (etwa als Sportler oder Trainer) oder bei karitativen Einrichtungen wird eine persönliche Leistungserbringung vorausgesetzt.

c) Abgrenzungsmerkmal Weisungsgebundenheit

Trotz der dogmatischen Trennung lässt sich das auftragsrechtliche Weisungsrecht (vgl. § 665 BGB), das für das Ehrenamt vergleichend herangezogen werden kann[437], in der praktischen Ausübung nicht eindeutig vom arbeitsvertraglichen Weisungsrecht (vgl. § 611a I BGB, § 106 GewO) abgrenzen. Dies ergibt sich zum einen daraus, dass der Beauftragte (wie der Arbeitnehmer) grundsätzlich die Pflicht hat, sich an Weisungen des Auftraggebers zu halten, weil der Beauftragte (wie beim Dienstvertrag) fremde Interessen wahrnimmt.[438] Außerdem gibt es keinen Rechtssatz, der besagt, dass Dienste in persönlicher Abhängigkeit

430 BAG, Urteil vom 29.08.2012, 10 AZR 499/11, NZA 2012, 1433, 1435.

431 Mü-Ko/*Seiler*, § 662 BGB, Rn. 9.

432 Mü-Ko/*Seiler*, § 662 BGB, Rn. 16.

433 Mü-Ko/*Seiler*, § 662 BGB, Rn. 10.

434 *Martinek*, in: Staudinger Kommentar, 2006, § 662 BGB Rn. 2.

435 BAG, Urteil vom 29.08.2012, 10 AZR 499/11, NZA 2012, 1433.

436 Wenn der Erwerbszweck im Vordergrund steht und die Tätigkeit hauptberuflich im Rahmen eines Arbeitsverhältnisses ausgeübt wird.

437 Vgl. etwa BAG, Urteil vom 29.08.2012, 10 AZR 499/11, NZA 2012, 1433.

438 Mü-Ko/*Seiler*, § 665 BGB, Rn. 1.

ausschließlich aufgrund eines Arbeitsverhältnisses erbracht werden können.[439] Zum anderen gibt es Überschneidungen im Hinblick auf den Inhalt und den Umfang des Weisungsrechts, die im Folgenden dargestellt werden:

aa) Inhalt des Weisungsrechts

Das arbeitsvertragliche Weisungsrecht bezieht sich regelmäßig auf den Inhalt der Tätigkeit, die Zeit und den Arbeitsort.[440] Als Gegenbegriff kann hier die selbstständige Tätigkeit nach § 84 I 2 HGB angesehen werden. Selbstständig ist demnach, wer im Wesentlichen frei seine Tätigkeit gestalten und seine Arbeitszeit bestimmen kann.[441] Ehrenamtliche sind jedoch nicht zwingend selbstständig. Zwar ist die Verrichtung eines Ehrenamtes im Ursprung freiwillig[442], jedoch ergeben sich nach der Entscheidung für das „ob" des Ehrenamts oft auch vertragliche Verpflichtungen.[443] Oft besteht bei ehrenamtlichen Tätigkeiten eine Weisungsgebundenheit, etwa bezüglich des Einsatzplans der Freiwilligen Feuerwehr oder im Trainingsplan des Sportvereins.[444] Auch hier bestehen regelmäßig Vorgaben hinsichtlich Zeit (z. B. wann findet das Spiel statt), Dauer (z. B. wie lange dauert das Turnier) und Ort (z. B. wo findet das Spiel statt) der Tätigkeiten. Auch die Weisungsgebundenheit hinsichtlich der Ausübung der Tätigkeit kann sowohl bei einem Arbeitnehmer als auch bei ehrenamtlich Tätigen vorliegen. Der Arbeitgeber kann Vorgaben zur Erfüllung der Aufgaben festlegen und das Ordnungsverhalten der Arbeitnehmer im Betrieb regeln.[445] Je nach Art des Ehrenamts können diese Punkte auch im Rahmen des Ehrenamts geregelt werden. So muss beispielsweise auch der (ehrenamtliche) Spieler eines Fußballspiels

---

439 BAG, Urteil vom 29.08.2012, 10 AZR 499/11, NZA 2012, 1433, 1435; BAG, Beschluss vom 06.07.1995, 5 AZB 9/93, NZA 1996, 33, 35.

440 Mü-Ko/*Müller-Glöge*, § 611 BGB, Rn. 1016.

441 Mü-Ko/*Müller-Glöge*, § 611 BGB, Rn. 174.

442 Vgl. BAG, Urteil vom 29.08.2012, 10 AZR 499/11, NZA 2012, 1433, hier war die Klägerin frei in der Entscheidung, ob sie überhaupt tätig wird und sich in die Dienstpläne einträgt.

443 Vgl. z. B. BAG, Urteil vom 29.08.2012, 10 AZR 499/11, NZA 2012, 1433; etwa hinsichtlich der Teilnahme an Besprechungen und der Dokumentation von eingehenden Anrufen.

444 Im Unterschied zur fehlenden zeitlichen Gebundenheit im Fall des BAG, Urteil vom 29.08.2012, 10 AZR 499/11, NZA 2012, 1433, 1435; Die Klägerin war dahingehend frei in ihrer Entscheidung, ob sie sich überhaupt in einen Dienstplan einträgt und für welche Dienstzeiten.

445 Zur fachlichen Weisungsgebundenheit vgl. etwa *Richardi/Fischinger*, in: Staudinger Kommentar, 2016, § 611 BGB Rn. 34.

die Spielregeln beachten und die (ehrenamtlichen) Mitglieder der Freiwilligen Feuerwehr bestimmte Vorgaben zum Löschvorgang beachten. Feuerwehrleuten kann etwa auch das Tragen bestimmter Schutzkleidung vorgeschrieben und Verhaltensvorschriften im Brandfall gemacht werden. Ebenso können sich inhaltliche Weisungen aus vereinsrechtlichen Satzungen, wie bei Mitgliedern im Sportverein oder aus Dienstordnungen, wie bei Seelsorgern ergeben.[446] Dennoch führt dies nicht automatisch zu einem Arbeitsverhältnis zum Verein.[447] Maßgeblich ist, ob eine für das Arbeitsverhältnis typische persönliche Abhängigkeit vorliegt, die über die vereinsrechtliche bzw. verbandsrechtliche Weisungsgebundenheit hinausgeht.[448]

bb) Grenzen des Weisungsrechts

Ebenso gibt es Überschneidungen hinsichtlich der Grenzen des Weisungsrechts. Das auftragsrechtliche Weisungsrecht findet seine Grenze bei Weisungen, die den Inhalt des Auftrages verändern oder rechtswidrig sind.[449] § 665 BGB erlaubt den Beauftragten ausnahmsweise eine Abweichung, wenn nach seiner Prognose der Auftraggeber die Abweichung bei Kenntnis der Sachlage billigen würde und wenn Gefahr im Verzug vorliegt oder wenn er den Auftraggeber von der Abweichung informiert und innerhalb einer angemessenen Frist keine gegenteilige Weisung erhält.[450] Auch das arbeitsrechtliche Weisungsrecht, das in § 106 GewO normiert ist, kennt Grenzen.[451] Der Arbeitnehmer muss keine rechtswidrigen Weisungen befolgen[452] und kann ausnahmsweise im Rahmen des

---

446 U. a. BAG, Urteil vom 10.05.1990, 2 AZR 607/89, AP BGB § 611 Abhängigkeit Nr. 51; BAG, Urteil vom 29.08.2012, 10 AZR 499/11, NZA 2012, 1433.

447 Vgl. zur Arbeitnehmereigenschaft von Mitgliedern im Sportverein Erfurter Kommentar 2018/*Preis*, § 611a BGB, Rn. 141 f.

448 *Fischinger*, Magazin der Fußballverbände BW, 2/2015, S. 10; BAG, Urteil vom 10.05.1990, 2 AZR 607/89, AP BGB § 611 Abhängigkeit Nr. 51.

449 BeckOK-BGB/*Detlev, Fischer*, § 665 Rn. 5; wesentlicher Inhalt des Vertrages und das Ziel des Auftrages ist zu beachten, vgl. Mü-Ko/*Seiler*, § 662 BGB, Rn. 12.

450 *Martinek*, in: Staudinger Kommentar, 2006, § 665 BGB Rn. 13.

451 Mü-Ko/*Müller-Glöge*, § 611 BGB, Rn. 1017; Erfurter Kommentar 2018/*Preis*, § 106 GewO, Rn. 5 ff.; jüngst hierzu BAG, Urteil vom 18.10.2017, 10 AZR 330/16, NZA 2017, 1452; vgl. ausführlich *Bergwitz*, NZA 2017, 1553.

452 Das Weisungsrecht gilt nicht unbeschränkt, sondern findet seine Grenzen u.a. durch gesetzliche Vorschriften, vgl. näher Mü-Ko/*Müller-Glöge*, § 611 BGB, Rn. 1017 ff.

Rücksichtnahmegebots gemäß § 241 II BGB von Weisungen abweichen, wenn es im Interesse des Arbeitgebers liegt.[453]

Letztendlich fällt auch eine Abgrenzung hinsichtlich der Grenzen der Weisungsbefugnis schwer, da die Weisungsbefugnis jeweils vom Inhalt des Vertrages und der Tätigkeit abhängt.

cc) Fazit

Zusammengefasst stellt die Weisungsgebundenheit kein taugliches Abgrenzungskriterium dar.

d) Abgrenzungsmerkmal Rechtsbindungswille

Fraglich ist, ob der Rechtsbindungswille ein taugliches Abgrenzungsmerkmal darstellt. Im Gegensatz zum Ehrenamt ist das Arbeitsverhältnis (wie von beiden Parteien bezweckt) durch umfangreiche vertragliche Pflichten geprägt, weshalb auf den Arbeitnehmer bei Nicht- bzw. Schlechtleistung regelmäßig Schadensersatzansprüche zukommen können.[454] Eine Klausel zur Sanktionierung bei Vertragspflichtverletzungen spricht somit regelmäßig für eine rechtliche Verpflichtung und gegen eine ehrenamtliche Tätigkeit, die der bloßen Freizeitgestaltung dient.[455] Ob und in welchem Umfang eine rechtliche Verpflichtung vorliegt, muss jedoch im Einzelfall durch Auslegung ermittelt werden.

Aufgrund der Freiwilligkeit des Ehrenamts hat der Ehrenamtliche außerdem grundsätzlich die Möglichkeit, jederzeit die Tätigkeit zu beenden, vgl. § 671 I BGB.[456] Dies kann einseitig und ohne jegliche Begründung erfolgen, was zur sofortigen Beendigung führt.[457] Im Gegensatz dazu gelten im Rahmen des

---

453 In Notfällen muss der Arbeitnehmer Arbeiten leisten, die vom Weisungsrecht nicht mehr gedeckt sind, insoweit weicht er vom allgemeinen Weisungsrecht ab; vgl. hierzu Mü-Ko/*Müller-Glöge*, § 611 BGB, Rn. 1018; Erfurter Kommentar 2018/*Preis*, § 106 GewO, Rn. 5; BAG, Urteil vom 03.12.1980, 5 AZR 477/78. Es muss also auch möglich sein, dass der Arbeitnehmer seine vom Weisungsrecht gedeckte Arbeitsleistung ohne Absprache mit dem Arbeitgeber unterbricht bzw. hiervon abweicht, um im Notfall im Interesse des Arbeitgebers zu handeln.

454 Beispielsweise wegen Nichterfüllung der Arbeitsleistung vgl. Erfurter Kommentar 2018/*Preis* § 611 BBG, Rn. 688.

455 Vgl. mit Blick auf den Mustervertrag für Vertragsspieler des DFB und seiner Landesverbände *Fischinger*, Magazin der Fußballverbände BW, 2/2015, S. 10.

456 Vgl. BAG, Urteil vom 29.08.2012, 10 AZR 499/11, NZA 2012, 1433, hier war die Klägerin frei in der Entscheidung, ob sie überhaupt tätig wird und sich in die Dienstpläne einträgt.

457 *Martinek*, in: Staudinger Kommentar, 2006, § 671 BGB Rn. 13.

Arbeitsverhältnisses spezielle Kündigungsfristen, vgl. § 622 I BGB. Letztere sollen sowohl den Arbeitnehmer hinsichtlich des Arbeitsplatzwechsels schützen als auch den Arbeitgeber hinsichtlich der Personalplanung.[458] Die Unterscheidung resultiert aus der Tatsache, dass die Tätigkeit im Rahmen eines Arbeitsverhältnisses dem Erwerbszweck dient und der Arbeitnehmer, im Gegensatz zum Ehrenamtlichen, typischerweise finanziell auf die Tätigkeit angewiesen ist.[459]

Maßgeblich für die Abgrenzung ist somit die freie Entscheidung des Ehrenamtlichen, ob er die Tätigkeit überhaupt wahrnimmt und wie lange er diese ausübt.[460]

e) Abgrenzungsmerkmal Funktion der Vergütung

aa) Beweggründe für die Ausübung der Tätigkeit

Neben dem Rechtsbindungswille könnte die Funktion der Vergütung bzw. die Vergütungserwartung ein taugliches Abgrenzungskriterium darstellen.[461] Das BAG verweist in seiner jüngsten Entscheidung diesbezüglich zu Recht auf die Vorschrift des § 5 II Nr. 3 BetrVG.[462] Demnach gelten nicht als Arbeitnehmer im Sinne des Gesetzes „Personen, deren Beschäftigung nicht in erster Linie ihrem Erwerb dient, sondern vorwiegend durch Beweggründe karitativer oder religiöser Art bestimmt ist“. Die Erbringung der Arbeitsleistung erfolgt nämlich primär zum Zweck der Erzielung von Einnahmen zur Deckung des Lebensunterhalts, also steht der Erwerbszweck im Vordergrund.[463] Im Gegensatz dazu steht beim Ehrenamt der ideelle Zweck im Vordergrund.[464] Regelmäßig wird das Ehrenamt aufgrund von sozialen, karitativen und gemeinnützigen Motiven ausgeübt.[465] Die Ausübung des Ehrenamts dient nicht hauptsächlich der Sicherung der wirtschaftlichen Existenz, sondern ist Ausdruck einer Sorge um Belange des Gemeinwohls und der Mitmenschen und erfolgt freiwillig.[466] Eine Vergütung

---

458 Mü-Ko/*Hesse*, § 622 BGB, Rn. 3.

459 Näher zur Funktion der Vergütung vgl. unter dd) (1).

460 BAG, Urteil vom 29.08.2012, 10 AZR 499/11, AP BGB § 611 Abhängigkeit Nr. 124, Anm. Hagemeister.

461 Dafür *Greiner*, NZA 2015, 285, 286.

462 BAG, Urteil vom 29.08.2012, 10 AZR 499/11, NZA 2012, 1433, 1435.

463 Erfurter Kommentar 2016/*Preis* § 611a BBG, Rn. 20.

464 *Greiner*, NZA 2015, 285, 286 zur ideellen Zwecksetzung vgl. auch *Heukenkamp*, S. 136.

465 Bei der Übungsleitertätigkeit wird beispielsweise regelmäßig unterstellt, dass diese der Förderung des Vereinszwecks und somit Gemeinwohlbelange dient, vgl. Kass-Komm/*Zieglmeier* SGB IV § 14 Rn. 135.

466 *Grzeszick*, ZRP 2014, 66, 68.

wird im Gegensatz zum Arbeitsverhältnis (vgl. § 612 I BGB) in der Regel nicht erwartet. Lediglich die Gewährung eines Aufwendungsersatzes nach § 670 BGB kommt in Betracht.[467] So bekommen ein Trainer im Sportverein und ein Amateursportler regelmäßig ihre Fahrtkosten und Auslagen erstattet. Die Tätigkeit dient jedoch primär der Freizeitgestaltung und nicht dem Erwerb. Auch die Mitarbeit in karitativen Einrichtungen dient regelmäßig nicht dem Erwerb, sondern ideellen Zwecken und ist geprägt von uneigennützigen sozialen und gemeinnützigen Beweggründen. Zwar können bei der Ausübung der Arbeitsleistung neben dem materiellen Interesse auch immaterielle Interessen ins Gewicht fallen. Ausschlaggebend ist laut BAG aber die Funktion des Arbeitsverhältnisses: die Erzielung von Lohn als Austausch zur Erbringung der Arbeitsleistung zu Erwerbszwecken zur Sicherung der wirtschaftlichen Existenz.[468]

Das Abgrenzungsmerkmal der Funktion der Vergütung basiert jedoch im Wesentlichen auf rein subjektiven Anhaltspunkten, die regelmäßig schwer nachzuweisen sind. Im Streitfall wird der Auftraggeber bzw. Arbeitgeber behaupten, die Leistung wurde freiwillig ohne in Aussicht stellen und Erwartung einer Gegenleistung erbracht. Wenn ausdrücklich keine Gegenleistung vereinbart wurde, was nach § 612 BGB möglich ist, hat es der Dienstleistende schwer, nachzuweisen, dass er diese jedoch erwartet hat. Objektive Anhaltspunkte können jedoch Rückschlüsse auf die Motive ergeben. Insbesondere kann die Zwecksetzung der Institution bzw. des Auftraggebers zur Auslegung herangezogen werden. Steht die Gewinnerzielungsabsicht im Vordergrund, spricht dies gegen eine ideelle Zwecksetzung.[469]

bb) Höhe der Vergütung

Problematisch sind die Fälle, in denen der Ehrenamtliche nicht unentgeltlich tätig wird, sondern eine Gegenleistung erhält. Fraglich ist, wie die Zahlung eines Aufwendungsersatzes im Rahmen einer ehrenamtlichen Tätigkeit von der Zahlung einer Vergütung im Rahmen eines Arbeitsvertrages abgegrenzt werden kann und ob hierbei die Höhe der Vergütung eine Rolle spielt. Typischerweise steht die Gegenleistung bei einer ehrenamtlichen Tätigkeit außer Verhältnis zu der erbrachten Leistung, da lediglich Auslagen erstattet werden. Anders als etwa im Steuerrecht, das die Übungsleiterpauschale des § 3 Nr. 26 EStG enthält, gibt

467 So auch im Fall des BAG, Urteil vom 29.08.2012, 10 AZR 499/11, NZA 2012, 1433.

468 BAG, Urteil vom 29.08.2012, 10 AZR 499/11, NZA 2012, 1433, 1434; BAG, Beschluss vom 26.09.2002, 5 AZB 19/01, NZA 2002, 1412, 1415.

469 *Greiner*, NZA 2015, 285, 286.

es jedoch im Rahmen des Mindestlohngesetzes keine Einkommensgrenze.[470] Beispielsweise kann ein Tennislehrer im Sportverein, der umgerechnet einen relativ hohen Stundenlohn (beispielsweise acht oder zehn Euro) erhält, im Rahmen eines Ehrenamtes gemäß § 22 III MiLoG tätig werden, solange er die Tätigkeit freiwillig ausübt und diese primär der Förderung des Vereinszwecks dient. Andererseits kann eine Tennisspielerin, die für das Ableisten der Spiele von ihrem Verein lediglich geldwerte Gegenleistungen (in Form von Zurverfügungstellen einer Wohnung und Zusicherung der Vereinsplatznutzung) erhält, Arbeitnehmerin sein.[471] Eine Abgrenzung kann nicht allein anhand einer betragsmäßigen Grenze erfolgen. Die sogenannte Aussetzung des Mindestlohns für Amateursportler mit einer Vergütung von unter 450 € durch die damalige Bundesarbeitsministerin Nahles[472] hat somit auch keine materiell-rechtliche Wirkung.[473] Die Anweisung wirkt lediglich verwaltungsintern, z. B. für die Kontrollen durch den Zoll.[474] Auch bei Amateursportlern muss im Einzelfall geprüft werden, welche Beweggründe im Vordergrund stehen. Maßgeblich für die Differenzierung hinsichtlich der Art der Gegenleistung ist somit letztendlich der Zweck der Gegenleistung.

cc) Fazit

Zusammengefasst kann der überwiegende Zweck der Tätigkeit als taugliches Abgrenzungsmerkmal verwendet werden. Steht der ideelle Zweck im Vordergrund und wird grundsätzlich keine Vergütung erwartet, liegt eine ehrenamtliche Tätigkeit vor.

---

470 Lediglich die Dokumentationspflichten sind für Geringverdiener reduziert, vgl. § 17 MiLoG.

471 ArbG Bielefeld, Urteil vom 12.07.1989, 2 Ca 2132/88, NZA 1989, 966.

472 BMAS, Pressemitteilung vom 23.02.2015, unter: http://www.bmas.de/DE/Presse/Meldungen/2015/zukunft-vertragsamateure-gesichert.html;jsessionid=2CE68852A8D24980528EC2CE3B273FFB (abgerufen am 13.05.2017).

473 *Fischinger*, Magazin der Fußballverbände BW, 2/2015, S. 10.

474 Eine politische Äußerung enthält keinen rechtsverbindlichen Charakter, da schon keine Rechtsgrundlage in Betracht kommt. Für die Gerichte ist die Auslegungsvariante von der damaligen Bundesarbeitsministerin Nahles bzw. dem BMAS irrelevant. Dies folgt schon aus dem Grundsatz der Gewaltenteilung gemäß Art. 20 II 2 GG. Die Gerichte sind nicht an politische Vorgaben gebunden. Lediglich der Gesetzeswortlaut und die Auslegungsmethoden sind zu beachten. Die Äußerungen von der damaligen Bundesarbeitsministerin Nahles können weder klarstellend noch rechtssetzend wirken.

f) Gesamtabwägung

Im Einzelfall müssen alle Voraussetzungen des Arbeitnehmerbegriffs geprüft werden und im Rahmen einer Gesamtabwägung unter besonderer Beachtung der Weisungsabhängigkeit, des Rechtsbindungswillens, der Beweggründe für die Ausübung der Tätigkeit und der Funktion der Vergütung eine Entscheidung getroffen werden. Zusammenfassend lässt sich somit Folgendes festhalten:

Gegen die ehrenamtliche Tätigkeit spricht zum einen ein weisungsabhängiges Tätigwerden, das einer arbeitnehmertypischen persönlichen Abhängigkeit entspricht. Gibt es verbindliche Absprachen hinsichtlich der konkreten inhaltlichen Ausübung der Tätigkeit, der Einsatzzeit und der Dauer und besteht hier auf beiden Seiten ein klarer Rechtsbindungswille, der ggf. sogar schriftlich fixiert wurde, fehlt die für das Ehrenamt nötige Freiwilligkeit. Dieser Rechtsbindungswille wird noch deutlicher durch die Vereinbarung von Kündigungsfristen. Besteht zum anderen eine finanzielle Abhängigkeit und dient die Tätigkeit primär dem Erwerb, scheidet eine ehrenamtliche Tätigkeit aus. Denn das Ehrenamt ist geprägt durch ein freiwilliges Tätigwerden, ohne dass der Ehrenamtliche finanziell auf die Ausübung angewiesen ist.[475]

Für das Vorliegen einer ehrenamtlichen Tätigkeit spricht, neben der Unentgeltlichkeit, die Freiwilligkeit der Tätigkeit mit der Möglichkeit, die Tätigkeit jederzeit sanktionslos zu beenden. Eine unregelmäßige Tätigkeit ohne Bindung an Zeit, Dauer und Umfang spricht für die Freiwilligkeit der Leistungserbringung und somit für eine ehrenamtliche Tätigkeit. Aber allein die Einbindung in Spielpläne eines Sportvereins oder Dienstpläne der Freiwilligen Feuerwehr begründen noch kein Arbeitsverhältnis, solange die Tätigkeit aufgrund bürgerschaftlichen Engagements ausgeübt wird.[476] Auch beim Ehrenamt kann ein schriftlicher Vertrag vorliegen. Daraus muss sich aber ergeben, dass nur geringe rechtliche Bindungen gewollt sind, denn die Beweggründe des Ehrenamtlichen sind karitativ bzw. durch Gemeinwohlbelange geprägt und uneigennützig. Wenn trotz der Einbindung in Spiel- oder Dienstpläne eine Freiwilligkeit hinsichtlich der Ausübung der Tätigkeit an sich vorliegt und keine Kündigungsfristen vorgesehen sind, liegt eine ehrenamtliche Tätigkeit vor. Zudem kann auch bei Zahlung einer Gegenleistung eine ehrenamtliche Tätigkeit vorliegen, solange die Tätigkeit

---

475 Im Hinblick auf die arbeitnehmertypische Schutzbedürftigkeit vgl. LAG Köln, Beschluss vom 18.05.2008, 4 Ta 72/09, BeckRS 2009, 66810: Das LAG untersucht die Arbeitnehmereigenschaft eines Golftrainers und lehnt sie mangels Weisungsgebundenheit und Schutzbedürftigkeit ab.

476 *Greiner*, NZA 2015, 285, 286.

nicht primär dem Erwerb dient und der Ehrenamtliche nicht finanziell auf die Vergütung angewiesen ist. Die Tatsache, dass die Vergütung in keinem Verhältnis zur erbrachten Tätigkeit steht, spricht regelmäßig für eine reine Aufwandsentschädigung. Die Vereinbarung einer ehrenamtlichen Tätigkeit darf jedoch keinesfalls zur Umgehung arbeitsrechtlicher Schutzvorschriften führen[477], sodass nicht die Höhe der Vergütung ausschlaggeben ist, sondern die Funktion der Vergütung. Der Ehrenamtliche erwartet regelmäßig keine Vergütung, da sein Tätigwerden nicht dem Erwerb dient. Auch Leitlinien zum Inhalt der Tätigkeit sind dem Ehrenamt nicht fremd, solange noch ein selbstverantwortliches Handeln des Ehrenamtlichen vorliegt. Gerade bei religiösen Einrichtungen oder Weltanschauungsgemeinschaften sind Vorgaben zur Glaubensrichtung typisch.[478] Maßgeblich ist deshalb eine Gesamtschau der Weisungsabhängigkeit, die anhand der folgenden Beispiele veranschaulicht werden soll:

Hat der bezahlte (Amateur-)Sportler beispielsweise einen Vertrag mit dem Verein, in dem die Teilnahme an den Trainingseinheiten und den Spielen vorgeschrieben wird und eine Laufzeit vereinbart wurde, handelt es sich nicht mehr um eine ehrenamtliche Tätigkeit.[479] Im Gegensatz dazu erfolgt die unbezahlte, rein hobbymäßige Tätigkeit in einem Sportverein auf freiwilliger Basis, wobei die Teilnahme am Training freiwillig erfolgt und der Spieleinsatz jederzeit grundlos beendet werden kann, sodass kein Arbeitsverhältnis vorliegt. Auch wenn die Spieler hierbei etwaige Fahrtkosten ersetzt bekommen, handeln sie typischerweise nicht aus finanziellen Gründen, sondern zur reinen Freizeitgestaltung. Auch die Mitarbeit in der Telefonseelsorge kann trotz Aufwandsentschädigung und vertraglicher Basis ein Ehrenamt darstellen, solange die Ausübung der Tätigkeit keinem arbeitsrechtlichen Direktionsrecht unterliegt und freiwillig aufgrund einer religiös begründeten inneren Haltung gegenüber dem Gemeinwohl ohne Vergütungserwartung erfolgt.[480] Solange sich das Weisungsrecht im Rahmen des § 665 BGB hält und der Ehrenamtliche den Inhalt seiner Aufgabe im Wesentlichen frei verantworten kann, liegt kein arbeitsrechtliches Direktionsrecht vor.[481] Auch aus einer fachlichen Bindung, etwa an Grundsätze einer Glaubensrichtung

---

477 BAG, Urteil vom 29.08.2012, 10 AZR 499/11, NZA 2012, 1433, 1435; BAG, Beschluss vom 26.09.2002, 5 AZB 19/01, zu B. II. 1. der Gründe.

478 Vgl. etwa zur fachlichen Bindung eines Mitglieds von Scientology BAG, Beschluss vom 26.09.2002, 5 AZB 19/01, NZA 2002, 1412, 1415.

479 BAG, Urteil vom 10.05.1990, 2 AZR 607/89, AP BGB § 611 Abhängigkeit Nr. 51.

480 BAG, Urteil vom 29.08.2012, 10 AZR 499/11, NZA 2012, 1433, 1435.

481 Im Fall des BAG konnte die Klägerin den Inhalt der Gespräche selbst verantworten, sie musste lediglich Gesprächsvermerke erstellen.

oder eines Vereins, kann nicht automatisch auf ein Arbeitsverhältnis geschlossen werden.[482] Maßgeblich ist laut BAG auch hier, inwieweit der Tätige in der Ausübung frei ist, beispielsweise hinsichtlich der Zeiteinteilung.

g) *Fazit*

Die Regelung für ehrenamtlich Tätige ist rein deklaratorisch. Eine Abgrenzung erfolgt nach einer Gesamtabwägung im Einzelfall und richtet sich ausschlaggebend nach der Weisungsgebundenheit, dem Rechtsbindungswillen, den Beweggründen für die Ausübung der Tätigkeit und der Funktion der Vergütung. Sie kann im Einzelfall äußerst schwer vorzunehmen sein. Die von der damaligen Bundesministerin Nahles vorgenommene „Klarstellung" für den Sportbereich, die auf die 450 €-Grenze abstellt, hat dabei keine materiell-rechtliche Verbindlichkeit.

6. Ausnahme für Langzeitarbeitslose

a) *Sinn und Zweck der Regelung*

In § 22 IV MiLoG werden Langzeitarbeitslose für die ersten sechs Monate ihrer Beschäftigung vom Mindestlohn ausgenommen. Satz 1 regelt, dass anfangs keine Mindestlohnpflicht besteht, wenn sie unmittelbar vor Beginn der Beschäftigung langzeitarbeitslos im Sinne des § 18 I SGB III waren. Die Regelung soll die Beschäftigungschancen von Langzeitarbeitslosen erhöhen und die nachhaltige Integration in den Arbeitsmarkt fördern.[483] Ob eine nachhaltige Integration erreicht wird oder Arbeitgeber die Norm ausnutzen und nur befristet bis sechs Monate einstellen, wird sich erst im Laufe der Zeit zeigen.[484] Die Bundesregierung hat den gesetzgebenden Körperschaften zum 01. Juni 2016 darüber zu berichten gehabt, inwieweit die Regelung die Wiedereingliederung von Langzeitarbeitslosen in den Arbeitsmarkt gefördert hat, und eine Einschätzung darüber abzugeben gehabt, ob diese Regelung fortbestehen soll, vgl. § 22 IV 2 MiLoG.[485]

---

482 BAG, Beschluss vom 26.09.2002, 5 AZB 19/01, NZA 2002, 1412.

483 BT-Drs. 18/1558, S. 43.

484 Zur Zulässigkeit der befristeten Einstellung auf 6 Monate im Rahmen des § 22 IV S. 1 MiLoG vgl. ausführlich *Heukenkamp*, S. 142 f.

485 Das Ergebnis einer Untersuchung des Instituts für Arbeitsmarkt- und Berufsforschung hat kein eindeutiges Ergebnis gebracht. Die Regelung werde jedenfalls nur selten genutzt, was zu kontroversen politischen Diskussionen führte. Vgl. Institut für Arbeitsmarkt- und Berufsforschung, Forschungsbericht im Auftrag des BMAS, 08/2016, unter: http://www.iab.de/185/section.aspx/Publikation/k160608304 (abgerufen am 13.05.2017).

Fest steht, dass die Ausnahme bis Mitte 2016 nur selten genutzt wurde. Geändert wurde an der Regelung bisher jedoch nichts. Die Regelung wirft zudem die Frage auf, ob eine Offenbarungspflicht des Bewerbers hinsichtlich seiner Langzeitarbeitslosigkeit besteht, ob der potentielle Arbeitgeber ein Fragerecht hinsichtlich der Langzeitarbeitslosigkeit hat und ob die Regelung im Hinblick auf den Gleichbehandlungsgrundsatz überhaupt mit höherrangigem Recht vereinbar ist.

b) Keine Offenbarungspflicht

Zu klären ist zunächst, ob eine Offenbarungspflicht des Bewerbers hinsichtlich seiner Langzeitarbeitslosigkeit besteht und ob er somit auch ohne Nachfrage durch den Arbeitgeber seinen Status als Langzeitarbeitsloser angeben muss.[486] Eine Offenbarungspflicht im Bewerbungsverfahren kann im Ausnahmefall bestehen, etwa wenn der Bewerber weiß, dass er für die beabsichtigte Tätigkeit aufgrund fehlender Qualifikationen oder Kenntnisse völlig ungeeignet[487] oder der Vollzug des Arbeitsverhältnisses von vornherein unmöglich ist.[488] Der Bewerber ist jedoch nicht verpflichtet, seine Langzeitarbeitslosigkeit von Anfang an offenzulegen und eine Vergütung unterhalb des Mindestlohns in Kauf zu nehmen. Der Status der Langzeitarbeitslosigkeit hat nämlich grundsätzlich keinen Einfluss auf die Eignung des Bewerbers. Abgesehen davon, dass der Bewerber keine falschen Angaben im Lebenslauf während seiner Arbeitslosigkeit machen darf, kann und sollte er Eingliederungsmaßnahmen bzw. Weiterbildungsmaßnahmen während dieser Zeit auflisten und kann schon aufgrund der Vertragsfreiheit seine Gehaltsvorstellungen oberhalb des Mindestlohns angeben. Deshalb ist es für den potentiellen Arbeitgeber regelmäßig nicht ersichtlich, ob der Bewerber langzeitarbeitslos ist. Insbesondere ist es dem Arbeitnehmer nicht zumutbar, die sozialrechtlichen Voraussetzungen[489] für die Feststellung der Langzeitarbeitslosigkeit zu kennen. Dem Bewerber steht es frei, eine Bescheinigung von der zuständigen Behörde anzufordern und dem potentiellen Arbeitgeber vorzulegen. Eine Offenbarungspflicht scheidet somit aus.[490]

---

486 Dagegen etwa HK-MiLoG (2. Auflage)/*Schubert/Jerchel*, § 22 Rn. 70; *Vogelsang*, in: Schaub, Arbeitsrecht, 2015, § 66, Rn. 9; *Lakies*, MiLoG 2017, § 22 Rn. 44.

487 Erfurter Kommentar 2018/*Preis*, § 611a BGB, Rn. 288; BAG, Urteil vom 20.03.2014, 2 AZR 1071/12 m. w. N.

488 *Richardi/Fischinger*, in: Staudinger Kommentar, 2016, § 611 BGB Rn. 603 mit einzelnen Beispielen.

489 Näher hierzu HK-MiLoG (2. Auflage)/*Schubert/Jerchel*, § 22 Rn. 62 ff.

490 U. a. HK-MiLoG (2. Auflage)/*Schubert/Jerchel*, § 22 Rn. 70; *Vogelsang*, in: Schaub, Arbeitsrecht, 2015, § 66, Rn. 9; *Lakies*, MiLoG 2017, § 22 Rn. 44.

c) *Fragerecht?*

Für Arbeitgeber kann es durchaus reizvoll sein, Langzeitarbeitslose unterhalb des Mindestlohns einzustellen. Deshalb stellt sich die Frage, wie Arbeitgeber herausfinden können, ob die Voraussetzungen des Ausnahmetatbestandes tatsächlich gegeben sind. Gerade bei Bewerbern, die im Bewerbungsgespräch angeben Langzeitarbeitslos zu sein und eine Vergütung unterhalb des Mindestlohns akzeptieren würden, ist eine Überprüfung ratsam. Um sich als Arbeitgeber abzusichern, ist es zunächst immer sinnvoll, bei den Arbeitsagenturen Auskunft einzuholen. Hierbei sind jedoch datenschutzrechtliche Vorschriften zum Schutz des Bewerbers zu beachten (§§ 394 SGB III ff.). Für die Auskunft ist die Einwilligung des Bewerbers erforderlich[491], da eine Datenübermittlung an Dritte (wie z. B. § 395 SGB III) nicht vorgesehen ist.[492] Solange der Bewerber freiwillig die Langzeitarbeitslosigkeit angibt, wird die Einwilligung regelmäßig kein Hindernis sein. Umstritten ist jedoch, ob der potentielle Arbeitgeber beim Vorstellungsgespräch ein Fragerecht hinsichtlich der Langzeitarbeitslosigkeit hat und was passiert, wenn der Bewerber die Langzeitarbeitslosigkeit nicht offenlegen möchte.[493] Im umgekehrten Fall kann es sein, dass ein Bewerber vorgibt, dass er langzeitarbeitslos ist, um bevorzugt eingestellt zu werden.[494] Dann könnte er nach Einstellung einen Anspruch auf den Mindestlohn haben.[495]

Ein Fragerecht des Arbeitgebers ergibt sich grundsätzlich nur, wenn der Arbeitgeber vor Abschluss des Arbeitsvertrags ein berechtigtes, billigenswertes und schutzwürdiges Interesse hat, aufgrund dessen die Interessen des Bewerbers zurücktreten.[496] Der Arbeitgeber hat berechtigterweise ein Interesse daran, den Bewerber zu günstigen Konditionen einzustellen und, wenn ausnahmsweise möglich, mit einer unterhalb des Mindestlohns liegenden Vergütung. Hierbei

---

491 *Schweibert/Leßmann*, DB 2014, 1866, 1867; Erfurter Kommentar 2018/*Franzen*, § 22 MiLoG, Rn. 15; *Lakies*, MiLoG 2017, § 22 Rn. 44.

492 Erfurter Kommentar 2016/*Franzen*, § 22 MiLoG, Rn. 15.

493 Für ein Fragerecht: *Richardi/Fischinger*, in: Staudinger Kommentar, 2016, § 611 BGB Rn. 571; Erfurter Kommentar 2016/*Franzen*, § 22 MiLoG, Rn. 15; HK-MiLoG (2. Auflage)/*Schubert/Jerchel*, § 22 Rn. 71; *Heukenkamp*, S. 146; dagegen *Vogelsang*, in: Schaub, Arbeitsrecht, 2015, § 66, Rn. 9.

494 HK-MiLoG (2. Auflage)/*Schubert/Jerchel*, § 22 Rn. 71.

495 Erfurter Kommentar 2016/*Franzen*, § 22 MiLoG, Rn. 15; a. A. *Richardi/Fischinger*, in: Staudinger Kommentar, 2016, § 611 BGB Rn. 1352.

496 *Richardi/Fischinger*, in: Staudinger Kommentar, 2016, § 611 BGB Rn. 562; BAG, Urteil vom 07.06.1984, 2 AZR 270/83, NZA 1985, 57; BAG, Urteil vom 05.10.1995, 2 AZR 923/94, NZA 1996, 371.

interessiert den Arbeitgeber insbesondere, ob die Voraussetzungen für den Ausnahmebestand tatsächlich vorliegen und er somit keinen Verstoß gegen das Mindestlohngesetz begeht. Deshalb hat der Arbeitgeber ein Interesse daran, vor Einstellung abzuklären, ob der Bewerber tatsächlich langzeitarbeitslos ist (Informationsinteresse des Arbeitgebers).

Dagegen steht das Interesse des Bewerbers, einen Arbeitsplatz zu den bestmöglichen Konditionen zu erhalten, typischerweise mit der bestmöglichen Vergütung und die freie Wahl des Bewerbers, die Stelle überhaupt anzunehmen (Vertragsfreiheit des Bewerbers). Außerdem hat der Bewerber ein Recht auf informationelle Selbstbestimmung, als Ausprägung des allgemeinen Persönlichkeitsrechts (Art. 2 I GG i. V. m. Art. 1 I GG).[497] Der Bewerber kann deshalb von Anfang an selbst über die Preisgabe und Verwendung seiner Daten entscheiden.[498] Der Bewerber kann somit ein berechtigtes Interesse daran haben, seine Langzeitarbeitslosigkeit nicht offenzulegen. Die Interessen des Arbeitgebers und des Bewerbers müssen mit Blick auf die unterschiedlichen Grundrechte abgewogen werden. Um eine sachgerechte Interessenabwägung zu erzielen und letztendlich beurteilen zu können, ob ein Fragerecht besteht, muss man die verschiedenen Fallkonstellationen untersuchen:

aa) Fall 1:

Zunächst ist es denkbar, dass der Bewerber (auf Nachfrage des Arbeitgebers) wahrheitswidrig angibt, langzeitarbeitslos zu sein, um seine Chancen auf den Erhalt des Arbeitsplatzes – wenn auch zu niedrigerem Lohn – zu erhöhen.[499]

bb) Lösung:

Das Interesse des Arbeitgebers ist jedenfalls dann schutzwürdig, wenn der Bewerber angibt, er sei langzeitarbeitslos. Beschäftigt der Arbeitgeber unterhalb des Mindestlohns, muss er sich sicher sein, dass die Voraussetzungen des Ausnahmetatbestands greifen, andernfalls kann er ggf. wegen einer Ordnungswidrigkeit (§ 21 I Nr. 9 MiLoG) belangt werden. Fraglich ist, welche Rechtsfolgen eintreten, wenn der Bewerber wahrheitswidrig angibt, er sei langzeitarbeitslos,

---

497 Vgl. etwa BVerfG, Urteil vom 02.03.2006, 2 BvR 2099/04, BVerfGE 115, 166, 187.

498 U. a. BVerfG, Beschluss vom 07.12.2011, 2 BvR 2500/09, 1857/10, BVerfGE 130, 1, 35; *Richardi/Fischinger*, in: Staudinger Kommentar, 2016, § 611 BGB Rn. 563; *Jarass*, GG Jarass/Pieroth, Art. 2 Rn. 37, 42 f. m. w. N.

499 Zu dieser Fallkonstellation vgl. auch *Vogelsang*, in: Schaub, Arbeitsrecht, 2015, § 66, Rn. 9; *Siebert/Klagges*, ArbRAktuell 2014, 577, 578.

und ohne Vorlage einer Bescheinigung über die Langzeitarbeitslosigkeit unterhalb des Mindestlohns eingestellt wird.

(1) Nachträgliche Geltendmachung des Mindestlohnanspruchs

Grundsätzlich gilt gemäß § 3 MiLoG die Unabdingbarkeit des Mindestlohnanspruchs. Die Anwendung der Norm könnte zur Folge haben, dass der Arbeitnehmer nachträglich den Mindestlohn einfordern kann, obwohl er wahrheitswidrige Angaben gemacht hat. Unter Berücksichtigung der Vertragsabschlussfreiheit des Arbeitgebers und dem treuwidrigen Handeln des Arbeitnehmers könnte jedoch eine Durchbrechung des Grundsatzes aus § 3 MiLoG erforderlich sein.[500] Zu prüfen ist zunächst, ob § 3 MiLoG vom Wortlaut her überhaupt Anwendung findet. § 3 S. 3 MiLoG regelt, dass der gesetzliche Mindestlohnanspruch nicht der Verwirkung unterliegt. Die Verwirkung stellt einen Sonderfall unzulässiger Rechtsausübung gemäß § 242 BGB dar.[501] Sonstige Fälle der unzulässigen Rechtsausübung sind vom Wortlaut des § 3 S. 3 MiLoG jedoch nicht erfasst, was dafür spricht, dass im Falle sonstiger unzulässiger Rechtsausübung die Geltendmachung des Anspruches ausgeschlossen sein kann. Diese Auslegung entspricht auch der des BAG zu § 4 IV 2 TVG, der nach dem Wortlaut lediglich die Verwirkung tariflicher Rechte ausschließt.[502]

Zu prüfen ist somit, ob es sich hierbei um einen sonstigen bzw. anderen Fall der unzulässigen Rechtsausübung handelt. Dies ist zu bejahen, wenn die Rechtsausübung gegen Treu und Glauben (venire contra factum proprium) verstößt.[503] Vorliegend hat der Bewerber den Arbeitgeber bewusst getäuscht und hierbei gegen seine vorvertraglichen Treuepflichten verstoßen. Die Geltendmachung vertraglicher Rechte ist regelmäßig unzulässig, wenn der Vertragsschluss durch Täuschung herbeigeführt worden ist.[504] Wenn der Bewerber zunächst angibt, er sei langzeitarbeitslos, und später den Mindestlohn einfordert, handelt er treuwidrig und ist somit nicht schutzwürdig. Die Geltendmachung des

---

500 *Richardi/Fischinger*, in: Staudinger Kommentar, 2016, § 611 BGB Rn. 1352.

501 HK-MiLoG (2. Auflage)/*Trümner*, § 3 Rn. 55; BAG, Urteil vom 25.11.2010, 2 AZR 323/09, NZA 2011, 821, 822.

502 BAG, Urteil vom 09.08.1990, 2 AZR 579/89, AP BGB § 615 Nr. 46, B. II. 3. a) der Gründe; ebenso die h. M. im Schrifttum vgl. u. a. JKOS-Kommentar zum TVG/*Jacobs*, § 7 Rn. 132; *Löwisch/Rieble*, TVG, 3. Auflage 2012, § 4 Rn. 637.

503 BAG, Urteil vom 09.08.1990, 2 AZR 579/89, AP BGB § 615 Nr. 46, B. II. 3. b) der Gründe.

504 BeckOK-BGB/*Sutschet* § 242 Rn. 60; BGH, Urteil vom 07.07.1998, X ZR 17/97, NJW 1998, 3192.

Mindestlohnanspruchs ist in diesem Fall gemäß § 242 BGB ausgeschlossen.[505] Es kommt somit hier für den Mindestlohnanspruch nicht allein auf die objektive Lage an.[506] Maßgeblich ist hier nämlich, dass der Arbeitnehmer bewusst einen Irrtum herbeigeführt hat. Es würde gegen den Grundsatz des § 242 BGB verstoßen, wenn er trotz seines treuwidrigen Verhaltens einen Anspruch auf Zahlung des Mindestlohnanspruchs hätte. Letztendlich würde das nämlich bedeuten, dass die Falschbeantwortung keinerlei Konsequenzen nach sich ziehen würde. § 3 MiLoG findet somit vorliegend keine Anwendung.

(2) Anfechtungsrecht des Arbeitgebers

Daneben stellt sich die Frage, ob sich der Arbeitgeber durch eine Anfechtung vom Vertrag lösen kann. Ein Anfechtungsrecht besteht gemäß § 123 I Alt. 1 BGB, wenn der Arbeitnehmer arglistig handelt und der Arbeitgeber bei Kenntnis der Umstände den Arbeitsvertrag mit diesem Arbeitnehmer nicht abgeschlossen hätte.[507] Durch die bewusst wahrheitswidrige Behauptung des Arbeitnehmers, er sei langzeitarbeitslos, handelte er arglistig. Hätte der Arbeitgeber davon gewusst, hätte er den Arbeitnehmer nicht mit einer Bezahlung unterhalb des Mindestlohns eingestellt, da er sonst eine Ordnungswidrigkeit gemäß § 21 I Nr. 9 MiLoG begangen hätte.[508] Als ungeschriebenes Tatbestandsmerkmal ist zu prüfen, ob die Täuschung widerrechtlich war.[509] Dies ist abzulehnen, wenn die Frage des Arbeitgebers unzulässig wäre (da er kein berechtigtes Interesse hat) bzw. der Arbeitnehmer bei der Beantwortung ein Recht zur Lüge gehabt hätte.[510] Eine Einschränkung des Fragerechts kann sich u. a. aus dem allgemeinen Persönlichkeitsrecht des Bewerbers oder aus datenschutzrechtlichen Vorschriften

---

505 *Richardi/Fischinger*, in: Staudinger Kommentar, 2016, § 611 BGB Rn. 1352; *Riechert/Nimmerjahn*, MiLoG Kommentar, § 22 Rn. 181; a. A. Erfurter Kommentar 2018/*Franzen*, § 22 MiLoG, Rn. 15; HK-MiLoG/*Schubert/Jerchel*, § 22 Rn. 71; *Vogelsang*, in: Schaub, Arbeitsrecht, 2015, § 66, Rn. 9; auch *Siebert/Klagges* halten es für fraglich, ob die Rechtsprechung das Problem über § 242 BGB lösen wird, vgl. *Siebert/Klagges*, ArbRAktuell 2014, 577, 578.

506 A. A. Erfurter Kommentar 2018/*Franzen*, § 22 MiLoG, Rn. 15; HK-MiLoG/*Schubert/Jerchel*, § 22 Rn. 71; *Vogelsang*, in: Schaub, Arbeitsrecht, 2015, § 66, Rn. 9.

507 *Vogelsang*, in: Schaub, Arbeitsrecht, 2015, § 66, Rn. 9.

508 Vorausgesetzt der Arbeitgeber handelt vorsätzlich oder fahrlässig; vgl. etwa *Richardi/Fischinger*, in: Staudinger Kommentar, 2016, § 611 BGB Rn. 1352.

509 MüKo/*Armbrüster* § 123 BGB Rn. 18; BAG, Urteil vom 11.11.1993, 2 AZR 467/93, NZA 1994, 407, 408.

510 MüKo/*Armbrüster* § 123 BGB Rn. 18. *Linck*, in: Schaub, Arbeitsrecht, 2015, § 26, Rn. 16.

ergeben.[511] Es ist durchaus gerechtfertigt, dass ein Bewerber seine Langzeitarbeitslosigkeit nicht offenlegen möchte, da er keine Beschäftigung unter dem Mindestlohn annimmt. Im Gegensatz dazu ist es aber nicht gerechtfertigt, dass ein Bewerber wahrheitswidrige Angaben macht, um seine Chancen auf eine Einstellung zu verbessern. Etwas anderes ergibt sich auch nicht aus dem allgemeinen Persönlichkeitsrecht oder datenschutzrechtlichen Vorgaben. Vorliegend hat der Arbeitgeber ein berechtigtes Interesse daran, ob die Tatbestandsmerkmale der Ausnahmeregelung gegeben sind. Die Frage nach der Langzeitarbeitslosigkeit ist somit zulässig.[512] Andernfalls würde die Regelung ins Leere laufen.[513] Problematisch ist jedoch in der Praxis, dass der Arbeitgeber die zur Anfechtung berechtigten Tatbestandsmerkmale nachweisen muss.[514] Insbesondere ein arglistiges Handeln wird schwer nachweisbar sein, da es sich um ein subjektives Element handelt.[515] Außerdem wird sich der Arbeitgeber wohl vorhalten müssen, warum er den Bewerber ohne Vorlage einer Bescheinigung über die Langzeitarbeitslosigkeit überhaupt eingestellt hat.

Des Weiteren stellt sich die Frage, ob eine Anfechtung gemäß § 119 II BGB in Betracht kommt.[516] Demnach kommt eine Anfechtung in Betracht, wenn ein Irrtum über solche Eigenschaften einer Person, die im Verkehr als wesentlich angesehen werden, vorlag. Zu den verkehrswesentlichen Eigenschaften zählen die natürlichen Persönlichkeitsmerkmale und solche tatsächlichen und rechtlichen Verhältnisse, die nach der Anschauung des Verkehrs Einfluss auf die Wertschätzung der Person in dem bestimmten Rechtsverhältnis ausüben.[517] Nicht dazu zählen vorübergehende Erscheinungen, wie etwa das BAG grundsätzlich für die Schwangerschaft einer Arbeitnehmerin vertritt.[518] Auch wenn der Ausnahmetatbestand hier nur vorübergehend eingreift (für die ersten sechs

511 BAG, Urteil vom 20.03.2014, 2 AZR 1071/12, BeckRS 2014, 72525, Ziff. II. 1. a) bb) der Gründe; BAG, Urteil vom 06.09.2012, 2 AZR 270/11, AP BGB § 123 Nr. 72, Ziff. I. 1. a) aa) der Gründe.

512 *Richardi/Fischinger*, in: Staudinger Kommentar, 2016, § 611 BGB Rn. 571.

513 Erfurter Kommentar 2018/*Franzen*, § 22 MiLoG, Rn. 15; *Linck*, in: Schaub, Arbeitsrecht, 2015, § 26, Rn. 26a.

514 Erfurter Kommentar 2018/*Preis*, § 611a BGB, Rn. 348.

515 Vgl. zur Nachweisbarkeit u. a. OLG Karlsruhe, Urteil vom 07.04.2005, 12 U 391/04, BeckRS 2005, 04406.

516 *Vogelsang*, in: Schaub, Arbeitsrecht, 2015, § 66, Rn. 9.

517 BeckOK-BGB/*Wendtland*, § 119 Rn. 41; BAG, Urteil vom 06.02.1992, 2 AZR 408/91, NJW 1992, 2173, 2174.

518 BAG, Urteil vom 06.10.1962, 2 AZR 360/61, NJW 1963, 222; BAG, Urteil vom 16.02.1983, 7 AZR 134/81, NJW 1983, 2958 f.; BAG, Urteil vom 06.02.1992, 2 AZR

Monate), handelt es sich bei der Langzeitarbeitslosigkeit nicht nur um eine vorübergehende Eigenschaft. Lediglich die Rechtsfolge des § 22 IV 1 MiLoG greift nur vorübergehend. Die Langzeitarbeitslosigkeit kann somit durchaus eine verkehrswesentliche Eigenschaft darstellen, da der Status als langzeitarbeitslose Person für die Anwendung der Norm des § 22 IV 1 MiLoG von wesentlicher Bedeutung ist. Der Irrtum muss für die Abgabe der Erklärung ursächlich gewesen sein.[519] Hätte der Arbeitgeber gewusst, dass die Voraussetzungen für den Ausnahmetatbestand nicht vorliegen, hätte er mit dem Bewerber keinen Arbeitsvertrag abgeschlossen, der eine Vergütung unterhalb des Mindestlohns vorsieht, da er – wie bereits erwähnt – sonst eine Ordnungswidrigkeit gemäß § 21 I Nr. 9 MiLoG begangen hätte, sodass grundsätzlich auch ein Anfechtungsrecht gemäß § 119 II BGB besteht. Es kann sogar sein, dass der Arbeitgeber den Bewerber gar nicht eingestellt hätte, weil ihm die Beschäftigung innerhalb der ersten sechs Monate zu teuer gewesen wäre. Dies lässt sich jedoch kaum nachweisen. Der Arbeitgeber müsste nachweisen, dass er die Einstellung von der Langzeitarbeitslosigkeit abhängig gemacht hat und nur in diesem Fall einen Arbeitsvertrag angeboten hätte.

(3) Rechtsfolgen der Anfechtung

Folge der Anfechtung ist grundsätzlich die Nichtigkeit (ex-tunc) gemäß § 142 I BGB. Da erbrachte Arbeitsleistungen schwer rückabgewickelt werden können, besteht im Schrifttum und in der Rechtsprechung Einigkeit darüber, dass ein bereits in Vollzug gesetzter Arbeitsvertrag grundsätzlich nicht mehr mit rückwirkender Kraft angefochten werden kann, sondern mit Wirkung für die Zukunft aufgelöst wird.[520] Fraglich ist im vorliegenden Fall jedoch zunächst, ob der Vertrag im Ganzen nichtig ist, sodass das Arbeitsverhältnis letztendlich für die Zukunft aufgelöst wird oder man den Arbeitgeber an den von ihm gewollten Vertragsbedingungen (Beschäftigung unterhalb des Mindestlohns innerhalb

---

408/91, NJW 1992, 2173, 2174 m. w. N.; kritisch hierzu *Singer*, in: Staudinger Kommentar, 2017, § 119 BGB Rn. 94.

519 BeckOK-BGB/*Wendtland*, § 119 Rn. 45.

520 MüKo/*Busche*, § 142 BGB Rn. 18; *Link*, in: Schaub, Arbeitsrecht, 2015, § 34, Rn. 49; Erfurter Kommentar 2018/*Preis*, § 611a BGB, Rn. 367; BAG, Urteil vom 15.11.1957, 1 AZR 189/57, AP BGB § 123 Nr. 5; davon wird in der Rechtsprechung des BAG dann eine Ausnahme gemacht, wenn das Arbeitsverhältnis – aus welchen Gründen auch immer – zwischenzeitlich wieder außer Funktion gesetzt worden ist. In diesem Fall soll die Anfechtung auf den Zeitpunkt der Außerfunktionssetzung zurückwirken. Vgl. BAG, Urteil vom 03.12.1998, 2 AZR 754/97, NZA 1999, 584, 585.

der ersten sechs Monate, anschließend mit dem Mindestlohn) festhalten muss. Wenn der Arbeitgeber ein Anfechtungsrecht hat, dann betrifft das grundsätzlich den ganzen Vertrag, es sei denn, er ficht nur einzelne Arbeitsbedingungen an.[521] Dass der Vertrag im Ganzen nichtig ist und folglich das Arbeitsverhältnis aufgelöst wird, könnte jedoch § 242 BGB und dem Grundsatz unzulässiger Rechtsausübung entgegenstehen.[522] Erklärt sich nämlich der Anfechtungsgegner (im vorliegenden Fall der Arbeitnehmer) unverzüglich bereit, die Erklärung so gelten zu lassen, wie sie bei wahrheitswidriger Angabe gewirkt hätte, und der Anfechtende (im vorliegenden Fall der Arbeitgeber) sich dann immer noch auf die Nichtigkeit beruft, widerspricht das dem Grundsatz von Treu und Glauben.[523] Andernfalls würde der Anfechtende (der Arbeitgeber) besser stehen, als wenn der Irrtum zutreffen würde. Vorliegend kann sich der Arbeitgeber somit nicht auf die Gesamtnichtigkeit berufen, wenn der Arbeitnehmer am Arbeitsvertrag festhalten möchte. Eine Anfechtung scheidet somit aus. Im Ergebnis bleibt das Arbeitsverhältnis, so wie anfangs vom Arbeitgeber erwartet (Beschäftigung unterhalb des Mindestlohns innerhalb der ersten sechs Monate, anschließend mit dem Mindestlohn), bestehen.

cc) Fall 2:

Fraglich ist, ob das Interesse des Arbeitgebers auch dann schutzwürdig ist, wenn der Bewerber (auf Nachfrage) wahrheitswidrig angibt, er sei nicht langzeitarbeitslos, weil er eine höhere Vergütung anstrebt.

dd) Lösung:

Für das Fragerecht des Arbeitgebers wird angeführt, dass die Regelung ins Leere führt, wenn man kein Fragerecht zubilligt.[524] Der Arbeitgeber hat nämlich – wie bereits erwähnt – keinen Auskunftsanspruch gegen die Jobcenter.[525] Gegen das Fragerecht könnte hier aber das Persönlichkeitsrecht aus Art. 2 I i. V. m. Art. 1 I

---

521 Zur Möglichkeit der Anfechtung einzelner Arbeitsbedingungen vgl. *Roth*, in: Staudinger Kommentar, 2015, § 142 BGB Rn. 35. BAG, Urteil vom 25.05.1970, 3 AZR 384/69, NJW 1970, 1941, 1943.

522 Dafür vgl. *Richardi/Fischinger*, in: Staudinger Kommentar, 2016, § 611 BGB Rn. 1352.

523 U. a. *Larenz/Wolf*, § 36 Rn. 106, 113 m. w. N.; *Medicus*, AT, Rn. 781; a. A. *Spieß*, JZ 1985, 593 ff.

524 Erfurter Kommentar 2018/*Franzen*, § 22 MiLoG, Rn. 15; für ein Fragerecht auch *Richardi/Fischinger*, in: Staudinger Kommentar, 2016, § 611 BGB Rn. 1352.

525 Vgl. näher I. 6. b) dieses Kapitels.

des Bewerbers sprechen.[526] Das Persönlichkeitsrecht begrenzt grundsätzlich den Informationsanspruch des Arbeitgebers, denn es muss ein unantastbarer Bereich privater Lebensgestaltung gewahrt werden.[527] Es könnte somit gerechtfertigt sein, dass ein Bewerber seine Langzeitarbeitslosigkeit nicht offenlegen möchte, da er keine Beschäftigung unter dem Mindestlohn annehmen möchte. Er nimmt dann eben in Kauf, dass er nicht eingestellt wird.

(1) Stellungnahme

Problematisch ist an dieser Stelle, ob das Informationsinteresse des Arbeitgebers schutzwürdig ist. Im Gegensatz zu Fallkonstellation 1 liegt dies hier nicht auf der Hand. Die Regelung zu Langzeitarbeitslosen soll nämlich nicht den Arbeitgeber schützen, etwa dass dieser zu günstigen Konditionen einstellt. Die Norm dient primär dem Schutz des Langzeitarbeitslosen dahingehend, dass er einen leichteren Einstieg in die Berufswelt hat.[528] Natürlich kann es sein, dass der Bewerber bei Verneinung der Langzeitarbeitslosigkeit trotzdem eingestellt wird. Die Norm macht aber genau in den Fällen Sinn, in denen der Arbeitgeber in den ersten sechs Monaten nur unterhalb des Mindestlohns beschäftigen möchte. Arbeitgeber sollen durch die Regelung ja einen Anreiz bekommen, Langzeitarbeitslose zu beschäftigen.[529] Es kann aber nicht verlangt werden, dass die Bewerber schon vorab eine Bescheinigung über die Langzeitarbeitslosigkeit anfordern und diese ggf. der Bewerbung beifügen. Viele Bewerber kennen hingegen die Ausnahmeregelung gar nicht.[530] Außerdem werden die Bewerber kaum in der Lage sein, die komplizierten Voraussetzungen der Ausnahmeregelung zu kennen.[531] Deshalb ist das Fragerecht des Arbeitgebers sinnvoll.[532] Im Zweifel kann der Bewerber

---

526 So fällt etwa der Schwerbehindertenstatus in den grundrechtlich geschützten Bereich der Persönlichkeitsrechte, vgl. etwa BSG, Urteil vom 22.10.1986, 9a R Vs 3/84, AP SchwbG § 3 Nr. 1.

527 Erfurter Kommentar 2018/*Schmidt*, Art. 2 GG, Rn. 91.

528 Zum Sinn der Regelung vgl. Ziff. I. 6. a) dieses Kapitels.

529 Vgl. *Institut für Arbeitsmarkt- und Berufsforschung*, Stellungnahme zur öff. Anhörung am 30.06.2014 in Berlin, Ausschuss-DRs. 18 (11) 148 S. 30.

530 Institut für Arbeitsmarkt- und Berufsforschung, Kurzbericht 23/2016, Mindestlohnausnahme für Langzeitarbeitslose, unter: http://doku.iab.de/kurzber/2016/kb2316.pdf (abgerufen am 07.02.2017).

531 Zum Fragerecht bei § 14 TzBfG hierzu *Backhaus* in Ascheid/Preis/Schmidt, § 14 TzBfG, Rn. 435j.

532 Für ein Fragerecht auch Erfurter Kommentar 2018/*Franzen*, § 22 MiLoG, Rn. 15; *Richardi/Fischinger*, in: Staudinger Kommentar, 2016, § 611 BGB Rn. 1352.

dann Auskunft beim Jobcenter einholen. Für das Fragerecht des Arbeitgebers spricht auch ein Vergleich mit der Regelung in § 14 III TzBfG. Gemäß Satz 1 dieser Vorschrift ist „die kalendermäßige Befristung eines Arbeitsvertrages ohne Vorliegen eines sachlichen Grundes bis zu einer Dauer von fünf Jahren zulässig, wenn der Arbeitnehmer bei Beginn des befristeten Arbeitsverhältnisses das 52. Lebensjahr vollendet hat und unmittelbar vor Beginn des befristeten Arbeitsverhältnisses mindestens vier Monate beschäftigungslos im Sinne des § 138 I Nr. 1 SGB III gewesen ist, Transferkurzarbeitergeld bezogen oder an einer öffentlich geförderten Beschäftigungsmaßnahme nach dem Zweiten oder Dritten Buch Sozialgesetzbuch teilgenommen hat". Die Regelung hat dieselbe Zweckrichtung. Die Befristungserleichterung soll der Erhöhung der Beschäftigungschancen dienen.[533] Hier steht dem Arbeitgeber ein Fragerecht zu.[534] Im Fall des Verschweigens der Langzeitarbeitslosigkeit kann nämlich das Ziel des Gesetzgebers gar nicht realisiert werden. Zwar lässt sich hier anführen, dass im Rahmen des § 14 III TzBfG das Fragerecht im Gegensatz zu § 22 IV MiLoG explizit in der Entwurfsbegründung aufgenommen worden ist.[535] Andererseits ist ein Fragerecht in der Entwurfsbegründung zum Mindestlohngesetz aber auch nicht ausdrücklich abgelehnt worden. Wenn außerdem dieses Gegenargument ausschlaggebend wäre, müsste man auch in der ersten Fallkonstellation ein Fragerecht ablehnen, was zur Folge hätte, dass die Norm völlig ins Leere liefe. Für das Fragerecht in der vorliegenden Fallkonstellation spricht ferner, dass der Bewerber kein schutzwürdiges Interesse daran hat, dass er hinsichtlich der Langzeitarbeitslosigkeit lügt. Bewerber, die eine höher vergütete Tätigkeit anstreben, haben auch nach Offenlegung der Langzeitarbeitslosigkeit die Möglichkeit, mit dem potentiellen Arbeitgeber zu verhandeln bzw. das Arbeitsplatzangebot abzulehnen, sodass hier kein Nachteil für sie entsteht. Hier steht nicht das Persönlichkeitsrecht des Bewerbers entgegen. Der Bewerber ist aus arbeitsrechtlicher Sicht wegen der Vertragsfreiheit zudem nicht verpflichtet, eine Beschäftigung unterhalb des Mindestlohns anzunehmen.[536]

---

533 A. a. *Vogelsang*, in: Schaub, Arbeitsrecht, 2015, § 66, Rn. 9.
534 BT-Drs. 16/3793, S. 10.
535 BT-Drs. 16/3793, S. 10.
536 Unabhängig davon stellt sich die Frage der zumutbaren Beschäftigung nach § 140 SGB III, die hier nicht näher thematisiert werden kann.

(2) Zwischenergebnis

Ein Fragerecht des Arbeitgebers hinsichtlich der Langzeitarbeitslosigkeit besteht auch in der zweiten Fallkonstellation.

(3) Vertragsanpassung und Anfechtungsrecht des Arbeitgebers

Fraglich ist, welche Konsequenzen es hat, wenn der Bewerber die Frage des Arbeitgebers hinsichtlich der Langzeitarbeitslosigkeit falsch beantwortet und der Arbeitgeber den Bewerber von Anfang an mit einer Bezahlung in Höhe des Mindestlohns einstellt. Zunächst könnte eine Vertragsanpassung gemäß § 313 II BGB dahingehend in Betracht kommen, dass in den ersten sechs Monaten eine Beschäftigung unterhalb des Mindestlohns erfolgt. Eine Anpassung scheidet jedoch schon mangels beidseitigen Irrtums aus, wenn der Bewerber bewusst falsch antwortet.[537] Dem Arbeitgeber könnte jedoch ein Anfechtungsrecht gemäß § 123 I Alt. 1 BGB zustehen. Demnach besteht ein Anfechtungsrecht, wenn der Arbeitnehmer arglistig handelt und der Arbeitgeber bei Kenntnis der Umstände den vorliegenden Arbeitsvertrag mit diesem Arbeitnehmer nicht abgeschlossen hätte.[538] Durch die bewusst wahrheitswidrige Behauptung des Arbeitnehmers, er sei nicht langzeitarbeitslos, handelt er arglistig. Kausalität liegt vor, wenn der Arbeitgeber den Bewerber bei Kenntnis der Langzeitarbeitslosigkeit nur mit einer Vergütung unterhalb des Mindestlohns eingestellt hätte. Als ungeschriebenes Tatbestandsmerkmal ist anschließend zu prüfen, ob die Täuschung widerrechtlich war.[539] Dies ist abzulehnen, wenn die Frage des Arbeitgebers unzulässig wäre (da er kein berechtigtes Interesse hat) bzw. der Arbeitnehmer bei der Beantwortung ein Recht zur Lüge gehabt hätte.[540] Wie bereits dargestellt, besteht ein Fragerecht des Arbeitgebers, sodass die Täuschung widerrechtlich war. Ein Anfechtungsrecht besteht somit grundsätzlich.[541]

---

537 So im Ergebnis auch *Vogelsang*, in: Schaub, Arbeitsrecht, 2015, § 66, Rn. 9; *Vogelsang* stützt sich hierbei aber auf die fehlende Offenbarungspflicht des Arbeitnehmers.

538 *Vogelsang*, in: Schaub, Arbeitsrecht, 2015, § 66, Rn. 9.

539 MüKo/*Armbrüster* § 123 BGB Rn. 18; BAG, Urteil vom 11.11.1993, 2 AZR 467/93, NZA 1994, 407, 408.

540 MüKo/*Armbrüster* § 123 BGB Rn. 18; *Linck*, in: Schaub, Arbeitsrecht, 2015, § 26, Rn. 16.

541 NK-GA/*Forst*, § 22 MiLoG Rn. 16; *Richardi/Fischinger*, in: Staudinger Kommentar, 2016, § 611 BGB Rn. 1352; a. A. *Vogelsang*, in: Schaub, Arbeitsrecht, 2015, § 66, Rn. 9; *Vogelsang* stützt sich hierbei aber auf die fehlende Offenbarungspflicht des Arbeitnehmers.

Des Weiteren stellt sich die Frage, ob eine Anfechtung gemäß § 119 II BGB in Betracht kommt.[542] Die Langzeitarbeitslosigkeit kann – wie bereits erwähnt – eine verkehrswesentliche Eigenschaft darstellen, da der Status als langzeitarbeitslose Person für die Anwendung der Norm des § 22 IV MiLoG von wesentlicher Bedeutung ist.[543] Auch hier muss der Irrtum für die Abgabe der Erklärung ursächlich gewesen sein.[544] Hätte der Arbeitgeber gewusst, dass die Voraussetzungen für den Ausnahmetatbestand vorliegen und hätte er den Bewerber deshalb nur mit einer Vergütung unterhalb des Mindestlohns eingestellt, ist dies zu bejahen.

Die Voraussetzungen der Anfechtung scheitern jedoch in der Praxis regelmäßig am Kausalitätsnachweis. Der Arbeitgeber müsste nämlich nachweisen, dass er den Bewerber nur zu Bedingungen unterhalb des Mindestlohns eingestellt hätte. Hier kann der Arbeitgeber zwar vergleichsweise auf andere langzeitarbeitslose Bewerber hinweisen. Ein Nachweis wird jedoch selten gelingen.

(4) Rechtsfolgen der Anfechtung

Zu klären ist dennoch, welche Rechtsfolgen sich aus der Anfechtung ergeben. Im Wesentlichen gelten hier die Grundsätze, die für Fall 1 aufgeführt wurden.[545] Vorliegend kann sich der Arbeitgeber wegen § 242 BGB nicht auf die Gesamtnichtigkeit bzw. Auflösung des Arbeitsverhältnisses für die Zukunft berufen, wenn der Arbeitnehmer am Arbeitsvertrag festhalten möchte, denn der Arbeitgeber hätte den Arbeitnehmer bei Kenntnis der Langzeitarbeitslosigkeit dennoch eingestellt, jedoch mit einer Bezahlung unterhalb des Mindestlohns. Eine Anfechtung scheidet somit im Ergebnis aus. Der Arbeitgeber kann jedoch einen Schadensersatzanspruch gemäß § 280 I BGB gegen den Arbeitnehmer geltend machen und so den zu viel bezahlten Lohn einfordern, wenn der Arbeitgeber nur deshalb den Mindestlohn bezahlt, weil der Arbeitnehmer wahrheitswidrig antwortet.[546]

---

542 *Vogelsang*, in: Schaub, Arbeitsrecht, 2015, § 66, Rn. 9.

543 Vgl. ausführlich hierzu Ausführungen im Rahmen der Lösung zu Fallkonstellation 1.

544 BeckOK-BGB/*Wendtland*, § 119 Rn. 45.

545 Ziff. I. 6. c) bb) dieses Kapitels.

546 NK-GA/*Forst*, § 22 MiLoG Rn. 16.

d) Verfassungsrechtliche Würdigung

Die Ausnahme für Langzeitarbeitslose könnte einen Verstoß gegen den Gleichheitssatz gemäß Art. 3 I GG darstellen.[547] Durch die Herausnahme der Langzeitarbeitslosen aus dem Anwendungsbereich des Mindestlohngesetzes für die ersten sechs Monate liegt eine rechtlich relevante Ungleichbehandlung im Vergleich zu anderen Arbeitnehmern vor. Fraglich ist, ob diese Ungleichbehandlung gerechtfertigt ist. Die Rechtsprechung hat im Rahmen des Art. 3 I GG verschiedene Prüfungskriterien entwickelt. Diese reichen von einer Willkürprüfung bis hin zu einer am Verhältnismäßigkeitsgrundsatz angelehnten Prüfung. Hierbei ist zu differenzieren, ob es sich um eine sachbezogene oder personenbezogene Ungleichbehandlung handelt.[548] Die Prüfung beschränkt sich vorliegend aufgrund der personenbezogenen Ungleichbehandlung der Langzeitarbeitslosen im Vergleich zu anderen Arbeitnehmern nicht auf die Willkürprüfung, sodass ein stufenloser, am Verhältnismäßigkeitsgrundsatz orientierter Maßstab gilt.

aa) Legitimes Ziel und Geeignetheit

Ziel der Regelung ist es, den Beschäftigungschancen der Langzeitarbeitslosen Rechnung zu tragen. Durch die Erleichterung bei der Entlohnung soll eine nachhaltige Integration gefördert werden.[549] Der Sinn und Zweck der Ausnahmeregelung wird kritisiert, da eine Absenkung der Sozialstandards befürchtet wird und eine Ausnutzung dahingehend, dass Langzeitarbeitslose lediglich befristet bis sechs Monate eingestellt werden.[550] Außerdem wird infrage gestellt, ob die Regelung aufgrund der Schwierigkeiten beim Nachweis der Langzeitarbeitslosigkeit überhaupt geeignet ist, die Integration zu verbessern.[551]

Das Ziel des Gesetzgebers ist jedoch, unabhängig von der Wirkung der Regelung, legitim und nachvollziehbar, da gerade der Personengruppe der

547 Für die Verfassungsmäßigkeit *Riechert/Nimmerjahn*, MiLoG Kommentar, § 22 Rn. 132 ff.; BeckOK-MiLoG/*Greiner*, § 22 Rn. 59; kritisch, im Ergebnis aber verfassungsgemäß *Preis/Ulber*, Gutachten 2014, S. 139; dagegen HK-MiLoG (2. Auflage)/*Schubert/Jerchel*, § 22 Rn. 72.

548 St. Rspr. vgl. u. a. BVerfG, Urteil vom 20.04.2004, 1 BvR 1748/99, 905/00, BverfGE 110, 274, 291; BVerfG, Beschluss vom 06.07.2010, 1 BvL 9/06, 2/08, BverfGE, 126, 233, 263; BVerfG, Beschluss vom 17.01.2012, 2 BvL 4/09, BVerfGE, 130, 52, 66; näher zum Prüfungsmaßstab Ziff. I. 1. e) aa) dieses Kapitels.

549 BT-Drs. 18/1558, S. 43.

550 HK-MiLoG (2. Auflage)/*Schubert/Jerchel*, § 22 Rn. 72; *Preis/Ulber*, Gutachten 2014, S. 139.

551 Erfurter Kommentar 2016/*Franzen*, § 22 MiLoG, Rn. 16.

Langzeitarbeitslosen schwerer ein Wiedereinstieg in das Arbeitsleben gelingt als Menschen mit kurzer Arbeitslosigkeit.[552] Durch die sechsmonatige Einstiegsphase können die Einarbeitung und das Gewöhnen an den Arbeitsalltag erleichtert werden. Langfristig soll somit auch die Arbeitslosigkeit bekämpft werden.[553] Für die Geeignetheit spricht, dass der Arbeitgeber durch zulässige Nachfrage beim Bewerber erfahren kann, ob er langzeitarbeitslos ist oder nicht. Der Bewerber hat hierbei die Pflicht zur wahrheitsgemäßen Beantwortung und der Arbeitgeber kann sich zur Sicherheit eine entsprechende Bescheinigung der Arbeitsagentur vorlegen lassen.[554] Die Regelung stellt letztendlich auch keinen Nachteil für die Betroffenen dar, sondern einen Wettbewerbsvorteil.[555] Der Ausnahmetatbestand kann nämlich aufgrund der günstigen Lohnbedingungen einen Anreiz für Arbeitgeber darstellen, vermehrt Langzeitarbeitslose einzustellen, sodass die Regelung letztendlich auch geeignet ist.[556]

bb) Erforderlichkeit

Zu klären ist, ob die Regelung erforderlich ist bzw. ob ein milderes, gleich geeignetes Mittel in Betracht kommt. Eine Herausnahme der Langzeitarbeitslosen aus dem Anwendungsbereich des Mindestlohngesetzes, die weniger als sechs Monate beträgt, ist denkbar. Je kürzer der Ausnahmetatbestand ausgestaltet ist, desto geringer ist jedoch der Anreiz für Arbeitgeber, hiervon Gebrauch zu machen, sodass solch eine Regelung nicht gleich geeignet wäre. Auch die Möglichkeit des Gesetzgebers, von Eingliederungszuschüssen für Arbeitgeber Gebrauch zu machen, steht der Geeignetheit nicht entgegen. Es kann nicht vom Gesetzgeber verlangt werden, dass er weitere Förderungsmöglichkeiten für Arbeitgeber zur Verfügung stellt.[557] Insoweit wird richtigerweise darauf verwiesen, dass es Sache des Gesetzgebers ist, auf Basis seiner wirtschafts-, arbeitsmarkt- und sozialpolitischen Vorstellungen und Ziele zu entscheiden, welche Maßnahmen

552 Bundesagentur für Arbeit, Statistik – Die Arbeitsmarktsituation von langzeitarbeitslosen Menschen 2016 –, S. 6, https://statistik.arbeitsagentur.de/Statischer-Content/Arbeitsmarktberichte/Personengruppen/generische-Publikationen/Langzeitarbeitslosigkeit.pdf (abgerufen am 28.10.2017).

553 Zur Bekämpfung der Arbeitslosigkeit als Rechtfertigungsgrund vgl. *Preis/Ulber*, Gutachten 2014, S. 139.

554 Mit Einwilligung des Bewerbers; vgl. Ziff. I. 1. f) cc).

555 *Picker/Sausmikat*, NZA 2014, 942 f.

556 BeckOK-MiLoG/*Greiner* § 22, Rn. 59.

557 *Riechert/Nimmerjahn*, MiLoG Kommentar, § 22 Rn. 134.

er im Interesse des Gemeinwohls ergreifen will.[558] Andere gleich geeignete Mittel kommen somit nicht in Betracht.

cc) Angemessenheit

Letztendlich ist zu prüfen, ob die Regelung angemessen ist. Einerseits wird befürchtet, dass die Regelung ausgenutzt wird, indem Langzeitarbeitslose nur befristet bis zu sechs Monaten eingestellt werden.[559] Andererseits wird vertreten, dass die Regelung gerade dazu dient, die Beschäftigungshürde für Langzeitarbeitslose abzusenken, sodass keine Benachteiligung vorliegt und die Regelung somit verfassungskonform ist.[560] Die erwähnte Befürchtung der Ausnutzung der Regelung ist zwar nicht ganz unberechtigt, dennoch überwiegt im Rahmen der Abwägung das angestrebte Ziel der Bekämpfung der Arbeitslosigkeit, das nach der Rechtsprechung als Ausprägung des Sozialstaatsprinzips Verfassungsrang hat.[561] Durch die Ausnahmeregelung sollen potentielle Arbeitgeber einen Anreiz bekommen, Langzeitarbeitslose einzustellen.[562] Dadurch erhöhen sich die Chancen für eine langfristige Beschäftigung. Dies fördert wiederum das Ziel, die Arbeitslosigkeit zu bekämpfen. Die Herabsetzung der Mindestentlohnung für Langzeitarbeitslose kann zudem durch die Gewährung von Sozialleistungen kompensiert werden.[563] Die Regelung stellt dennoch keine Schwächung der Sozialsicherungssysteme dar, denn langfristig werden die Sozialsicherungssysteme durch die Integration der Langzeitarbeitslosen gestärkt. Langzeitarbeitslose bekommen durch die Regelung richtigerweise auch einen Wettbewerbsvorteil[564], ohne dass sie schlechter stehen als andere Arbeitnehmer. Sie können nämlich selbst entscheiden, ob sie eine Beschäftigung mit einer Bezahlung unterhalb des Mindestlohns annehmen und somit bevorzugt eingestellt werden. *Riechert* und *Nimmerjahn* sehen die Regelung ebenfalls als angemessen an, da sie der nachhaltigen Integration von Langzeitarbeitslosen in den Arbeitsmarkt diene und

---

558 *Riechert/Nimmerjahn*, MiLoG Kommentar, § 22 Rn. 134; BVerfG, Beschluss vom 11.07.2006, 1 BvL 4/00, NJW 2007, 51, 55 m. w. N.

559 *Preis/Ulber*, Gutachten 2014, S. 139; HK-MiLoG (2. Auflage)/*Schubert/Jerchel*, § 22 Rn. 72; vgl. zur rechtlichen Zulässigkeit Kapitel 5 II.

560 *Picker/Sausmikat*, NZA 2014, 942 f.; BeckOK-MiLoG/*Greiner* § 22, Rn. 59.

561 U. a. BVerfG, Beschluss vom 11.07.2006,1 BvL 4/00, NZA 2007, 42, 45; BVerfG, Beschluss vom 20.03.2007, 1 BvR 1047/05, NZA 2007, 609, 611.

562 Die Regelung soll, laut der Entwurfsbegründung, eine nachhaltige Integration fördern; vgl. BT-Drs. 18/1558, S. 43.

563 *Picker/Sausmikat*, NZA 2014, 942 f.

564 *Picker/Sausmikat*, NZA 2014, 942 f.

dadurch ein legitimes arbeitsmarktpolitisches Ziel darstelle.[565] Sie ziehen hierbei vergleichend die Ausnahmevorschrift zur Befristungserleichterung von älteren Arbeitnehmern gemäß § 14 III TzBfG heran. Sie verweisen darauf, dass die vorliegende Interessenlage mit derjenigen vergleichbar sei, die der Gesetzgeber bei der befristeten Einstellung von älteren Arbeitnehmern im Sinn hatte. Die Eingliederungschancen in den Arbeitsmarkt sollen verbessert werden.[566] Auch hier ist eine Ungleichbehandlung aufgrund der Beschäftigungslosigkeit gerechtfertigt.[567] Dem ist letztendlich zuzustimmen, da auch beim Ausnahmetatbestand für Langzeitarbeitslose die Eingliederung in den Arbeitsmarkt erleichtert werden soll. Zusammenfassend ist festzuhalten, dass die Regelung für Langzeitarbeitslose angemessen ist.

dd) Ergebnis

Es liegt kein Verstoß gegen Art. 3 I GG vor.

e) Fazit

Zwar besteht keine Offenbarungspflicht des Bewerbers hinsichtlich der Langzeitarbeitslosigkeit, jedoch hat der potentielle Arbeitgeber ein Fragerecht diesbezüglich. Im Falle der bewusst wahrheitswidrigen Falschbeantwortung steht dem Arbeitgeber grundsätzlich ein Anfechtungsrecht zu. Der Arbeitgeber kann sich hierbei jedoch nicht auf die Gesamtnichtigkeit des Arbeitsverhältnisses berufen, wenn der Arbeitnehmer am Arbeitsvertrag festhalten möchte. Der Arbeitgeber ist lediglich so zu stellen, wie er stehen würde, wenn der Irrtum zutreffen würde. Die Ausnahmeregelung für Langzeitarbeitslose ist mit höherrangigem Recht vereinbar. Ob das Ziel des Gesetzgebers tatsächlich erreicht wird, ist erst im Laufe der Zeit absehbar. Dass der Gesetzgeber hier unsicher ist, zeigt die Vorgabe der Berichterstattung gemäß § 22 IV 2 MiLoG.

7. Fazit zum persönlichen Anwendungsbereich

Zusammenfassend lässt sich festhalten, dass der Gesetzgeber im Rahmen des persönlichen Anwendungsbereichs Nachbesserungsbedarf hat. Neben der Ausnahme für Jugendliche ist die Gleichstellung der Praktikanten mit Arbeitnehmern

565 U. a. *Riechert/Nimmerjahn*, MiLoG Kommentar, § 22 Rn. 133.

566 Vgl. auch Entwurfsbegründung in BT-Drs. 16/3793, S. 9.

567 *Riechert/Nimmerjahn*, MiLoG Kommentar, § 22 Rn. 133; BAG, Urteil vom 28.05.2014, 7 AZR 360/12, NZA 2015, 1131.

missglückt. Die systematisch unsaubere Ausgestaltung des Gesetzes spiegelt sich zudem in der rein deklaratorischen Regelung zu den ehrenamtlich Tätigen, der Aufnahme der Definition der Praktikanten in das Mindestlohngesetz und der komplexen Regel-Ausnahme-Tatbestände wider. Auch im Rahmen der Einstellung von Langzeitarbeitslosen ergeben sich zahlreiche praktische Fragen. Ob die Ziele des Gesetzgebers langfristig erreicht werden und wie sich die Gerichte zu den einzelnen Fragen äußern, bleibt abzuwarten.

II. Örtlicher Anwendungsbereich

1. Problemdarstellung

Der örtliche Anwendungsbereich ergibt sich aus § 20 MiLoG. Die Norm lautet wie folgt:

> *Arbeitgeber mit Sitz im In- oder Ausland sind verpflichtet, ihren im Inland beschäftigten Arbeitnehmerinnen und Arbeitnehmern ein Arbeitsentgelt mindestens in Höhe des Mindestlohns nach § 1 Absatz 2 spätestens zu dem in § 2 Absatz 1 Satz 1 Nummer 2 genannten Zeitpunkt zu zahlen.*

Unproblematisch hat ein Arbeitnehmer, der im Inland tätig ist, einen Anspruch auf Zahlung des Mindestlohns, wenn ein Arbeitsvertrag besteht, der sich nach deutschem Recht richtet, vgl. Art. 8, 9 Rom I-VO.[568] Hier kommt es auf das Vertragsstatut an.[569] Problematisch sind die Fälle, die von § 20 MiLoG erfasst werden, ohne dass es sich hierbei um einen dem deutschen Recht unterfallenden Arbeitsvertrag handelt. Auch hier hat, nach dem Wortlaut der Norm, der Arbeitnehmer, der im Inland beschäftigt wird, einen Anspruch auf Zahlung des gesetzlichen Mindestlohns. § 20 MiLoG stellt hierbei eine Eingriffsnorm gemäß Art. 9 Rom I-VO dar[570], da der Mindestlohn unabhängig davon gilt, welcher Rechtsordnung der Arbeitsvertrag unterfällt.[571] Dies besagt aber nichts über die Anwendbarkeit des Tatbestandes des § 20 MiLoG an sich.[572] Hierfür ist eine

---

568 *Schubert/Jerchel/Düwell*, Das neue Mindestlohngesetz, Rn. 87.

569 BeckOK-MiLoG/*Greiner*, § 20 Rn. 4.

570 Vgl. u. a. HK-ArbR/*Däubler*, § 20 MiLoG Rn. 5; *Bissels/Falter/Evers*, ArbRAktuell 2015, 4, 6; *Sittard*, NZA 2015, 78, 79; *Vogelsang*, in: Schaub, Arbeitsrecht, 2015, § 66, Rn. 21; a. A. OGH Wien, Urteil vom 29.11.2016, 9 ObA 53/16h, NZA-RR 2017, 180; kritisch hierzu vgl. *Kainer* in Winner/Cierpial-Magnor, S. 101 und *Hohnstein*, NJW 2015, 1844, 1846.

571 Erfurter Kommentar 2018/*Franzen*, § 20 MiLoG, Rn. 1.

572 *Moll/Katerndahl*, DB 2015, 555.

Prüfung der einzelnen Tatbestandsmerkmale erforderlich. Da die Norm weder eine zeitliche Grenze noch eine Integration der ausländischen Arbeitnehmer in den deutschen Arbeitsmarkt vorschreibt, stellt sich die Frage, was bei kurzzeitigen Einsätzen im Inland gilt.[573] Im Schrifttum wird aufgrund von teleologischen, kollisions- und europarechtlichen Aspekten eine einschränkende Auslegung gefordert.[574] Hierfür ergeben sich jedoch weder aus der Entwurfsbegründung noch aus dem Gesetzestext Anhaltspunkte.[575] Deshalb wird teilweise eine sehr weite Anwendung der Norm angenommen.[576] Problematisch sind u. a. die Fälle des sog. Transit- und Kabotageverkehrs[577] sowie Be- und Entladefälle.[578] Daneben stellt sich aber auch die Frage, ob der Mindestlohn zu zahlen ist, wenn eine kurzzeitige Beschäftigung im Inland vorliegt, etwa bei einem ausländischen Monteur, der kurzzeitig (für einige Stunden) in Deutschland eingesetzt wird[579], oder bei Arbeitseinsätzen zu Schulungszwecken[580]. In der politischen Diskussion stößt die Norm aufgrund der Rechtsunsicherheiten nicht völlig unzutreffend auf erhebliche Kritik, vor allem im Transportbereich.[581] Die Europäische Kommission hat im Mai 2015 ein Vertragsverletzungsverfahren wegen Anwendung des

---

573 Vgl. zum Meinungsstand *Riechert/Nimmerjahn*, MiLoG Kommentar, § 20 Rn. 14 ff.

574 U. a. *Sittard*, NZA 2015, 78, 80 ff.; *Bissels/Falter/Evers*, ArbRAktuell 2015, 4, 5 ff.; *Forst*, ZESAR 2015, 205, 207 ff.; *Moll/Katerndahl*, DB 2015, 555, 557 ff.; Erfurter Kommentar 2018/*Franzen*, § 20 MiLoG, Rn. 2; kritisch hierzu *Riechert/Nimmerjahn*, MiLoG Kommentar, § 20 Rn. 16.

575 BT-Drs. 18/1558, S. 42.

576 *Stommel/Valder*, jurisPR-TranspR 5/2014, Anm. 4, C. I. *Vogelsang*, in: Schaub, Arbeitsrecht, 2015, § 66, Rn. 21; Deutscher Gewerkschaftsbund, Artikel vom 30.05.2017, unter: http://www.dgb.de/themen/++co++c480daa2-4523-11e7-8713-525400e5a74a (abgerufen am 09.09.2017) unter Berufung auf ein Gutachten von Mankowski zur Unionsrechtskonformität des Mindestlohngesetzes vom 11.04.2017.

577 Transitverkehr: Durchgangsverkehr von Personen, Waren durch das Hoheitsgebiet eines Staates; Kabotage: die Beförderung von Gütern oder Personen innerhalb eines Landes (vgl. Erklärung im Duden).

578 Zu den sog. Durchreisefällen vgl. ausführlich etwa *Forst*, ZESAR 2015, 205, 206 ff.; ausführlich zu den verschiedenen Fallkonstellationen vgl. unter b) bb) im Rahmen der Auslegung nach Sinn und Zweck.

579 *Moll/Katerndahl*, DB 2015, 555, 557.

580 Erfurter Kommentar 2018/*Franzen*, § 20 MiLoG, Rn. 2.

581 Vgl. etwa auf die Reaktionen des BMAS (sog. Aussetzung des Mindestlohn): DPA, SZ-Artikel vom 30.01.2015, unter: http://www.sueddeutsche.de/news/karriere/arbeitsmarkt-aussetzung-fuer-transit-lkw-heizt-streit-um-mindestlohn-an-dpa.urn-newsml-dpa-com-20090101-150130-99-02256 (abgerufen am 04.11.2017).

deutschen Mindestlohngesetzes im Verkehrssektor eingeleitet.[582] Die damalige Bundesarbeitsministerin Nahles hat schließlich die Kontrollen durch die Zollbehörden im Bereich des Transitverkehrs vorübergehend ausgesetzt.[583] Auswirkungen auf die materiell-rechtliche Frage, ob ein Mindestlohnanspruch besteht oder nicht, hat dies aber nicht.[584] Ein Ergebnis der EU-Kommission steht noch aus.[585] Im Juni 2016 wurde jedoch bereits die zweite Stufe des Verfahrens eingeleitet.[586] Richtungsweisende Entscheidungen deutscher Gerichte gibt es bislang nicht.[587] Das Bundesverfassungsgericht hat sich zwar mit dem Streitpunkt befassen müssen, lehnte eine materiell-rechtliche Bewertung allerdings im Wege eines Nichtannahmebeschlusses ab.[588] Maßgeblich ist hier die Auslegung der Norm mit Blick auf kollisions- und europarechtliche Rahmenbedingungen.

2. Auslegung von § 20 MiLoG

a) Wortlaut

Die Frage, ob ein Mindestlohnanspruch besteht, richtet sich zunächst nach dem Wortlaut und somit nach dem Begriff der „Beschäftigung im Inland". Maßgeblich für die Auslegung im Rahmen des § 20 MiLoG ist in erster Linie die Bestimmung des Arbeits- bzw. Beschäftigungsortes nach allgemeinen arbeitsrechtlichen Grundsätzen.[589] Eine Definition des Begriffs der Beschäftigung bzw. des Beschäftigungsortes gibt es im Arbeitsrecht nicht. § 7 I SGB IV regelt lediglich Merkmale des sozialrechtlichen Begriffs der Beschäftigung, der jedoch

582 EU-Kommission, Pressemitteilung vom 19.05.2015, unter: http://europa.eu/rapid/press-release_IP-15-5003_de.htm (abgerufen am 13.05.2017).

583 BMAS, Pressemitteilung vom 30.05.2015, unter: http://www.bmas.de/DE/Presse/Meldungen/2015/2015-01-30-interismloesung-ml-im-reinen-lkw-transitverkehr.html (abgerufen am 13.05.2017).

584 HK-MiLoG/*Schubert*, § 20 Rn. 1.

585 Stand Oktober 2018.

586 EU-Kommission, Pressemitteilung vom 16.06.2016, unter: https://ec.europa.eu/germany/news/mindestlohn-f%C3%BCr-lkw-fahrer-eu-kommission-versch%C3%A4rft-vertragsverletzungsverfahren-gegen_de (abgerufen am 13.05.2017).

587 Vgl. lediglich FG Berlin-Brandenburg, Beschluss vom 07.02.2018, 1 V 1175/17, NZA-RR 2018, 184 zu MiLoG-Kontrollen und eine österreichische Entscheidung hierzu OGH Wien, Urteil vom 29.11.2016, 9 ObA 53/16h, NZA-RR 2017, 180.

588 BVerfG, Beschluss vom 25.06.2015, 1 BvR 555/15, juris; Entscheidungsbesprechung von *Tuengerthal*, BB 2015, 2997 ff.

589 *Moll/Katerndahl*, DB 2015, 555, 557.

durch den Verweis auf das Arbeitsverhältnis allerdings vorsichtig vergleichend herangezogen werden kann.[590] § 9 SGB IV definiert hierbei den sozialrechtlichen Beschäftigungsort. Beschäftigungsort ist nach Abs. 1 grundsätzlich der Ort, an dem die Beschäftigung tatsächlich ausgeübt wird. Weitere Anhaltspunkte für eine Beschäftigung sind gemäß § 7 I 2 SGB IV eine Tätigkeit nach Weisungen und die Eingliederung in die Arbeitsorganisation des Weisungsgebers.[591] Beschäftigungsort im Sinne des § 20 MiLoG ist in Anlehnung daran der geografische Ort, an dem der Arbeitnehmer seine Arbeitsleistung auf Weisung des Arbeitgebers erbringen muss.[592] Dies ist regelmäßig der Betriebssitz des Arbeitgebers.[593] Fraglich ist, ob das auch gilt, wenn der Arbeitnehmer vom Betriebssitz aus stets an andere Orte geschickt wird, etwa als Kraftfahrer. *Moll* und *Katerndahl* bejahen dies und stützen sich argumentativ auf ein BAG-Urteil aus dem Jahr 1986. Das BAG ist hier der Ansicht, dass der Erfüllungsort auch bei weisungsgebundenen Entsendungen, bei denen der Arbeitnehmer vom Betriebssitz aus immer wieder an verschiedene Orte entsandt wird, Sitz des Betriebs ist, da das Weisungsrecht dort ausgeübt wird.[594] *Moll* und *Katerndahl* stellen deshalb für die Frage des Arbeits- bzw. Beschäftigungsorts auf den Ort der Ausübung des Weisungsrechts ab.[595] Folglich würde die Tätigkeit im Rahmen des Transitverkehrs nicht unter den Anwendungsbereich der Norm fallen.[596] Diese Schlussfolgerung ist nicht überzeugend, würde demnach der Beschäftigungsort bei weisungsgebundenen Entsendungen regelmäßig am Betriebssitz liegen. Dort wird nämlich das Beschäftigungsverhältnis gegründet und typischerweise das Weisungsrecht (auch während des Inlandeinsatzes) ausgeübt, es sei denn, der Arbeitnehmer ist mit einem Vorgesetzten im Inland, der dann vor Ort als Vertreter für den Arbeitgeber das Weisungsrecht ausübt. Diese Abgrenzung ist jedoch nicht sachgerecht.[597] Fälle einer weisungsgebundenen Entsendung im

590 BeckOK-SGB IV/*Rittweger*, § 7 Rn. 3 f.

591 *Bissels/Falter/Evers*, ArbRAktuell 2015, 4, 5.

592 *Moll/Katerndahl*, DB 2015, 555, 557; *Moll/Gragert*, MünchAnwaltsHdb-Arbeitsrecht, § 13 Rn. 1.

593 Vgl. näher BeckOK-GewO/*Tillmanns* § 106 Rn. 21.

594 BAG, Urteil vom 12.06.1986, 2 AZR 398/85, NJW-RR 1988, 482, 484.

595 *Moll/Katerndahl*, DB 2015, 555, 557; so auch *Bissels/Falter/Evers*, ArbRAktuell 2015, 4, 5.

596 *Moll/Katerndahl*, DB 2015, 555, 557; *Bissels/Falter/Evers*, ArbRAktuell 2015, 4, 5.

597 Auch *Mankowski* hält es nicht für sachgerecht auf die Ausübung des Weisungsrechts abzustellen, sondern darauf, wo der Arbeitnehmer die Weisung erhält, vgl. *Mankowski*, Gutachten, S. 7.

Rahmen des § 2 AEntG wären demnach nämlich regelmäßig mangels Inlandsbeschäftigung ausgeschlossen. Der Arbeitgeber könnte zudem die Anwendung des Mindestlohns umgehen, indem er sein Weisungsrecht vom ausländischen Betriebssitz ausübt. Aus dem Wortlaut des § 20 MiLoG ergibt sich jedoch, dass der Mindestlohnanspruch gerade unabhängig vom Betriebssitz gelten soll.[598] Teilweise wird vertreten, dass für den Mindestlohnanspruch ausschlaggebend sein soll, ob und inwieweit der Arbeitnehmer in Deutschland in einem fremden Betrieb eingegliedert ist.[599] Folglich bestünde kein Mindestlohnanspruch im Transitverkehr und auch nicht bei Transportleistungen mit Be- und Entladevorgängen im Inland.[600] Auch wenn der Arbeitnehmer beim Ladevorgang Weisungen im Inland erhält und ggf. von Warenannahmezeiten des inländischen Betriebs abhängig ist, wird er regelmäßig nicht in inländische Betriebsstrukturen eingegliedert. Dasselbe würde für Kabotagefahrten gelten, bei denen der ausländische Arbeitnehmer Waren innerhalb Deutschlands transportiert.[601] Der Wortlaut setzt jedoch eben keine Eingliederung im Inland voraus.[602] Ansonsten würde die Norm in vielen Fällen ins Leere laufen.

Der Begriff der Beschäftigung im Inland ist folglich rein nach der Wortlautauslegung mit dem Begriff des „Tätigwerdens" gleichzusetzen, sodass jegliche Art der Aufgabenerbringung im Inland vom Mindestlohn erfasst wird.[603] Wie bereits erwähnt, ist der Beschäftigungsort der geografische Ort, an dem der Arbeitnehmer seine Arbeitsleistung auf Weisung des Arbeitgebers erbringen muss.[604] Wenn der Arbeitnehmer somit auf Weisung des Arbeitgebers im Inland tätig wird, dann ist der Beschäftigungsort während der Dauer des Einsatzes Deutschland. Da das Gesetz keine zeitliche Grenze vorsieht, kommt es dem Wortlaut nach auch nicht darauf an, wie lange sich der Arbeitnehmer in Deutschland aufhält.[605]

598 Der Wortlaut umfasst „Arbeitgeber mit Sitz im In- und Ausland …".

599 *Bissels/Falter/Evers*, ArbRAktuell 2015, 4, 5; *Sittard*, NZA 2015, 78, 79.

600 A. A. *Stommel/Valder*, jurisPR-TranspR 5/2014, Anm. 4, C. I., der einen Mindestlohnanspruch in allen Fällen bejaht.

601 *Bissels/Falter/Evers*, ArbRAktuell 2015, 4, 5.

602 *Riechert/Nimmerjahn*, MiLoG Kommentar, § 20 Rn. 14.

603 *Stommel/Valder*, jurisPR-TranspR 5/2014, Anm. 4, C. I.; *Vogelsang*, in: Schaub, Arbeitsrecht, 2015, § 66, Rn. 21; a. A. *Bissels/Falter/Evers*, ArbRAktuell 2015, 4, 5.

604 *Moll/Katerndahl*, DB 2015, 555, 557; *Moll/Gragert*, MünchAnwaltsHdb-Arbeitsrecht, § 13 Rn. 1.

605 *Junker*, EuZA 2015, 399; *Däubler*, LTO, 03.02.2015; *Moll/Katerndahl*, DB 2015, 555, 557; *Kainer* in Winner/Cierpial-Magnor, S. 100; a. A. *Sittard*, NZA 2015, 78, 82.

b) Systematik

Im Rahmen der systematischen Auslegung erscheint zunächst ein Blick auf § 1 S. 1 AEntG gewinnbringend. Hier ist der Zusatz „regelmäßig" eingefügt. Im Rahmen des Arbeitnehmer-Entsendegesetzes sollen die Mindestarbeitsbedingungen somit nur gelten, wenn ein auf Dauer angelegter bzw. nachhaltiger Bezug zum Inland besteht.[606] Diese Formulierung hat der Gesetzgeber in § 20 MiLoG gerade nicht gewählt.[607] Außerdem hat der Gesetzgeber eine Vorschrift, die etwa § 6 I 1 AEntG enthält, nicht aufgenommen.[608] Gemäß § 6 I 1 AEntG werden ausländische Arbeitgeber ausnahmsweise von denjenigen Tarifnormen frei, die Mindestlohn- und Urlaubsbestimmungen regeln, wenn eine Dauer von acht Tagen nicht überschritten wird.[609] Da der Gesetzgeber eine solche Ausnahmeregelung in § 20 MiLoG jedoch nicht aufgenommen hat, ergibt sich aus dem Umkehrschluss, dass die Verpflichtung zur Zahlung des Mindestlohnanspruchs unabhängig davon gelten soll, um welche Tätigkeit es sich handelt und wie lange diese ausgeübt wird.

Weiter lässt sich anführen, dass die Rechtsordnung teilweise Ausnahmeregelungen für den Transitverkehr vorgesehen hat, z. B. in § 1 V 4 BDSG, jedoch im Rahmen des Mindestlohns solche Ausnahmen gerade nicht vorgesehen sind.[610] Für die Anwendbarkeit von § 20 MiLoG bei kurzzeitigen Tätigkeiten, vor allem im Gütertransportverkehr, spricht zudem der systematische Zusammenhang mit der Mindestlohnmeldeverordnung. Demnach regelt § 2 I Nr. 3 MiLoMeldV die Dokumentationspflichten von ausländischen Arbeitgebern für mobile Tätigkeiten, wobei gemäß Abs. 4 hiervon insbesondere der Gütertransport umfasst sein soll, ohne jegliche Vorgabe zu einer Mindestbeschäftigungsdauer im Inland.[611]

c) Zwischenergebnis

Rein nach der Wortlautauslegung und Systematik ist letztendlich jede Tätigkeit vom Anwendungsbereich der Norm umfasst, sowohl im Rahmen des Transitverkehrs, bei Kabotagefahrten und bei Be- und Entladevorgängen, als auch bei nur stundenweisen Einsätzen eines ausländischen Monteurs oder bei Schulungen im

---

606 *Bissels/Falter/Evers*, ArbRAktuell 2015, 4.
607 *Vogelsang*, in: Schaub, Arbeitsrecht, 2015, § 66, Rn. 21.
608 *Bissels/Falter/Evers*, ArbRAktuell 2015, 4.
609 Erfurter Kommentar 2018/*Schlachter*, § 6 AEntG, Rn. 2.
610 *Däubler*, LTO, 03.02.2015.
611 *Sittard*, NZA 2015, 78, 79.

Inland. Ob dies vom Gesetzgeber gewollt ist, muss im Rahmen der teleologischen Auslegung untersucht werden.

d) Sinn und Zweck

aa) Teleologische Reduktion und kollisionsrechtliche Aspekte

Zahlreiche Stimmen in der Literatur fordern, aufgrund des Sinn und Zwecks des Mindestlohngesetzes, u. a. bei kurzzeitigen Inlandseinsätzen und im Transitverkehr, eine einschränkende Auslegung.[612] Auch im Rahmen einer Entscheidung des OGH in Österreich wurde eine einschränkende Auslegung vertreten.[613] Da sie jedoch alle von unterschiedlichen Aspekten ausgehen, ist die Begründung im Einzelnen nicht nur von theoretischer Bedeutung, sondern auch von greifbarer praktischer Relevanz. Es gibt zudem auch Stimmen in der Literatur, die sich gegen eine einschränkende Auslegung aussprechen.[614] Ausführlich zu prüfen ist deshalb, ob eine Einschränkung bzw. Berichtigung des weiten Wortlauts der Norm und somit eine teleologische Reduktion erforderlich ist. Eine teleologische Reduktion ist jedenfalls erforderlich, wenn es der Verwirklichung des Normzwecks dient.[615] Im Wesentlichen ist deshalb der Sinn der Norm zu ermitteln. Die Regelungszwecke des gesetzlichen Mindestlohns sind hierbei maßgeblich.[616] Zu berücksichtigen sind daneben international-privatrechtliche Aspekte. Die einzelnen Argumente des Streitstands werden im Folgenden dargestellt und analysiert.

(1) Existenzsicherung der Arbeitnehmer

Zum einen wird auf die Existenzsicherung der Arbeitnehmer abgestellt.[617] Bei kurzzeitigen Einsätzen sei u. a. diese Funktion nicht einschlägig, denn der im Ausland lebende Arbeitnehmer unterliege im Wesentlichen nicht den deutschen

---

612 Erfurter Kommentar 2018/*Franzen*, § 20 MiLoG, Rn. 2; *Sittard*, NZA 2015, 78, 79 f.; *Sittard/Rawe*, NJW 2015, 2695, 2696; jedenfalls für Transitfälle: *Forst*, ZESAR 2015, 205, 207 ff.; BeckOK-MiLoG/*Greiner*, § 22 Rn. 4; *Moll/Katerndahl*, DB 2015, 555, 556 f.; *Bissels/Falter/Evers*, ArbRAktuell 2015, 4, 7.

613 OGH Wien, Urteil vom 29.11.2016, 9 ObA 53/16h, NZA-RR 2017, 180.

614 *Vogelsang*, in: Schaub, Arbeitsrecht, 2015, § 66, Rn. 21; *Riechert/Nimmerjahn*, MiLoG Kommentar, § 20 Rn. 16; *Junker*, EuZA 2015, 399.

615 *Rüthers/Fischer/Birk*, Rechtstheorie, Rn. 902 f.

616 Vgl. ausführlich Kapitel 2 II.

617 *Sittard*, NZA 2015, 78, 80; *Sittard/Rawe*, NJW 2015, 2695, 2696; *Bissels/Falter/Evers*, ArbRAktuell 2015, 4, 7; *Forst*, ZESAR 2015, 205, 208.

Lebenshaltungskosten, sondern denen in seinem Heimatland, sodass eine Existenzsicherung in Deutschland nicht erforderlich sei.[618] Die Lebenserhaltungskosten im Ausland seien nicht mit denen in Deutschland vergleichbar.[619] Die Existenzsicherung sei letztendlich nur geboten, wenn ein Arbeitnehmer nicht nur gelegentlich deutschen Lebenshaltungskosten unterliegt, was bei kurzzeitigen Einsätzen nicht der Fall sei.[620]

Richtigerweise dient der Mindestlohnanspruch der Existenzsicherung der Arbeitnehmer.[621] Maßstab sind hierbei richtigerweise die Lebenserhaltungskosten in Deutschland, die nicht vergleichend für ausländische Arbeitnehmer herangezogen werden können. Eine Existenzsicherung für ausländische Arbeitnehmer kann demnach nicht gewährt werden, wenn lediglich die Tätigkeit, die in Deutschland erbracht wird, dem Mindestlohn unterliegt, etwa bei kurzzeitigen Tätigkeiten in Deutschland. Lebensmittelpunkt ist in diesen Fällen nicht Deutschland, sodass die Lohnhöhe zur Existenzsicherung vom Einkommen und den Lebenshaltungskosten im Heimatland abhängig ist. Auch wenn die Lebenshaltungskosten im Ausland regelmäßig geringer sind und der zeitlich partielle Mindestlohn somit helfen könnte, die Lebenshaltung im Ausland zu sichern, so soll der Mindestlohn ja gerade nur die Existenz sichern und nicht die Lebensführung im Ausland erleichtern bzw. verbessern. Andernfalls würde dies über das Ziel hinausgehen.

(2) Schutz der Sozialsicherungssysteme

Der gesetzliche Mindestlohn soll die finanzielle Stabilität der Sozialsicherungssysteme schützen, indem eine staatliche Aufstockung aufgrund zu niedriger Löhne verhindert werden soll.[622] Für eine einschränkende Auslegung wird vorgetragen, dass ausländische Arbeitnehmer aber nicht dem Schutz deutscher Sozialsicherungssysteme unterfallen, sodass dieser Zweck des Gesetzes

---

618 Auch *Heukenkamp* lehnt mit Blick auf den Schutz vor unangemessenen Löhnen eine Anwendung des Mindestlohns bei Kurzeinsätzen ab, S. 155 f.

619 *Forst*, ZESAR 2015, 205, 208.

620 *Sittard*, NZA 2015, 78, 80; *Sittard/Rawe*, NJW 2015, 2695, 2696; *Bissels/Falter/Evers*, ArbRAktuell 2015, 4, 7.

621 Vgl. § 1 des MiLoG-Gesetzentwurfs des Bundesrats, BT-Drs. 17/12857; Koalitionsvertrag vom 16.12.2013, S. 67: „Gute Arbeit muss…existenzsichernd sein.“; *Picker*, RdA 2014, 25, 28.

622 Referentenentwurf der Bundesregierung vom 19.03.2014, S. 27; vgl. hierzu Kapitel 2 II. 3.

bei kurzzeitigen Tätigkeiten oder durchreisenden Arbeitnehmern keine Rolle spielt.[623]

Richtigerweise kann der Schutz der deutschen Sozialsicherungssysteme durch die Norm bei kurzzeitigen Tätigkeiten und Transitfällen nicht erreicht werden. Für diese Arbeitnehmer besteht grundsätzlich keine Sozialversicherungspflicht in Deutschland. Ausländische Arbeitnehmer leisten nämlich grundsätzlich keine Sozialversicherungsbeiträge in Deutschland, solange es sich um eine Einstrahlung im Sinne des Sozialversicherungsrechts (§ 5 I SGB IV) handelt und ein Beschäftigungsverhältnis im Ausland fortbesteht.[624] Gemäß § 5 I SGB IV wird die Sozialversicherungspflicht nach deutschem Recht ausgeschlossen, wenn der Arbeitnehmer von seinem ausländischen Arbeitgeber vorübergehend zur Arbeitsleistung nach Deutschland entsandt wird[625], was bei kurzzeitigen Tätigkeiten und Transitfällen der Fall ist. Das Sozialsicherungssystem des Heimatlandes bleibt in diesen Fällen „zuständig", sodass hier eine staatliche Lohnaufstockung in Deutschland ausgeschlossen ist. Dies gilt auch bei Anwendung des § 20 MiLoG, sodass das deutsche Sozialsicherungssystem nicht geschützt werden muss. Der hier aufgeführte Schutzzweck läuft somit bei Anwendung des Mindestlohnanspruchs für ausländische Arbeitnehmer ins Leere.

(3) Austauschgerechtigkeit zwischen Leistung und Gegenleistung

Fraglich ist, ob aufgrund des Regelungszwecks der Austauschgerechtigkeit im Arbeitsverhältnis eine einschränkende Auslegung erforderlich ist. Ob die Austauschgerechtigkeit im Arbeitsverhältnis durch einen Mindestlohn überhaupt erreicht werden kann, ist problematisch.[626] *Greiner* ist der Ansicht, dass das Verhältnis von Leistung und Gegenleistung nicht davon abhängen könne, durch welches Land der Arbeitnehmer fahre.[627] Das Verhältnis von Leistung und Gegenleistung würde nämlich sonst von dem zufälligen Umstand abhängen, ob der Arbeitnehmer durch Deutschland reist oder nicht, obwohl die Lebenshaltungskosten der Arbeitnehmer und die Wertschöpfung der Unternehmen bei Transitfahrten hauptsächlich von den Verhältnissen im Heimatland abhängig

623 *Forst*, ZESAR 2015, 205, 208; *Sittard*, NZA 2015, 78, 80; BeckOK-MiLoG/*Greiner*, § 22 Rn. 4; *Kainer* in Winner/Cierpial-Magnor, S. 111 f.; im Ergebnis auch *Heukenkamp*, S. 156.

624 Vgl. näher zum Begriff der Einstrahlung *Baier* in Krauskopf Kommentar, § 5 SGB IV Rn. 5 ff.

625 *Baier* in Krauskopf Kommentar, § 5 SGB IV Rn. 2.

626 Vgl. ausführlich Kapitel 2 II 7.

627 BeckOK-MiLoG/*Greiner*, § 22 Rn. 4.

seien und nicht von den Verhältnissen im Durchreiseland. Die Anwendbarkeit des Mindestlohns bei Transitfällen würde deshalb zu einer Verzerrung der vertragsimmanenten Äquivalenz führen.[628]

Dem kann jedoch nicht vollumfänglich zugestimmt werden. Die äußeren Faktoren, wie etwa Mautgebühren, spielen für die Kosten des Arbeitgebers durchaus eine Rolle, sodass auch die Wertschöpfung für den Arbeitgeber davon abhängt, durch welches Land der Fahrer fährt. Außerdem spielen die Lebenshaltungskosten für ausländische Arbeitnehmer insoweit eine Rolle, als sie sich in Deutschland beispielsweise verpflegen müssen. Für das Verhältnis von Leistung und Gegenleistung kann es somit gerade im Transportbereich durchaus eine Rolle spielen, durch welches Land der Arbeitnehmer fährt, sodass die Anwendung deutscher zwingender Arbeitsbedingungen durchaus gerechtfertigt sein kann. Eine einschränkende Auslegung ist deshalb aus diesem Grund nicht erforderlich.

(4) Praktische Konsequenzen für ausländische Arbeitgeber

Teilweise wird eine teleologische Reduktion aus Gründen der Praktikabilität und mit Blick auf die lebensfremden Folgen der weiten Auslegung gefordert.[629] Zum einen sei es dem ausländischen Arbeitgeber aus organisatorischen und logistischen Gründen nicht zuzumuten, die im Inland gearbeiteten Zeiten zu erfassen und zu entlohnen.[630] Eine Anwendung von §§ 16, 17 MiLoG auf Transitfahrten sei zudem nicht mit dem Ziel der EU-Verordnung über den überschreitenden Güterverkehr 1072/2009/EG zu vereinbaren.[631] Hiernach sollen nämlich Beschränkungen, die von der Staatsangehörigkeit oder dem Sitz des Verkehrsunternehmens abhängig sind, beseitigt werden.[632] Die Vorschriften zu den Dokumentations- und Meldepflichten würden diesem Ziel nicht gerecht werden. Zum anderen sei es nicht richtig, den Mindestlohn vom Überschreiten der Grenze abhängig zu machen, denn dann müsste beispielsweise bei einem

---

628 Dies soll jedoch nicht bei Montagefällen gelten, vgl. BeckOK-MiLoG/*Greiner*, § 22 Rn. 2, 4.

629 Vgl. hierzu auch OGH Wien, Urteil vom 29.11.2016, 9 ObA 53/16h, NZA-RR 2017, 180; auch *Heukenkamp* führt, neben anderen Aspekten, praktische Schwierigkeiten an, S. 156.

630 *Bissels/Falter/Evers*, ArbRAktuell 2015, 4, 7; ähnlich auch *Moll/Katerndahl*, DB 2015, 555, 556.

631 *Moll/Katerndahl*, DB 2015, 555, 556 f.

632 Vgl. ausführlich *Moll/Katerndahl*, DB 2015, 555, 556 mit Verweis auf die Begründungserwägungen der erwähnten EU-Verordnung.

Transport von Warschau nach Madrid der polnische, deutsche, französische und spanische Mindestlohn berücksichtigt werden, was lebensfremd sei.[633]

Praktikabilitätserwägungen und organisatorische Herausforderungen rechtfertigen jedoch keine teleologische Reduktion der Norm. Der Gesetzgeber hat sich durch die Regelung in § 2 I Nr. 3 MiLoMeldV, die Dokumentationspflichten von ausländischen Arbeitgebern für mobile Tätigkeiten regelt, gerade dafür entschieden, dass dies ohne eine Mindestdauer gelten soll.[634] Der Gesetzgeber wird sich der praktischen Konsequenzen und dem Zusatzaufwand für die Arbeitgeber durchaus bewusst gewesen sein. Der Anwendung des Mindestlohnanspruchs und den §§ 16, 17 MiLoG auf Transitfahrten widerspricht auch nicht dem Ziel der EU-Verordnung über den überschreitenden Güterverkehr 1072/2009/EG, das ein Beschränkungsverbot im Güterverkehr beinhaltet.[635] Eine unzulässige Beschränkung des grenzüberschreitenden Verkehrs liegt nicht vor. Die Anwendung des § 20 MiLoG gilt ja gerade unabhängig davon, wo der Sitz des Arbeitgebers liegt und somit sowohl für inländische als auch für ausländische Arbeitgeber, sodass durch die Vorschriften nicht der grenzüberschreitende Verkehr beeinträchtigt werden soll. Auch die Dokumentationspflichten des § 17 MiLoG gelten unabhängig davon, wo der Arbeitgeber seinen Sitz hat. Lediglich § 16 MiLoG enthält spezielle Meldepflichten für ausländische Arbeitgeber. Dies ist aber gerechtfertigt, da andernfalls keine Kontrolle über die Zahlung des Mindestlohns möglich wäre.[636] Unionsrechtliche Bedenken der letztgenannten Norm treten deshalb zurück.[637]

(5) Vergleich mit § 6 I AEntG und § 2 I AEntG

Im Rahmen der Forderung nach einer einschränkenden Auslegung für Transitfahrten und kurzzeitige Einsätze werden Normen aus dem Arbeitnehmer-Entsendegesetz aufgeführt. Eine einschränkende Auslegung entspräche nach Ansicht von *Franzen* der Wertung des § 6 I 1 AEntG, der bei bestimmten Fällen kurzzeitiger Entsendungen eine Anwendung der Bestimmungen des Arbeitnehmer-Entsendegesetzes ausschließt.[638] *Sittard* fordert eine analoge Anwendung

633 *Moll/Katerndahl*, DB 2015, 555, 557.

634 *Sittard*, NZA 2015, 78, 79.

635 *Moll/Katerndahl*, DB 2015, 555, 556 f.

636 *Riechert/Nimmerjahn*, MiLoG Kommentar, § 16 Rn. 4.

637 *Riechert/Nimmerjahn*, MiLoG Kommentar, § 16 Rn. 6 ff.; a. A. *Sittard*, NZA 2015, 78, 81 f.; kritisch auch *Hantel*, ZESAR 2015, 357, 365 f.; im Ergebnis jedoch für die Europarechtskonformität *Hantel*, NZA 2015, 410 ff.

638 Erfurter Kommentar 2016/*Franzen*, § 20 MiLoG, Rn. 2; *Franzen*, EuZW 2015, 449 f.

von § 6 I 1AEntG und verlangt, dass erst ab einer Dauer von acht Tagen der Mindestlohn bezahlt werden müsse, zumindest sei eine „gewisse Beständigkeit“ der Tätigkeit erforderlich.[639] Er sieht die Bestimmung einer zeitlichen Grenze als unumgänglich an, um eine einheitliche Praxis zu schaffen. Der Rechtsgedanke des § 6 I 1 AEntG, der der Umsetzung der Entsenderichtlinie dient, sei auf § 20 MiLoG übertragbar, da die Entsenderichtlinie auch daran anknüpfe, dass die Ausnahme für Montage- und Einbauarbeiten aufgrund der Wahrung der europäischen Grundfreiheiten erforderlich sei. Sobald der Einsatz des ausländischen Arbeitnehmers somit länger als acht Tage am Stück dauert, sei ab dem ersten Tag der Mindestlohn zu zahlen, wobei eine kurzfristige „Rückbeorderung“ zurück ins Ausland eine unzulässige Umgehung darstellen würde.[640] Auch *Heukenkamp* fordert eine analoge Anwendung von § 6 I 1 AEntG, verlangt aber hierbei, dass ein Arbeitnehmer, der mehr als die Hälfte seiner Arbeitszeit in einer Fälligkeitsperiode in Deutschland tätig wird, trotz Kurzeinsatzes im Sinne von § 6 I 1 AEntG analog einen Mindestlohnanspruch habe.[641]

Junker führt dagegen aus, dass eine Forderung nach einer gewissen Regelmäßigkeit der Inlandstätigkeit nicht sachgerecht sei, da dieses ungeschriebene Kriterium nicht den Bestimmtheitserfordernissen entsprechen würde.[642] Denkbar ist laut *Junker* lediglich eine Bagatellgrenze von einer Zeitstunde, die sich aus § 1 II 1 MiLoG ergeben kann.[643] Nach seiner Auffassung scheide eine einschränkende Auslegung jedoch für alle Sachverhaltskonstellationen, sowohl bei Transitfahrten, Kabotagefahrten, Be- und Entladefälle als auch kurzzeitigen Tätigkeiten, wie etwa Montagearbeiten oder Schulungen im Inland, aus.

Auch mit Blick auf § 6 I 1 AEntG kann keine teleologische Reduktion gefordert werden. Voraussetzungen für eine analoge Anwendung sind eine planwidrige Regelungslücke und die Vergleichbarkeit der Interessenlage.[644] Gegen eine planwidrige Regelungslücke spricht, dass der Gesetzgeber gerade keine Ausnahme für bestimmte Sachverhalte oder kurzzeitige Tätigkeiten eingefügt hat.[645] Gegen eine analoge Anwendung bei kurzzeitigen Tätigkeiten, vor allem im Gütertransportverkehr, spricht zudem die Regelung in der Mindestlohnmeldeverordnung. Demnach regelt § 2 I Nr. 3 MiLoMeldV die Dokumentationspflichten

639 *Sittard*, NZA 2015, 78, 81 f.
640 *Sittard*, NZA 2015, 78, 82.
641 *Heukenkamp*, S. 158 f.
642 *Junker*, EuZA 2015, 399.
643 *Junker*, EuZA 2015, 399 f.
644 Zu den Voraussetzungen einer Analogie vgl. etwa *Musielak/Hau*, Rn. 1181.
645 Gegen eine planwidrige Regelungslücke auch *Mankowski*, Gutachten, S. 8.

von ausländischen Arbeitgebern für mobile Tätigkeiten, wobei gemäß Abs. 4 hiervon insbesondere der Gütertransport umfasst sein soll, ohne jegliche Vorgabe zu einer Mindestbeschäftigungsdauer im Inland.[646] Selbst wenn man eine planwidrige Regelungslücke bejahen würde, kommt eine analoge Anwendung mangels vergleichbarer Interessenlage nicht in Betracht. Es ist davon auszugehen, dass Hintergrund der Regelung im Arbeitnehmer-Entsendegesetz die Tatsache ist, dass die Hauptleistung in der Lieferung besteht und die Tätigkeiten, die von der Ausnahme erfasst sind, lediglich eine untergeordnete, aber unerlässliche Leistung darstellen. Dafür spricht der Wortlaut der Norm, der von Bestandteilen eines Liefervertrages spricht, die unerlässlich sind. Da bei einem Liefervertrag aber grundsätzlich kein Bezug zum inländischen Arbeitsmarkt besteht, sollen bestimmte tarifliche Arbeitsbedingungen, insbesondere der Mindestlohn, nicht gelten. Es kann dadurch gerechtfertigt sein, dass in diesen bestimmten Fällen mangels hinreichenden Inlandsbezugs keine Konkurrenz der ausländischen Arbeitnehmer zu den inländischen Arbeitnehmern besteht, sodass auch kein Lohnunterbietungswettbewerb gefördert wird. Dies gilt jedoch nicht in Fällen, in denen ausländische Arbeitnehmer außerhalb von Lieferverträgen eingesetzt werden, um die Arbeit zu verrichten, die gewöhnlich von inländischen Arbeitnehmern erbracht wird, etwa bei typischen kurzzeitigen Handwerksleistungen. Gerade hier besteht die Gefahr der Schaffung eines Lohnunterbietungswettbewerbs. Gegen eine analoge Anwendung spricht auch folgender Aspekt: § 6 I 1 AEntG dient der Umsetzung der Vorgaben der Entsenderichtlinie. Diese sieht lediglich bei diesen konkreten Fällen eine zwingende Ausnahme vor. Darüber hinaus ist es den Mitgliedsstaaten überlassen, Ausnahmen zu regeln.[647] Diesen Entscheidungsspielraum würde man dem Gesetzgeber nehmen, wenn man eine Analogie vornimmt. Eine starre zeitliche Grenze ist zudem nicht sachgerecht, da dies eine erhebliche Umgehungsgefahr mit sich bringt.[648] Eine analoge Anwendung ist somit abzulehnen.[649] Auch eine gewisse Beständigkeit oder Regelmäßigkeit schreibt das Gesetz gerade nicht vor. Fraglich wäre nämlich dann, ab welchem Zeitraum der Mindestlohn bezahlt werden muss. Außerdem stellt sich die Frage, ob die Dauer von verschiedenen Einsätzen zusammengerechnet werden kann.[650]

---

646 *Sittard*, NZA 2015, 78, 79.

647 Gemäß Art. 3 V der RL 96/71/EG können die Mitgliedstaaten Ausnahmen vorsehen, müssen dies aber nicht.

648 So auch *Mankowski*, Gutachten, S. 8.

649 BeckOK-MiLoG/*Greiner*, § 22 Rn. 2; *Hantel*, ZESAR 2015, 357, 360.

650 Vgl. hierzu Ziff. II. 2. e) aa) (2) unter Stellungnahme.

Als weiteres Argument für eine einschränkende Auslegung führen *Moll* und *Katherndahl* den Schutzzweck des § 2 Nr. 1 AEntG an.[651] Gemäß § 2 Nr. 1 AEntG finden „die in Rechts- und Verwaltungsvorschriften geltenden Regelungen über Mindestentgeltsätze auch auf Arbeitsverhältnisse zwischen einem im Ausland ansässigen Arbeitgeber und seinen im Inland beschäftigten Arbeitnehmern und Arbeitnehmerinnen zwingend Anwendung". Diese Norm solle neben den entsandten Arbeitnehmern auch die Arbeitnehmer vor Ort schützen, die erst vom ausländischen Arbeitgeber geworben werden. Die Argumentation zielt letztendlich darauf, dass dieser Schutzzweck bei Transitfällen nicht greife.

Die Schlussfolgerung ist mangels hinreichender Begründung jedoch nicht nachvollziehbar. Auch wenn der Schutzzweck von § 2 I AEntG bei kurzzeitigen Tätigkeiten und Transitfahrten nicht greift, sind daneben die Ziele des Mindestlohngesetzes zu beachten. Ob diese Ziele eine einschränkende Auslegung erforderlich machen, ist letztendlich entscheidend.

(6) Missbrauchsgefahr und Wettbewerbsfunktion

Riechert und *Nimmerjahn* lehnen eine einschränkende Auslegung ab und stützen sich hierbei in erster Linie auf Missbrauchsgefahren.[652] Außerdem erfordere der Schutzzweck des Mindestlohngesetzes eine weite Auslegung. Durch den Mindestlohn solle ein Lohnunterbietungswettbewerb verhindert und ein angemessener Mindestschutz für Arbeitnehmer erreicht werden.[653] Gerade auch bei kurzzeitigen Einsätzen in Deutschland könne es zu Wettbewerbsverzerrungen kommen. Auch *Junker* ist der Ansicht, dass eine einschränkende Auslegung nicht dem Willen des Gesetzgebers entspreche.[654] Dies bedeutet für alle Sachverhaltskonstellationen, sowohl bei Transitfahrten, Kabotagefahrten, Be- und Entladefälle als auch kurzzeitigen Tätigkeiten, wie etwa Montagearbeiten oder Schulungen im Inland, dass nach dieser Auffassung eine teleologische Reduktion ausscheidet.

Richtigerweise kann eine einschränkende Auslegung zur Umgehung des Mindestlohnanspruchs führen, indem ausländische Arbeitnehmer bewusst für kurze Zeit im Inland beschäftigt und zwischendurch wieder im Ausland eingesetzt werden.[655] Dies ist zwar für Arbeitgeber regelmäßig mit erhöhtem Aufwand

---

651 *Moll/Katerndahl*, DB 2015, 555, 556.

652 *Riechert/Nimmerjahn*, MiLoG Kommentar, § 20 Rn. 16.

653 Zur Funktion des fairen Wettbewerbs und der daraus folgenden weiten Auslegung vgl. auch *Vogelsang*, in: Schaub, Arbeitsrecht, 2015, § 66, Rn. 21.

654 *Junker*, EuZA 2015, 399.

655 Zur Missbrauchsgefahr vgl. *Riechert/Nimmerjahn*, MiLoG Kommentar, § 20 Rn. 16.

und Kosten verbunden, kann sich aber gerade für Arbeitgeber in Grenzregionen lohnen. Eine zeitliche Mindestdauer für die Anwendung des Mindestlohngesetzes könnte ausländische Arbeitgeber dazu bewegen, ihre Arbeitnehmer nur kurzzeitig in Deutschland einzusetzen bzw. nach Erreichen der Mindestdauer durch einen Arbeitnehmer einen anderen Arbeitnehmer einzusetzen.[656] So könnte der Mindestlohnanspruch umgangen werden. Im Rahmen der Auslegung ist zudem der Zweck der Verhinderung des Lohnunterbietungswettbewerbs maßgeblich, der einen Mindestschutz für Arbeitnehmer ermöglichen soll.[657] Durch den gesetzlichen Mindestlohn soll nämlich ein fairer Wettbewerb gefördert werden.[658] Ausländische Arbeitgeber könnten bei einer einschränkenden Auslegung Arbeitnehmer im Inland einsetzen, ohne dabei den Mindestlohn zu zahlen, was auch bei kurzzeitigen Einsätzen einen Wettbewerbsvorteil darstellt. Der deutsche Gesetzgeber hat im Rahmen der Wettbewerbsfunktion des Mindestlohngesetzes den Wettbewerb im Inland im Blick. Der Lohnunterbietungswettbewerb soll im Inland verhindert werden. Deshalb ist es sachgerecht, etwa bei Montageleistungen in Deutschland, Be- und Entladefällen und Kabotagefahrten, den Anwendungsbereich von § 20 MiLoG zu bejahen. Hier kann der inländische Arbeitgeber, der Leistungen aus dem Ausland bezieht, demzufolge einen ungerechtfertigten Wettbewerbsvorteil erhalten, indem ausländische Arbeitnehmer im Inland zu günstigeren Löhnen eingesetzt werden. Bei reinen Transitfahrten ist der Wettbewerb im Inland dagegen nicht betroffen, weil sich keine Vertragspartei im Inland befindet bzw. auch keine Vertragspartei auf dem inländischen Markt auftritt. Dies gilt auch bei kurzzeitigen Arbeitseinsätzen, wo kein Vorteil für eine inländische Vertragspartei entstehen kann, wie etwa bei Schulungen ausländischer Arbeitnehmer in Deutschland durch ausländische Arbeitgeber. In diesen beiden letztgenannten Fällen greift somit der hier diskutierte Regelungszweck der Norm gar nicht.

---

656 Zu denken ist hier z. B. an den ausländischen Bauunternehmer, der in der Grenzregion zum Bau eines Gebäudes beauftragt wurde und nun verschiedene Arbeitnehmer jeweils für kurze Zeit einsetzen kann.

657 *Riechert/Nimmerjahn*, MiLoG Kommentar, § 20 Rn. 16; zur Funktion des fairen Wettbewerbs und der daraus folgenden weiten Auslegung vgl. auch *Vogelsang*, in: Schaub, Arbeitsrecht, 2015, § 66, Rn. 21.

658 BMAS, Hintergrund zum Mindestlohn, unter: http://www.der-mindestlohn-gilt.de/ml/DE/Alle-Fakten/Hintergrund/hintergrund-zur-tarifautonomie.html (abgerufen am 13.05.2017); Referentenentwurf der Bundesregierung vom 19.03.2014, S. 1 f.

(7) Hinreichender Inlandsbezug

Für eine einschränkende Auslegung werden im Wesentlichen international-privatrechtliche Aspekte angeführt.[659] Da es sich bei § 20 MiLoG um eine Eingriffsnorm gemäß Art. 9 Rom I-VO handelt, stellt die Norm eine zwingende Vorschrift für alle inländischen Sachverhalte dar.[660] Voraussetzung für die Anwendbarkeit von Eingriffsnormen ist ein hinreichender Inlandsbezug des Sachverhalts zur deutschen Rechtsordnung, der bei kurzzeitigen Tätigkeiten bzw. Transitfällen regelmäßig nicht gegeben sei.[661] Die Kriterien, die einen Inlandsbezug begründen, nämlich die Anwendung des deutschen Sozialversicherungsrechts, die deutsche Staatsangehörigkeit, ein Wohnsitz in Deutschland und Beginn und Ende der Arbeitseinsätze in Deutschland, würden bei ausländischen Arbeitnehmern, die nur kurzzeitig in Deutschland tätig sind, fehlen.[662] *Sittard* vertritt die Ansicht, dass für die Frage des hinreichenden Inlandsbezugs neben dem Tätigkeitsort der Sinn der Norm berücksichtigt werden müsse. Bei Arbeitsschutzvorschriften beispielsweise mache es keinen Unterschied, ob es sich um einen deutschen oder ausländischen Arbeitnehmer handle. Außerdem sei es irrelevant, wie lange ein ausländischer Arbeitnehmer in Deutschland beschäftigt sei. Der Gesundheitsschutz etwa solle für alle Arbeitnehmer gewährleistet werden. Im Gegensatz dazu solle der Mindestlohn vor unangemessenen niedrigen Löhnen schützen, was abhängig von der Dauer der Tätigkeit und dem Bezug zu deutschen Lebenshaltungskosten sei. Im Ergebnis sei deshalb bei Transitfahrten und kurzzeitigen Einsätzen ein hinreichender Inlandsbezug abzulehnen.[663]

Richtigerweise handelt es sich bei § 20 MiLoG um eine Eingriffsnorm gemäß Art. 9 Rom I-VO.[664] Inländische Gesetze sind dann Eingriffsnormen, wenn sie entweder ausdrücklich oder nach ihrem Sinn und Zweck ohne Rücksicht auf das nach den deutschen Kollisionsnormen anwendbare Recht gelten sollen.[665]

---

659 *Sittard*, NZA 2015, 78, 80; Erfurter Kommentar 2018/*Franzen*, § 20 MiLoG, Rn. 2; für Transitfälle vgl.: *Forst*, ZESAR 2015, 205, 207; BeckOK-MiLoG/*Greiner*, § 22 Rn. 4.

660 *Sittard*, NZA 2015, 78, 79.

661 *Sittard*, NZA 2015, 78, 80; Erfurter Kommentar 2018/*Franzen*, § 20 MiLoG, Rn. 2; für Transitfälle vgl.: *Forst*, ZESAR 2015, 205, 207; BeckOK-MiLoG/*Greiner*, § 22 Rn. 4.

662 *Sittard*, NZA 2015, 78, 80.

663 U. a. *Sittard*, NZA 2015, 78, 80.

664 Vgl. u. a. *Bissels/Falter/Evers*, ArbRAktuell 2015, 4, 6; *Sittard*, NZA 2015, 78, 79; *Vogelsang*, in: Schaub, Arbeitsrecht, 2015, § 66, Rn. 21; a. A. OGH Wien, Urteil vom 29.11.2016, 9 ObA 53/16h, NZA-RR 2017, 180.

665 U. a. BAG, Urteil vom 09.07.2003, 10 AZR 593/02, BeckRS 2003, 41472; BeckOK-Rom I-VO/*Schönbohm*, Art. 9 Rn. 3.

§ 20 MiLoG soll unabhängig davon gelten, welcher Rechtsordnung der Arbeitsvertrag unterliegt.[666] Richtigerweise ist deshalb ein hinreichender Inlandsbezug erforderlich.[667] Problematisch ist, wie stark dieser Inlandsbezug des jeweiligen Sachverhalts sein muss.[668] Anknüpfungspunkt von § 20 MiLoG ist gemäß dem Wortlaut des § 20 MiLoG der Tätigkeitsort. Dieses Kriterium allein ist nicht ausschlaggebend. Maßgeblich für die Frage des hinreichenden Inlandsbezugs ist die Auslegung des § 20 MiLoG mit Blick auf das Regelungsinteresse des inländischen Gesetzgebers.[669] Wie bereits dargestellt, greifen einige Ziele des Gesetzgebers bei kurzzeitigen Tätigkeiten nicht ein. Maßgeblich ist jedoch, dass zumindest eine wichtige Funktion, nämlich die Wettbewerbsfunktion erfüllt wird, insbesondere wird der Zweck der Verhinderung des Lohnunterbietungswettbewerbs verfolgt, der einen Mindestschutz für Arbeitnehmer ermöglichen soll.[670] Die Wettbewerbsfunktion ist zwar nicht vorrangig, denn der Gesetzgeber stellt primär auf den Schutz der Arbeitnehmer ab.[671] Ein fairer Wettbewerb zwischen den Arbeitgebern (vor allem hinsichtlich der Lohnkosten) führt aber wiederum dazu, dass der Preiskampf nicht zu Lasten der Arbeitnehmer geführt wird, sodass die Wettbewerbsfunktion mittelbar dem Arbeitnehmerschutz dient. Da die Funktion der Existenzsicherung der Arbeitnehmer hier nicht greift[672], wird der Arbeitnehmerschutz über die Wettbewerbsfunktion mittelbar gefördert. Im Wesentlichen soll letztendlich ein Lohnunterbietungswettbewerb verhindert werden und ein fairer Wettbewerb durch die Verpflichtung der ausländischen Arbeitgeber, ihren im Inland tätigen Arbeitnehmern den Mindestlohn zu zahlen, gefördert werden. Sobald eine Arbeitsleistung im Inland erbracht wird, ist grundsätzlich der inländische Wettbewerb berührt. Die Erbringung der Arbeitsleistung wirkt sich somit auf dem inländischen Markt aus. Dies gilt unstreitig sowohl bei Montageleistungen im Inland als auch bei Kabotagefahrten im Inland. Hier

---

666 Erfurter Kommentar 2018/*Franzen*, § 20 MiLoG, Rn. 1.

667 U. a. *Sittard*, NZA 2015, 78, 80; Erfurter Kommentar 2018/*Franzen*, § 20 MiLoG, Rn. 2; MüKo/*Martiny* Art. 9 Rom I-VO Rn. 124 ff.; *Ferrari/Kieninger/Mankowski/Staudinger* VO (EG) 593/2008 Art. 9 Rn. 11.

668 BeckOK-Rom I-VO/*Schönbohm*, Art. 9 Rn. 13.

669 Welche Verbindung ausreichen soll, bestimmt die lex fori; vgl. MüKo/*Martiny* Art. 9 Rom I-VO Rn. 125.

670 *Riechert/Nimmerjahn*, MiLoG Kommentar, § 20 Rn. 16; zur Funktion des fairen Wettbewerbs und der daraus folgenden weiten Auslegung vgl. auch *Vogelsang*, in: Schaub, Arbeitsrecht, 2015, § 66, Rn. 21.

671 Vgl. näher Kapitel 2 II. 1.

672 Vgl. Ziff. II. 2. d) aa) (1) dieses Kapitels.

hätte der inländische Vertragspartner, der die Leistung entgegennimmt, einen Wettbewerbsvorteil, wenn der Mindestlohnanspruch nicht greifen würde. Bei Be- und Entladevorgängen besteht ebenso in der Hinsicht ein hinreichender Inlandsbezug, als der inländische Unternehmer davon profitieren könnte, dass ausländische Arbeitnehmer zu günstigeren Bedingungen eingesetzt werden und somit ein Preisvorteil entsteht. Dadurch können Wettbewerbsvorteile entstehen, die der Gesetzgeber durch die Anwendung von § 20 MiLoG verhindern möchte. Bei Transitfahrten wird ebenfalls die Arbeitsleistung im Inland erbracht. Der Schutzzweck der Wettbewerbsfunktion kann hierbei jedoch nicht greifen, da die Lohnkosten im Inland keine Rolle spielen, da kein inländischer Arbeitgeber von der Arbeitsleistung profitiert. Auch der ausländische Arbeitgeber hat keinerlei Wettbewerbsvorteil im Inland, da er keine Leistung auf dem inländischen Markt anbietet. Lediglich die ausländischen Vertragspartner des ausländischen Arbeitgebers, der billige Arbeitskräfte einsetzt, profitieren von den geringen Lohnkosten. Auswirkungen im Inland ergeben sich hieraus nicht. Der Zweck der Schaffung eines fairen Wettbewerbs, insbesondere der Verhinderung eines Lohnunterbietungswettbewerbs, greift hier nicht. Auch bei kurzzeitigen Schulungen ausländischer Arbeitnehmer im Inland besteht nicht die Gefahr der Lohnunterbietung in Deutschland. Die Tätigkeit der ausländischen Arbeitnehmer wirkt sich in keiner Weise auf den deutschen Wettbewerb aus. Die Ziele des Gesetzes können jedenfalls nicht erreicht werden, wenn die Mindestlohnpflicht in diesen beiden letztgenannten Fällen greift. Der Gesetzgeber ist in diesen Fällen somit über das bezweckte Ziel hinausgeschossen, sodass eine einschränkende Auslegung erforderlich ist, da insoweit auch ein hinreichender Inlandsbezug der Sachverhalte fehlt.

(8) Inlandsbezug bei Wertschaffung im Inland

Moll und *Katerndahl* stellen beim Inlandsbezug auf die Frage ab, ob vom ausländischen Arbeitnehmer im Inland ein „Wert" geschaffen werde bzw. im Inland Güter geschaffen würden.[673] Dies sei nämlich nur zulässig, wenn auch inländische Entgeltstandards gelten würden, sodass dann ein Mindestlohnanspruch bestehe. Bei Transitfahrten fehle dieser Inlandsbezug. Anders sei dies etwa bei Montageleistungen im Inland. Diese Abgrenzung nach der Schaffung eines Wertes im Inland ist zwar ein interessanter Ansatzpunkt. Dennoch kann auch dieses Kriterium allein nicht betrachtet werden, denn ob im Inland ein Wert geschaffen wird, ist nicht immer eindeutig feststellbar. Unproblematisch ist dies

673 *Moll/Katerndahl*, DB 2015, 555, 557.

zwar bei Montageleistungen bzw. Werkverträgen, bei denen das Werk im Inland erschaffen wird. Problematisch wird dies aber bei reinen Dienstleistungen, wie etwa Taxifahrten in Grenzregionen. Unklar ist hier, wo ein Wert geschaffen wird, wenn die Fahrt grenzüberschreitend erfolgt. Auch bei Be- und Entladefällen ist die Abgrenzung problematisch. Einerseits entsteht kein direkter Vermögenswert im Inland, andererseits besteht durch den Be- und Entladevorgang ein Bezug zu einem inländischen Unternehmen, das eine Leistung von dem ausländischen Unternehmen erwartet, die wiederum im Inland bewirkt wird.

(9) Fazit

Zusammenfassend lässt sich festhalten, dass für die Frage der einschränkenden Auslegung maßgeblich ist, ob ein hinreichender Inlandsbezug gegeben ist. Dies wiederum ist davon abhängig, ob der Regelungszweck der Norm, die Wettbewerbsfunktion, greift. Das ist dann der Fall, wenn ein inländischer Arbeitgeber durch den Einsatz billiger Arbeitskräfte aus dem Ausland einen Wettbewerbsvorteil erhält oder der ausländische Arbeitgeber im Inland einen Wettbewerbsvorteil erhält, wenn er ausländische Arbeitnehmer im Inland einsetzen könnte, ohne den Mindestlohn zu bezahlen.

bb) Zwischenergebnis

Im Einzelfall ist eine einschränkende Auslegung erforderlich. Dies gilt jedenfalls bei Transitfahrten und kurzzeitigen Tätigkeiten im Inland ohne jeglichen Inlandsbezug, wie etwa Schulungen ausländischer Arbeitnehmer im Inland.

e) Unionsrechtskonforme Auslegung

Fraglich ist, ob mit Blick auf die europäischen Grundfreiheiten eine einschränkende unionsrechtskonforme Auslegung erforderlich bzw. die Norm unanwendbar ist. Das Bundesverfassungsgericht hat im Wege eines Nichtannahmebeschlusses unionsrechtliche Bedenken geäußert, ohne jedoch auf eine materiell-rechtliche Prüfung einzugehen.[674] Auch die Europäische Kommission hat im Rahmen des Vertragsverletzungsverfahrens wegen Anwendung des deutschen Mindestlohngesetzes im Verkehrssektor europarechtliche Bedenken hinsichtlich der Dienstleistungs- und Warenverkehrsfreiheit ausgesprochen.[675] Zu

---

674 BVerfG Beschluss vom 25.06.2015, 1 BvR 555/15, juris.

675 EU-Kommission, Pressemitteilung vom 16.06.2016, unter: https://ec.europa.eu/germany/news/mindestlohn-f%C3%BCr-lkw-fahrer-eu-kommission-versch%C3%A4rft-vertragsverletzungsverfahren-gegen_de (abgerufen am 13.05.2017).

prüfen ist somit, ob die Norm gegen europäische Grundfreiheiten verstößt. In Bezug auf den Transport von Gütern sind jedoch vorrangig die speziellen Vorschriften des Verkehrssektors zu beachten.[676] Diese ergeben sich aus Art. 90 ff. AEUV und verdrängen als leges spezialis grundsätzlich die Dienstleistungsfreiheit.[677]

aa) Verstoß gegen die Stillhalteverpflichtung des Art. 92 AEUV im Verkehrssektor

Zunächst stellt sich somit die Frage, ob § 20 MiLoG gegen die Stillhalteverpflichtung im Verkehrssektor verstößt. Dies wird im Schrifttum kaum thematisiert. Als Prüfungsmaßstab wird lediglich Art. 56 AEUV angewendet, ohne auf die bereits angesprochenen Besonderheiten des EU-Verkehrsrechts einzugehen.[678] Gemäß Art. 58 Abs. 1 AEUV wird der Anwendungsbereich der Dienstleistungsfreiheit für den Verkehrsbereich jedoch eingeschränkt.[679] Verkehr im Sinne dieser Normen bedeutet die gewerbsmäßige Beförderung von Personen und Gütern von einen zum anderen Ort durch ein oder mehrere Verkehrsmittel auf eigene oder fremde Rechnung.[680] Umfasst ist der Transitverkehr als auch der Kabotageverkehr, die im Rahmen der hier dargestellten Problematik im Zusammenhang mit dem Mindestlohngesetz eine wesentliche Rolle spielen.[681]

(1) Schlechterstellungsverbot

Art. 92 AEUV beinhaltet eine Stillhalteverpflichtung bzw. ein Schlechterstellungsverbot.[682] Fraglich ist, ob ausländische Verkehrsunternehmen durch die Regelung in § 20 MiLoG schlechter stehen als inländische Unternehmen.[683] Hierbei ist nicht nur die Einführung diskriminierender Regelungen, sondern auch die Abschaffung bisher bestehender Wettbewerbsvorteile für ausländische

676 *Streinz/Schäfer*, AEUV Art. 90 Rn. 1–4.

677 *Streinz/Schäfer*, AEUV Art. 90 Rn. 5.

678 Differenzierend hinsichtlich des Prüfungsmaßstabs für den Verkehrssektor vgl. ausführlich *Kainer* in Winner/Cierpial-Magnor, S. 106 ff.

679 *Kainer* in Winner/Cierpial-Magnor, S. 106; vgl. u. a. HK-Europäisches Unionsrecht, *Khan/Eisenhut*, Art. 58 Rn. 2 ff.

680 *Streinz/Schäfer*, AEUV Art. 90 Rn. 12.

681 *Streinz/Schäfer*, AEUV Art. 90 Rn. 13.

682 *Streinz/Schäfer/Kramer*, AEUV Art. 92 Rn. 1.

683 HK-Europäisches Unionsrecht, *Epiney*, Art. 92 Rn. 6.

Verkehrsunternehmen verboten.[684] Wie *Kainer* richtigerweise darstellt, wäre die Regelung bei allein primärrechtlicher Betrachtung unionsrechtswidrig, da ausländische Verkehrsunternehmen, die bisher keinen Mindestlohn bezahlen mussten, nun höhere Kosten haben und so Wettbewerbsvorteile verlieren, wenn sie Güter durch oder innerhalb von Deutschland transportieren.[685] Zu beachten ist jedoch das gemäß Art. 91 AEUV erlassene Sekundärrecht.[686]

(2) Einschränkung des Art. 92 AEUV durch Sekundärrecht

Ein Verstoß gegen Art. 92 AEUV käme von vornherein nicht in Betracht, wenn das Thema bereits gemäß Art. 91 AEUV unionsrechtlich harmonisiert wäre und der Sachverhalt in den Anwendungsbereich des Sekundärrechts fallen würde:

Verordnung zur Regelung des Güterkraftverkehrs (VO 1072/2009) und Verordnung des Personenkraftverkehrs (VO 1073/2009):

Fraglich ist, ob nach den genannten Verordnungen Regelungen zu einem nationalen Mindestlohn für den Transit- und Kabotageverkehr zulässig wären. Gemäß Art. 1 Abs. 1, Art. 2 Nr. 2 VO 1072/2009 umfasst die Regelung unstreitig den Transitverkehr. Außerdem regelt sie auch den Kabotageverkehr (vgl. Art. 1 Abs. 4, Art. 2 Nr. 6). Eine Regelung zu einem Mindestlohn ist hier jedoch nicht vorgesehen. Aufgrund der detaillierten Auflistung einzelner Vorgaben (u. a. Vorgaben hinsichtlich Lizenzen in Art. 4) und der Zweckrichtung der Verordnung, sind die Vorgaben als abschließend zu werten.[687] Auch aus der Verordnung des Personenkraftverkehrs ergibt sich nichts anderes. Auch hier gibt es keine Angaben zur Zulässigkeit eines Mindestlohns. Eine unionsrechtliche Harmonisierung durch Regelungen in den hier aufgeführten Verordnungen scheidet somit aus.

Entsenderichtlinie:

Zu prüfen ist, ob ein Verstoß gegen die Stillhalteverpflichtung aufgrund Regelungen der Entsenderichtlinie entfällt. Dieser Gedanke ergibt sich nach der Ansicht

---

684 U. a. EuGH, Urteil vom 19.05.1992, C-195/90, NJW 1992, 1949, 1950; *Kainer* in Winner/Cierpial-Magnor, S. 106; HK-Europäisches Unionsrecht, *Epiney*, Art. 92 Rn. 7.

685 *Kainer* in Winner/Cierpial-Magnor, S. 107.

686 *Streinz/Schäfer/Kramer*, AEUV Art. 92 Rn. 5.

687 *Kainer* in Winner/Cierpial-Magnor, S. 107 f.; vgl. hierzu auch EuGH, Urteil vom 02.07.2002, C-115/00, Rn. 54, BeckRS 2004, 74168 zur Vorgängerregelung.

von *Kainer* aufgrund der Verweisung im Erwägungsgrund 17 der VO 1072/2009 auf die Richtlinie 96/71/EG.[688] Fraglich ist somit, ob der Anwendungsbereich der Entsenderichtlinie eröffnet ist. Dieser ist in Art. 1 Abs. 3 der Richtlinie näher bestimmt. Transitfahrten sind hiervon jedoch nicht erfasst, da der Empfänger der Dienstleistung nicht in dem Mitgliedstaat tätig ist, in dem die Dienstleistung erbracht wird.[689] Anders ist dies in Bezug auf Kabotagefahrten zu beurteilen. Diese werden von der Richtlinie erfasst, wenn der im Aufnahmestaat tätige Dienstleistungsempfänger einen Frachtvertrag mit einer ausländischen Spedition geschlossen hat (vgl. Art. 1 Abs. 3 lit. a).[690] Im letzteren Fall ist somit die Festsetzung von Mindestlöhnen gemäß Art. 3 Abs. 1 c) zulässig. Voraussetzungen für die Einschränkung des Art. 92 AEUV in Bezug auf den Kabotageverkehr ist nun, dass die Entsenderichtlinie von Art. 91 Abs. 1 AEUV umfasst ist. Dies ist nicht unproblematisch, da es sich bei der Entsenderichtlinie nicht primär um eine verkehrsrechtliche Regelung handelt. Vielmehr stellt es in erster Linie eine arbeitsrechtliche Regelung dar, da es explizit um die Entsendung von Arbeitnehmern geht.[691] Die Entsenderichtlinie beinhaltet als Intention jedoch soziale Ziele und somit auch die Förderung des fairen Wettbewerbs.[692] Letzt genanntes Ziel ist wesentlicher Hintergrund der besonderen Regelungen des Verkehrssektors auf europäischer Ebene[693], sodass die Anwendung des Art. 91 Abs. 1 lit. a AEUV bejaht werden kann.[694] Ein Verstoß gegen die Stillhalteverpflichtung in Bezug auf Kabotagefahrten scheidet somit jedenfalls aus.

(3) Ergebnis zu Art. 92 AEUV

Art. 91 AEUV greift für den Transitverkehr nicht ein. Mindestlöhne sind in diesem Sektor gemäß Art. 92 AEUV unzulässig. Für Kabotagefahrten ist Art. 92 AEUV durch Art. 91 Abs. 1 lit. a AEUV und die Entsenderichtlinie gesperrt. Die Dienstleistungsfreiheit ist somit im letzteren Fall nicht unmittelbar anwendbar. Dennoch ist auch bei Kabotagefahrten eine Beurteilung an den Grundsätzen der Dienstleistungsfreiheit erforderlich, denn die Entsenderichtlinie dient

688 *Kainer* in Winner/Cierpial-Magnor, S. 108.
689 U. a. *Kainer* in Winner/Cierpial-Magnor, S. 109; *Forst*, ZESAR 2015, 205, 206 f.
690 *Kainer* in Winner/Cierpial-Magnor, S. 109 f.
691 *Kainer* in Winner/Cierpial-Magnor, S. 109 f.
692 *Kainer* in Winner/Cierpial-Magnor, S. 109 f; vgl. insbesondere Erwägungsgrund Nr. 5 der Entsenderichtlinie.
693 Zu den Besonderheiten des Verkehrssektors und der bezweckten Harmonisierung der Wettbewerbsbedingungen vgl. etwa *Streinz/Schäfer*, AEUV Art. 90 Rn. 1, 6.
694 *Kainer* in Winner/Cierpial-Magnor, S. 109 f.

der Durchsetzung der Dienstleistungsfreiheit.[695] Eine ausführliche Prüfung von Art. 56 AEUV ist somit keinesfalls entbehrlich.

bb) Verstoß gegen die Dienstleistungsfreiheit Art. 56 AEUV

Es stellt sich somit die Frage, ob § 20 MiLoG gegen die Dienstleistungsfreiheit verstößt. Dies wird im Schrifttum überwiegend bejaht, ohne jedoch im Detail auf sekundärrechtliche Ebene einzugehen.[696]

(1) Eingriff in den Schutzbereich

Die Rechtsprechung des EuGH verbietet jede Beschränkung, sofern sie geeignet ist, die Tätigkeit der Dienstleistenden zu unterbinden, zu behindern oder weniger attraktiv zu machen.[697] Vorliegend könnten die ausländischen Arbeitgeber durch die Verpflichtung zur Zahlung des Mindestlohns und die damit verbundenen Melde- und Dokumentationspflichten, die beim Einsatz von ausländischen Arbeitskräften in Deutschland entstehen, gehindert sein, Dienstleistungen in Deutschland zu erbringen. Die Verpflichtung zur Zahlung eines Mindestentgelts stellt eine zusätzliche Belastung für ausländische Arbeitgeber dar, die in ihrem Heimatstaat einen niedrigeren oder ggf. auch gar keinen Mindestlohn zahlen müssen, sodass dies eine Beschränkung der Dienstleistungsfreiheit darstellt.[698]

Ein Eingriff in den Schutzbereich liegt vor.

---

695 Ausführlich hierzu *Kainer*, NZA 2016, 394, 396 f.; *Kainer* in Winner/Cierpial-Magnor, S. 110.

696 Für kurzzeitige Tätigkeiten: Erfurter Kommentar 2018/*Franzen*, § 20 MiLoG, Rn. 2; *Sittard*, NZA 2015, 78, 80 ff.; *Hohnstein*, NJW 2015, 1844, 1847; *Kainer*, NZA 2016, 394 ff.; jedenfalls für Transitfälle: *Forst*, ZESAR 2015, 205, 208 ff.; BeckOK-MiLoG/*Greiner*, § 22 Rn. 5; *Moll/Katerndahl*, DB 2015, 555, 557 f.; *Bissels/Falter/Evers*, ArbRAktuell 2015, 5 f.; a. A. und somit für die Unionsrechtskonformität: für kurzzeitige Tätigkeiten und Transitfälle: *Junker*, EuZA 2015, 399, 400; jedenfalls für Transitfälle: HK-ArbR/*Däubler*, § 20 MiLoG Rn. 9; Däubler, LTO, 03.02.2015; jedenfalls für Sachverhalte, die von der Entsende-RL erfasst werden: *Riechert/Nimmerjahn*, MiLoG Kommentar, § 20 Rn. 16 f.; kritisch für den Verkehrssektor auch *Hantel*, ZESAR 2015, 357, 360; im Ergebnis jedoch für die Europarechtskonformität *Hantel*, NZA 2015, 410 ff.; für die Unionsrechtskonformität für alle kurzzeitigen Tätigkeiten *Mankowski*, Gutachten, S. 37.

697 EuGH Urteil vom 25.10.2001, C-49/98, AP Nr. 8 zu § 1 AEntG; BAG, Beschluss vom 06.11.2002, 5 AZR 617/01, AP AEntG § 1a Nr. 1. m. w. N.

698 U. a. *Moll/Katerndahl*, DB 2015, 555, 558; EuGH, Urteil vom 03.04.2008, C-346/06, NZA 2008, 537, 540; *Forst*, ZESAR 2015, 205, 209; im Ergebnis auch *Kainer* in Winner/Cierpial-Magnor, S. 103.

(2) Rechtfertigung

Ob die Beeinträchtigung der Dienstleistungsfreiheit vorliegend gerechtfertigt ist, erscheint fraglich. Eine Rechtfertigung kann sich aus zwingenden Allgemeininteressen, wie dem Schutz der Arbeitnehmer ergeben.[699]

Legitimes Ziel:

Problematisch ist bereits, ob ein legitimes Ziel vorliegt.[700] Nicht zulässig sind Ziele rein wirtschaftlicher Art, wie etwa der Schutz inländischer Unternehmen.[701] Die Verdrängung ausländischer Unternehmen aus dem inländischen Markt ist somit mit europäischen Recht unvereinbar.[702] Der EuGH hat richtigerweise anerkannt, dass auch der Schutz der inländischen Arbeitnehmer, insbesondere auch der Schutz eines fairen Wettbewerbs, ein legitimes Ziel darstellen kann.[703] Vorliegend soll der gesetzliche Mindestlohn dem Schutz der Arbeitnehmer dienen[704], insbesondere soll auch ein Lohnunterbietungswettbewerb in Deutschland verhindert werden, sodass grundsätzlich ein legitimes Ziel gegeben ist.[705]

Geeignetheit:

Im Rahmen der Geeignetheit ist zu prüfen, ob die Anwendung der Norm die dargestellten Ziele tatsächlich fördert.[706] Fraglich ist, ob die Norm geeignet ist, wenn im konkreten Anwendungsfall der Norm primär inländische Arbeitnehmer und nicht ausländische Arbeitnehmer geschützt werden. Wie bereits dargestellt, werden letztere durch § 20 MiLoG nämlich insoweit nicht geschützt, als wesentliche Ziele des Mindestlohns für sie nicht greifen.[707] Im Wesentlichen wird jedoch das Ziel der Verhinderung des Lohnunterbietungswettbewerbs und somit die

---

699 U. a. EuGH, Urteil vom 24.01.2002, C-164/99, NZA 2002, 207, 208; EuGH, Urteil vom 23.11.1999, C-369/96, C-376/96, NZA 2000, 85, 87.

700 Vgl. etwa *Sittard*, NZA 2015, 78, 81.

701 EuGH, Urteil vom 25.10.2001, C-49/98 u. a., NZA 2001, 1377, 1379; *Heuschmid/Schierle* in Preis/Sagan, Europäisches Arbeitsrecht, § 5 Rn. 21.

702 *Sittard*, NZA 2015, 78, 81.

703 EuGH, Urteil vom 12.10.2004, C-60/03, NZA 2004, 1211, 1213; *Heuschmid/Schierle* in Preis/Sagan, Europäisches Arbeitsrecht, § 5 Rn. 23.

704 *Moll/Katerndahl*, DB 2015, 555, 558.

705 Vgl. näher Ziff. II. 2. d) aa) (6) dieses Kapitels; a. A. etwa *Sittard*, NZA 2015, 78, 81.

706 *Heuschmid/Schierle* in Preis/Sagan, Europäisches Arbeitsrecht, § 5 Rn. 26.

707 Vgl. ausführlich Ziff. II. 2. d) aa) dieses Kapitels.

Förderung eines fairen Wettbewerbs durch die Verpflichtung der ausländischen Arbeitgeber, ihren im Inland tätigen Arbeitnehmern den Mindestlohn zu zahlen, gefördert. Der Schutz der inländischen Arbeitnehmer wird dadurch gefördert. Außerdem werden ausländische Arbeitnehmer insoweit geschützt, als sie bei einer Beschäftigung im Inland den gesetzlichen Mindestlohn erhalten, auch wenn ihnen in ihrem Heimatland eine niedrigere Vergütung zusteht. Aufgrund des weiten Beurteilungsspielraums dürfte die Geeignetheit jedenfalls vorliegen.[708]

Erforderlichkeit und Angemessenheit:

Zudem muss die Norm erforderlich und angemessen sein. Dies ist umstritten.[709]

Pro:

Für die Verhältnismäßigkeit wird angeführt, dass der EuGH zumindest im Anwendungsbereich der Entsenderichtlinie eine zulässige Einschränkung der Dienstleistungsfreiheit anerkannt hat.[710] *Riechert* und *Nimmerjahn* stützen sich hierbei auf Art. 3 V RL 96/71/EG, wonach Mitgliedstaaten eine Ausnahme für die Mindestlohnverpflichtung festlegen könnten, wenn der Umfang der Arbeit gering sei, ohne dass die Richtlinie eine Untergrenze festlege.[711] Auch über den Anwendungsbereich der Richtlinie hinaus sei es nach Ansicht von

---

708 Vgl. zum Prüfungsmaßstab *Heuschmid/Schierle* in Preis/Sagan, Europäisches Arbeitsrecht, § 5 Rn. 26 ff.

709 Vgl. für kurzzeitige Tätigkeiten: Erfurter Kommentar 2018/*Franzen*, § 20 MiLoG, Rn. 2; *Sittard*, NZA 2015, 78, 80 ff.; *Hohnstein*, NJW 2015, 1844, 1847; *Kainer*, NZA 2016, 394 ff.; jedenfalls für Transitfälle: *Forst*, ZESAR 2015, 205, 208 ff.; BeckOK-MiLoG/*Greiner*, § 22 Rn. 5; *Moll/Katerndahl*, DB 2015, 555, 557 f.; *Bissels/Falter/Evers*, ArbRAktuell 2015, 5 f.; a. A. und somit für die Unionsrechtskonformität: für kurzzeitige Tätigkeiten und Transitfälle: *Junker*, EuZA 2015, 399, 400; jedenfalls für Transitfälle: *Däubler*, LTO, 03.02.2015; jedenfalls für Sachverhalte, die von der Entsende-RL erfasst werden: *Riechert/Nimmerjahn*, MiLoG Kommentar, § 20 Rn. 16 f.; kritisch für den Verkehrssektor auch *Hantel*, ZESAR 2015, 357, 360; im Ergebnis jedoch für die Europarechtskonformität *Hantel*, NZA 2015, 410 ff.; für die Unionsrechtskonformität für alle kurzzeitigen Tätigkeiten *Mankowski*, Gutachten, S. 37.

710 *Däubler*, LTO, 03.02.2015; vgl. auch *Riechert/Nimmerjahn*, MiLoG Kommentar, § 20 Rn. 16.

711 *Riechert/Nimmerjahn*, MiLoG Kommentar, § 20 Rn. 16.

Däubler zulässig, Mindestarbeitsbedingungen, wie gesetzliche Mindestlöhne festzulegen.[712]

Auch *Mankowski* spricht sich für die Verhältnismäßigkeit aus.[713] Er stützt sich in Bezug auf kurzfristige Arbeitseinsätze im Transportsektor vor allem darauf, dass die Summe aller Einsätze der einzelnen ausländischen Arbeitnehmer maßgeblich sei, denn damit stehe der ausländische Arbeitgeber in Konkurrenz zu den inländischen Arbeitgebern. Demnach sei jede einzelne Fahrleistung, unabhängig von welcher Dauer, mit dem Mindestlohn zu bezahlen.[714]

Für die Verhältnismäßigkeit spricht sich im Grundsatz auch *Junker* aus.[715] Er verweist hierbei auf ein Strafverfahren vor dem EuGH, bei dem ein Mindestlohnverstoß nach belgischem Recht geprüft wurde.[716] In diesem hat der Gerichtshof entschieden, dass die Dienstleistungsfreiheit nicht entgegensteht, wenn bei kurzfristigen bzw. nur vorübergehenden Arbeitseinsätzen örtliche Mindestlöhne bezahlt werden müssen. Lediglich bei Tätigkeiten in grenznahen Regionen, die in Teilzeit und nur für kurze Dauer ausgeübt werden, könne sich die Mindestlohnverpflichtung für ausländische Arbeitgeber als unverhältnismäßig darstellen. Außerdem sei auch die Auferlegung der Melde- und Dokumentationspflichten, die sich zwingend bei der Anwendung des § 20 MiLoG ergeben, verhältnismäßig.[717] Dies folge schon aus Wettbewerbsgründen.[718]

Contra:

Im Rahmen der Gegenansicht wird ebenfalls die EuGH-Entscheidung über den belgischen Mindestlohn aufgeführt, jedoch mit der gegenteiligen Schlussfolgerung.[719] Die Anwendung des Mindestlohns einschließlich der Melde- und Dokumentationspflichten bei kurzzeitigen Tätigkeiten stelle im Ergebnis nämlich eine unverhältnismäßige Beschränkung der Dienstleistungsfreiheit dar. Die Beschränkung sei jedenfalls bei Transitfahrten nicht durch den Schutzzweck legitimiert, denn hier greife der Zweck der Existenzsicherung, der Sicherung der Sozialsicherungssysteme und der Schaffung von Austauschgerechtigkeit im

---

712 *Däubler*, LTO, 03.02.2015.

713 *Mankowski*, Gutachten, S. 23; *Mankowski*, RdA 2017, 273, 280 ff.

714 *Mankowski*, Gutachten, S. 23.

715 *Junker*, EuZA 2015, 399, 400.

716 EuGH, Urteil vom 15.03.2001, C-165/98, NZBau 2001, 491.

717 Vgl. auch *Mankowski*, Gutachten, S. 37.

718 *Junker*, EuZA 2015, 399, 400.

719 Erfurter Kommentar 2018/*Franzen*, § 20 MiLoG, Rn. 2.

Niedriglohnbereich nicht.[720] Außerdem sei der Schutz der EU-Ausländer vor zu geringem Lohn Sache des Mitgliedsstaates, dem der Arbeitnehmer angehört.[721]

Auch *Kainer* stützt sich auf die fehlende Schutzbedürftigkeit bei kurzfristigen Arbeitseinsätzen und lehnt deshalb die Erforderlichkeit ab.[722] Der Gesetzgeber müsse jedenfalls prüfen, ob er nicht von der Möglichkeit der Öffnungsklausel gemäß Art. 3 III-V der Entsenderichtlinie Gebrauch machen muss.

Greiner[723] und *Sittard*[724] stützen sich bei ihrer Argumentation auf eine EuGH-Entscheidung aus dem Jahr 2014, bei der der Gerichtshof einen unverhältnismäßigen Eingriff in die Dienstleistungsfreiheit bejaht hat, begründet damit, dass ein Mindestlohn für Arbeitnehmer, die ihre Arbeitsleistung ausschließlich im Ausland erbringen, keine Anwendung finden darf, da kein Bezug zu den Lebenshaltungskosten im Inland besteht, wo der Mindestlohn unstreitig gilt, andernfalls gehe dies über den erforderlichen Arbeitnehmerschutz hinaus.[725] *Sittard* fordert für die Anwendung des § 20 MiLoG deshalb eine „gewisse Beständigkeit" der Tätigkeit des ausländischen Arbeitnehmers in Deutschland, obwohl er erkennt, dass die Entscheidung nicht unmittelbar übertragen werden kann.

Gegen die Verhältnismäßigkeit werden neben dem bürokratischen Mehraufwand auch die praktischen Konsequenzen angeführt, die dem Zweck der Grundfreiheiten widersprechen würden.[726] *Sittard* führt beispielsweise aus, dass bei einer Fahrt von Estland nach Portugal bis zu acht verschiedene Mindestlöhne beachtet werden müssten. Die Belastungen, die für die ausländischen Unternehmer bestehen, würden jedenfalls in keinem Verhältnis zu den Vorteilen für die Arbeitnehmer stehen.[727] Auch aus der Rechtsprechung des EuGH, der einzelne Dokumentationspflichten für ausländische Arbeitgeber für zulässig erachtet hat, ergebe sich nichts anderes, also nicht generell die Vereinbarkeit mit der

---

720 BeckOK-MiLoG/*Greiner*, § 22 Rn. 4, 5; so auch für kurzzeitige mobile Tätigkeiten *Hantel*, ZESAR 2015, 357, 360.

721 *Moll/Katerndahl*, DB 2015, 555, 559.

722 *Kainer*, NZA 2016, 394, 399 f.; die Erforderlichkeit ablehnend für Transitfälle vgl. auch *Forst*, ZESAR 2015, 205, 209, der sich darauf stützt, dass die Norm über das hinausgeht, was zur Erreichung des Ziels nötig sei.

723 BeckOK-MiLoG/*Greiner*, § 22 Rn. 5.

724 *Sittard*, NZA 2015, 78, 80 f.

725 EuGH, Urteil vom 18.09.2014, C-549/13, NZA 2014, 1129, 1130, Bundesdruckerei-Entscheidung; auch hierauf verweisend vgl. u. a. *Kainer*, NZA 2016, 394, 399; *Moll/Katerndahl*, DB 2015, 555, 559.

726 BeckOK-MiLoG/*Greiner*, § 22 Rn. 5; *Sittard*, NZA 2015, 78, 81.

727 *Sittard*, NZA 2015, 78, 81.

Dienstleistungsfreiheit.[728] *Kainer* sieht durch den erhöhten Verwaltungsaufwand einen Wettbewerbsnachteil im Vergleich zu inländischen Unternehmen.[729] Auch *Forst* erkennt diesen Nachteil und befürchtet, dass es zu einer Marktverdrängung ausländischer Arbeitgeber kommen kann. Außerdem würde die Mindestlohnverpflichtung die Vertragsfreiheit ausländischer Arbeitgeber zerstören.[730]

Letztendlich fordern auch *Bissels*, *Falter* und *Evers* eine einschränkende Auslegung aufgrund europarechtlicher Erwägungen. Wenn der EuGH schon innerhalb des Anwendungsbereichs der Entsenderichtlinie die Beschränkungen in Deutschland kritisch sieht, dann dürfe eine Rechtfertigung der Beschränkung der Dienstleistungsfreiheit außerhalb der Entsenderichtlinie, also bei Transitfällen, erst recht nicht möglich sein.[731] Der Eingriff in die Dienstleistungsfreiheit sei somit nicht gerechtfertigt.

Stellungnahme:

Abgesehen davon, dass sich die Unionsrechtswidrigkeit für den Transitverkehr bereits aus Art. 92 AEUV ergibt, ist die Beschränkung der Dienstleistungsfreiheit hinsichtlich der Transitfälle richtigerweise nicht gerechtfertigt. Die Argumente der Gegenansicht überzeugen nicht. Der EuGH hat in seiner Entscheidung zum belgischen Mindestlohn nämlich gerade keine Aussagen zu Transitfällen getroffen.[732] In den Entscheidungsgründen wird zwar ausgeführt, dass es durchaus zulässig sein kann, ausländischen Arbeitgebern die Verpflichtung zur Zahlung eines Mindestlohns aufzuerlegen, wenn sie Dienstleistungen im Inland erbringen.[733] Dies gilt jedoch dann nicht, wenn die Verpflichtung mit Blick auf das Ziel gar nicht erforderlich und somit unverhältnismäßig ist.[734] Die Beschränkung ist jedenfalls bei Transitfahrten nicht durch den Schutzzweck legitimiert, denn hier greift der Zweck der Existenzsicherung und der Sicherung der Sozialsicherungssysteme richtigerweise nicht ein.[735] Nach Sicht des EuGH erfordert der

728 *Sittard*, NZA 2015, 78, 82 mit Verweis auf EuGH, Urteil vom 18.07.2007, C-490/04, NZA 2007, 917, 921.

729 *Kainer*, NZA 2016, 394, 400 mit Verweis auf EuGH, Urteil vom 23.11.1999, C-369/96 u. C-376/96, NZA 2000, 85; vgl. auch *Kainer* in Winner/Cierpial-Magnor, S. 112 f.

730 In Bezug auf Transitfälle: *Forst*, ZESAR 2015, 205, 208 f.

731 *Bissels/Falter/Evers*, ArbRAktuell 2015, 4, 6 mit Verweis auf EuGH, Urteil vom 03.04.2008, C-346/06, NZA 2008, 537 (Rüffert).

732 EuGH, Urteil vom 15.03.2001, C-165/98, NZBau 2001, 491.

733 Rn. 29 des Urteils.

734 Rn. 30 des Urteils.

735 BeckOK-MiLoG/*Greiner*, § 22 Rn. 4, 5.

Arbeitnehmerschutz eine Verpflichtung zur Zahlung des Mindestlohns, wenn sich alle Arbeitnehmer in derselben Lage befinden, d. h. demselben Sozialrecht und derselben Besteuerung unterliegen. Dies ist bei Transitfällen gerade nicht der Fall. Auch der Zweck der Verhinderung eines Lohnunterbietungswettbewerbs erfordert bei Transitfällen mangels Inlandsbezugs keine Mindestlohnverpflichtung. Es werden gar keine Leistungen am inländischen Markt angeboten, sodass auch keine Konkurrenz zu inländischen Arbeitgebern aufkommt. Die Wettbewerbsfunktion greift somit nicht. Der EuGH argumentiert auch damit, dass keine unverhältnismäßig hohen Verwaltungskosten entstehen dürfen. Außerdem würde eine ungleiche Behandlung der ausländischen Arbeitnehmer für dieselbe Tätigkeit zu Unstimmigkeiten führen.[736] Gerade bei Transitfahrten entsteht jedoch durch die Melde- und Dokumentationspflichten ein unverhältnismäßig hoher Verwaltungsaufwand, obwohl es der Schutz der Arbeitnehmer nicht erfordert. Im Ergebnis kann es laut EuGH unverhältnismäßig sein, wenn es sich um Arbeitnehmer eines Unternehmens mit Sitz in einer grenznahen Region handelt, die einen Teil ihrer Arbeit in Teilzeit und für kurze Zeiträume in einem anderen Mitgliedsstaat erbringen müssen. Das muss erst recht gelten, wenn die Tätigkeit wie bei Transitfahrten keinen Inlandsbezug begründet und der Arbeitnehmerschutz eine Mindestlohnverpflichtung gar nicht erfordert.

Für andere kurzzeitige Sachverhalte, wie etwa Be- und Entladefälle, Kabotagefahrten und Montagefälle, lässt sich die Beschränkung der Dienstleistungsfreiheit jedoch rechtfertigen. Dies gilt insoweit, als es der Zweck der Verhinderung des Lohnunterbietungswettbewerbs zu Lasten der inländischen Arbeitnehmer erfordert. Solange die ausländischen Arbeitnehmer im Inland eingesetzt und konkurrierend neben inländischen Arbeitnehmern tätig werden, besteht die Gefahr, dass ausländische Arbeitgeber einen Wettbewerbsvorteil im Inland haben, wenn sie für ihre im Inland eingesetzten Arbeitnehmer keinen Mindestlohn bezahlen müssten.[737] Dies kann wiederum dazu führen, dass primär ausländische Unternehmer beauftragt werden, was folglich zu Lasten inländischer Arbeitnehmer geht. Es ist zu befürchten, dass eine einschränkende Auslegung bei allen kurzzeitigen Tätigkeiten den Lohnunterbietungswettbewerb im Inland fördert. Inländische Unternehmen würden nachvollziehbarerweise versuchen, ihre Lohnkosten so gering wie möglich zu halten, um mit den ausländischen Unternehmen mithalten zu können. Ggf. würden inländische Unternehmer versuchen, im

---

736 Rn. 36 des Urteils.

737 *Riechert/Nimmerjahn*, MiLoG Kommentar, § 20 Rn. 16; zur Funktion des fairen Wettbewerbs vgl. auch *Vogelsang*, in: Schaub, Arbeitsrecht, 2015, § 66, Rn. 21.

Inland ausländische Arbeitskräfte unterhalb des Mindestlohns zu beschäftigen, etwa über den Einsatz ausländischer Subunternehmer. Durch eine einschränkende Auslegung für alle kurzzeitigen Tätigkeiten entsteht eine Missbrauchsgefahr.[738] Ausländische Arbeitnehmer könnten bewusst nur für kurze Zeit im Inland beschäftigt und zwischendurch wieder im Ausland eingesetzt werden.[739] So könnte der Mindestlohnanspruch umgangen werden. Es kann zudem nicht richtig sein, dass ausländische Arbeitnehmer wie inländische Arbeitnehmer eingesetzt werden und zum Bruttoinlandsprodukt beitragen, ohne dass die inländischen Entgeltstandards gelten.[740]

Dass eine Mindestdauer nicht zwingend ist, ergibt sich auch mit Blick auf die Entsenderichtlinie.[741] Es steht dem Gesetzgeber ausdrücklich frei, Ausnahmen zuzulassen.[742] Auch der Zusatzaufwand, der für die Unternehmen entsteht, ist gerechtfertigt, da andernfalls keine Kontrolle der Mindestlohnverpflichtung möglich wäre. Der EuGH hat anerkannt, dass gewisse Melde- und Dokumentationspflichten für ausländische Arbeitgeber gerechtfertigt sein können, wenn damit Kontrollen ermöglicht werden, die erforderlich sind, um die Einhaltung der nationalen Vorschriften zum Schutz der Arbeitnehmer zu gewährleisten.[743] Hierin besteht somit kein unzulässiger Wettbewerbsnachteil für ausländische Arbeitgeber. Der Verweis auf die Bundesdruckereientscheidung des EuGH ist insoweit nicht schlüssig, da in diesem Fall die Arbeitsleistung ausschließlich im Ausland erbracht wurde. Es ist nicht nachvollziehbar, warum für die Mindestlohnverpflichtung eine „gewisse Beständigkeit", wie von *Sittard* gefordert, vorausgesetzt werden soll. Fraglich wäre nämlich dann, ab welchem Zeitraum der Mindestlohn bezahlt werden muss. Außerdem stellt sich dann die Frage, ob die Dauer von verschiedenen Einsätzen zusammengerechnet werden kann.[744] Eine Anlehnung an § 6 I AEntG ist denkbar, im Ergebnis aber abzulehnen, da auch bei kurzzeitigen Tätigkeiten, die lediglich tageweise ausgeübt werden, ein Inlandsbezug bestehen und somit die Gefahr der Lohnunterbietung gegeben sein kann.[745] Eine Anlehnung an die Entsende-Höchstdauer des Gemeinschaftsrechts

738 *Riechert/Nimmerjahn*, MiLoG Kommentar, § 20 Rn. 16.

739 Zur Missbrauchsgefahr vgl. *Riechert/Nimmerjahn*, MiLoG Kommentar, § 20 Rn. 16.

740 *Moll/Katerndahl*, DB 2015, 555, 557.

741 *Riechert/Nimmerjahn*, MiLoG Kommentar, § 20 Rn. 16.

742 Gemäß Art. 3 V der RL 96/71/EG können die Mitgliedstaaten Ausnahmen vorsehen, müssen dies aber nicht.

743 EuGH, Urteil vom 18.07.2007, C-490/04, NZA 2007, 917.

744 Vgl. hierzu bereits Ziff. II. 2. d) aa) (5) dieses Kapitels.

745 Vgl. zur analogen Anwendung des § 6 I AEntG Ziff. II. 2. d) aa) (5) dieses Kapitels.

(24 Monate) oder etwaige Sozialversicherungsabkommen (zwischen 12 und 60 Monate) wäre viel zu weitgehend.[746] In vielen Fällen würde die Regelung des § 20 MiLoG ins Leere laufen. Eine pauschale Zeitgrenze für alle Sachverhalte würde weder dem Zweck des Mindestlohngesetzes noch dem Zweck der Dienstleistungsfreiheit gerecht werden.

Auch die von *Bissels*, *Falter* und *Evers* gezogene Schlussfolgerung aus der EuGH-Entscheidung Rüffert überzeugt mangels Vergleichbarkeit nicht. In dem Fall ging es um die Vergabe von Bauleistungen, die davon abhängig gemacht wurde, dass sich der Unternehmer verpflichtet, den vor Ort geltenden Tariflohn zu bezahlen. Ein gesetzlicher Mindestlohn bewirkt hingegen einen viel stärkeren Arbeitnehmerschutz als solch eine Regelung, sodass die Schlussfolgerung nicht nachvollziehbar ist. Letztendlich kann die Beschränkung der Dienstleistungsfreiheit bei kurzzeitigen Tätigkeiten somit gerechtfertigt sein. Anders ist dies jedoch zu beurteilen, wenn sowohl kein Bezug zum inländischen Arbeitsmarkt als auch keine Gefahr der Lohnunterbietung besteht, etwa bei Schulungen ausländischer Arbeitnehmer im Inland. Hier erfordert es der Schutzzweck grundsätzlich nicht, dass der Mindestlohn bezahlt wird. Insoweit ist die Beschränkung unverhältnismäßig.

(3) Ergebnis zu Art. 56 AEUV

§ 20 MiLoG verstößt insoweit gegen die Dienstleistungsfreiheit, als die Norm auf Transitfälle und kurzzeitige Einsätze ohne jeglichen Inlandsbezug, wie etwa Schulungen, angewendet wird. Fraglich ist, ob eine unionsrechtskonforme Auslegung möglich ist. Grundsätzlich besteht die Pflicht zur unionsrechtskonformen Auslegung, es sei denn, der nationale Gesetzestext ist eindeutig und lässt keinen Auslegungsspielraum zu.[747] Außerdem ist der klare Wille des Gesetzgebers maßgeblich, der die Grenze der unionsrechtskonformen Auslegung bildet.[748] Vorliegend werden nach der Wortlautauslegung alle Tätigkeiten unabhängig von ihrer Dauer von § 20 MiLoG erfasst. Der Wortlaut sieht explizit keine zeitliche Begrenzung vor. Eine unionsrechtskonforme Auslegung stellt aber im Ergebnis dennoch keinen Widerspruch zum Wortlaut der Norm dar,

---

746 Vgl. näher im Rahmen der Einstrahlung nach § 5 SGB IV *Baier* in Krauskopf Kommentar, § 5 SGB IV Rn. 7 f.

747 *Schubert*, EuZW 2010, 177, 180 ff.; zur Pflicht zur unionsrechtskonformen Auslegung vgl. etwa EuGH, Urteil vom 10.04.1984, Rs 14/83, NJW 1984, 2021; EuGH, Urteil vom 05.10.2004, C-397/01, EuZW 2004, 691, 696 f.

748 EuGH, Urteil vom 16.06.2005, C-105/03, EuZW 2005, 433; *Richardi/Fischinger*, in: Staudinger Kommentar, 2016, § 611 BGB Rn. 741 m. w. N.

da hier lediglich von Beschäftigung im Inland die Rede ist und keine nähere gesetzliche Definition besagt, wann eine Beschäftigung im Inland vorliegt. Auch wenn richtigerweise der Wortlaut so ausgelegt werden muss, dass jedes „Tätigwerden" umfasst ist, besteht ein gewisser Auslegungsspielraum.[749] Der Wortlaut ist somit nicht völlig eindeutig und kann (wenn auch mit nicht überzeugenden Argumenten) anders ausgelegt werden. Der Wortlaut der Norm steht der unionsrechtskonformen Auslegung daher nicht entgegen. Überdies ist der Wille des Gesetzgebers nicht eindeutig. Der Gesetzgeber geht von einer Beschäftigung im Inland aus und stellt gerade nicht explizit auf das bloße „Tätigwerden" ab.[750] Die unionsrechtskonforme Auslegung ist folglich mit dem Willen des Gesetzgebers vereinbar. Zusammenfassend ist deshalb eine unionsrechtskonforme Auslegung vorzunehmen.[751]

cc) Verstoß gegen die Warenverkehrsfreiheit Art. 28 ff. AEUV

Weiter stellt sich die Frage, ob die Anwendung des § 20 MiLoG gegen die Warenverkehrsfreiheit verstößt. Auch hier gibt es unterschiedliche Ansichten im Schrifttum.[752] Fraglich ist bereits, ob ein Eingriff in den Schutzbereich gegeben ist. Nach ständiger Rechtsprechung ist jede Maßnahme eines Mitgliedstaats, die geeignet ist, den Handel innerhalb der Union unmittelbar oder mittelbar, tatsächlich oder potenziell zu behindern, verboten.[753] Einerseits wird die Verletzung der Warenverkehrsfreiheit abgelehnt, da es sich vorliegend nur um eine Verkaufsmodalität im Sinne der Keck-Rechtsprechung handle.[754]

---

749 Vgl. hierzu etwa die Gegenmeinungen im Rahmen der Wortlautauslegung unter Ziff. I. 2. b) aa).

750 In den Gesetzgebungsmaterialien ist lediglich von „Beschäftigung im Inland" die Rede, ohne hierbei den Beschäftigungsbegriff zu konkretisieren; vgl. etwa BT-Drs. 18/1558, S. 42.

751 Die Norm darf, soweit der Verstoß reicht, nicht angewendet werden; vgl. etwa *Forst*, ZESAR 2015, 205, 210 m. w. N.

752 Für einen Verstoß: bei kurzzeitigen Tätigkeiten und Transitfälle: *Sittard*, NZA 2015, 78, 81; bei Transitfälle: BeckOK-MiLoG/*Greiner*, § 22 Rn. 4; kritisch auch *Kainer* in Winner/Cierpial-Magnor, S. 103; dagegen: bei Transitfälle: *Forst*, ZESAR 2015, 205, 209.

753 U. a. EuGH, Urteil vom 11.07.1974, Rechtssache 8/74, BeckRS 2004, 73731; EuGH, Urteil vom 05.02.2004, C-270/02, BeckRS 2004, 75862 m. w. N.

754 *Forst*, ZESAR 2015, 205, 209; *Mankowski*, Gutachten, S. 24.

Teilweise wird ein Verstoß andererseits jedoch bejaht, ohne dass hierbei geprüft wird, ob die sog. Keck-Formel[755] einschlägig ist. *Sittard* ist der Ansicht, dass grenzüberschreitende Logistikdienstleistungen durch die Mindestlohnpflicht verkompliziert und unattraktiver gemacht würden, ohne dass diese im Verhältnis zum erreichten Arbeitnehmerschutz stünden.[756] Ausländische Arbeitnehmer würden nämlich faktisch nicht den deutschen Lebenshaltungskosten unterliegen. Bei sehr kurzfristigen Tätigkeiten jedenfalls sei der innergemeinschaftliche Warenhandel deshalb unangemessen beeinträchtigt. Auch *Greiner* bejaht einen Verstoß gegen die Warenverkehrsfreiheit deshalb, weil die Regelungszwecke des Mindestlohngesetzes bei Transitfahrten nicht eingreifen.[757] Richtigerweise kommt es jedoch auf eine ausführliche Rechtfertigungsprüfung nicht an, da es sich bei der Verpflichtung zur Zahlung des Mindestlohns um eine Maßnahme handelt, die alle Wirtschaftsteilnehmer gleichermaßen treffen und somit nur um eine Verkaufsmodalität im Sinne der Keck-Rechtsprechung.[758] Eine Verhältnismäßigkeitsprüfung ist obsolet.

Ein Verstoß gegen die Warenverkehrsfreiheit liegt im Ergebnis nicht vor.

3. Ergebnis

Im Einzelfall ist eine einschränkende Auslegung erforderlich. Dies ergibt sich zum einen aus der teleologischen Auslegung der Norm und international-privatrechtlichen Vorgaben, zum anderen aus europarechtlichen Aspekten. Dies gilt jedenfalls bei Transitfahrten und kurzzeitigen Tätigkeiten im Inland ohne jeglichen Inlandsbezug, wie etwa Schulungen ausländischer Arbeitnehmer im Inland.

4. Lösungen de lege ferenda

a) Anlehnung an Grundsätze des Sozialversicherungsrechts

Rittweger spricht die Annäherung der Regelungen des Mindestlohngesetzes mit den Grundsätzen des internationalen Sozialversicherungsrechts an, ohne hierbei jedoch konkrete Lösungsvorschläge zu erwähnen.[759] Denkbar ist die Auslegung

---

755 EuGH, Urteil vom 24.11.1993, C-267/91, C-268/91, NJW 1994, 121; ausführlich zur Keck-Formel, vgl. *Arndt/Fischer/Fezer*, Europarecht, Rn. 482 ff.

756 *Sittard*, NZA 2015, 78, 81.

757 BeckOK-MiLoG/*Greiner*, § 22 Rn. 4, 5.

758 *Forst*, ZESAR 2015, 205, 209.

759 *Rittweger*, DStR-Beih. 2015, 88, 91.

des Begriffs der Beschäftigung in § 20 MiLoG anlehnend an den sozialrechtlichen Beschäftigungsbegriff.[760] Eine Definition des Beschäftigungsbegriffs findet sich in § 9 SGB IV wieder. Beschäftigungsort ist grundsätzlich der Ort, an dem die Beschäftigung tatsächlich ausgeübt wird. Das Gesetz regelt daneben zahlreiche Besonderheiten, etwa wenn der Arbeitnehmer an mehreren Arbeitsstätten beschäftigt wird (vgl. Abs. 3). Beschäftigungsort bleibt demnach die Arbeitsstätte, an der der Arbeitnehmer überwiegend tätig wird. Auch § 7 I SGB IV beinhaltet Merkmale des sozialrechtlichen Begriffs der Beschäftigung. Anhaltspunkte für eine Beschäftigung sind gemäß § 7 I 2 SGB IV eine Tätigkeit nach Weisungen und die Eingliederung in die Arbeitsorganisation des Weisungsgebers.[761] Denkbar ist deshalb auch, auf den Ort der Ausübung des Weisungsrechts abzustellen.[762] Folglich würde bei kurzzeitigen Einsätzen regelmäßig keine Änderung des Beschäftigungsortes stattfinden und somit § 20 MiLoG keine Anwendung finden. Hierfür wäre eine Klarstellung im Gesetz erforderlich. Maßgeblich könnte auch ein Bezug zum deutschen Sozialsicherungssystem oder den deutschen Lebenshaltungskosten sein.[763] Diese Lösungsansätze würden jedoch dazu führen, dass § 20 MiLoG in vielen Fällen ins Leere laufen würde. Dies entspricht jedoch nicht dem ursprünglichen Sinn der Norm. Gerade bei hinreichendem Inlandsbezug ist die Geltung des Mindestlohnanspruchs mit Blick auf die Verhinderung eines Lohnunterbietungswettbewerbs erforderlich. Zudem könnte eine weitere Lösungsmöglichkeit darin bestehen, die Mindestlohnverpflichtung entfallen zu lassen, wenn eine sog. A1-Bescheinigung (Entsendebescheinigung) vorliegt. Diese Bescheinigung dient dem Nachweis dazu, dass der Arbeitnehmer weiterhin dem Sozialversicherungsrecht seines Heimatstaates unterliegt. Das Sozialrechtsstatut gilt jedenfalls als geklärt, wenn diese Bescheinigung vorliegt.[764] Diese wird jedoch regelmäßig für einen längeren Zeitraum (bis zu 24 Monate) erteilt.[765] Eine Anlehnung an das Sozialrechtsstatut ginge deshalb viel zu weit und würde dem Ziel des Gesetzes zuwiderlaufen.[766]

---

760 Vgl. etwa *Bissels/Falter/Evers*, ArbRAktuell 2015, 4, 5; die Anlehnung an sozialversicherungsrechtliche Maßstäbe ablehnend jedoch u. a. *Mankowski*, Gutachten S. 5 f.

761 *Bissels/Falter/Evers*, ArbRAktuell 2015, 4, 5.

762 *Moll/Katerndahl*, DB 2015, 555, 557; so auch *Bissels/Falter/Evers*, ArbRAktuell 2015, 4, 5; näher dazu Ziff. II. 2. a) dieses Kapitels.

763 Vgl. u. a. *Sittard*, NZA 2015, 78, 80.

764 *Rittweger*, DStR-Beih. 2015, 88, 90.

765 Vgl. näher zur A1-Bescheinigung *Schüren/Wilde*, NZS 2011, 121 ff.

766 Im Ergebnis auch *Mankowski*, Gutachten, S. 5 f.

b) Ausnahme für Transitfahrten und sonstige Fälle ohne Inlandsbezug

Denkbar ist eine Klarstellung im Gesetz dahingehend, dass Transitfahrten und Fälle ohne hinreichenden Inlandsbezug nicht vom Anwendungsbereich des § 20 MiLoG erfasst sind. Ersteres kann einfach und eindeutig formuliert werden.[767] Letzteres ist aufgrund der Unbestimmtheit problematisch. Die Gerichte müssten im Einzelfall prüfen, ob ein Inlandsbezug besteht. Dies führt letztendlich nicht zu mehr Rechtsklarheit. Andererseits ist es auch nicht sachgerecht, weitere Ausnahmefälle in das Gesetz aufzunehmen. Aufgrund der Vielzahl denkbarer Sachverhaltskonstellationen würde das die Anwendung der Norm unnötig verkomplizieren und den Gesetzestext unnötig ausweiten. Auch die Regelung einer zeitlichen Untergrenze ist, wie bereits erwähnt, nicht zielführend.[768]

c) Fazit

Einzig sinnvolle Lösung ist eine gesetzliche Klarstellung dahingehend, dass Transitfälle nicht vom Anwendungsbereich des § 20 MiLoG erfasst sind.

5. Fazit zum örtlichen Anwendungsbereich

Im Rahmen des örtlichen Anwendungsbereichs ist eine einschränkende Auslegung erforderlich. Dies gilt jedenfalls für Transitfahrten und kurzzeitige Tätigkeiten im Inland ohne jeglichen Inlandsbezug, wie etwa Schulungen ausländischer Arbeitnehmer im Inland. Grund hierfür sind teleologische, international-privatrechtliche und unionsrechtliche Aspekte. Die uneingeschränkte Anwendung der Norm führt zu einem Verstoß gegen die Stillhalteverpflichtung und die Dienstleistungsfreiheit. De lege ferenda ist eine Klarstellung im Gesetz wünschenswert.

III. Gesamtergebnis zu Kapitel 3

Sowohl hinsichtlich des persönlichen als auch des örtlichen Anwendungsbereichs des Mindestlohngesetzes besteht Nachbesserungsbedarf. Zum einen ist die Regelung zu Praktikanten aufgrund der zahlreichen Auslegungsfragen und der Aufnahme der Definition in das Mindestlohngesetz statt in das BBiG missglückt. Zum anderen verstößt das Gesetz gegen höherrangiges Recht. Die

---

767 Etwa als S. 2 des § 20: Dies gilt nicht für Transitfahrten, bei denen Deutschland reines Durchreiseland ist.

768 Vgl. Ziff. II. 2. d) aa) (5) dieses Kapitels.

Ausnahme für Jugendliche verstößt gegen den verfassungs- und unionsrechtlichen Gleichbehandlungsgrundsatz. Hinsichtlich der Regelung zu den Langzeitarbeitslosen ist festzuhalten, dass ein Fragerecht des potentiellen Arbeitgebers besteht, denn andernfalls würde die Regelung ins Leere laufen.

Im Rahmen des örtlichen Anwendungsbereichs ist eine einschränkende Auslegung erforderlich. Dies folgt insbesondere aus teleologischen und international-privatrechtlichen Gründen. Mangels Inlandsbezugs ist die uneingeschränkte Anwendung der Norm nicht sachgerecht. In Bezug auf den Transitverkehr liegt ein Verstoß gegen Art. 92 AEUV vor. § 20 MiLoG verstößt außerdem gegen die Dienstleistungsfreiheit, insoweit die Norm auf Transitfälle und kurzzeitige Einsätze ohne jeglichen Inlandsbezug, wie etwa Schulungen, angewendet wird, sodass eine unionsrechtskonforme Auslegung vorzunehmen ist.

Kapitel 4: Haftung gemäß § 13 MiLoG

Die Frage, ob ein Verstoß gegen höherrangiges Recht vorliegt und eine einschränkende Auslegung vorzunehmen ist, stellt sich nicht nur im Rahmen des persönlichen und örtlichen Anwendungsbereichs, sondern auch im Rahmen des Haftungstatbestandes gemäß § 13 MiLoG. Im Gegensatz zum vorherigen Kapitel geht es im Folgenden nicht primär um den Anspruchsinhaber, sondern um den Anspruchsgegner. Von zentraler Bedeutung ist, wer für den Mindestlohnanspruch einstehen muss, also an wen sich diejenigen wenden können, die nach Prüfung der in Kapitel 3 dargestellten Kriterien vom Anwendungsbereich des Mindestlohngesetzes erfasst werden. Relevant wird dies vor allem bei Zahlungsunwilligkeit bzw. Zahlungsunfähigkeit des eigenen Arbeitgebers. Sind Arbeitnehmer im Rahmen einer Fremdbeauftragung tätig geworden, haftet nämlich auch der Auftraggeber für die entstandenen Mindestlohnansprüche. Hierbei gibt es jedoch einige Rechtsfragen, die eine ausführliche Problemdarstellung und Prüfung der Rechtslage erforderlich machen. Letztendlich stellen sich die praxisrelevanten Fragen, ob und ggf. wie Arbeitgeber die Haftung begrenzen können und wie mögliche Lösungen de lege ferenda aussehen können.

I. Problemdarstellung

Die Haftung des Auftraggebers ist in § 13 MiLoG normiert. In § 13 MiLoG findet sich keine eigenständige gesetzliche Regelung zur Haftung, sondern lediglich ein Verweis auf das Arbeitnehmer-Entsendegesetz. Die Normen lauten wie folgt:

> *§ 13 Haftung des Auftraggebers*
> *§ 14 des Arbeitnehmer-Entsendegesetzes findet entsprechende Anwendung.*
>
> *§ 14 AEntG:*
> *Ein Unternehmer, der einen anderen Unternehmer mit der Erbringung von Werk- oder Dienstleistungen beauftragt, haftet für die Verpflichtungen dieses Unternehmers, eines Nachunternehmers oder eines von dem Unternehmer oder einem Nachunternehmer beauftragten Verleihers zur Zahlung des Mindestentgelts an Arbeitnehmer oder Arbeitnehmerinnen oder zur Zahlung von Beiträgen an eine gemeinsame Einrichtung der Tarifvertragsparteien nach § 8 wie ein Bürge, der auf die Einrede der Vorausklage verzichtet hat. Das Mindestentgelt im Sinne des Satzes 1 umfasst nur den Betrag, der nach Abzug der Steuern und der Beiträge zur Sozialversicherung und zur Arbeitsförderung oder entsprechender Aufwendungen zur sozialen Sicherung an Arbeitnehmer oder Arbeitnehmerinnen auszuzahlen ist (Nettoentgelt).*

Zum Tatbestand des § 14 AEntG gibt es zahlreiche Rechtsfragen und Streitigkeiten, die nur teilweise durch höchstrichterliche Entscheidungen geklärt sind. Die Probleme wurden somit mit in das Mindestlohngesetz übernommen. Darüber hinaus wurden durch die Verweisung auch neue Abgrenzungsfragen geschaffen. Neben der Hauptstreitigkeit, ob es sich bei der Haftung im Rahmen des § 13 MiLoG um eine sogenannte Generalunternehmerhaftung oder eine Auftraggeberhaftung handelt[769], ist der Begriff des Unternehmers, auch im Hinblick auf öffentliche Auftraggeber, problematisch. Eine wichtige klärungsbedürftige Frage ist, welche Vertragskonstellationen vom sachlichen Anwendungsbereich umfasst sind. Insbesondere ist fraglich, ob nur Werk- und Dienstverträge umfasst sind oder auch andere Vertragsformen, etwa sogenannte Typenmischverträge. Es stellen sich zudem die Fragen, wer zum Kreis der Anspruchsinhaber zählt, wie sich die Bürgenhaftung in der Insolvenz des Auftraggebers verhält und wann ein Auftraggeber den Tatbestand der Bußgeldvorschrift erfüllt.

Zunächst wird erörtert, ob und wie weit die Rechtslage zum Arbeitnehmer-Entsendegesetz generell auf das Mindestlohngesetz angewendet werden kann. Um die Übertragbarkeit der Grundsätze und Rechtsprechung des Arbeitnehmer-Entsendegesetzes auf das Mindestlohngesetz hinsichtlich der einzelnen Rechtsfragen prüfen zu können, wird jeweils die Rechtslage zu § 14 AEntG dargestellt. Die Rechtslage zum Mindestlohngesetz wird anschließend anhand der Auslegungsgrundsätze herausgearbeitet. Neben der entscheidenden Frage, ob § 13 MiLoG verfassungsgemäß und europarechtskonform ist, werden Möglichkeiten der Haftungsbegrenzung erörtert. Wie mögliche Lösungen de lege ferenda aussehen können, wird abschließend untersucht.

II. Generelle Übertragbarkeit der Rechtslage zu § 14 AEntG auf das Mindestlohngesetz

Aufgrund der Verweisung in § 13 MiLoG ist eine Übertragbarkeit der Rechtslage zum Arbeitnehmer-Entsendegesetz auf das Mindestlohngesetz zu prüfen. Kritisch ist dies vor allem mit Blick auf den Begriff des Unternehmers in § 14 AEntG. Fraglich ist u. a., ob die einschränkende Rechtsprechung des BAG zu § 1a AEntG a. F./§ 14 AEntG n. F. zum persönlichen Anwendungsbereich (das sog. Prinzip der Generalunternehmerhaftung) auf § 13 MiLoG übertragbar ist. Bevor jedoch einzelne Rechtsfragen analysiert werden, stellt sich die generelle

769 Näheres zu den Begriffen und zum Unterschied siehe Ziff. III. dieses Kapitels.

Frage, welche Argumente für und gegen die Übertragbarkeit der Rechtslage zum Arbeitnehmer-Entsendegesetz auf das Mindestlohngesetz sprechen.

1. Pro

Für die Übertragbarkeit der durch die Rechtsprechung und das Schrifttum zu § 1a AEntG a. F./§ 14 AEntG n. F. entwickelten Grundsätze spricht die ausdrückliche Verweisung in § 13 MiLoG. Ursprünglich war in § 13 MiLoG eine eigenständige Regelung zur Haftung vorgesehen.[770] Diese wurde jedoch im Gesetzgebungsverfahren gestrichen und stattdessen die Verweisung auf das Arbeitnehmer-Entsendegesetz eingefügt. Nach der Entwurfsbegründung soll § 13 MiLoG an die Rechtslage des § 14 AEntG angeglichen werden, da sich die Ausgestaltung der Haftung über Jahre bewährt habe.[771] Die Evaluation 2013 im Rahmen des Arbeitnehmer-Entsendegesetzes habe laut der Entwurfsbegründung keinen Änderungsbedarf ergeben, sodass der Gesetzgeber auf die gefestigte Rechtslage vertraut. Darüber hinaus verfolgten sowohl ein Branchenmindestlohn als auch ein allgemeiner Mindestlohn die gleichen Ziele.[772] Sinn der Mindestlöhne sei der Schutz der Arbeitnehmer vor unangemessenen Löhnen, die Schaffung eines fairen Wettbewerbs und die Sicherung der Sozialsysteme.[773] Aufgrund der gleichen Zielsetzung sei es deshalb nicht nachvollziehbar, beim Haftungsumfang zu unterscheiden.[774] Eine eigenständige Regelung kann neue Rechtsfragen aufwerfen, die durch die Rechtsprechung geklärt werden müssten. Der Gesetzgeber wollte jedoch auf die bewährte Rechtslage zum Arbeitnehmer-Entsendegesetz zugreifen.[775]

2. Contra

Gegen die Übertragbarkeit der Rechtslage des Arbeitnehmer-Entsendegesetzes auf das Mindestlohngesetz spricht, dass die Rechtsprechung für das Arbeitnehmer-Entsendegesetz ursprünglich nur für die Baubranche entwickelt wurde.[776] Hier ergaben sich durch die branchenspezifischen Probleme Besonderheiten.[777]

---

770 BT-Drs. 18/1558, S. 11, S. 40.

771 BT-Drs. 18/2010 (neu), S. 23.

772 *Oltmanns/Fuhlrott*, NZA 2015, 392, 393.

773 *Ulber*, AEntG 2009, § 1 Rn. 12 ff.; BT-Drs. 18/1558, S. 27 f.

774 *Oltmanns/Fuhlrott*, NZA 2015, 392, 393.

775 Ausschuss-Drs. 18(11)183, S. 5; BT-Drs. 18/2010 (neu), S. 23.

776 Vgl. näher Ziff. III. 1. a) bb) dieses Kapitels.

777 Vgl. zum Hintergrund der Einführung der Haftung im AEntG: *Koberski/Asshoff/Eustrup/Winkler*, AEntG 2011, § 14 Rn. 3.

Gerade beim Bau von Immobilien wurden aufgrund der erforderlichen Spezialkenntnisse viele Subunternehmer eingesetzt. Die Generalunternehmer müssten grundsätzlich die üblichen Preise kennen und könnten somit nachvollziehen, wann ein Angebot realistisch sei und wann ggf. die Lohnkosten unverhältnismäßig gering angesetzt wären. Dieses Wissen ergebe sich zumindest auch aus der Branchenkenntnis. Eine Übertragung der Grundsätze auf weitere Branchen könne zu Abgrenzungsschwierigkeiten führen, da die Rechtsprechung bisher nur Fälle aus der Baubranche entschieden hat.[778]

3. Stellungnahme

Die Rechtslage zur Haftung im Rahmen des Arbeitnehmer-Entsendegesetzes muss zweckmäßig insoweit auf das Mindestlohngesetz übertragen werden, als es nach der Auslegung dem Sinn des Gesetzes entspricht und die Rechtsproblematik vergleichbar ist. Bei gleichlaufenden Zielen ist die Übertragung der Rechtslage sinnvoll. Ausschlaggebendes Argument für die Übertragung der durch die Rechtsprechung entwickelten Grundsätze ist der Wille des Gesetzgebers, wie er im Gesetzgebungsverfahren verankert ist.[779] Er ist im Rahmen der teleologischen Auslegung besonders zu würdigen.[780] Zwar ergeben sich durch einen allgemeinen Mindestlohn – anders als bei einem Branchenmindestlohn – Besonderheiten (der Mindestlohn gilt nun branchenübergreifend), jedoch wird dieses durch die relative Verweisung berücksichtigt. Der Verweis in § 13 MiLoG führt nun eine branchenunabhängige Bürgenhaftung ein.[781] Die Haftungsnorm des Arbeitnehmer-Entsendegesetzes gilt lediglich „entsprechend". Eine Anwendung der Norm wird somit insoweit geregelt, als die Verweisung für das Mindestlohngesetz Sinn ergibt. Somit kann dasselbe auch für die gefestigte Rechtslage des Arbeitnehmer-Entsendegesetzes gelten. Insoweit die Rechtslage sinnvoll übertragen werden kann, finden die nachfolgend dargestellten Grundsätze des Arbeitnehmer-Entsendegesetzes im Rahmen des § 13 MiLoG Anwendung.

---

778 Vgl. etwa zur Problematik des Begriffs des Generalunternehmers: *Koberski/Asshoff/Eustrup/Winkler*, AEntG 2011, § 14 Rn. 18 f.

779 Zum Willen des Gesetzgebers vgl. etwa BT-Drs. 18/2010 (neu), S. 23; Ausschuss-Drs. 18 (11) 183.

780 Zur Rolle des Gesetzgebungswillens vgl. *Rüthers/Fischer/Birk*, Rechtstheorie, Rn. 720.

781 *Aufdermauer*, Anwaltspiegel 2015, 12, 13.

4. Zwischenergebnis

Die Rechtslage zu § 14 AEntG ist grundsätzlich auf das Mindestlohngesetz übertragbar. Dies gilt jedoch nur, soweit es dem Sinn des Gesetzes entspricht. Die Reichweite der Übertragung ist im Einzelnen im Rahmen der Auslegung festzulegen.

III. Rechtslage zu § 14 AEntG und Übertragbarkeit auf das Mindestlohngesetz im Einzelnen

1. Prinzip der Generalunternehmerhaftung

§ 14 AEntG regelt, dass ein Unternehmer, der einen anderen Unternehmer mit der Erbringung von Dienst- oder Werkleistungen beauftragt hat, für die Verpflichtung des beauftragten Unternehmers oder sogar eines von diesem beauftragten Subunternehmer oder eines von dem Unternehmer oder einem Nachunternehmer beauftragten Verleihers nach dem Arbeitnehmer-Entsendegesetz wie ein Bürge einstehen soll, der auf die Einrede der Vorausklage verzichtet hat. Setzt ein Subunternehmer seinerseits weitere Subunternehmer ein, haftet nach dem Zweck der Norm sowohl das beauftragende Subunternehmen als auch das Hauptunternehmen. Die Haftung für Subunternehmer erstreckt sich hierbei auf alle Nachunternehmer (sog. Kettenhaftung).[782] Der Unternehmer haftet wie ein selbstschuldnerischer Bürge, §§ 773 I Nr. 1, 771 BGB.[783] Die Haftung greift verschuldensunabhängig[784] und somit auch kenntnisunabhängig ein. Nach Auslegung des Wortlauts müsste der klassische Generalunternehmer (der im Rahmen seiner Geschäftstätigkeit selbst beauftragt wurde) ebenso wie der unternehmerisch tätige Auftraggeber (der nicht selbst beauftragt wurde und nur Eigenbedarf deckt) haften.[785] Die Rechtsprechung des BAG hat eine umfassende Auftraggeberhaftung im Bereich von § 14 AEntG jedoch verneint.[786]

---

782 *Ulber*, AEntG 2009, § 14 Rn. 18 m. w. N.

783 BeckOK-AEntG/*Gussen*, § 14 Rn. 1.

784 Etwa HK-MiLoG (2. Auflage)/*Reinfelder*, § 13 Rn. 1.

785 BeckOK-MiLoG/*Greiner*, § 13 Rn. 8.

786 BAG, Beschluss vom 06.11.2002, 5 AZR 617/01, NZA 2003, 490; BAG, Urteil vom 12.01.2005, 5 AZR 617/01, NZA 2005, 627; BAG, Urteil vom 28.03.2007, 10 AZR 76/06, NZA 2007, 613.

a) Rechtsprechung des BAG

aa) Generalunternehmerhaftung

Im Rahmen des § 14 AEntG gilt das sog. Prinzip der Generalunternehmerhaftung.[787] Demnach umfasst die Bürgenhaftung des § 14 AEntG nur sog. Generalunternehmer. Klassischer Generalunternehmer ist beispielsweise ein Bauunternehmer, der zum Bau eines Geschäftshauses beauftragt wurde und im Rahmen dieser Beauftragung Bauleistungen an Subunternehmer fremd vergibt. Der Auftragnehmer bzw. Generalunternehmer gibt somit Leistungen im Rahmen seiner eigenen Geschäftstätigkeit als Bauunternehmer, zu deren Erbringung er selbst verpflichtet ist, an Dritte weiter.[788] Kein Generalunternehmer, sondern bloßer Auftraggeber ist dagegen der Unternehmer, der beispielsweise eine Werbeagentur leitet und die dortigen Büroräume seiner Mitarbeiter durch eine Reinigungsfirma reinigen lässt. Klassische Reinigungsarbeiten gehören nicht zur Geschäftstätigkeit des Auftraggebers, sodass er hier nicht als Generalunternehmer auftritt.

bb) Hintergrund der einschränkenden Auslegung

Anlass der einschränkenden Auslegung war folgender[789]: Als die Haftung mit Wirkung zum 01.01.1999 in § 1a AEntG a. F. – der Vorgängernorm von § 14 AEntG – eingeführt wurde[790], galt diese nur für die Baubranche. Die Einführung der Unternehmerhaftung stellte eine Reaktion des Gesetzgebers auf die zunehmende Umgehung des Arbeitnehmer-Entsendegesetzes in der Baubranche dar.[791] Ziel des Gesetzes 1998 war es, Bauunternehmer, die sich verpflichtet haben, ein Bauwerk zu errichten und dies nicht mit eigenen Arbeitskräften erledigen, sondern sich zur Erfüllung ihrer Verpflichtung eines oder mehrerer Subunternehmer bedienen, als Bürgen haften zu lassen. Dadurch sollten sie im eigenen Interesse verstärkt darauf achten, dass die eingesetzten Subunternehmer

---

787 Vgl. zur einschränkenden Auslegung: BAG, Beschluss vom 06.11.2002, 5 AZR 617/01, NZA 2003, 490; BAG, Urteil vom 12.01.2005, 5 AZR 617/01, NZA 2005, 627; BAG, Urteil vom 28.03.2007, 10 AZR 76/06, NZA 2007, 613; *Mohr*, in: Thüsing, AEntG, § 14 Rn. 17; a. A. *Koberski/Asshoff/Eustrup/Winkler*, AEntG 2011, § 14 Rn. 18.

788 Näher zum Begriff des Generalunternehmers etwa Bayreuther, NZA 2015, 961, 961; *Mohr*, in: Thüsing, AEntG, § 14 Rn. 17.

789 Vgl. ausführlich zum historischen Hintergrund der Norm nachfolgend unter f).

790 § 1a AEntG a. F. eingeführt durch Gesetz vom 19. 12. 1998, BGBl. I S. 3843.

791 *Koberski/Asshoff/Eustrup/Winkler*, AEntG 2011, § 14 Rn. 3.

die geltenden zwingenden Arbeitsbedingungen einhalten.[792] Die Bauunternehmer, denen der wirtschaftliche Vorteil der Beauftragung von Nachunternehmern zugutekommt, sollten für die Lohnforderungen der bei den Nachunternehmern eingesetzten Arbeitnehmer einstehen. Haftungsadressat ist somit nach der einschränkenden Auslegung ein Unternehmer, der sich seinerseits gegenüber seinem Vertragspartner zur Erbringung von Werk- oder Dienstleistungen verpflichtet hat und diese Verpflichtung nicht mit eigenen, sondern mit fremden Arbeitskräften erfüllt.[793] In der Baubranche wird dieser Unternehmer „Generalunternehmer" genannt.[794]

cc) Standpunkt des BAG zu verfassungsrechtlichen Bedenken

Verfassungsrechtliche Bedenken gegen die Vorgängernorm des § 14 AEntG, vor allem wegen der verschuldensunabhängigen Haftung und der fehlenden Verantwortungsbeziehung zwischen dem Generalunternehmer und den Subunternehmern, fanden beim BAG kein Gehör.[795] § 1a AEntG a. F. greife zwar in die Berufsausübungsfreiheit des auftraggebenden Unternehmers (dem sog. Generalunternehmer) ein, weil er verstärkt darauf achten muss, dass seine Nachunternehmer die zwingenden Arbeitsbedingungen einhalten. Der Eingriff ist aber nach Ansicht des BAG aus Gründen des Gemeinwohls gerechtfertigt.[796] Ziel sei neben der Sicherung eines geordneten Arbeitsmarkts im Baubereich, die Arbeitslosigkeit abzubauen, die Sicherung der finanziellen Stabilität der Sozialversicherungsträger und die Stärkung der Effektivität der Normdurchsetzung. Daneben sollten Klein- und Mittelbetriebe der Bauwirtschaft vor Wettbewerbsverzerrungen durch Lohndumping geschützt werden. Sie würden wegen der hohen Lohnkosten oft keine Aufträge erhalten. Weiterhin sollte die Tarifautonomie gesichert werden, das heißt die Befriedungs- und Ordnungsfunktion der Tarifverträge gestärkt werden. Diese sah die Gesetzgebung gefährdet, weil sich die Vertragsbedingungen bzw. Mindestarbeitsbedingungen der aus dem Ausland entsandten Bauarbeitnehmer zuvor nicht nach deutschem Tarifrecht

---

792 BAG, Beschluss vom 06.11.2002, 5 AZR 617/01, NZA 2003, 490, 493; BT-Drs. 14/45, S. 17 f.

793 Vgl. auch *Vogelsang*, in: Schaub, Arbeitsrecht, 2013, §162, Rn. 43.

794 *Koberski/Asshoff/Eustrup/Winkler*, AEntG 2011, §14 Rn. 18.

795 BAG, Beschluss vom 06.11.2002, 5 AZR 617/01, NZA 2003, 490; BAG, Urteil vom 12.01.2005, 5 AZR 617/01, NZA 2005, 627; *Mohr*, in: Thüsing, AEntG, § 14 Rn. 8 ff. m. w. N.

796 BAG, Beschluss vom 06.11.2002, 5 AZR 617/01, NZA 2003, 490, 494 f.

gestalteten.[797] Für die von § 1a AEntG a. F. erfassten Bauunternehmer würden zudem ausreichend rechtliche Möglichkeiten bestehen, das Haftungsrisiko einzugrenzen.[798] Die Unternehmer könnten die Vorlage von Nachweisen über die Erfüllung der Lohnforderungen verlangen. Bis zur Vorlage könnte ein Teil des Werklohns einbehalten werden, wobei dies vorab vereinbart werden muss. Daneben sei eine Absicherung durch eine Bankbürgschaft möglich.[799] Beim Einsatz weiterer Nachunternehmer könnten ein Zustimmungsvorbehalt und ein Freistellungsanspruch für etwaige Forderungen von Arbeitnehmern weiterer Nachunternehmer vereinbart werden. Durch Kontrollen des Bauleiters könne der Einsatz der fremden Arbeitnehmer bei Bedarf kontrolliert werden.[800]

Letztendlich hat das BAG die Vereinbarkeit der Norm mit Art. 12 GG bejaht, aber wegen eines möglichen Verstoßes gegen die Dienstleistungsfreiheit gemäß Art. 56 AEUV den EuGH angerufen.[801]

b) Rechtsprechung des EuGH

aa) Kein Verstoß gegen Europarecht

Zur Frage der Europarechtswidrigkeit hat der EuGH entschieden, dass die Norm zur Bürgenhaftung europarechtskonform ist.[802] Weder Art. 5 der Richtlinie RL 96/71/EG noch Art. 56 AEUV (Ex. Art. 49 EG) würden der nationalen Regelung zur Haftung des Bauunternehmers entgegenstehen, da § 1a AEntG a. F. dem Schutz der entsandten Arbeitnehmer diene. Grundsätzlich könne die Dienstleistungsfreiheit durch zwingende Gründe des Allgemeinwohls eingeschränkt werden.[803] Hierzu gehöre auch der Schutz der Arbeitnehmer. Weiter muss hinzukommen, dass das Interesse nicht bereits durch andere Vorschriften des ausländischen Mitgliedstaates geschützt wird. Darüber hinaus muss die Vorschrift geeignet und erforderlich sein, um dieses Ziel zu erreichen.[804] Die Bürgenhaftung könne zwar Nachweispflichten und Kontrollen für ausländische Unternehmer

797 BAG, Urteil vom 12.01.2005, 5 AZR 617/01, NZA 2005, 627, 631; vgl. BT-Drs. 13/2414, S. 7.

798 BAG, Beschluss vom 06.11.2002, 5 AZR 617/01, NZA 2003, 490, 496.

799 BAG, Beschluss vom 06.11.2002, 5 AZR 617/01, NZA 2003, 490, 496.

800 BAG, Beschluss vom 06.11.2002, 5 AZR 617/01, NZA 2003, 490, 496.

801 BAG, Beschluss vom 06.11.2002, 5 AZR 617/01, NZA 2003, 490, 497 ff.

802 EuGH, Urteil vom 12.10.2004, C-60/03, NZA 2004, 1211; ausführlich hierzu *Koberski/Asshoff/Eustrup/Winkler*, AEntG 2011, § 14 Rn. 12 ff.

803 EuGH, Urteil vom 12.10.2004, C-60/03, NZA 2004, 1213.

804 EuGH a. a. O.

herbeiführen und somit bei der Erbringung von Bauleistungen in Deutschland Mehraufwand und höhere Kosten verursachen.[805] Die Vorgaben, den Mindestlohn durchzusetzen, diene jedoch dem Schutz der entsandten Arbeitnehmer.[806] In der Begründung des EuGH wird ausgeführt, dass die entsandten Arbeitnehmer einen zweiten Schuldner bekommen, sodass bei objektiver Betrachtung der Schutz der Arbeitnehmer sichergestellt sei. Die Verhinderung eines unlauteren Wettbewerbs kann nach Ansicht des EuGH einen Eingriff in die Dienstleistungsfreiheit rechtfertigen. Diese Schutzzwecke stünden nebeneinander und seien beides Ziele der Richtlinie RL 96/71/EG.[807]

bb) Reaktion des BAG

Das Urteil des EuGH wurde vom BAG mit Entscheidung vom 12.01.2005 angewendet.[808] Neben der Bestätigung der Vereinbarkeit von § 1a AEntG a. F. mit nationalem Recht hat das BAG in den Entscheidungsgründen wiedergegeben, dass die Bürgenhaftung mit der durch Art. 56 AEUV (Ex. Art. 49 EG) gewährleisteten Freiheit des Dienstleistungsverkehrs vereinbar ist. Die Einschränkung der Dienstleistungsfreiheit wirke sich nach Sicht des BAG in erster Linie auf Bauunternehmen aus, die nicht bereit sind, den in Deutschland geltenden Mindestlohn zu bezahlen. Diese seien jedoch insoweit nicht schutzwürdig.[809]

c) Rechtsprechung des Bundesverfassungsgerichts

Das Bundesverfassungsgericht hat die gegen das Urteil des BAG vom 12.01.2005 erhobene Verfassungsbeschwerde nicht zur Entscheidung angenommen.[810] Im Rahmen des Beschlusses führte das Gericht aus, dass die Anwendung der Vorschrift des § 1a AEntG durch das BAG mit dem Grundrecht der Berufsfreiheit gem. Art. 12 I GG vereinbar ist.[811] Zwar liege ein Eingriff in die Berufsausübungsfreiheit vor, dieser sei jedoch verfassungsrechtlich gerechtfertigt. Das Bundesverfassungsgericht wertet die Sicherung der zwingenden Arbeitsbedingungen im Baugewerbe und die Verhinderung des Verdrängungswettbewerbs über die Lohnkosten als verfassungsrechtlich legitime Ziele. Bezweckt seien die

805 BAG, Beschluss vom 06.11.2002, 5 AZR 617/01, NZA 2003, 490, 497.
806 EuGH, Urteil vom 12.10.2004, C-60/03, NZA 2004, 1211, 1213.
807 EuGH, Urteil vom 12.10.2004, C-60/03, NZA 2004, 1211, 1213.
808 BAG, Urteil vom 12.01.2005, 5 AZR 617/01, NZA 2005, 627.
809 BAG, Urteil vom 12.01.2005, 5 AZR 617/01, NZA 2005, 627, 634.
810 BVerfG, Beschluss vom 20.03.2007, 1 BvR 1047/05, NZA 2007, 609.
811 BVerfG a. a. O. Ziff. 32 ff.

Bekämpfung der Arbeitslosigkeit und die Unterstützung des Tarifvertragssystems. Die Bekämpfung der Arbeitslosigkeit in Verbindung mit der Sicherung sozialer Mindeststandards sei ein besonders wichtiges Ziel.[812] Mit Blick auf die Einschätzungsprärogative sei der Eingriff in Art. 12 GG erforderlich und verhältnismäßig im engeren Sinne. Die verschuldensunabhängige Haftung führt hierbei nach Sicht des Bundesverfassungsgerichts nicht zu einer Unzumutbarkeit wegen der fehlenden Verantwortungsbeziehung zu den Arbeitnehmern. Durch die Beauftragung eines Nachunternehmers entstehe ein zusätzliches Risiko, wofür der Hauptunternehmer verantwortlich sei. Der Grundrechtseingriff sei somit gerechtfertigt. Verfassungsrechtliche Bedenken hinsichtlich der Berufsfreiheit bestünden nicht.[813]

d) Verfassungsrechtliche Bedenken in der Literatur

Die verschuldensunabhängige Bürgenhaftung begründet jedoch in der Literatur vereinzelt verfassungsrechtliche Bedenken hinsichtlich Art. 3 I GG und Art. 12 I GG.[814] *Mohr* argumentiert mit der bestehenden Exkulpationsmöglichkeit gemäß § 28e IIIb SGB IV und einer Ungleichbehandlung diesbezüglich.[815] Ein Sachgrund für eine verschärfte Haftung beim Mindestlohn ohne Exkulpationsmöglichkeit sei seiner Meinung nach nicht ersichtlich. Außerdem sei das Haftungsrisiko für den Unternehmer nahezu unbegrenzt.[816] Zwar würden privatrechtliche Vereinbarungen (etwa Freistellungserklärungen) möglich sein, jedoch liege darin ein vertiefter Eingriff in die Entscheidungsfreiheit des Unternehmers.[817] Der Generalunternehmer sei nicht für die Zahlungsfähigkeit Dritter verantwortlich. Er könne von seinen Vertragspartnern auch keine Rechenschaft über die arbeitsrechtliche Betriebsführung verlangen. Der Generalunternehmer habe deshalb keinen Einfluss darauf, ob und in welchem Umfang von seinem Vertragspartner Nachunternehmer eingesetzt werden. Die Haftung sei somit unzumutbar.[818]

---

812 BVerfG a. a. O. Ziff. 52.

813 BVerfG a. a. O. Ziff. 32 ff.

814 *Mohr*, in: Thüsing, AEntG, § 14 Rn. 8 ff.; *Werner*, NZBau 2000, 225; *Von Danwitz*, RdA 1999, 322, 324 f.

815 *Mohr*, in: Thüsing, AEntG, § 14 Rn. 11.

816 *Werner*, NZBau 2000, 225, 227.

817 *Werner*, NZBau 2000, 225, 228.

818 *Werner* a. a. O.

e) Gemeinschaftsrechtliche Bedenken in der Literatur

Neben verfassungsrechtlichen Bedenken gab es in der Literatur auch gemeinschaftsrechtliche Bedenken. Diskutiert wurden ein Verstoß gegen die Arbeitnehmerfreizügigkeit und ein Verstoß gegen die Dienstleistungsfreiheit[819]. Ersterer könne nach Ansicht von *Rieble* und *Lessner* in Betracht kommen, wenn ausländische Bauunternehmer gehindert werden, am deutschen Arbeitsmarkt teilzuhaben und somit auch die Arbeitnehmer dieser ausländischen Arbeitgeber am Zugang zum deutschen Arbeitsmarkt gehindert werden. Das Arbeitnehmer-Entsendegesetz bezwecke aber gerade eine Gleichbehandlung der entsandten Arbeitnehmer mit den inländischen, sodass eine Verletzung der Arbeitnehmerfreizügigkeit letztendlich nicht vorliege. Dies gilt wegen der gleichen Zweckrichtung auch für das Mindestlohngesetz, sodass eine ausführliche Prüfung entbehrlich ist. Die Nettolohnhaftung des § 1a AEntG a. F. greife aber in die Dienstleistungsfreiheit des Art. 56 AEUV (Ex: Art. 49 EGV) ein. Die Norm diskriminiere Subunternehmer aus den EG/EU-Mitgliedstaaten mittelbar, da es naheliege, dass deutsche Auftraggeber nur noch deutsche Subunternehmer einsetzen, um ein geringeres Haftungsrisiko einzugehen.[820] Die Bürgenhaftung stellt somit nach Ansicht von *Rieble* und *Lessner* eine unverhältnismäßige Beschränkung der Dienstleistungsfreiheit dar.[821]

Ob diese Bedenken begründet sind, wird später beantwortet.[822]

f) Abgrenzungsschwierigkeiten hinsichtlich des Begriffs des „Generalunternehmers"

Unabhängig von der Frage der Verfassungsmäßigkeit und Europarechtskonformität, die trotz bestehender Bedenken in der Literatur durch die Rechtsprechung etwas mehr Klarheit erfahren hat, stellen sich Fragen bei der Umsetzung und Anwendung der höchstrichterlichen Entscheidungen. Insbesondere ergeben sich erhebliche Abgrenzungsschwierigkeiten hinsichtlich des Begriffs des „Generalunternehmers" und Haftungslücken durch die einschränkende Auslegung des BAG.

819 *Rieble/Lessner*, ZfA 2002, 29, 44.
820 *Rieble/Lessner*, ZfA 2002, 29, 48 ff.
821 *Rieble/Lessner*, ZfA 2002, 29, 89.
822 Vgl. Ziff. III 3. dieses Kapitels.

aa) Hintergrund der Abgrenzungsschwierigkeiten/Entstehung der Haftungsnorm

Die Ursache der Abgrenzungsschwierigkeiten ist historisch bedingt: Das Arbeitnehmer-Entsendegesetz galt – wie bereits erwähnt – ursprünglich nur für die Baubranche, also für die Fälle, bei denen ein Bauunternehmen ein anderes beauftragt, um das eigene Bauvorhaben mit abzuwickeln. Beauftragendes und beauftragtes Unternehmen sind hierbei in derselben Branche tätig.[823] Deshalb basiert auch die BAG-Rechtsprechung zu § 1a AEntG a. F. auf den Besonderheiten dieser Branche. § 1a AEntG a. F. lautete bei Einführung der Norm wie folgt[824]:

> *Ein Unternehmer, der einen anderen Unternehmer mit der Erbringung von Bauleistungen im Sinne des § 211 Abs. 1 des Dritten Buches Sozialgesetzbuch beauftragt, haftet für die Verpflichtungen dieses Unternehmers, eines Nachunternehmers oder eines von dem Unternehmer oder einem Nachunternehmer beauftragten Verleihers zur Zahlung des Mindestentgelts an einen Arbeitnehmer oder zur Zahlung von Beiträgen an eine gemeinsame Einrichtung der Tarifvertragsparteien nach § 1 Abs. 1 Satz 2 und 3, Abs. 2a, 3 Satz 2 und 3 oder Abs. 3a Satz 4 und 5 wie ein Bürge, der auf die Einrede der Vorausklage verzichtet hat. Das Mindestentgelt im Sinne des Satzes 1 umfasst nur den Betrag, der nach Abzug der Steuern und der Beiträge zur Sozialversicherung und zur Arbeitsförderung oder entsprechender Aufwendungen zur sozialen Sicherung an den Arbeitnehmer auszuzahlen ist (Nettoentgelt).*

> *§ 211 I SGB III lautete:*
> *Ein Betrieb des Baugewerbes ist ein Betrieb, der gewerblich überwiegend Bauleistungen auf dem Baumarkt erbringt. Bauleistungen sind alle Leistungen, die der Herstellung, Instandsetzung, Instandhaltung, Änderung oder Beseitigung von Bauwerken dienen. Betriebe, die überwiegend Bauvorrichtungen, Baumaschinen, Baugeräte oder sonstige Baubetriebsmittel ohne Personal Betrieben des Baugewerbes gewerblich zur Verfügung stellen oder überwiegend Baustoffe oder Bauteile für den Markt herstellen, sowie Betriebe, die Betonentladegeräte gewerblich zur Verfügung stellen, sind nicht Betriebe im Sinne des Satzes 1. Betrieb im Sinne der Vorschriften über die Förderung der ganzjährigen Beschäftigung in der Bauwirtschaft ist auch eine Betriebsabteilung.*

Im Zuge der Öffnung des Arbeitnehmer-Entsendegesetzes 2007 und 2009 auf weitere Branchen wurde der Begriff „Bauleistungen" durch „Werk- und Dienstleistungen" ersetzt.[825]

---

823 *Schubert/Jerchel/Düwell*, Das neue Mindestlohngesetz, Rn. 227.

824 Fassung vom 19.12.1998, gültig ab 01.01.1999.

825 § 1a AEntG wurde begrifflich abgeändert und im Zuge der Reform 2009 durch § 14 AEntG ersetzt.

bb) *Kritik an der Begriffsverwendung „Generalunternehmer"*

Der Begriff des Generalunternehmers wird seit der Öffnung des Arbeitnehmer-Entsendegesetzes auf andere Branchen übertragen, was auf erhebliche Kritik stößt.[826] Als wesentliches Argument wird angeführt, dass der Begriff des „Generalunternehmers" missverständlich sei, da er aus der Baubranche stammt und außerhalb dieser Branche für die eingegrenzte Haftung kaum Raum bliebe. Die Haftung drohe in Branchen außerhalb des Baubereichs ins Leere zu laufen, da die Auftraggeber von Werk- und Dienstleistungen in aller Regel branchenfremd seien.[827] Die Haftung umfasst – wie bereits erwähnt – nach dem Prinzip der Generalunternehmerhaftung nur Unternehmer, die sich zur Erfüllung eigener Verpflichtungen eines Nachunternehmers bedienen[828], nicht, wenn lediglich Eigenbedarf befriedigt wird.[829] Gerade im letzteren Bereich könnten Haftungslücken entstehen. Außerdem könnte das Abgrenzungsmerkmal der „eigenen Verpflichtung" problematisch sein, wenn erst nach Abwicklung des Auftrags eine vertragliche Verpflichtung gegenüber Dritten eingegangen wird.[830] Nach Ansicht des BAG kommt es zwar nicht darauf an, ob der Bauträger zum Zeitpunkt der Auftragsvergabe bereits Vertragspflichten gegenüber den zukünftigen Erwerbern übernommen hat oder ob er dies erst für die Zeit während oder nach der Bauphase beabsichtigt.[831] Dennoch stellt sich die Frage, was zur Geschäftstätigkeit zählt (und somit eine Verpflichtung gegenüber Dritten darstellen kann) und was lediglich Eigenbedarf darstellt.[832]

Die Abgrenzung zwischen dem sog. Generalunternehmer und dem bloßen Auftraggeber wird etwa problematisch, wenn sich der Unternehmer einer Werbeagentur gegenüber dem Vermieter der Büroräume, in denen diese Agentur tätig ist, zur Gebäudereinigung verpflichtet hat. Die Reinigungsarbeiten zählen

---

826 *Koberski/Asshoff/Eustrup/Winkler*, AEntG 2011, § 14 Rn. 18 f.

827 *Koberski/Asshoff/Eustrup/Winkler*, a. a. O.

828 BAG, Urteil vom 12.01.2005, 5 AZR 617/01, NZA 2005, 627, 630; BAG, Urteil vom 28.03.2007, 10 AZR 76/06, NZA 2007, 613; BAG, Urteil vom 16.05.2012, 10 AZR 190/11, NZA 2012, 980 ff.

829 Erfurter Kommentar 2018/*Schlachter*, § 14 AEntG, Rn. 3.

830 Beispiel hierzu bei *Koberski/Asshoff/Eustrup/Winkler*, AEntG 2011, § 14 Rn. 18.

831 BAG, Urteil vom 16.05.2012, 10 AZR 190/11, NZA 2012, 980 ff.

832 Das BAG stellt für die Haftung darauf ab, dass die „Zielrichtung der Eingehung solcher Vertragspflichten mit der Geschäftstätigkeit (eines Bauträgerunternehmens) notwendigerweise verbunden ist.", vgl. BAG, Urteil vom 16.05.2012, 10 AZR 190/11, NZA 2012, 980 ff., Ziff. 22.

zwar nicht zur Geschäftstätigkeit des Unternehmers, jedoch gibt der Auftraggeber eine eigene Verpflichtung an die Reinigungsfirma weiter.[833]

Die entscheidende Abgrenzungsfrage, was zur Geschäftstätigkeit zählt und was lediglich Eigenbedarf darstellt, muss im Einzelfall geprüft werden. Hier ist nach der jeweiligen Branche und dem jeweiligen Unternehmen zu differenzieren. Wie sich diese Abgrenzungsproblematik im Rahmen des Mindestlohngesetzes auswirkt, wird nachfolgend dargestellt.

g) Fazit

Im Rahmen des § 14 AEntG gilt nach der Rechtsprechung das sog. Prinzip der Generalunternehmerhaftung. Die Bürgenhaftung im Rahmen des Arbeitnehmer-Entsendegesetzes wirft zwar Abgrenzungsfragen und Haftungslücken auf, ist jedoch mit höherrangigem Recht vereinbar.

2. Übertragbarkeit des Prinzips der Generalunternehmerhaftung auf das Mindestlohngesetz

Fraglich ist nun, ob das Prinzip der Generalunternehmerhaftung auch im Rahmen des Mindestlohngesetzes Anwendung findet und die Rechtslage zu § 14 AEntG trotz der dargestellten Abgrenzungsschwierigkeiten auf das Mindestlohngesetz übertragen werden kann. Da die Reichweite der Haftung im Rahmen des § 13 MiLoG Hauptthema in der rechtspolitischen Diskussion war[834], hat sich die damalige Bundesarbeitsministerin Nahles bereits hierzu geäußert. Auf Nachfrage weist sie auf die geklärte Rechtslage zum Arbeitnehmer-Entsendegesetz hin und spricht sich für eine branchenbezogene Haftung aus.[835] Die vom BMAS dargestellten Beispiele zeigen, dass das Ministerium vom Prinzip der Generalunternehmerhaftung ausgeht.[836] Im Rahmen der Auslegung können solche rein politischen Aussagen jedoch keine Beachtung finden, maßgeblich ist allein die Gesetzauslegung anhand der anerkannten Auslegungsmethoden. Die Äußerung und Vorgaben durch das BMAS können allenfalls verwaltungsinterne Wirkung entfalten, an die ggf. der Zoll als zuständige Behörde gebunden sein kann. Um die Frage der Anwendbarkeit des Prinzips der Generalunternehmerhaftung

---

833 Vgl. auch *Bayreuther* mit weiteren Beispiele, NZA 2015, 961, 964 f.

834 Vgl. etwa *Sick*, RdA 2016, 224.

835 ARD Diskussion vom 01.03.2015 bei Günther Jauch.

836 Vgl. BMAS, Allgemeine Fragen zum Mindestlohn, unter: http://www.der-mindestlohn-wirkt.de/ml/DE/Ihre-Fragen/Allgemeine-Fragen-zum-Mindestlohn/faq-zum-mindestlohn-info.html (abgerufen am 13.05.2017).

juristisch fundiert, aber auch praxistauglich zu lösen, ist die Auslegung des Gesetzes mit Blick auf den Wortlaut, die Systematik, die Entstehung der Norm und die Regelungsziele erforderlich.

a) Wortlaut und Systematik

Nach der Überschrift des § 13 MiLoG regelt die Norm die Auftraggeberhaftung. Nach der Auslegung des Wortlauts von § 13 MiLoG und § 14 AEntG haftet ein „Unternehmer", wobei keine Einschränkung gemacht wird, ob er wie ein Generalunternehmer auftritt oder nicht. Maßgeblich ist die Auslegung des Begriffs „Unternehmer". Weder das Arbeitnehmer-Entsendegesetz noch das Mindestlohngesetz enthält eine Definition oder Ausführungen zu diesem Begriff.[837] Maßgeblich könnte die Definition zum Begriff des Unternehmers in § 14 BGB sein. Auch hieraus ergeben sich keine Anhaltspunkte für eine Beschränkung auf eine Generalunternehmerhaftung. Hinsichtlich der früheren Fassung des § 1a AEntG könnte man allenfalls aus der Systematik des Arbeitnehmer-Entsendegesetzes herleiten, dass nur Bauunternehmer haften. Diese begriffliche Einschränkung ist aber nach der Ersetzung des Begriffs „Bauleistungen" durch „Werk- und Dienstleistungen" nicht mehr nachvollziehbar.[838] Darüber hinaus ergeben sich aus dem Begriff des „Bauunternehmers" keine Anhaltspunkte für das Prinzip der Generalunternehmerhaftung.

Eine Einschränkung der Haftung ergibt sich somit weder aus dem Wortlaut noch aus der Systematik.[839]

b) Historische Auslegung

Im Rahmen der historischen Auslegung ist die Entstehung der Norm zu analysieren.[840] Ursprünglich enthielt der Referentenentwurf eine eigenständige Regelung.[841] § 13 MiLoG-Entwurf lautete wie folgt:

§ 13 Haftung des Auftraggebers

Ein Unternehmer, der einen anderen Unternehmer mit der Erbringung von Werk- oder Dienstleistungen beauftragt, haftet für die Verpflichtungen dieses Unternehmers, eines Nachunternehmers oder eines von dem Unternehmer oder einem Nachunternehmer

837 *Kühn/Reich*, BB 2014, 2938, 2939.

838 Zur Entstehung der Norm vgl. näher Ziff. 1. f) aa).

839 *Bissels/Falter*, DB 2015, 65 ff.

840 Ausführlich zu den Aspekten der historischen Auslegung vgl. *Rüthers/Fischer/Birk*, Rechtstheorie, Rn. 780 ff.

841 Referentenentwurf der Bundesregierung vom 19.03.2014, S. 10.

beauftragten Verleihers zur Zahlung des Mindestlohns an Arbeitnehmerinnen oder Arbeitnehmer nach § 1 Absatz 1 wie ein Bürge, der auf die Einrede der Vorausklage verzichtet hat. Der Mindestlohn im Sinne des Satzes 1 umfasst nur den Betrag, der nach Abzug der Steuern und der Beiträge zur Sozialversicherung und zur Arbeitsförderung oder entsprechender Aufwendungen zur sozialen Sicherung an Arbeitnehmerinnen oder Arbeitnehmer auszuzahlen ist (Nettoentgelt).

Während des Gesetzgebungsverfahrens wurde mit Satz 2 zunächst eine Exkulpationsmöglichkeit eingefügt[842]:

Die Haftung nach Satz 1 entfällt, wenn der Unternehmer nachweist, dass er weder positive Kenntnis noch grob fahrlässige Unkenntnis davon hatte, dass der Arbeitgeber seiner Verpflichtung zur Zahlung des Mindestlohns nicht nachkommt.

Später wurde die Exkulpationsmöglichkeit gestrichen und der eigenständige Gesetzestext durch einen Verweis auf § 14 AEntG ersetzt.[843] Begründet wurde dies mit der jahrelangen Ausgestaltung und Bewährung der Rechtsprechung zu § 14 AEntG.[844] Dies spricht somit für die Übertragung der Rechtsprechung auf das Mindestlohngesetz und die Anwendung des Prinzips der Generalunternehmerhaftung.[845] Der Gesetzgeber wollte keine neue unklare Rechtslage schaffen, sondern auf eine „bewährte" Rechtslage verweisen. Als wesentliche Auslegungshilfe kann die Begründung zum Referentenentwurf der Bundesregierung vom 19.03.2014[846] herangezogen werden. Für § 13 MiLoG lautet sie wie folgt:

„Der Auftraggeber von Dienst- oder Werkleistungen, insbesondere ein sogenannter Generalunternehmer, haftet für den Fall, dass ein Sub- oder ein Nachunternehmer seinen Arbeitnehmerinnen oder Arbeitnehmern den Mindestlohn nicht zahlt wie ein Bürge, der auf die Einrede der Vorausklage verzichtet hat […]. Die Vorschrift zielt darauf ab, die tatsächliche Wirksamkeit des Mindestlohns zu verstärken. Der Auftraggeber soll im eigenen Interesse darauf achten, dass die Arbeitnehmerinnen und Arbeitnehmer, die bei von ihm beauftragten Sub- und Nachunternehmern beschäftigt sind, den Mindestlohn erhalten."

Für die Anwendung des Prinzips der Generalunternehmerhaftung spricht zwar die Verwendung des Begriffs des „Generalunternehmers"[847], womit der Begriff des „Generalunternehmers", wie ihn die Rechtsprechung aus der Baubranche übernommen hat, gemeint sein dürfte. Durch den Zusatz „insbesondere" wird

842 BR-Drs. 147/14, S. 7.
843 Vgl. Ausschuss-Drs. 18(11)183.
844 Ausschuss-Drs. 18(11)183, S. 5; BT-Drs. 18/2010 (neu), S. 23.
845 So auch *Baeck/Winzer/Kramer*, NZG 2015, 265, 268.
846 Referentenentwurf der Bundesregierung vom 19.03.2014, S. 40.
847 Referentenentwurf der Bundesregierung vom 19.03.2014, S. 40.

jedoch der Eindruck erweckt, dass die Auflistung der haftenden Personen nicht abschließend sei. Neben dem Generalunternehmer könnten somit weitere Personengruppen, wie etwa der bloße Auftraggeber haften. Hiermit könnten aber auch die beauftragten Subunternehmer gemeint sein, die selbst wiederum wie Generalunternehmer auftreten. Der Wortlaut der Entwurfsbegründung ist somit nicht eindeutig.

Fraglich ist, ob der Sinn und Zweck der Norm – wie ihn der Gesetzgeber festgelegt hat – eine einschränkende Haftung im Sinne der Generalunternehmerhaftung fordert oder eine umfassende Haftung für alle Auftraggeber nötig ist. In der Literatur wird beides vertreten.[848] Sinn der Vorschrift des § 13 MiLoG ist, die Wirkung des gesetzlichen Mindestlohns zu verstärken und den Auftraggeber dazu zu bewegen, bei der Auswahl seiner Sub- und Nachunternehmer darauf zu achten, dass sie den Mindestlohn bezahlen.[849] Dies kann sowohl für die Auftraggeberhaftung als auch für die Anwendung des Prinzips der Generalunternehmerhaftung sprechen.

Für die Anwendung des Prinzips der Generalunternehmerhaftung könnte aber der Gang des Gesetzgebungsverfahrens im Ganzen sprechen. Nach der subjektiven Auslegung ist der Wille des Gesetzgebers, wie er im Gesetzgebungsverfahren verankert ist, zu beachten.[850] Dass von Anfang an bezweckt wurde, dass die zu § 14 AEntG entwickelten Grundsätze Anwendung finden sollen, zeigt sich dadurch, dass ursprünglich der nahezu identische Gesetzestext in das Mindestlohngesetz eingefügt wurde.[851] Hätte der Gesetzgeber einen eigenständigen Unternehmerbegriff (unabhängig von denen zu § 14 AEntG entwickelten Grundsätzen) gewollt, hätte er einen eigenständig formulierten Gesetzestext eingefügt. Anstatt eines eigenständig formulierten Gesetzestexts wurde im

848 Für die Generalunternehmerhaftung: *Bayreuther*, NZA 2014, 856, 871; *Heukenkamp*, S. 381; *Sittard*, NZA 2014, 951, 953; *Aufdermauer*, Anwaltspiegel 2015, 12, 13; *Klötzer-Assion/Mahnhold*, Wistra 2015, 91; *Bissels/Falter* DB 2015,65 ff.; *Kühn/Reich*, BB 2014, 2938, 2940; BeckOK-MiLoG/*Greiner*, § 13 Rn. 7 ff.; *Baeck/Winzer/Kramer*, NZG 2015, 265, 268; für eine Durchgriffshaftung auf alle Auftraggeber: *Schubert/Jerchel/Düwell*, Das neue Mindestlohngesetz, Rn 228; *Bertram*, GWR 2015, 26, 27; kritisch zur Generalunternehmerhaftung: *Jöris/v. Steinau-Steinrück*, BB 2014, 2101, 2105; kritisch zur Übertragung der Rspr. des AEntG: Erfurter Kommentar 2018/*Franzen*, § 13 MiLoG, Rn. 2.

849 Referentenentwurf der Bundesregierung vom 19.03.2014, S. 40; BT-Drs. 18/1558, S. 40.

850 Vgl. näher zur historischen und subjektiven Auslegungstheorie *Rüthers/Fischer/Birk*, Rechtstheorie, Rn. 795 f.

851 Referentenentwurf der Bundesregierung vom 19.03.2014, S. 10.

Laufe des Gesetzgebungsverfahrens ein Verweis auf § 14 AEntG eingefügt. Die Gesamtschau der Normentstehung, insbesondere der später eingefügte Verweis auf das Arbeitnehmer-Entsendegesetz, spricht somit für die Anwendung des Prinzips der Generalunternehmerhaftung.[852] Eine Übertragung der Rechtslage zum Arbeitnehmer-Entsendegesetz gilt jedoch nur, soweit es nach dem Sinn des Mindestlohngesetzes möglich ist.[853]

c) Sinn und Zweck

Im Rahmen der teleologischen Auslegung ist der objektive Normzweck, das heißt die Regelungsziele des Mindestlohngesetzes an sich und die Regelungsziele der Haftung, zu untersuchen.

aa) Wettbewerbsrechtliche Funktion

§ 13 MiLoG hat eine wettbewerbsrechtliche Funktion dahingehend, dass zuverlässige Unternehmer vor unredlicher Konkurrenz geschützt werden.[854] Ein Arbeitgeber soll sich nicht seiner Mindestlohnzahlungspflicht entziehen können, indem er seine eigenen Verpflichtungen durch andere Unternehmer und deren Arbeitnehmer erfüllen lässt.[855] Das Ziel würde laut *Mohr* nur Sinn ergeben, wenn es um Verpflichtungen gegenüber Dritten gehe und nicht, wenn der Unternehmer lediglich seinen Eigenbedarf decke.[856] Deshalb wird teilweise eine einschränkende Auslegung gefordert.[857] Diese Schlussfolgerung ist insoweit zutreffend, als man den Gesetzeszweck des fairen Wettbewerbs isoliert betrachtet. Der Unternehmer soll durch die Einschaltung eines billigen Subunternehmers, der seine Arbeitnehmer unterhalb des Mindestlohns bezahlt, nicht besser stehen, als wenn er seine eigenen Arbeitnehmer einsetzen würde. Durch den

---

852 Auch *Heukenkamp* stützt sich bei der Bejahung des Generalunternehmerprinzips auf den Willen des Gesetzgebers, vgl. hierzu *Heukenkamp*, S. 381; vgl. auch *Bissles/Falter/Krings*, DB 2015, 1962, 1963.

853 Vgl. Ziff. II. 4. Zwischenergebnis dieses Kapitels.

854 *Riechert/Nimmerjahn*, MiLoG Kommentar, § 13 Rn. 4; HK-MiLoG (2. Auflage)/*Reinfelder*, § 13 Rn. 1.

855 BAG, Beschluss vom 06.11.2002, 5 AZR 617/01 (A), AP AEntG § 1a Nr. 1; Erfurter Kommentar 2018/*Franzen*, § 13 MiLoG, Rn. 2 m. w. N.

856 Vgl. *Mohr*, in: Thüsing AEntG, § 14 Rn. 16.

857 Vgl. *Mohr*, in: Thüsing AEntG, §14 Rn. 16; *Meyer*, NZA 1999, 121, 127, *Meyer* lehnt lediglich Durchgriffshaftung auf *Privatleute* ab; Erfurter Kommentar 2018/*Franzen*, § 13 MiLoG Rn. 2; *Heukenkamp*, S. 381; a. A. *Koberski/Asshoff/Eustrup/Winkler*, AEntG 2011, § 14 Rn. 18; *Dörfler*, Die Nettolohnhaftung, S. 22.

Einsatz von Subunternehmern sollen somit keine Wettbewerbsvorteile entstehen.

bb) Arbeitnehmerschutz

Das Mindestlohngesetz und die Bürgenhaftung dienen primär dem Schutz der Arbeitnehmer.[858] Blickt man auf diesen Zweck, ist eine weite Auslegung angebracht, denn nur so kann eine effektive Durchsetzung des Mindestlohns in allen Geschäftsbereichen, sowohl bei der Weitergabe eigener Verpflichtungen als auch bei der Eigenbedarfsdeckung, erreicht werden. Durch die Einführung des Mindestlohngesetzes soll nämlich flächendeckend eine Lohnuntergrenze gelten, die für alle verbindlich ist. Eine Differenzierung dahingehend, für welchen Zweck der Arbeitnehmer eingesetzt wird, ist deshalb grundsätzlich nicht sachgerecht.

cc) Sonstige Funktionen

Zu beachten sind außerdem die weiteren wesentlichen Gesetzesziele des gesetzlichen Mindestlohns, wie die Stabilität der Sozialsicherungssysteme. Je weiter der Anwendungsbereich der Haftungsnorm geht, desto effektiver kann der Mindestlohnanspruch umgesetzt werden.

Aufgrund der Verweisung in § 13 MiLoG auf § 14 AEntG und der Normentstehung diesbezüglich überträgt die überwiegende Ansicht das Prinzip der Generalunternehmerhaftung auf das Mindestlohngesetz.[859] Fraglich ist deshalb, ob durch die einschränkende Auslegung im Sinne der Generalunternehmerhaftung die wesentlichen Ziele des Gesetzes erreicht werden können oder wegen der flächendeckenden und allgemeinverbindlichen Gültigkeit des Mindestlohns (im Gegensatz zu den Branchenlöhnen des Arbeitnehmer-Entsendegesetzes) eine weite Auslegung erforderlich ist.[860] Um dies beantworten zu können, ist ein Blick auf die Folgen und die Praktikabilität der Auslegungsalternativen zu werfen.

---

858 Vgl. zu den Regelungszielen des MiLoG an sich Kapitel 2 II.; zum Hintergrund der Haftungsnorm vgl. näher Referentenentwurf der Bundesregierung vom 19.03.2014, S. 40.

859 *Bissels/Falter*, DB 2015, 65; *Kühn/Reich*, BB 2014, 2938, 2940; *Oltmanns/Fuhlrott*, NZA 2015, 392, 393; *Bayreuther*, NZA 2014, 856, 871; *Sittard*, NZA 2014, 951, 953; *Aufdermauer*, Anwaltspiegel 2015, 12, 13; *Klötzer-Assion/ Mahnhold*, Wistra 2015, 91; *Bissels/ Falter* DB 2015,65 ff.; *Kühn/Reich*, BB 2014, 2938, 2940; BeckOK-MiLoG/*Greiner*, § 13 Rn. 7 ff.; *Baeck/Winzer/Kramer*, NZG 2015, 265, 268.

860 Für die eingeschränkte Generalunternehmerhaftung vgl. u. a. *Bissels/Falter*, DB 2015, 65; *Kühn/Reich*, BB 2014, 2938, 2940; *Oltmanns/Fuhlrott*, NZA 2015, 392, 393; für eine weite Auslegung etwa HK-MiLoG (2. Auflage)/*Reinfelder*, § 13 Rn. 11 ff.

dd) *Folgenbetrachtung der einschränkenden Auslegung (Prinzip der Generalunternehmerhaftung)*

Geht man vom Prinzip der Generalunternehmerhaftung aus und somit von einer einschränkenden Auslegung, haftet der Auftraggeber nicht, wenn er Subunternehmern im Rahmen der Erfüllung sogenannter Eigenzwecke bzw. zur Deckung des Eigenbedarfs einsetzt.[861] Beispiele des Eigenbedarfs stellen folgende Beauftragungen dar: Reinigung von Betriebsräumen[862], Bau eigener Produktionsstätten und Betreuung der Kantine für die Mitarbeiter. Lediglich wenn eine eigene Verpflichtung gegenüber Dritten erfüllt werden soll (etwa Fahrzeugproduktion eines Automobilherstellers, also die übliche Geschäftstätigkeit), greift die Haftung nach § 13 MiLoG. Folgt man dem Prinzip der Generalunternehmerhaftung, haften Auftraggeber nicht, wenn sie für ihre eigene Bedarfsdeckung andere Unternehmen, gleich welcher Branche, einsetzen. Die Auftraggeber könnten hierbei sogar gezielt den billigsten Anbieter wählen, ohne hierbei eine Kontrollpflicht hinsichtlich der Zahlung des Mindestlohns an die fremden Arbeitnehmer zu haben. Nur wenn beispielsweise ein Automobilunternehmen bei der Herstellung und dem Verkauf seiner Fahrzeuge Subunternehmer einsetzt, etwa um Spezialteile für die Fahrzeugausstattung anfertigen zu lassen, würde die Haftung nach § 13 MiLoG greifen. Folge dieser eingeschränkten Auslegung wäre, dass nur die Arbeitnehmer geschützt werden, die für den Einsatz im Rahmen eigener Verpflichtungen des Auftraggebers eingesetzt werden. Bei der Deckung des Eigenbedarfs entstehen Haftungslücken, da hier die Arbeitnehmer des Subunternehmers nur den eigenen Arbeitgeber zur Zahlung des Mindestlohns verpflichten können. Auch der Schutz des Sozialsicherungssystems läuft in den Fällen der Eigenbedarfsdeckung ins Leere.

Noch einschränkender ist die Auffassung[863], dass die Pflicht des Auftraggebers, die weitergegeben wird, ihrerseits dienst- oder werkvertraglicher Natur sein muss. *Riechert* und *Nimmerjahn* lesen das als ungeschriebenes Merkmal in den Tatbestand hinein.[864] Das bedeutet, dass die Haftung für den Fall nicht greife, wenn der Auftraggeber etwa als Hersteller des Endprodukts am Markt auftrete und gegenüber seinen Endkunden keine werk- oder dienstvertraglichen, sondern kaufvertragliche Verpflichtungen habe.[865] Dies geht jedoch zu

---

861 Vgl. zur Abgrenzung Eigenbedarf zu Weitergabe eigener Verpflichtungen mit weiteren Beispielen *Bayreuther*, NZA 2015, 961, 964 f.

862 *Oltmanns/Fuhlrott*, NZA 2015, 392, 393.

863 *Riechert/Nimmerjahn*, MiLoG Kommentar, § 13 Rn. 19; *Merkel/Götz*, DB 2015, 1407 ff.

864 *Riechert/Nimmerjahn*, MiLoG Kommentar, § 13 Rn. 19.

865 *Merkel/Götz*, DB 2015, 1407 ff., unter Ziff. II. 2. a).

weit, da enorme Haftungslücken entstehen würden. Richtigerweise muss nach dem Sinn und Zweck der Norm nicht die einzelne Verpflichtung, sondern der Pflichtenkreis des Auftraggebers betrachtet werden. Verkauft beispielsweise ein Automobilhersteller seine Fahrzeuge an Kunden und setzt er bei der Produktion wiederum im Rahmen eines Werk- oder Dienstvertrages einen Subunternehmer ein, so haftet der Automobilhersteller für etwaige Verstöße des beauftragten Subunternehmers.[866] Eine Einschränkung hinsichtlich der Verpflichtung, die weitergegeben wird, ergibt sich weder aus dem Wortlaut noch aus den Grundsätzen der Rechtsprechung zum Arbeitnehmer-Entsendegesetz.

ee) Praktikabilität der einschränkenden Auslegung (Prinzip der Generalunternehmerhaftung)

Da die Rechtslage zum Arbeitnehmer-Entsendegesetz weitgehend geklärt ist, kann auf die von der Rechtsprechung entwickelten Grundsätze zurückgegriffen werden. Als Abgrenzungsmerkmale lassen sich folgende drei Voraussetzungen für die Haftung festlegen[867]:

1. Die Beauftragung eines Unternehmens,
2. Zur Erfüllung einer eigenen Verpflichtung gegenüber Dritten und
3. Erbringung von Werk- oder Dienstleistungen.

Fraglich ist zunächst, wann eine Verpflichtung gegenüber Dritten besteht, das heißt was zur Geschäftstätigkeit des jeweiligen Unternehmens gehört.[868] Schwierigkeiten bei der Abgrenzung ergeben sich, sobald irgendein Herstellungsprozess ausgelagert wird, bei dem nicht klar ist, ob er von der Leistungsverpflichtung gegenüber Dritten erfasst ist oder bei dem es sich lediglich um interne Vorbereitungsmaßnahmen handelt.[869] Dass es sich bei der Anfertigung eines Spezialteils für den Fahrzeug-Innenraum auf ausdrücklichen Kundenwunsch um eine eigene Verpflichtung handelt, wird wohl klar sein, sodass die Haftung unproblematisch bejaht werden kann. Unsicherheiten ergeben sich jedoch bei Vorbereitungsmaßnahmen, wie etwa der Transport eines Fahrzeugs zum Kundencenter eines Automobilherstellers, wo die Kunden ihr Fahrzeug

---

866 *Oltmanns/Fuhlrott*, NZA 2015, 392, 393.

867 In Anlehnung an die Voraussetzungen des BMAS, unter Abänderung der 3. Voraussetzung, BMAS, Allgemeine Fragen zum Mindestlohn, unter: http://www.der-mindestlohn-wirkt.de/ml/DE/Ihre-Fragen/Allgemeine-Fragen-zum-Mindestlohn/faq-zum-mindestlohn-info.html (abgerufen am 16.05.2017).

868 Vgl. Ziff. III. 1. f) dieses Kapitels.

869 *Aufdermauer*, Anwaltspiegel 2015, 12, 14.

abholen können, oder zum Kunden nach Hause. Die Haftung könnte mit der Begründung abgelehnt werden, dass das Automobilunternehmen nicht in der Speditionsbranche tätig ist und die Lieferung keine Verpflichtung gegenüber dem Kunden darstellt. Richtigerweise muss jedoch weit ausgelegt und der Pflichtenkreis betrachtet werden.[870] Fraglich ist gewissermaßen auch, wie der Sachverhalt eingestuft wird, bei dem beispielsweise Ersatzteile eines Fahrzeugs lediglich aus Kulanz ausgetauscht werden. Hier besteht eigentlich keine Verpflichtung im Rechtssinne. Schwierigkeiten ergeben sich auch im Fall der Produktion von Fahrzeugen, die von Anfang an nicht an Dritte verkauft werden sollen, sondern für den eigenen internen Fahrzeugpool (für Dienstfahrten) produziert werden oder für Testfahrten im Rahmen der Forschung verwendet werden sollen. Hier besteht ja rechtlich (noch) keine Verpflichtung gegenüber einem Kunden und die Eingehung einer Verpflichtung ist – ggf. von vornherein – nicht beabsichtigt, sodass die dargestellten Haftungskriterien nicht erfüllt sind. Die Beispiele zeigen, dass das Prinzip der Generalunternehmerhaftung in Branchen außerhalb des Baubereichs Abgrenzungsschwierigkeiten bereitet.[871]

ff) Folgenbetrachtung der weiten Auslegung (Auftraggeberhaftung)

Folgt man der weiten Auftraggeberhaftung, muss ein Unternehmer nicht nur beim Einsatz von Subunternehmern zur Erfüllung eigener Verpflichtungen haften, sondern auch bei der Deckung des Eigenbedarfs. Auch wenn der Auftraggeber die Branche nicht kennt, weil er etwa aus der Metallbranche kommt, haftet er für die Arbeitnehmer eines eingesetzten Reinigungsunternehmens. In einem großen Unternehmen hat das zur Folge, dass bei jeder Beauftragung Haftungsrisiken entstehen. Diese realisieren sich, sobald der Beauftragte selbst den Mindestlohn nicht bezahlt oder Subunternehmer einsetzt, die den Mindestlohn nicht bezahlen. Ein kleiner Handwerksbetrieb mit Ladenfläche haftet folglich für die Zahlung des Mindestlohns des eingesetzten Reinigungspersonals oder bei der Versendung eines Pakets für die Mindestlohnansprüche des Paketzustellers. Die Haftungsrisiken sind hier für den kleinen Handwerksbetrieb enorm, wobei die Haftung richtigerweise nur für die bei ihm eingesetzten Arbeitskräfte für die dort geleisteten Stunden greift.[872]

---

870 Vgl. näher *Oltmanns/Fuhlrott*, NZA 2015, 392, 394; für eine weite Betrachtung an dieser Stelle auch *Bayreuther*, NZA 2015, 961, 964.

871 Weitere Beispiele vgl. *Bayreuther*, NZA 2015, 961, 964 f.

872 Vgl. näher Ziff. III. 8./9. dieses Kapitels.

Die weite Auslegung hat zur Folge, dass die bei einem Auftraggeber eingesetzten Arbeitnehmer aller Nachunternehmer umfassend geschützt werden. Durch die weite Haftung wird zudem das Sozialsicherungssystem geschützt, da die Arbeitnehmer in der Dienstleistungsbranche bei jedem Einsatz einen Bürgen gewinnen, der für die Zahlung des Mindestlohns haftet. Haftungslücken bei der Deckung des Eigenbedarfs würden nicht entstehen. Die Auftraggeber würden von Anfang an darauf achten, dass alle Beauftragten den Mindestlohn bezahlen. Eine Preisunterbietung zu Lasten der Arbeitnehmer mit der Folge der Aufstockung durch Sozialleistungen würde durch die Kontrolle der Auftraggeber vermutlich reduziert werden. Die Wirkungen des gesetzlichen Mindestlohns würden durch diese weite Auslegung gestärkt werden (auch wenn dies ggf. zu Lasten der Unternehmer gehen würde).

gg) Praktikabilität der weiten Auslegung (Auftraggeberhaftung)

Hinsichtlich der Umsetzung ist die weite Auslegung jedoch völlig unpraktikabel. Dadurch dass die Haftung richtigerweise nur für die beim Auftraggeber eingesetzten Arbeitskräfte für die dort geleisteten Stunden greift,[873] muss nämlich genau differenziert werden, welcher Arbeitnehmer wie lange im Rahmen der einzelnen Beauftragung tätig war.[874] Dies führt zu erheblichen Berechnungsschwierigkeiten in der Praxis.

Abgrenzungsschwierigkeiten hinsichtlich der Frage nach Eigenbedarfsdeckung oder der Erfüllung eigener Verpflichtungen gegenüber Dritten gibt es bei der weiten Auslegungsvariante nicht. Die Auftraggeber wären in der Praxis gezwungen, bei allen Beauftragungen darauf zu achten, dass der Mindestlohn bezahlt wird. Auch bei branchenfremden Geschäften müssten sich die Auftraggeber über branchenübliche Preise informieren und bei auffällig niedrigen Angeboten die Zahlung des Mindestlohns ggf. überprüfen. Wie genau diese Prüfpflicht des Auftraggebers aussehen kann, muss näher erörtert werden. Diese Frage wirft zwar in der Praxis erhebliche Rechtsunsicherheiten auf, stellt sich aber auch bei der eingeschränkten Auslegung nach dem Prinzip der Generalunternehmerhaftung.[875] Denkbar wäre, dass sich die Unternehmen von ihren

873 Vgl. näher Ziff. III. 8./9. dieses Kapitels.

874 Man müsste etwa den Einsatz eines Postmitarbeiters oder Paketzustellers minutengenau dokumentieren, um im Streitfall nachweisen zu können, wie lange er für welchen Auftraggeber tätig war.

875 Hier stellt sich diese Frage eben nur bei der Einschaltung von Nachunternehmern zur Erfüllung eigener Verpflichtungen und nicht bei der Deckung des Eigenbedarfs.

Vertragspartnern anonymisierte Gehaltsnachweise geben lassen und diese regelmäßig prüfen, was bei allen Beauftragungen jedoch kaum möglich sein wird.[876]

hh) Stellungnahme

Betrachtet man die voranstehenden objektiven Auslegungsergebnisse und die Haftungslücken im Rahmen der einschränkenden Auslegung, könnte man voreilig zu dem Ergebnis kommen, dass der Normzweck eine weite Auslegung zwingend erforderlich macht.

Im Rahmen der teleologischen Auslegung ist jedoch das Verhältnis der sogenannten subjektiven Auslegungstheorie und der objektiven Auslegungstheorie maßgeblich.[877] Die subjektive Theorie stützt sich auf den Regelungswillen des Gesetzgebers.[878] Die objektive Theorie hingegen löst sich vom eigentlichen Willen des Gesetzgebers und kann rechtsfortbildend wirken. Eine Entscheidung gegen den Willen des Gesetzgebers ist nach Ansicht des Bundesverfassungsgerichts jedoch nicht erlaubt.[879] Der Rechtsanwender darf sich nicht vom Gesetzgeber festgelegten Sinn und Zweck des Gesetzes lösen.[880] Vorliegend wurde der Wille des Gesetzgebers durch die Streichung des eigenständigen Gesetzestexts im Mindestlohngesetz deutlich. Die Verweisung in § 13 MiLoG spricht deutlich für die Anpassung der Rechtslage an das Arbeitnehmer-Entsendegesetz und somit für die Anwendung des Prinzips der Generalunternehmerhaftung.[881] Der Grundsatz der Gewaltenteilung verbietet es dem Richter allerdings nicht, das Recht fortzuentwickeln. Aufgrund des Wandels in der Gesellschaft, bezogen auf den Regelungsbereich des Gesetzes und der offenen Formulierung zahlreicher Normen, gehört die Anpassung des geltenden Rechts nach Sicht des Bundesverfassungsgerichts sogar zu den Aufgaben der Rechtsprechung.[882] Vorliegend ist eine solche Rechtsfortbildung aufgrund der Neuschaffung des Gesetzes jedoch ausgeschlossen. Die Haftungslücken waren schon vor Inkrafttreten bekannt

---

876 Näher hierzu Ziff. V. dieses Kapitels.

877 Ausführlich zum Methodenstreit vgl. *Rüthers/Fischer/Birk*, Rechtstheorie, Rn. 796 ff.

878 *Rüthers/Fischer/Birk*, Rechtstheorie, Rn. 796.

879 Vgl. BVerfG, Beschluss vom 25.01.2011, 1 BvR 918/10, NJW 2011, 836, 837: „Richterliche Rechtsfortbildung darf aber nicht dazu führen, dass der Richter seine eigene materielle Gerechtigkeitsvorstellung an die Stelle derjenigen des Gesetzgebers setzt."

880 BVerfG, Beschluss vom 25.01.2011, 1 BvR 918/10, NJW 2011, 836 ff.

881 Auch *Heukenkamp* stützt sich auf den Willen des Gesetzgebers, vgl. *Heukenkamp*, S. 381.

882 BVerfG, NJW 2011, 836, 838.

und wurden vom Gesetzgeber in Kauf genommen.[883] Ein Recht zur richterlichen Rechtsfortbildung besteht somit vorliegend nicht. Die objektive Auslegung findet ihre Grenzen dort, wo die unzulässige Rechtsfortbildung beginnt.[884] Der Wille des Gesetzgebers ist durch die Einfügung der Verweisung verankert und kann nicht durch die objektive Auslegung umgangen werden.

Weiteres ausschlaggebendes Argument für die einschränkende Auslegung ist die fehlende Praktikabilität der weiten Auslegung. Eine exakte Differenzierung zwischen den einzelnen Arbeitseinsätzen der eingesetzten Arbeitnehmer für die jeweiligen Auftraggeber ist praktisch nicht umsetzbar und kann nicht bei jeder einzelnen Beauftragung sichergestellt werden.[885]

Für die einschränkende Auslegung spricht außerdem die einheitliche Begriffsverwendung in § 13 MiLoG und § 14 AEntG. § 14 AEntG findet zwar lediglich „entsprechende Anwendung". Durch den Verweis soll die Regelung aber gerade an die gefestigte Rechtsprechung angeglichen werden[886], sodass eine einheitliche Auslegung des Begriffs erforderlich ist. Auch wenn dadurch die Ziele des Mindestlohngesetzes nicht vollständig erreicht werden, darf der Wille des Gesetzgebers nicht unbeachtlich bleiben. Dieser Wille ist, wie bereits erwähnt, im Rahmen der historischen Auslegung deutlich geworden und deshalb zwingend bei der teleologischen Auslegung zu beachten.

d) Zwischenergebnis

Nach der Auslegung ist die Anwendung des Prinzips der Generalunternehmerhaftung zu bejahen.

3. Prüfung der Verfassungsmäßigkeit und Europarechtskonformität von § 13 MiLoG und Übertragbarkeit der Rechtslage zu § 14 AEntG

Fraglich ist, ob die Regelung zur Haftung gemäß § 13 MiLoG (unter Anwendung des Prinzips der Generalunternehmerhaftung) mit höherrangigem Recht vereinbar ist.

---

883 Das Haftungsthema war schon während des Gesetzgebungsverfahrens Hauptstreitpunkt, vgl. Kapitel 2 III. 3. d).

884 *Rüthers/Fischer/Birk*, Rechtstheorie, Rn. 799.

885 Vgl. näher Ziff. III. 2. c) gg); Das Problem kann sich zwar im Einzelfall auch bei der einschränkenden Auslegung ergeben, jedoch in wesentlich geringerem Umfang.

886 Ausschuss-Drs. 18(11)183, S. 5; BT-Drs. 18/2010 (neu), S. 23.

a) *Art. 12 I GG Berufsfreiheit der Unternehmer*

aa) *Eingriff in den Schutzbereich*

§ 13 MiLoG berührt die durch Art. 12 I GG geschützte Berufsausübungsfreiheit. Die Regelung ist keine unmittelbare berufsregelnde Norm, jedoch wird die Berufsfreiheit des auftraggebenden Unternehmens berührt, indem die Unternehmer in ihrer Entscheidungsfreiheit hinsichtlich der Auswahl der Nachunternehmer eingeschränkt werden.[887] Sie müssen kontrollieren, dass die beauftragten Unternehmen und deren Nachunternehmer den Mindestlohn bezahlen. Dadurch wird die Auswahlentscheidung der Unternehmer beeinflusst. Hierin liegt eine objektive Tendenz zur Regelung der Berufsausübung und somit ein Eingriff in den Schutzbereich.[888]

bb) *Verfassungsrechtliche Rechtfertigung*

Grundsätzlich kann ein Eingriff nach Art. 12 I 2 GG verfassungsrechtlich zulässig sein, wenn er durch zwingende Gründe des Gemeinwohls gerechtfertigt ist und dem Verhältnismäßigkeitsprinzip entspricht, wobei die Einschätzungsprärogative des Gesetzgebers zu berücksichtigen ist.[889] Die Entscheidung des BAG und des Bundesverfassungsgerichts zur vergleichbaren Regelung in § 1a AEntG a. F. und die Begründung hierzu kann auf die rechtliche Prüfung von § 13 MiLoG übertragen werden.[890] Die Ziele des Arbeitnehmer-Entsendegesetzes sind insoweit vergleichbar, als die verschuldensunabhängige Haftung der Unternehmer diese veranlassen soll, dass die eingesetzten Nachunternehmer die Pflicht zur Zahlung des gesetzlichen Mindestlohns als zwingende Arbeitsbedingung einhalten sollen.[891] Wenn der Gesetzgeber die Stärkung der Effektivität tariflicher Normsetzung berücksichtigen darf[892], dann erst recht auch die Stärkung der

887 Vgl. zu § 1a AEntG a. F. BAG, Beschluss vom 06.11.2002, 5 AZR 617/01, AP AEntG § 1a Nr. 1.

888 Vgl. zu § 1a AEntG a. F. BAG, Beschluss vom 06.11.2002, 5 AZR 617/01, AP AEntG § 1a Nr. 1.

889 Zur weiten Gestaltungsfreiheit des Gesetzgebers auf dem Gebiet der Arbeitsmarkt-, Sozial- und Wirtschaftsordnung und dessen Einschätzungsprärogative vgl. u. a. BVerfG, Beschluss vom 06.10.1987, 1 BvR 1086/82, NJW 1988, 1195, 1196.

890 Im Ergebnis auch *Riechert/Nimmerjahn*, MiLoG Kommentar, § 13 Rn 11.

891 Vgl. BAG, Beschluss vom 06.11.2002, 5 AZR 617/01, NZA 2003, 490; BT-Drs. 14/45, S. 17 f.

892 BAG, Beschluss vom 06.11.2002, 5 AZR 617/01, NZA 2003, 490; BVerfG, Beschluss vom 06.10.1987, 1 BvR 1086/82, NJW 1988, 1195, 1196.

Effektivität gesetzlicher Normsetzung, wie der Vorgaben des Mindestlohngesetzes. Im Rahmen der Verhältnismäßigkeit ist die Regelung der Bürgenhaftung mit Blick auf die Einschätzungsprärogative des Gesetzgebers geeignet, erforderlich und angemessen. Daran ändert auch die fehlende Exkulpationsmöglichkeit nichts. Gerade auch bei der Schaffung von verschuldensunabhängigen Haftungsnormen, wie bei einer Gefährdungshaftung und einer Garantiehaftung, gibt es nach Ansicht des BAG keine erhöhten Anforderungen.[893] Bei § 13 MiLoG geht es letztlich um denselben Haftungsgrund wie bei der Haftung nach dem Arbeitnehmer-Entsendegesetz. Faktisch haften die Unternehmer für die Lohnschulden der eingesetzten Nachunternehmer, indem die Arbeitnehmer mit dem Auftraggeber einen zusätzlichen Schuldner für den Mindestlohnanspruch erhalten. Ob diese Lohnschulden auf dem Anspruch auf den gesetzlichen Mindestlohn oder auf dem Anspruch auf den tarifvertraglichen Mindestlohnanspruch basieren, stellt keinen relevanten Unterschied für die Prüfung der Verfassungsmäßigkeit dar. Lediglich der Anwendungsbereich des Mindestlohngesetzes ist weiter als der des Arbeitnehmer-Entsendegesetzes. Das Mindestlohngesetz hat mehr Adressaten als das Arbeitnehmer-Entsendegesetz, denn das Arbeitnehmer-Entsendegesetz ist auf bestimmte Branchen begrenzt. Die Wirkung der Bürgenhaftung gemäß § 13 MiLoG ist aber letztendlich nicht stärker und somit kein tiefgreifenderer Eingriff und bedarf somit auch keiner erweiterten Begründung der verfassungsrechtlichen Rechtfertigung. Eine detaillierte Darstellung der Prüfung der Verhältnismäßigkeit erübrigt sich an dieser Stelle.

Etwaige verfassungsrechtliche Bedenken der Literatur[894] sind nicht überzeugend. Es fehlt nicht an der verfassungsrechtlich gebotenen Verantwortungsbeziehung für die Haftung. Auch wenn die eingesetzten Subunternehmer nicht direkt dem Geschäftsbereich des Generalunternehmers zugeordnet sind, ist er mittelbar für den Einsatz aller Arbeitnehmer im Rahmen seines Auftrages verantwortlich. Der Auftraggeber schafft gerade selbst, durch die Einschaltung von Nachunternehmern und den daraus resultierenden Einsatz fremder Arbeitskräfte zur Erfüllung einer eigenen Verpflichtung, ein zusätzliches Haftungsrisiko.[895] Auch wenn die Haftung nicht gänzlich ausgeschlossen werden kann, kann der Generalunternehmer die Haftungsgefahr überschauen, da er die Aufträge vergibt und somit das Auftragsvolumen festlegt. Die Haftungssumme ist

893 Vgl. BAG, Beschluss vom 06.11.2002, 5 AZR 617/01, NZA 2003, 490, 496.

894 *Mohr*, in: Thüsing, AEntG, § 14 Rn. 8 ff.; *Werner*, NZBau 2000, 225; *Von Danwitz*, RdA 1999, 322, 324 f.; vgl. Ziff. III 1. d) dieses Kapitels.

895 *Riechert/Nimmerjahn*, MiLoG Kommentar, § 13 Rn. 11.

somit nicht gänzlich unüberschaubar. Der Generalunternehmer haftet nur, so weit die Arbeitnehmer der Subunternehmer auch tatsächlich für ihn tätig waren. *Mohr* verkennt, dass bei der Gefährdungshaftung ein relevanter verschuldensabhängiger Einfluss des Haftenden fehlt und richtigerweise andere Auslöser für die Haftung maßgeblich sind.[896] Allein die Schaffung des Tatbestandes (hier Beauftragung von Dritten zur Erfüllung eigener Verpflichtungen) löst die Haftung aus. Auf ein Verschulden kommt es gerade nicht an. Außerdem ist die Bürgenhaftung verhältnismäßig, weil sich die Generalunternehmer in den meisten Fällen durch vertragliche Abreden oder der Vereinbarung von Sicherheiten mit dem Nachunternehmer absichern können. Im Falle der Insolvenz läuft der vertraglich vereinbarte Rückgriff zwar ins Leere. Hier sollen aber gerade die Arbeitnehmer auf den Generalunternehmer als Bürgen zurückgreifen können. Das Insolvenzrisiko trägt der Generalunternehmer, was aufgrund der Schutzbedürftigkeit der Gemeinwohlbelange zulässig ist. Das Verlangen von Sicherheiten durch den Generalunternehmer (z. B. Bankbürgschaft oder Einbehaltung des Werklohns oder der Vergütung für die Dienstleistung) kann hier Abhilfe schaffen.[897] Auch wenn die Auftraggeber regelmäßig schon den Preis für die Werk- oder Dienstleistung bezahlt haben, ist darüber hinaus eine Haftung für die Lohnansprüche (was als Doppelbelastung empfunden werden kann) gerechtfertigt. Aufgrund der wesentlichen Bedeutung und flächendeckenden Durchsetzung des gesetzlichen Mindestlohns kann von einem Generalunternehmer verlangt werden, dass er auf die Einhaltung des Mindestlohns achtet. Es ist zwar grundsätzlich Aufgabe des Staates, die Einhaltung der Rechtsordnung durchzusetzen[898], jedoch sind privatrechtlich wirkende Regelungen im Arbeitsrecht nicht fremd und wegen der erhöhten Schutzbedürftigkeit der Arbeitnehmer (aufgrund der sozialen Abhängigkeit) gerechtfertigt.[899] Verfassungsrechtliche Bedenken treten deshalb zurück.

cc) Ergebnis zu Art. 12 I GG

Art. 12 I GG ist nicht verletzt.

896 *Mohr*, in: Thüsing, AEntG, § 14 Rn. 8 ff.

897 Vgl. Ziff. V. 2. dieses Kapitels.

898 *Riechert/Nimmerjahn*, MiLoG Kommentar, § 13 Rn. 9.

899 *Riechert/Nimmerjahn*, MiLoG Kommentar, § 13 Rn. 8 vergleicht etwa § 10 I AÜG, der die Fiktion eines Arbeitsverhältnisses regelt.

b) Art. 3 I GG Ungleichbehandlung

Fraglich ist, ob durch die Haftungsregelung in § 13 MiLoG und die Anwendung des Prinzips der Generalunternehmerhaftung eine verfassungswidrige Ungleichbehandlung vorliegt und somit ein Verstoß gegen Art. 3 I GG. Da es keine Rechtsprechung zur Vereinbarkeit von § 1a AEntG a. F./§ 14 AEntG n. F. mit Art. 3 I GG gibt, ist eine ausführliche Prüfung im Rahmen des Mindestlohngesetzes erforderlich.

aa) Rechtlich relevante Ungleichbehandlung der Arbeitnehmer

Die Arbeitnehmer der eingesetzten Nachunternehmer werden ungleich behandelt. Abhängig vom Zweck der Beauftragung ihres Arbeitgebers durch den Auftraggeber werden sie hinsichtlich der Haftung unterschiedlich behandelt. Solange die Beauftragung zur Deckung des Eigenbedarfs erfolgt, greift die Haftung nicht und sie erhalten keinen zusätzlichen Schuldner für ihren Mindestlohnanspruch. So weit die Beauftragung zur Erfüllung eigener Verpflichtungen des beauftragenden Unternehmers dient, bekommen die eingesetzten Arbeitnehmer einen zweiten Schuldner hinzu. Der zusätzliche Schutz durch die Erweiterung der Haftung hängt also aus Sicht der Arbeitnehmer vom Zufall ab. Hierin liegt eine rechtlich relevante Ungleichbehandlung der Arbeitnehmer.

bb) Sachgrund für die Ungleichbehandlung/Rechtfertigung

Fraglich ist, ob diese Ungleichbehandlung gerechtfertigt ist.

(1) Prüfungsmaßstab

Als erstes ist der Prüfungsmaßstab festzulegen.[900] Handelt es sich, wie vorliegend, um die Ungleichbehandlung von Personengruppen, wird eine Verhältnismäßigkeitsprüfung nach der sog. neuen Formel durchgeführt.[901] Hierbei ist insbesondere zu prüfen, inwieweit sich die Ungleichbehandlung auf die Ausübung

---

900 Vgl. hierzu st. Rspr. u. a. BVerfG, Urteil vom 20.04.2004, 1 BvR 1748/99, 905/00, BverfGE 110, 274, 291; BVerfG, Beschluss vom 06.07.2010, 1 BvL 9/06, 2/08, BverfGE, 126, 233, 263; BVerfG, Beschluss vom 17.01.2012, 2 BvL 4/09, BVerfGE, 130, 52, 66; vgl. ausführlich zum Prüfungsmaßstab Kapitel 3 I. 1. b) dd) (1).

901 BVerfG, Urteil vom 30.07.2008, 1 BvR 3262/07, 402, 906/08, BVerfGE 121, 317, 369; *Jarass*, GG Jarass/Pieroth, Art. 3 Rn. 19 m. w. N.; zur sog. neuen Formel vgl. BVerfG, Urteil vom 30.07.2008, 1 BvR 3262/07, 1 BvR 402/08, 1 BvR 906/08, NJW 2008, 2409, 2417; BVerfG, Beschluss vom 24.01.2012, 1 BvL 21/11, BeckRS 2012, 47488, Rn. 41; *Jarass*, GG Jarass/Pieroth, Art. 3 Rn. 22 m. w. N.

grundrechtlich geschützter Freiheiten auswirkt.[902] Zunächst ist zu prüfen, ob ein legitimes Ziel vorliegt. Darüber hinaus muss die Ungleichbehandlung hierzu geeignet, erforderlich und angemessen sein.[903]

(2) Legitimes Ziel

Die Haftungsregelung dient in erster Linie dem Arbeitnehmerschutz, da die Wirkung des gesetzlichen Mindestlohns gestärkt wird, indem Auftraggeber darauf achten, dass die bei ihnen eingesetzten Sub- und Nachunternehmer den Mindestlohn bezahlen.[904] Der Arbeitnehmerschutz wird auch durch die wettbewerbsrechtliche Funktion der Haftungsnorm bezweckt. Zuverlässige Arbeitgeber, die den Mindestlohn bezahlen, sollen nämlich vor unredlicher Konkurrenz geschützt werden.[905] Ein legitimes Ziel ist somit gegeben.

(3) Geeignetheit und Erforderlichkeit

Die Geeignetheit liegt vor, da der Arbeitnehmer einen zusätzlichen Schuldner für seinen Mindestlohnanspruch erhält und so geschützt wird.[906]

Außerdem ist die Regelung erforderlich, da Arbeitgeber sich von der Mindestlohnpflicht entziehen könnten, indem sie günstige Subunternehmer einsetzen könnten, die den Mindestlohn nicht bezahlen.[907] Dieser Umgehungsgefahr möchte der Gesetzgeber entgegen wirken.[908]

(4) Angemessenheit und Abwägung mit Freiheitsgrundrechten der Arbeitnehmer

Fraglich ist, ob die Regelung angemessen ist. Die Wirkung des Mindestlohns wären zwar bei einer weiten Auftraggeberhaftung noch stärker, da die

---

902 BVerfG, Beschluss vom 24.01.2012, 1 BvL 21/11, BeckRS 2012, 47488, Rn. 41; *Jarass*, GG Jarass/Pieroth, Art. 3 Rn. 22 m. w. N.

903 Vgl. näher zum Prüfungsmaßstab Kapitel 3 I. 2. e) aa).

904 *Riechert/Nimmerjahn*, MiLoG Kommentar, § 13 Rn. 4; Referentenentwurf der Bundesregierung vom 19.03.2014, S. 40; BT-Drs. 18/1558, S. 40.

905 *Riechert/Nimmerjahn*, MiLoG Kommentar, § 13 Rn. 4; zum Zweck des fairen Wettbewerbs vgl. näher Kapitel 2 II. 2. und Kapitel 4 III. 2. c) aa).

906 *Riechert/Nimmerjahn*, MiLoG Kommentar, § 13 Rn. 11.

907 Vgl. zur Argumentation im Rahmen des AEntG bei der Prüfung des Art. 12 I GG und zum Beurteilungs- und Prognosespielraum hierbei BVerfG, Beschluss vom 20.03.2007, 1 BvR 1047/05, NZA 2007, 609, 611 f.

908 BAG, Beschluss vom 06.11.2002, 5 AZR 617/01 (A), AP AEntG § 1a Nr. 1; Erfurter Kommentar 2018/*Franzen*, § 13 MiLoG, Rn. 2 m. w. N.

Arbeitgeber auch bei der Eigenbedarfsdeckung verstärkt auf die Mindestlohnverpflichtung achten würden und bei Beauftragungen alle Arbeitnehmer einen zweiten Schuldner bekommen würden[909]. Der Gesetzgeber hat sich jedoch im Rahmen seiner Einschätzungsprärogative für den Verweis auf das Arbeitnehmer-Entsendegesetz entschieden und somit für die eingeschränkte Haftung nach dem Generalunternehmerprinzip. Andernfalls würde es nämlich zu unvertretbaren Umsetzungsproblemen in der Praxis kommen.[910] Außerdem wären die Haftungsrisiken für die Arbeitgeber bei einer weiten Auslegung uferlos und unzumutbar.[911]

Durch die Ungleichbehandlung liegt außerdem kein Eingriff in etwaige Freiheitsgrundrechte der Arbeitnehmer vor. Die Arbeitnehmer, die keinen Bürgen zur Seite gestellt bekommen, da sie für die Deckung des Eigenbedarfs eingesetzt werden, haben kein rechtlich geschütztes Interesse dahingehend, dass neben dem eigenen Arbeitgeber ein weiterer Anspruchsgegner hinzukommt. Ein rechtlich geschütztes Interesse ergibt sich auch nicht aus einer staatlichen Schutzpflicht des Gesetzgebers. Aus Art. 3 I GG ergeben sich regelmäßig keine originären Leistungsansprüche.[912] Die Absicherung der Arbeitnehmer im Insolvenzfall muss nicht zwingend garantiert werden. Es gibt kein subjektives Recht der einzelnen Arbeitnehmer, dass sie einen Bürgen bekommen, der für die Zahlung des Mindestlohns haftet. Zwar hat der Gesetzgeber einen gewissen Schutzauftrag, dass die Gesetze eingehalten werden, da sonst die Ziele ins Leere laufen würden.[913] Hinsichtlich der Einhaltung der Zahlung des gesetzlichen Mindestlohns hat der Gesetzgeber aber eine Einschätzungsprärogative, von der er Gebrauch gemacht hat, indem er die Vorschriften zur Bußgeldhaftung und zu den Zollkontrollen geschaffen hat.[914] Die Ungleichbehandlung ist somit gerechtfertigt.

(5) Zwischenergebnis

Es liegt somit keine Grundrechtsverletzung vor.

---

909 Vgl. hierzu Ziff. III. 2 c) ff).

910 Vgl. zur (fehlenden) Praktikabilität der weiten Auslegung Ziff. 3. 2. c) gg).

911 U. a. *Bissels/Falter/Krings*, DB 2015, 1962, 1963.

912 *Jarass*, GG Jarass/Pieroth, Art. 3 Rn. 12; BVerfG, Beschluss vom 09.02.1982, 2 BvL 6/78, 2 BvL 8/79, BVerfGE 60, 16–52.

913 Vgl. generell zu staatlichen Schutzpflichten *Sachs*, Verfassungsrecht II, S. 52 ff.

914 Zur weiten Gestaltungsfreiheit des Gesetzgebers auf dem Gebiet der Arbeitsmarkt-, Sozial- und Wirtschaftsordnung und dessen Einschätzungsprärogative vgl. u. a. BVerfG, Beschluss vom 06.10.1987, 1 BvR 1086/82, NJW 1988, 1195, 1196.

cc) Rechtlich relevante Ungleichbehandlung der Arbeitgeber

(1) Ungleichbehandlung in Bezug auf die Differenzierung nach Eigenbedarfsdeckung

Auch die Arbeitgeber werden ungleich behandelt. Die Unternehmer, die Nachunternehmer beauftragen, werden dahingehend unterschiedlich behandelt, dass sie nur für den Fall haften, in dem sie keinen Eigenbedarf decken. Mangels entsprechender Rechtsprechung zu Art. 3 I GG ist eine genauere Prüfung notwendig. Das BAG hat hinsichtlich Art. 3 I GG lediglich entschieden, dass keine sachwidrige Gleichstellung von Bauherren und Bauunternehmern vorliegt, da § 1a AEntG a. F. nur Bauunternehmer erfasst.[915] Das Bundesverfassungsgericht hat sich mangels ausreichender Begründung nicht zu Art. 3 I GG geäußert.[916] Die hier diskutierte Ungleichbehandlung wurde nicht thematisiert, sodass diesbezüglich eine Eingehung auf Rechtfertigungsebene nötig ist.

Die Ungleichbehandlung muss durch ein legitimes Ziel gerechtfertigt und hierzu geeignet, erforderlich und angemessen sein.[917]

Vorliegend soll die Wirkung des gesetzlichen Mindestlohns gestärkt werden, indem Auftraggeber darauf achten, dass die bei ihnen eingesetzten Sub- und Nachunternehmer den Mindestlohn bezahlen.[918] Außerdem soll ein fairer Wettbewerb gefördert und vor allem mit Blick auf die Verschaffung von Wettbewerbsvorteilen durch den Einsatz von Werk- und Dienstverträgen eine erweiterte Haftung geschaffen werden.[919] Dadurch dient § 13 MiLoG dem Arbeitnehmerschutz.[920] Dies stellt ein legitimes Ziel dar.[921]

Die Ungleichbehandlung ergibt sich daraus, dass die Unternehmen einerseits zur Deckung des Eigenbedarfs beauftragen und andererseits eine eigene Verpflichtung gegenüber Dritten abgeben. Durch die Verschaffung eines Preisvorteils im letzteren Falle wird durch den Einsatz von Billigarbeitskräften der Wettbewerb verzerrt. Es ist durchaus möglich, dass auch bei der Beauftragung zur Deckung des Eigenbedarfs „billige" Arbeitskräfte eingesetzt werden. Die Ungleichbehandlung lässt sich aber letztendlich damit begründen, dass die

915 BAG, Beschluss vom 06.11.2002, 5 AZR 617/01, AP AEntG § 1a Nr. 1.
916 BVerfG, Beschluss vom 20.03.2007, 1 BvR 1047/05, NZA 2007, 609.
917 Vgl. näher zum Prüfungsmaßstab Kapitel 3 I. 2. e) aa).
918 Referentenentwurf der Bundesregierung vom 19.03.2014, S. 40; BT-Drs. 18/1558, S. 40.
919 Zum Zweck des fairen Wettbewerbs vgl. näher Kapitel 2 II. 2.
920 *Riechert/Nimmerjahn*, MiLoG Kommentar, § 13 Rn. 4.
921 Vgl. Ziff. III. 3. b) bb) (2).

branchenspezifischen Besonderheiten, insbesondere die preisbildenden Faktoren, nicht jedermann bekannt sind. Für branchenfremde Unternehmer ist es somit schwer nachzuvollziehen, ob das Preisangebot des beauftragten Unternehmers unter Beachtung des Mindestlohns realistisch kalkuliert wurde.[922] Die Bürgenhaftung ist somit für die Gestaltung eines fairen Wettbewerbs geeignet.

Die Regelung zur Bürgenhaftung ist mit Blick auf die Einschätzungsprärogative des Gesetzgebers auch erforderlich und angemessen, da die Abgrenzung mit Blick auf Art. 3 I GG durchaus plausibel ist. Die Gefahr der Verschaffung von Wettbewerbsvorteilen durch den Einsatz von Subunternehmern bei der Deckung des Eigenbedarfs besteht zwar theoretisch auch (die Betriebskosten, die etwa bei der Reinigung der eigenen Geschäftsräume und Produktionshallen entsteht, fließen regelmäßig auch in die Preiskalkulation ein). Der Schwerpunkt der Haftung soll aber im Rahmen der Weitergabe eigener Verpflichtungen liegen.[923] Diese Abgrenzung ist durchaus angemessen.

Dem Ergebnis steht auch nicht die Berufsausübungsfreiheit der Arbeitgeber entgegen.[924] Durch die Bürgenhaftung wird zwar der Schutzbereich der Berufsausübungsfreiheit berührt, jedenfalls für die Arbeitgeber, die wie Generalunternehmer auftreten. Insoweit überwiegt aber der Schutz der Arbeitnehmer, der insbesondere durch die Schaffung eines fairen Wettbewerbs gefördert werden soll.[925]

Die Ungleichbehandlung ist gerechtfertigt.

(2) Ungleichbehandlung in Bezug auf die fehlende Exkulpationsmöglichkeit

Fraglich ist, ob eine Ungleichbehandlung hinsichtlich der fehlenden Exkulpationsmöglichkeit vorliegt.[926] Nach § 28e IIIb SGB IV hat der Generalunternehmer bei der Haftung für Sozialversicherungs- und Unfallversicherungsbeiträge (§ 28e IIIa SGB IV, § 150 III SGB VIII) seiner Nachunternehmer eine Exkulpationsmöglichkeit. Diese fehlt bei der Haftung nach § 14 AEntG und § 13 MiLoG.

---

922 *Bissels/Falter/Krings*, DB 2015, 1962, 1963.

923 Hierfür sprechen die Ausführungen des BAG, Beschluss vom 06.11.2002, 5 AZR 617/01, NZA 2003, 490, 493 zu § 1a AEntG a. F.

924 Zum Prüfungsmaßstab von Art. 3 I GG hinsichtlich der Ausübung grundrechtlich geschützter Freiheiten vgl. etwa BVerfG, Beschluss vom 24.01.2012, 1 BvL 21/11, BeckRS 2012, 47488, Rn. 41.

925 Zur ausführlichen Prüfung von Art. 12 I GG vgl. Ziff. III 3. a).

926 *Mohr*, in: Thüsing, AEntG, § 14 Rn. 8 ff.; *Werner*, NZBau 2000, 225; *Von Danwitz*, RdA 1999, 322, 324 f.

Ein Abweichen zur Haftung für Sozialversicherungs- und Unfallversicherungsbeiträge ist gerechtfertigt, da sich der Gesetzgeber im Rahmen seiner Einschätzungsprärogative beim Mindestlohn gerade nicht für eine Exkulpationsmöglichkeit entschieden hat. Dies ist wegen der unterschiedlichen Zweckrichtung der Normen sachgerecht. Bei § 28e IIIa SGB IV und § 150 III SGB VIII geht es um die Beitragspflichten gegenüber den Sozialversicherungsträgern (im Rahmen der Bekämpfung von Schwarzarbeit), wohingegen es bei der Bürgenhaftung nach § 13 MiLoG um die Haftung für den Mindestlohn gegenüber den Arbeitnehmern geht (im Rahmen der Verhinderung des Lohnunterbietungswettbewerbs). Zwar deckt sich die Interessenlage hier insoweit, als der Hauptunternehmer bei der Auftragsvergabe verstärkt in die Verantwortung gezogen werden soll.[927] Mit der Haftungsregelung im Rahmen des Mindestlohngesetzes soll jedoch die Wirkung des gesetzlichen Mindestlohns gestärkt und die Gefahr der Verschaffung von Wettbewerbsvorteilen durch den Einsatz von Subunternehmern verhindert werden.[928] Dies soll unabhängig vom Verschuldensmaßstab geschehen. Der Gesetzgeber hat sich hier bewusst für eine verschuldensunabhängige Haftung entschieden. Er hat sich hierbei an der Rechtslage zu § 14 AEntG orientiert.[929] Mit Blick auf seine Einschätzungsprärogative ist dies angemessen.

Die Ungleichbehandlung ist gerechtfertigt.

dd) Ergebnis zu Art. 3 I GG

Art. 3 I GG ist nicht verletzt.

c) Art. 56 AEUV Dienstleistungsfreiheit der ausländischen Nachunternehmer

aa) Eingriff in den Schutzbereich

Die Rechtsprechung des EuGH verbietet neben der Diskriminierung der in einem anderen Mitgliedstaat ansässigen Dienstleister jede Beschränkung, sofern sie geeignet ist, die Tätigkeit der Dienstleistenden zu unterbinden, zu behindern oder weniger attraktiv zu machen.[930] Vorliegend könnten die ausländischen Nachunternehmer durch die erhöhten Kontrollpflichten der Generalunternehmer und

927 KassKomm/*Wehrhahn*, SGB IV § 28e Rn. 26; vgl. zur Vergleichbarkeit der Interessenlage im Rahmen der Analogie Ziff. V. 10. dieses Kapitels.

928 Vgl. hierzu mit Nachweisen Ausführungen im vorherigen Abschnitt.

929 Ausschuss-Drs. 18(11)183, S. 5; BT-Drs. 18/2010 (neu), S. 23.

930 EuGH Urteil vom 25.10.2001, C-49/98, AP Nr. 8 zu § 1 AEntG; BAG, Beschluss vom 06.11.2002, 5 AZR 617/01, AP AEntG § 1a Nr. 1. m. w. N.

die zusätzlichen Kosten und administrativen Belastungen, die beim Einsatz von ausländischen Arbeitskräften in Deutschland entstehen, gehindert sein, Dienstleistungen in Deutschland zu erbringen. Außerdem könnte die Möglichkeit des Marktzutritts erschwert sein, indem die inländischen Auftraggeber bevorzugt inländische Nachunternehmer einsetzen, um ihr Haftungsrisiko gering zu halten.[931] Ein Eingriff in den Schutzbereich liegt vor.

bb) Rechtfertigung

Ob die Beeinträchtigung der Dienstleistungsfreiheit vorliegend gerechtfertigt ist, erscheint fraglich. Eine Rechtfertigung kann sich aus zwingenden Allgemeininteressen, wie dem Schutz der Arbeitnehmer, ergeben.[932] Der EuGH hat entschieden, dass die Norm zur Bürgenhaftung europarechtskonform ist und sich hierbei auf den Arbeitnehmerschutz gestützt.[933] Diese Entscheidung kann vergleichend herangezogen werden. Wie die Bürgenhaftung des Arbeitnehmer-Entsendegesetzes, dient die Bürgenhaftung des Mindestlohngesetzes dem Schutz der Arbeitnehmer, vor allem ihren Anspruch auf Zahlung des Mindestlohns durchzusetzen, indem sie einen zweiten Schuldner bekommen. Die Verfahrensmodalitäten des Mindestlohngesetzes sind zur Kontrolle und Durchsetzung des Anspruchs notwendig. Der Mindestlohn soll zudem einen fairen Wettbewerb fördern.[934] Dies gilt sowohl für den gesetzlichen als auch für den tariflichen Mindestlohn. Aufgrund der parallelen Zweckrichtung kann die Begründung des EuGH auf die Problematik im Rahmen des Mindestlohngesetzes entsprechend angewendet werden.[935] Eine ausführliche Prüfung der Rechtfertigung ist somit entbehrlich. Das BAG setzte die Entscheidung des EuGH letztendlich um und erklärte die Vereinbarkeit der Bürgenhaftung des § 1a AEntG a. F. mit der Dienstleistungsfreiheit. Dieses Ergebnis der Rechtsprechung ist auf § 13 MiLoG übertragbar.

cc) Stellungnahme

Die gemeinschaftsrechtlichen Bedenken der Literatur, die Norm diskriminiere Subunternehmer aus den Mitgliedstaaten mittelbar, da es naheliege, dass

931 *Riechert/Nimmerjahn*, MiLoG Kommentar, § 13 Rn 12.

932 EuGH, Urteil vom 24.01.2002, C-164/99, NZA 2002, 207, 208.

933 EuGH, Urteil vom 12.10.2004, C-60/03, NZA 2004, 1211; vgl. oben Ziff. III. 1 b) dieses Kapitels.

934 Vgl. näher Kapitel 2 Ziff. II. 2.

935 Im Ergebnis auch *Riechert/Nimmerjahn*, MiLoG Kommentar, § 13 Rn. 14.

deutsche Auftraggeber nur noch deutsche Subunternehmer einsetzen, um ein geringeres Haftungsrisiko einzugehen[936], führen zu keinem anderen Ergebnis. Das Haftungsrisiko für die deutschen Generalunternehmer erhöht sich durch den Einsatz ausländischer Arbeitnehmer nicht, denn auch hier können Kontrollen durch den Auftraggeber durchgeführt und entsprechende Sicherheiten verlangt werden. Das Insolvenzrisiko, das die deutschen Generalunternehmer bei der Auswahl der Nachunternehmer im Blick haben, besteht gleichermaßen bei inländischen als auch bei ausländischen Nachunternehmern.[937] Ausländische Unternehmer werden hierdurch nicht schlechter gestellt. Für sie kann es zwar faktisch schwieriger sein, sich an die Vorgaben des Mindestlohngesetzes zu halten, da sie im Gegensatz zu den inländischen Arbeitgebern keine Berührungspunkte mit dem Gesetz haben und die Vorschriften somit wohl auch nicht im Detail kennen. Aber auch inländische Unternehmer müssen sich auf neue gesetzliche Vorgaben einstellen. Wenn ausländische Unternehmer auf dem deutschen Arbeitsmarkt aktiv sind und hier ihre Leistungen anbieten, muss es auch zumutbar sein, dass die Unternehmer sich mit den gesetzlichen Vorgaben des deutschen Arbeitsmarktes vertraut machen und auf gesetzliche Änderungen reagieren (etwa Lohnanpassung auf Mindestlohnniveau, Arbeitszeitaufzeichnung). Sie müssen sich richtigerweise an die gleichen gesetzlichen Vorgaben wie die inländischen Arbeitgeber halten und deshalb ist es notwendig, dass die Arbeitnehmer auch beim Einsatz ausländischer Nachunternehmer durch die Bürgenhaftung geschützt werden. Dieser Schutz der Arbeitnehmer stellt einen vom EuGH anerkannten Rechtfertigungsgrund dar.[938] Würde man die Bürgenhaftung für ausländische Arbeitgeber, die von deutschen Auftraggebern eingesetzt werden, ausschließen, würde eine Ungleichbehandlung der ausländischen Arbeitnehmer und der deutschen Arbeitnehmer vorliegen. Eine differenzierende Behandlung der Arbeitnehmer danach, ob sie bei einem inländischen Arbeitgeber beschäftigt sind, wäre nicht nachvollziehbar und könnte sogar eine Diskriminierung aufgrund der Staatsangehörigkeit darstellen. Gegen unionsrechtliche Bedenken spricht auch Art. 12 der RL 2014/67/EU, der den Mitgliedsstaaten Maßnahmen zur Haftung bei Unteraufträgen in Bezug auf entsenderechtliche Nettomindestlöhne erlaubt.[939] Wenn solche Maßnahmen europarechtskonform sein können, dann können auch vorliegende Maßnahmen europarechtskonform sein, die die

---

936 *Rieble/Lessner*, ZfA 2002, 29, 48 ff.; vgl. näher oben Ziff. III. 1 e).

937 Vgl. zu dieser Argumentation *Rieble/Lessner*, ZfA 2002, 29, 55.

938 EuGH, Urteil vom 24.01.2002, C-164/99, NZA 2002, 207, 208.

939 *Riechert/Nimmerjahn*, MiLoG Kommentar, § 13 Rn 15.

Haftung im Rahmen des Mindestlohngesetzes regeln sollen. Auch im Hinblick auf das Beschränkungsverbot der Dienstleistungsfreiheit überwiegen die oben aufgeführten Gründe des Arbeitnehmerschutzes.[940] Selbst durch die strengen Vorgaben durch die Aufzeichnungs- und Dokumentationspflichten ergibt sich nichts anderes. Diese sind zwingend erforderlich um die Einhaltung der Mindestlohnverpflichtung zu überprüfen und dienen somit dem Arbeitnehmerschutz.[941]

dd) Ergebnis zu Art. 56 AEUV

Art. 56 AEUV ist nicht verletzt.

d) Zwischenergebnis

§ 13 MiLoG ist verfassungs- und unionsrechtskonform.

4. Sachlicher Anwendungsbereich des § 14 AEntG

Nachdem der persönliche Anwendungsbereich der Bürgenhaftung untersucht wurde, stellt sich die Frage nach dem Umfang des sachlichen Anwendungsbereichs. Nach dem Wortlaut des § 14 AEntG muss der Unternehmer Werk- oder Dienstleistungen in Auftrag gegeben haben. Fraglich ist, ob damit nur die Verträge im Sinne von § 631 BGB und § 611 BGB erfasst sind[942] oder darüber hinaus weitere Vertragstypen in den sachlichen Anwendungsbereich fallen. Gerade bei atypischen bzw. gemischten Verträgen ist eine Abgrenzung anhand der Vertragstypen aufgrund der dogmatischen Einordnung jedoch schwierig. Deshalb wird eine weite Auslegung bevorzugt.[943] Klassische Kaufverträge im Rahmen von Zuliefer- und Produktionsketten sind jedenfalls nicht erfasst, auch wenn die Produkte für die Herstellung etwaiger Endprodukte benötigt werden.[944] Für die Anwendung der Norm im Rahmen von Werklieferungsverträgen wird mit einem Umkehrschluss aus § 6 I 1 AEntG argumentiert.[945] § 6 I 1 AEntG regelt einen Fall

---

940 Zum Beschränkungsverbot *Heuschmid/Schierle* in: Preis/Sagan, Europäisches Arbeitsrecht, § 5 Rn. 17.

941 Zur Zulässigkeit von gewissen Melde- und Dokumentationsvorschriften vgl. EuGH, Urteil vom 18.07.2007, C-490/04, NZA 2007, 917, näher dazu Kapitel 3 II. e) (bb) (2) unter Stellungnahme.

942 Für eine enge Auslegung wohl *Mohr*, in: Thüsing, AEntG, § 14 Rn. 17.

943 *Ulber*, AEntG 2009, § 14 Rn. 10.

944 *Merkel/Götz*, DB 2015, 1407 ff.

945 *Koberski/Asshoff/Eustrup/Winkler*, AEntG 2011, § 14 Rn. 21 f.; *Ulber*, AEntG 2009, § 14 Rn. 10.

eines Werklieferungsvertrags und nimmt diesen bei Kurzzeitentsendung explizit aus dem Anwendungsbereich aus. Diese Regelung wäre überflüssig, wenn Werklieferungsverträge ohnehin nicht in den sachlichen Anwendungsbereich fallen würden. In den sachlichen Anwendungsbereich würden – laut Vertretern der Literatur[946] – zudem auch sonstige Aufträge oder Geschäftsbesorgungsverträge fallen. Höchstrichterlich entschieden ist die Frage nicht. Unstreitig muss die Durchführung der Verträge jedoch in Deutschland erfolgen.[947]

5. Übertragbarkeit auf das Mindestlohngesetz

Auch im Rahmen des Mindestlohngesetzes ist eine weite Auslegung vorzunehmen. Nach dem Wortlaut des § 14 AEntG kommt es nicht auf den Vertragstypus an sich an, sondern darauf, dass eine Werk- oder Dienstleistung erbracht wird.[948] Hierbei ist es nach Ansicht von *Heukenkamp* unerheblich, ob es sich lediglich um eine andersartige Nebenleistung – etwa im Rahmen eines Kaufvertrages – handle.[949] Sie führt neben systematischen Argumenten vor allem den Zweck der Auftraggeberhaftung an.[950] Zum einen soll die Wirksamkeit des Mindestlohns verstärkt werden.[951] Zum anderen soll sich ein Unternehmer nicht dadurch seiner Verpflichtung zur Zahlung des Mindestlohns entziehen können, dass er einen anderen mit Arbeiten beauftragt.[952] Zum Schutz vor Umgehung sind die Begriffe somit weit zu verstehen.[953] Erfasst sind somit auch andere Vertragstypen wie etwa der Geschäftsbesorgungsvertrag (§ 675 BGB), Fracht-, Speditions- oder Lagerverträge (§§ 407, 453, 467 HGB) oder sonstige Aufträge.[954] Maßgeblich ist, ob die Verträge werk- oder dienstvertragliche Elemente enthalten. Dafür spricht auch, dass im Lauf der Zeit immer neue komplexe Vertragstypen entwickelt werden, die nicht unter die typischen normierten Vertragsarten passen bzw. Mischformen darstellen und viele verschiedene Leistungen umfassen.[955] Das bedeutet,

946 *Koberski/Asshoff/Eustrup/Winkler*, a. a. O.

947 LAG Hessen, Urteil vom 23.10.2006, 16 Sa 527/06, NZA-RR 2007, 234 ff. Entscheidung im Rahmen des § 1a AEntG a. F. für den Begriff „Bauleistungen".

948 *Heukenkamp*, S. 397; vgl. auch *Bayreuther*, NZA 2015, 961, 964.

949 *Heukenkamp*, S. 397.

950 *Heukenkamp*, S. 397 ff.

951 BT-Drs. 18/1558, S. 40; *Heukenkamp*, S. 398.

952 *Heukenkamp*, S. 399.

953 *Heukenkamp*, S. 398; HK-ArbR/*Fechner*, § 13 MiLoG Rn. 10; *Schubert/Jerchel/Düwell*, Das neue Mindestlohngesetz, Rn. 229 m. w. N.

954 *Riechert/Nimmerjahn*, MiLoG Kommentar, § 13 Rn. 28.

955 Zu denken ist etwa an die Computer- und IT-Branche; weitere Vertragstypen vgl. Mü-Ko/*Emmerich*, § 311 BGB, Rn. 24 ff.

dass der Kauf bzw. die reine Zulieferung von Produkten nicht vom Anwendungsbereich erfasst ist.[956] Wird aber im Rahmen von Zuliefer- und Produktionsketten wiederum eine werk- oder dienstvertragliche Verpflichtung begründet, ist der Anwendungsbereich der Haftung eröffnet. Ein Automobilhersteller haftet somit beispielsweise gemäß § 13 MiLoG, wenn er bei der Fahrzeugproduktion einen Unternehmer einsetzt und mit diesem einen Werkvertrag abschließt, der Spezialteile für die Fahrzeuge herstellt, auch wenn der Automobilhersteller gegenüber seinem Endkunden lediglich einen Kaufvertrag abgeschlossen hat. Außerdem muss die Haftung greifen, wenn der Automobilhersteller auf Kundenwunsch die Kundenfahrzeuge durch eine Spedition vom Herstellerwerk zum örtlichen Kundencenter transportieren lässt.[957] Die einschränkende Auslegung dahingehend, dass die Pflicht des Auftraggebers, die weitergegeben wird, ihrerseits werk- oder dienstvertraglicher Natur sein muss, ist abzulehnen.[958]

Eine Auslegung dahingehend, dass nur Werk- und Dienstverträge im engeren Sinne eine Bürgenhaftung auslösen, würde zu Haftungslücken führen.[959] Die Durchführung der Verträge muss (wie bei § 14 AEntG) im Inland erfolgen.[960]

6. Begriff des Unternehmers in § 14 AEntG

Adressat des § 14 AEntG ist ein Unternehmer, der einen anderen Unternehmer mit der Erbringung einer Dienst- oder Werkleistung beauftragt.[961] Fraglich ist, wer unter den Begriff des Unternehmers fällt. Der Begriff ist legal definiert in § 14 I BGB. Auch wenn es sich um eine Vorschrift des Allgemeinen Teils des BGB handelt, könnte die Definition Anhaltspunkte für die Auslegung des Unternehmerbegriffs im Rahmen der Haftung bieten.[962] Ein Unternehmer im Sinne des § 14 I BGB ist eine natürliche oder juristische Person oder eine rechtsfähige Personengesellschaft, die bei Abschluss eines Rechtsgeschäfts in Ausübung ihrer

---

956 *Bayreuther*, NZA 2015, 961, 964; *Merkel/Götz*, DB 2015, 1407 ff.

957 Vgl. näher zu Abgrenzungsproblemen hierbei III. 2. c) ee).

958 *Riechert/Nimmerjahn*, MiLoG Kommentar, § 13 Rn. 19; *Merkel/Götz*, DB 2015, 1407 ff.; vgl. hierzu Ziff. III. 2. c) dd).

959 A. A. *Riechert/Nimmerjahn*, MiLoG Kommentar, § 13 Rn. 29, sie lehnen die Haftung ab, soweit kaufvertragliche Elemente überwiegen.

960 Vgl. hierzu Entscheidung im Rahmen des § 1a AEntG a. F. für den Begriff „Bauleistungen" LAG Hessen, Urteil vom 23.10.2006, 16 Sa 527/06, NZA-RR 2007, 234 ff.; *Riechert/Nimmerjahn*, MiLoG Kommentar, § 13 Rn. 23 f.

961 *Mohr*, in: Thüsing, AEntG, § 14 Rn. 16.

962 *Mohr*, in: Thüsing, AEntG, § 14 Rn. 16.

gewerblichen oder selbstständigen beruflichen Tätigkeit handelt.[963] Ob Freiberufler, Handwerker, Landwirte und Kleingewerbetreibende in den Anwendungsbereich des § 14 AEntG/§ 1a AEntG a. F. fallen, ist im Schrifttum umstritten und durch das BAG nicht eindeutig geklärt.[964]

a) Einschränkende Auslegung des BAG

Der Begriff des Unternehmers in § 1a AEntG a. F. wurde vom BAG nach dem Sinn und Zweck einschränkend ausgelegt und ist enger als der in § 14 I BGB.[965] Wie bereits ausführlich dargestellt, gilt das vom BAG entwickelte Prinzip der Generalunternehmerhaftung.[966] Bauherren fallen demnach nicht in den Geltungsbereich des § 1a AEntG a. F./§ 14 AEntG n. F. Ebenso Unternehmer, die als Bauherren einen anderen Unternehmer mit der Erbringung von Bauleistungen beauftragen, selbst wenn sie einen Baubetrieb unterhalten, da sie keine eigenen Leistungspflichten an Subunternehmer weitergeben.[967] Privatpersonen werden mangels Unternehmereigenschaft nicht vom persönlichen Anwendungsbereich von § 14 AEntG erfasst.[968]

b) Handeln der öffentlichen Hand

Kein Unternehmer im Sinne von § 14 AEntG ist der Staat selbst, wenn er im Rahmen seines hoheitlichen Handelns auftritt.[969] Problematisch ist, ob die Norm nach dem Gesetzeszweck für die öffentliche Hand/Verwaltungsträger (Bund, Länder und Kommunen) gilt, die am Markt wie ein privatrechtliches Unternehmen agieren können, insbesondere Eigenbetriebe[970] wie z. B. das

---

963 Vgl. Wortlaut des § 14 I BGB.

964 Meiner Ansicht nach offengelassen von BAG, Urteil vom 12.01.2005, 5 AZR 617/01, AP § 1a Nr. 2 AEntG und BAG, Urteil vom 28.03.2007, 10 AZR 76/06, NZBau 2007, 434; a. A. *Mohr*, in: Thüsing, AEntG, § 14 Rn. 16, er zieht aus den Urteilsgründen den Umkehrschluss, dass die Personengruppen nicht von der Haftung umfasst sind; die Haftung bejahend: *Werner*, NZBau 2000, 225, 226; *Insam/Hinrichs/Tacou*, NZA-RR 2014, 569, 570.

965 BAG, Urteil vom 12.01.2005, 5 AZR 617/01, NZA 2005, 627, 630.

966 Vgl. ausführlich dazu III. 1. a) dieses Kapitels.

967 BAG, Urteil vom 28.03.2007, 10 AZR 76/06, NZA 2007, 613, 614; Anwendungsbereich bejahend für Bauträger BAG, Urteil vom 16. 5. 2012, 10 AZR 190/11, NZA 2012, 980.

968 *Koberski/Asshoff/Eustrup/Winkler*, AEntG 2011, § 14 Rn. 20.

969 HK-MiLoG (2. Auflage)/*Reinfelder*, § 13 Rn. 10.

970 Eigenbetriebe sind Betriebe der öffentlichen Hand ohne eigene Rechtspersönlichkeit.

städtische Krankenhaus und andere kommunale Unternehmen wie z. B. eine städtische GmbH.[971] Gegen die Haftung der öffentlichen Hand wird angebracht, dass keine „gewerbliche Tätigkeit" i. S. v. § 211 SGB III a. F. vorliegt.[972] Behörden und staatliche Stellen würden außerdem den Unternehmerbegriff mangels Gewinnerzielungsabsicht nicht erfüllen.[973] Schon nach dem Wortlaut des § 1a AEntG a. F. scheidet die Haftung der öffentlichen Hand demnach aus.

Andererseits wird vertreten, dass der Wortlaut gerade keinen Schluss für eine Einschränkung der Haftung für die öffentliche Hand zulässt.[974] Für die Haftung von Körperschaften des öffentlichen Rechts und ausgegliederten Behördenteilen führen *Harbrecht* und *Werner* ein Urteil des Kammergerichts Berlin an.[975] Dieses entschied hinsichtlich einer Anstalt des öffentlichen Rechts, dass bei einem kaufmännischen Eigenbetrieb mit Gewinnerzielungsabsicht die Kaufmannseigenschaft vorliegt. Außerdem gebe es keine Rechtfertigung, warum öffentliche Unternehmen, die wie privatrechtliche Unternehmen am Markt agieren, hinsichtlich der Haftung privilegiert werden sollten.[976] Offen ist die Anwendung der Haftungsnorm für den Fall fehlender Gewinnerzielungsabsicht. Höchstrichterliche Rechtsprechung gibt es zu der Problematik nicht.

---

971 Gegen die Haftung der öffentlichen Hand: *Koberski/Asshoff/Eustrup/Winkler*, AEntG 2011, § 14 Rn. 20; *Mohr*, in: Thüsing, AEntG, § 14 Rn. 16; *Vogelsang*, in: Schaub, Arbeitsrecht, 2013, § 162, Rn. 43; *Meyer*, AuA 1999, 113, 114; kritisch zum Haftungsausschluss: Däubler/*Lakies*, TVG, § 14 AEntG, Rn. 14; für die Haftung, wenn wie ein privatrechtliches Unternehmen agiert wird: *Insam/Hinrichs/Tacou*, NZA-RR 2014, 569, 571; *Harbrecht*, BauR 1999, 1376, 1377, er nennt als Beispiel die Stadtwerke bzw. die städtischen Eigenbetriebe wie Gas- bzw. Stromversorgungsunternehmen; dem zustimmend *Ulber*, AEntG 2009, § 14 Rn. 17; offengelassen: BAG, Urteil vom 28.03.2007-10 AZR 76/06- NZBau 2007, 434. Zur Problematik, ob juristische Personen des öffentlichen Rechts die Unternehmereigenschaft i. S. v. § 14 BGB haben vgl. *Habermann*, in: Staudinger Kommentar, 2013, § 14 BGB Rn. 53 ff.

972 *Meyer*, AuA 1999, 113, 144.

973 *Riechert/Nimmerjahn*, MiLoG Kommentar, § 13 Rn. 25; wobei schon problematisch ist, ob der Unternehmerbegriff überhaupt Gewinnerzielungsabsicht zwingend erfordert, vgl. hierzu etwa MüKo/*Micklitz/Purnhagen* § 14 BGB Rn. 23.

974 Däubler/*Lakies*, TVG, § 14 AEntG, Rn. 14; Erfurter Kommentar 2018/*Schlachter*, § 14 AEntG, Rn. 3.

975 KG, Urteil vom 30.04.1998, 12 U 854-97, NJW-RR 1999, 638.

976 *Insam/Hinrichs/Tacou*, NZA-RR 2014, 569, 571.

7. Übertragbarkeit auf das Mindestlohngesetz

a) § 14 I BGB als Ausgangspunkt

Ausgangspunkt des Unternehmerbegriffs ist § 14 I BGB (vorbehaltlich des Prinzips der Generalunternehmerhaftung). Deshalb sollen auch Freiberufler, Handwerker, Landwirte und Kleingewerbetreibende vom Anwendungsbereich umfasst sein.[977] Warum die benannten Personengruppen aus dem Anwendungsbereich fallen sollen, kann nicht nachvollzogen werden. Lediglich Personen, die für den privaten Lebensbereich tätig werden, sind keine Unternehmer i. S. v. § 14 I BGB und somit vor allem wegen der fehlenden beruflichen bzw. gewerblichen Tätigkeit nicht von der Haftung umfasst.

b) Handeln der öffentlichen Hand

Nach herrschender Meinung gilt die Haftung des § 13 MiLoG nicht für hoheitliches Handeln der öffentlichen Hand, da Behörden und staatliche Stellen den Unternehmerbegriff nicht erfüllen.[978] Sie handeln regelmäßig nicht mit Gewinnerzielungsabsicht[979] und dürfen gemäß § 97 IV GWB Aufträge nur an gesetzestreue Unternehmer vergeben. Sie sind deshalb schon aufgrund dieser Vorschrift gehalten, auf die Einhaltung des Mindestlohns zu achten. Ersteres gilt vor allem, so weit sie staatliche Aufgaben wahrnehmen. Zwar ist für die Frage der Haftung der öffentlichen Hand der Schutz der Arbeitnehmer zu beachten, jedoch scheidet eine Haftung der öffentlichen Hand regelmäßig mangels Unternehmereigenschaft aus. Die Rechtsprechung orientiert sich bei der Frage, ob öffentliche Unternehmen als Gewerbetreibende zu sehen sind, nämlich in erster Linie am Kriterium der Gewinnerzielungsabsicht, sodass sie regelmäßig nicht als Gewerbetreibende anerkannt werden.[980]

Die öffentliche Hand ist vom Wortlaut der Haftungsnorm somit grundsätzlich nicht erfasst.

---

977 *Riechert/Nimmerjahn*, MiLoG Kommentar, § 13 Rn. 17.

978 *Riechert/Nimmerjahn*, MiLoG Kommentar, § 13 Rn. 25; Erfurter Kommentar 2018/*Franzen*, § 13 MiLoG, Rn. 2; so auch für hoheitliche Tätigkeiten und die öffentliche Daseinsvorsorge *Heukenkamp*, S. 383; a. A. *Oltmanns/Fuhlrott*, NZA 2015, 392, 394.

979 Zur Problematik, ob der Unternehmerbegriff überhaupt Gewinnerzielungsabsicht zwingend erfordert, vgl. etwa MüKo/*Micklitz/Purnhagen* § 14 BGB Rn. 23 m. w. N.

980 BGH, Urteil vom 11.01.1962, VII ZR 188/60, NJW 1962, 868; BGH, Urteil vom 18.01.1968, VII ZR 1010/65, NJW 1962, 639; MüKo/*Micklitz/Purnhagen* § 14 BGB Rn. 23 m. w. N.

c) *Handeln staatlicher Stellen oder Behörden wie privatwirtschaftliche Unternehmen*

Treten staatliche Stellen oder Behörden jedoch wie Unternehmen am Markt auf, um Gewinne zu erzielen und beauftragen sie in diesem Zusammenhang Unternehmer, gibt es keinen Grund, sie von der Haftung auszunehmen (etwa Straßenbauunternehmen). Maßgeblich für die Haftung ist somit das Auftreten am Markt wie ein privates Unternehmen mit Gewinnerzielungsabsicht und nicht etwa allein die Rechtsform.[981] Zwar ist die öffentliche Hand zum gesetzestreuen Handeln verpflichtet, daraus ergibt sich jedoch kein nachvollziehbarer Grund, die öffentliche Hand beim Auftreten wie ein privates Unternehmen vor der Bürgenhaftung zu schützen. Gerade in der Privatwirtschaft besteht das Bedürfnis, wettbewerbsverzerrende Vorteile durch den Einsatz von Nachunternehmern, die den Mindestlohn nicht zahlen, zu verhindern. Staatlich beherrschte privatrechtlich organisierte Unternehmen, die privatrechtlich organisiert sind, wie z. B. eine privatrechtliche GmbH, bei der die Stadt Gesellschafter ist, haften dagegen unproblematisch nach § 13 MiLoG bzw. § 14 AEntG.[982]

8. Anspruchsinhaber gemäß § 14 AEntG

Anspruchsinhaber im Rahmen der Haftung des § 14 AEntG können die gemeinsamen Einrichtungen der Tarifvertragsparteien, die Arbeitnehmer des Auftragnehmers, die der eingesetzten Nachunternehmer sowie die Arbeitnehmer eventuell beauftragter Verleiher sein.[983] Nach dem Wortlaut umfasst die Haftung alle Arbeitnehmer, unabhängig davon, ob sie im Rahmen der konkreten Werk- oder der Dienstleistung überhaupt tätig waren. Diese weite Ausdehnung wird jedoch abgelehnt.[984] Argumentiert wird damit, dass nur im Rahmen der vom Unternehmer selbst in Auftrag gegebenen Werk- und Dienstleistungen eine Überprüfungsmöglichkeit bestehe und entsprechende Sicherungsmaßnahmen vereinbart werden können.[985] Solange die Arbeitnehmer gar nicht mit dem Werk beschäftigt sind, könne der Auftraggeber auch nicht prüfen, ob die Mindestarbeitsbedingungen eingehalten sind.[986] Andernfalls wäre der Haftungsumfang für den Auftraggeber unüberschaubar. Er weiß regelmäßig nicht, wie

981 Vgl. hierzu *Werner*, NZBau 2000, 225, 226; hierzu auch *Heukenkamp*, S. 383.
982 Zu § 14 AEntG vgl. *Koberski/Asshoff/Eustrup/Winkler*, AEntG 2011, § 14 Rn. 20.
983 *Koberski/Asshoff/Eustrup/Winkler*, AEntG 2011, § 14 Rn. 37.
984 *Koberski/Asshoff/Eustrup/Winkler*, AEntG 2011, § 14 Rn. 33.
985 *Koberski/Asshoff/Eustrup/Winkler*, AEntG 2011, § 14 Rn. 33.
986 *Koberski/Asshoff/Eustrup/Winkler*, AEntG 2011, § 14 Rn. 33.

viele Arbeitnehmer sein Vertragspartner beschäftigt und inwieweit diese bei anderen Auftraggebern eingesetzt werden. Dies kann im Verhältnis zur eigenen Beauftragung eine sehr hohe Summe sein. Außerdem soll die Vorschrift davor schützen, dass nach dem Arbeitnehmer-Entsendegesetz zwingend geltende Arbeitsbedingungen umgangen werden und der Profit durch die Fremdvergabe eigener Verpflichtungen auf Kosten der eingesetzten Arbeitnehmer unberechtigterweise gesteigert wird.[987] Der Zweck der Vorschrift greift nur ein, solange es um die beim Auftraggeber eingesetzten Arbeitnehmer geht. Für diese Auslegung sprechen auch die Ausführungen des BVerfG.[988] Gegenstimmen, die eine Haftung für alle Arbeitnehmer des eingesetzten Subunternehmers befürworten, sind hier nicht bekannt, obwohl der Wortlaut keine Einschränkung hinsichtlich der Anspruchsinhaber vorsieht. In der Praxis stellt sich die Frage, wie abgegrenzt wird, falls ein Arbeitnehmer für mehreren Auftraggebern eingesetzt war und nun den Mindestlohn einklagt. Er müsste vor Gericht die Stunden auflisten und genau differenzieren, wann und wie lange er für den jeweiligen Auftraggeber tätig war. Ggf. müsste der Arbeitnehmer dann gegen beide Bürgen vorgehen. Diese Erschwernis in der Rechtsdurchsetzung könnte als Gegenargument angeführt werden, wobei dieses Vorgehen dem Arbeitnehmer zuzumuten ist, da es um seine Lohnansprüche geht.

9. Übertragbarkeit auf das Mindestlohngesetz

Die Haftung besteht – entgegen dem Wortlaut, wie im Rahmen von § 14 AEntG – nur für die Ansprüche der Arbeitnehmer, die im Rahmen der beauftragten Dienst- oder Werkleistung tätig waren.[989] Von der Haftung umfasst sind auch Leiharbeitnehmer, die von den Nachunternehmern eingesetzt werden.[990] Dies ergibt sich schon aus dem Wortlaut. Keine Haftung besteht für Arbeitnehmer der Beauftragten, die nicht für Arbeiten beim Auftraggeber tätig waren.[991] Wird ein Arbeitnehmer für mehrere Auftraggeber tätig, ist somit zu prüfen, in welchem

987 Zum Regelungszweck vgl. etwa *Mohr*, in: Thüsing, AEntG, § 14 Rn. 4.

988 Vgl. BVerfG, Beschluss vom 20.03.2007, Rn. 54, NZA 2007, 609, 612: „… ist es gerechtfertigt, ihm die Mitverantwortung für die Erfüllung der Mindestlohnansprüche der auch *in seinem Interesse auf der Baustelle eingesetzten* Arbeitnehmer zuzuweisen."

989 *Heukenkamp*, S. 404 f.; *Hilgenstock*, Mindestlohngesetz, Rn. 184; HK-ArbR/*Fechner*, § 13 MiLoG Rn. 17; zur Haftungsverteilung im Innenverhältnis vgl. näher *Heukenkamp*, S. 404 ff.

990 Kritisch hierzu *Oltmanns/Fuhlrott*, NZA 2015, 392, 394, sie lehnen die Haftung für den Fall der rechtmäßigen Arbeitnehmerüberlassung ab.

991 *Riechert/Nimmerjahn*, MiLoG Kommentar, § 13 Rn. 38.

Umfang er für die jeweiligen Auftraggeber tätig war. Aus Sicht des Arbeitnehmers ist eine Haftung für sämtliche geleistete Arbeitsstunden (also auch Arbeitsstunden, die bei einem anderen Auftraggeber geleistet wurden) zu begrüßen: Der Arbeitnehmer der jeweiligen Subunternehmer wird zumindest auch in Ausführung ihrer Werk- oder Dienstleistung tätig.[992] Dem steht auch nicht der Wortlaut der Norm entgegen. Kritisch ist die Haftung für nicht beim Auftraggeber geleistete Arbeitsstunden jedoch mit Blick auf die Verfassungsmäßigkeit und Art. 12 GG, sodass wohl nur für nachgewiesen geleistete Arbeitsstunden gehaftet werden kann.[993] Andernfalls fehlt es an der Verantwortlichkeit des Auftraggebers.[994]

10. Bürgenhaftung gemäß § 14 AEntG bei Insolvenz des Arbeitgebers

a) Bürgenhaftung bei Zahlungsunwilligkeit und Zahlungsunfähigkeit?

Unklar ist, ob die Bürgenhaftung lediglich bei Zahlungsunwilligkeit oder auch bei insolvenzbedingter Zahlungsunfähigkeit des Arbeitgebers besteht. Das BAG hat dies ausdrücklich offengelassen.[995] Obergerichtlich wurde vertreten, dass auch bei insolvenzbedingter Zahlungsunfähigkeit die Bürgenhaftung besteht.[996] Nach dem Wortlaut des § 1a AEntG a. F. komme es nach Ansicht des LAG Baden-Württemberg nicht darauf an, ob der Arbeitgeber wegen Leistungsunwilligkeit oder wegen Leistungsunfähigkeit seine Verpflichtung zur Zahlung des Mindestlohns nicht erfüllt.

b) Anspruchsübergang auf den Sozialleistungsträger?

Davon zu unterscheiden ist die Frage hinsichtlich des Anspruchsübergangs auf den Sozialversicherungsträger bei Zahlung von Insolvenzgeld an den Arbeitnehmer. Ob eine Übertragung des Anspruchs aus § 14 AEntG aufgrund der Gewährung von Sozialleistungen nach § 115 SGB X, § 169 SGB III stattfindet, ist streitig.[997] Besonders relevant wird dies im Fall der Beantragung von

992 Für den Fall, dass die Zuordnung der Arbeitszeit zu den jeweiligen Aufträgen nicht möglich ist, vgl: *Riechert/Nimmerjahn*, MiLoG Kommentar, § 13 Rn. 39.

993 Vgl. hierzu Ziff. III. 3. a) bb) dieses Kapitels.

994 *Riechert/Nimmerjahn*, MiLoG Kommentar, § 13 Rn. 38.

995 Vgl. Orientierungssatz von BAG, Urteil vom 08.12.2010, 5 AZR 95/10, NZA 2011, 514 mit Verweis auf BVerfG, Beschluss vom 20.03.2007, 1 BvR 1047/05, NZA 2007, 609.

996 LAG Baden-Württemberg, Urteil vom 18.01.2010, 4 Sa 14/09-BeckRS 2010, 65778.

997 Für den Übergang des Anspruchs auf den Sozialleistungsträger *Lakies*, MiLoG 2017, § 13 Rn. 20; Erfurter Kommentar 2018/*Schlachter*, § 14 AEntG, Rn. 2; *Koberski/Asshoff/Eustrup/Winkler*, AEntG 2011, § 14 Rn. 37; a. A. BAG, Urteil vom 08.12.2010, 5 AZR 95/10, NZA 2011, 514, 515.

Insolvenzgeld durch den Arbeitnehmer. Vom BAG wird der Anspruchsübergang für den Insolvenzfall abgelehnt.[998] Im Fall der Insolvenz des Nachunternehmers erlösche demnach die Haftung des Hauptunternehmers nach § 14 AEntG mit und im Umfang der Zahlung des Insolvenzgelds. Die Haftung des Hauptunternehmers nach § 1a AEntG a. F. geht nach Ansicht des BAG weder unmittelbar nach § 187 S. 1 SGB III a. F. noch in Verbindung mit §§ 412, 401 I BGB auf die Bundesagentur für Arbeit über.[999] Die Haftung nach § 1a AEntG a. F. sei keine i. S. v. § 401 I BGB bestellte Bürgschaft, sondern eine gesetzlich angeordnete Bürgenhaftung und somit der Anspruch kein übergangsfähiges Nebenrecht. Eine analoge Anwendung scheide aus, da der Sicherungszweck des § 1a AEntG a. F. durch die Zahlung des Insolvenzgelds erreicht sei.[1000]

Die überwiegenden Stimmen der Literatur folgen der höchstrichterlichen Rechtsprechung nicht.[1001] Sie zählt zu den Anspruchsberechtigten im Rahmen der Bürgenhaftung auch Sozialversicherungsträger, für den Fall des Anspruchsübergangs nach § 115 SGB X.[1002] Die Bürgenhaftung sei Bestandteil des Mindestgeldanspruchs und müsse bei dessen Übergang mit übergehen, sonst falle die Sicherungswirkung weg.[1003]

11. Übertragbarkeit auf das Mindestlohngesetz

a) Bürgenhaftung bei Zahlungsunwilligkeit und Zahlungsunfähigkeit?

Weder § 13 MiLoG noch § 14 AEntG differenzieren bei der Haftung zwischen Zahlungsunwilligkeit und insolvenzbedingter Zahlungsunfähigkeit. Ob ein Gleichlauf der Haftung im Insolvenzfall bei § 13 MiLoG und § 14 AEntG sachgerecht ist, ist dennoch umstritten.[1004] Dafür spricht, dass die weite Haftung und das hiermit verbundene Risiko die Auftraggeber dazu bewegen, die Vertragspartner zur Einhaltung der Zahlungspflicht des gesetzlichen Mindestlohns zu verpflichten und ihre Vertragspartner auch dementsprechend zu kontrollieren.

---

998 BAG, Urteil vom 08.12.2010, 5 AZR 95/10, NZA 2011, 514, 515.

999 BAG, Urteil vom 08.12.2010, 5 AZR 95/10, NZA 2011, 514, 515.

1000 BAG, Urteil vom 08.12.2010, 5 AZR 95/10, NZA 2011, 514, 516.

1001 *Lakies*, MiLoG 2017, § 13 Rn. 20; Erfurter Kommentar 2018/*Schlachter*, § 14 AEntG, Rn. 2; *Koberski/Asshoff/Eustrup/Winkler*, AEntG 2011, § 14 Rn. 37.

1002 Däubler/*Lakies*, TVG, § 14 AEntG, Rn. 23 f.

1003 Erfurter Kommentar 2018/*Schlachter*, §14 AEntG, Rn. 2.

1004 Vgl. *Bissels/Falter/Krings*, DB 2015, 1962, 1964.

Aufgrund des hohen Haftungsrisikos würde verstärkt auf die Einhaltung der Zahlung des Mindestlohns geachtet.[1005] Außerdem verwirkliche sich gerade in Insolvenzfällen das Risiko des Zahlungsausfalles, das durch die Auftragsvergabe geschaffen wurde.[1006]

Dagegen wird angeführt, dass die Auftragsvergabe aufgrund des unabsehbaren Haftungsrisikos eingeschränkt werden würde.[1007] Ein Auseinanderlaufen der Haftung im Insolvenzfall wäre aufgrund des Unterschiedes beider Normen möglich: Im Rahmen der Arbeitnehmerentsendung sei eine Durchsetzung der Ansprüche des Arbeitnehmer-Entsendegesetzes durch den ausländischen Arbeitnehmer deutlich schwieriger als beim gesetzlichen Mindestlohn.[1008] Das Mindestlohngesetz bezwecke nicht die Freistellung der Arbeitnehmer vom Insolvenzrisiko des Arbeitgebers, weshalb die Haftung im Insolvenzfall weder erforderlich noch angemessen sei.[1009] Außerdem spreche der Grundsatz der Gläubigergleichbehandlung des Insolvenzrechts gegen den doppelten Schutz des Arbeitnehmers.[1010] Durch die Gewährung eines zweiten Schuldners über § 13 MiLoG wären die Arbeitnehmer grundlos besser gestellt als die übrigen Gläubiger. Wie im Fall des Betriebsübergangs nach § 613a BGB von einem insolventen auf einen liquiden Arbeitgeber müsse die Haftung eingeschränkt werden, um eine Besserstellung der Arbeitnehmer gegenüber den anderen Gläubigern zu verhindern.[1011]

Richtigerweise muss die Haftung nach § 13 MiLoG im Insolvenzfall bestehen bleiben. Der Wortlaut der Norm differenziert gerade nicht zwischen Zahlungsunwilligkeit und insolvenzbedingter Zahlungsunfähigkeit. Dadurch soll die Wirkung des Mindestlohngesetzes verstärkt und die Arbeitnehmer besonders geschützt werden, denn gerade im Insolvenzfall sind sie auf die Geltendmachung ihrer Ansprüche gegenüber dem Bürgen angewiesen. Der umfassende Sicherungszweck der Bürgenhaftung, sowohl bei § 14 AEntG als auch bei

---

1005 BeckOK-MiLoG/*Greiner*, § 13 Rn. 5.

1006 Zur Begründung im Rahmen des § 13 MiLoG vgl. *Riechert/Nimmerjahn*, MiLoG Kommentar, § 13 Rn. 54; vgl. auch HK-ArbR/*Fechner*, § 13 MiLoG Rn. 9.

1007 *Thüsing* führt aus, dass Aufträge teilweise gar nicht mehr vergeben werden und nun in Eigenregie durchgeführt werden vgl. *Thüsing*, Stellungnahme zur öff. Anhörung am 30.06.2014 in Berlin, Ausschuss DRs. 18 (11) 148 S. 56.

1008 *Bissels/Falter/Krings*, DB 2015, 1962, 1964.

1009 Im Ergebnis vgl. auch *Kühn/Reich*, BB 2014, 2938, 2939; *Bissels/Falter/ Krings*, DB 2015, 1962, 1964.

1010 *Bissels/Falter/ Krings*, DB 2015, 1962, 1964 f.

1011 *Bissels/Falter/ Krings*, DB 2015, 1962, 1965.

§ 13 MiLoG, spricht für die Haftung auch bei Zahlungsunfähigkeit im Insolvenzfall. Eine grundlose Gläubigerungleichbehandlung liegt nicht vor, da der Schutz des Arbeitnehmers im Vordergrund steht. In Bezug auf über den Mindestlohn hinausgehende Ansprüche liegt eine Gleichbehandlung vor. Meist wird die Bürgenhaftung erst im Insolvenzfall in Anspruch genommen. Eine Absicherung vor diesem Zeitpunkt ist regelmäßig auch gar nicht erforderlich, da der Arbeitnehmer den Mindestlohn gerichtlich von seinem eigenen Arbeitgeber fordern kann. Der Normzweck des § 13 MiLoG (Absicherung der Arbeitnehmer) würde in vielen Fällen ins Leere laufen. Auch ein Vergleich mit einer etwaigen Haftungsbegrenzung im Fall des Betriebsübergangs nach § 613a I, II BGB ist nicht sachgerecht. Bei § 13 MiLoG besteht die Sicherung durch den Bürgen als zusätzlichen Schuldner bereits bei Entstehung des Anspruches, sodass der Arbeitnehmer mit dem Schutz des Bürgen rechnet und sich hierauf verlässt. Diesem Schutz darf nicht nachträglich der Boden entzogen werden, da der Arbeitnehmer folglich das Insolvenzrisiko seines Arbeitgebers trägt. Bei der von *Bissels*, *Falter* und *Krings*[1012] dargestellten Fallkonstellation im Rahmen des § 613a BGB kommt dagegen erst nach Entstehung der Forderung (mit Betriebsübergang) ein zusätzlicher Schuldner für den Arbeitnehmer hinzu, nachdem auch schon das Insolvenzverfahren eröffnet wurde. Die Haftung ist somit von Anfang an begrenzt auf einen Schuldner. Außerdem ist Hintergrund der einschränkenden Haftung im Rahmen des Betriebsübergangs die Tatsache, dass der Betriebserwerber sein Haftungsrisiko kaufpreismindernd zulasten der Gläubiger berücksichtigen würde.[1013] Eine solche Gefahr für die Gläubiger besteht in der hier vorliegenden Fallkonstellation des § 13 MiLoG nicht.

b) Anspruchsübergang auf den Sozialleistungsträger?

Für die Frage der Haftung bei Zahlung von Insolvenzgeld ist die Rechtsprechung zu § 14 AEntG zu beachten.[1014] Das BAG hat eine Haftung des beauftragenden Unternehmers verneint, so weit die Bundesagentur für Arbeit Insolvenzgeld an den Arbeitnehmer bezahlt hat. Dem Arbeitnehmer soll richtigerweise ein Wahlrecht dahingehend gewährt werden, dass er die Bürgenhaftung in Anspruch nimmt oder Insolvenzgeld beantragt.[1015] Nach Ausübung des Wahlrechts

---

1012 *Bissels/Falter/Krings*, DB 2015, 1962, 1965.

1013 *Neufeld*, BB 2008, 2346.

1014 BAG, Urteil vom 08.12.2010, 5 AZR 95/10, NZA 2011, 514, 515; ausführliche Auseinandersetzung mit der Rspr. vgl. *Heukenkamp*, S. 386 ff.

1015 *Schubert/Jerchel/Düwell*, Das neue Mindestlohngesetz, Rn. 234.

ist der Schutzzweck der Norm erfüllt und der Anspruch aus § 13 MiLoG erlischt.[1016]

Dagegen könnte man jedoch den Schutzzweck des Mindestlohngesetzes anführen. Sinn des Mindestlohngesetzes ist u. a. der Schutz der Sozialsicherungssysteme.[1017] Geht man nämlich entgegen der Ansicht des BAG von einem Anspruchsübergang auf den Sozialleistungsträger aus, würde der Sozialleistungsträger begünstigt, da er im Falle der Beantragung von Insolvenzgeld, den Anspruch gegen den Bürgen erhält.[1018] Die Lösung des BAG wird auch von *Heukenkamp*[1019] abgelehnt, u. a. weil das Rückgriffsrisiko allein bei der Bundesagentur für Arbeit liegt. Dies stelle eine Benachteiligung gegenüber dem Generalunternehmer dar.[1020] *Heukenkamp* lässt den Anspruchsübergang gemäß §§ 412, 401 I BGB zu und verlangt einen anteiligen Ausgleich der Sicherungsgeber nach § 426 BGB.[1021]

Letztere Ansicht überzeugt aber nicht, weil der Sicherungszweck der Bürgenhaftung durch die Zahlung des Insolvenzgelds bereits erreicht wird. Der Mindestlohnanspruch wird somit (wie bei jedem anderen Arbeitsentgelt auch) erfüllt, soweit Insolvenzgeld durch die Bundesagentur gezahlt wird.[1022] Eine Anwendung von § 401 BGB scheidet auch deshalb aus, weil der Wortlaut den Fall einer (rechtsgeschäftlich) bestellten Bürgschaft regelt und die Haftung des § 14 AEntG gesetzlich begründet ist.[1023] Für eine analoge Anwendung gibt es nach den aufgeführten Argumenten keine Rechtfertigung.[1024] Es fehlt schon an der planwidrigen Regelungslücke, da dem Gesetzgeber die Rechtslage zu § 14 AEntG bei Schaffung des Mindestlohngesetzes bekannt war.[1025] Auch der Schutzzweck des

1016 Vgl. Leitsatz vom BAG, Urteil vom 08.12.2010, 5 AZR 95/10, BeckRS 2011, 70642, zu § 1a AentG a. F.: „In der Insolvenz des Nachunternehmers erlischt die Haftung des Hauptunternehmers nach § 1a AEntG a. F. jedenfalls mit und im Umfang der Zahlung von Insolvenzgeld durch die Bundesagentur für Arbeit."

1017 Vgl. Kapitel 2 II. 3.

1018 *Lakies*, MiLoG 2017, § 13 Rn. 20.

1019 Ausführliche Auseinandersetzung mit der Rspr. vgl. *Heukenkamp*, S. 386 ff.

1020 *Heukenkamp*, S. 390.

1021 *Heukenkamp*, S. 391.

1022 *Bayreuther*, NZA 2015, 961, 966.

1023 BAG, Urteil vom 08.12.2010, 5 AZR 95/10, NZA 2011, 514, 516; kritisch hierzu jedoch *Bayreuther*, NZA 2015, 961, 966.

1024 So auch MüKo/*Müller-Glöge* § 13 MiLoG Rn. 4.

1025 Die Rspr. des BAG hierzu ist aus dem Jahr 2010. Außerdem wird in den Gesetzgebungsmaterialien gerade auf die „bewährte Rechtslage" verwiesen, vgl. Ausschuss-Drs. 18(11)183, S. 5; BT-Drs. 18/2010 (neu), S. 23.

Mindestlohngesetzes hinsichtlich der Stärkung der Sozialsicherungssysteme erfordert kein anderes Ergebnis. Der Gesetzgeber möchte durch den Mindestlohn konkret die Lohnaufstockung im Niedriglohnbereich verhindern und eine existenzsichernde Lohnhöhe schaffen.[1026] Dass darüber hinaus die Sozialleistungsträger im Insolvenzfall entlastet werden sollen, ist nicht bezweckt.[1027] Durch die Bürgenhaftung soll lediglich der Arbeitnehmer einen weiteren Schuldner hinzubekommen.

Im Ergebnis ist dem BAG zu folgen.[1028] Ein Übergang des Anspruchs auf die Bundesagentur für Arbeit kommt nicht in Betracht.[1029]

12. Bußgeldtatbestand gemäß § 23 II AEntG

§ 23 II AEntG enthält Ordnungswidrigkeitentatbestände für Unternehmer, die bei der Ausführung von Werk- oder Dienstleistungen Subunternehmer einsetzen. Nach dem Wortlaut der Norm ist jeder Auftraggeber erfasst, der Werk- oder Dienstleistungen in erheblichem Umfang ausführen lässt. Entsprechend der Rechtslage zu § 14 AEntG werden im Rahmen des § 23 II AEntG jedoch die Grundsätze der Generalunternehmerhaftung angewendet und eine einschränkende Auslegung des Bußgeldtatbestandes vorgenommen.[1030]

a) „Werk- oder Dienstleistungen in erheblichem Umfang“

Der Begriff der Werk- oder Dienstleistungen in erheblichem Umfang ist gesetzlich nicht definiert. Hier gibt es keine feste Grenze. Maßgeblich soll eine Einzelfallentscheidung sein.[1031] Bei der Beurteilung soll das volumenmäßige Verhältnis, das der Zahl der Arbeitskräfte und dem vergebenen Auftragsvolumen im Vergleich zum Gesamtauftragsvolumen des Hauptunternehmers entspricht, maßgeblich sein.[1032] *Ulber* nimmt jedenfalls ab einem Auftragswert

---

1026 *Lakies*, AuR 2013, 69, 70; vgl. näher Kapitel 2 II. 3.

1027 Keine Anhaltspunkte hierfür in der Entwurfsbegründung oder in den Gesetzgebungsmaterialien, vgl. BT-Drs. 18/1558, S. 1 ff.; Ausschuss-Drs. 18(11)183, S. 5; BT-Drs. 18/2010 (neu), S. 23.

1028 Im Ergebnis offen gelassen von *Bayreuther*, NZA 2015, 961, 966. Er fordert aufgrund der fehlenden Klarheit eine gesetzliche Klarstellung.

1029 A. A. *Heukenkamp*, S. 391 ff.; *Lakies*, MiLoG 2017, § 13 Rn. 20 f.

1030 AG München, Urteil vom 30.12.2010, 1112 Owi 298 Js 35029/10, BeckRS 2011, 23481; *Aufdermauer*, Anwaltspiegel 2015, 12, 14; Erfurter Kommentar 2018/*Schlachter*, § 23 AEntG, Rn. 5.

1031 *Erbs/Kohlhaas/Ambs*, § 23 AEntG Rn. 30.

1032 *Ulber*, AEntG 2009, § 23 Rn. 25.

von 30.000 € (in Anlehnung an § 21 IV AEntG) einen „erheblichen Umfang" an. Zum Teil wird bei einem Auftragswert ab 10.000 € von einem „erheblichen Umfang" geredet.[1033]

b) Positive Kenntnis und fahrlässige Unkenntnis

Im Rahmen des Tatbestands wird positive Kenntnis oder fahrlässige Unkenntnis vorausgesetzt (vgl. § 23 II AEntG). Fraglich ist, welche zumutbaren Nachforschungspflichten und Überprüfungspflichten der Auftraggeber im Rahmen der Fahrlässigkeit hat. Nach der Entwurfsbegründung kommt der Hauptunternehmer seiner Sorgfaltspflicht bei Abschluss des Vertrags in der Regel nach, wenn er sich von seinem Vertragspartner schriftlich zusichern lässt, dass dieser die Arbeitsbedingungen nach dem Arbeitnehmer-Entsendegesetz einhält und dies auch von seinen Nachunternehmern verlangen wird.[1034] Auch nach Vertragsschluss soll jedoch eine Kontrollpflicht bestehen bleiben, insbesondere bei objektiven Anhaltspunkten für etwaige Verstöße.[1035] Dem Hauptunternehmer sei es zumutbar, den Vertragspartner auf den Verdacht anzusprechen und sich Nachweise vorlegen zu lassen. Hierbei sind laut der Entwurfsbegründung rechtliche Grenzen und wettbewerbsrechtliche Gesichtspunkte zu beachten. Außerdem muss sich der Mehraufwand für die Unternehmer in vertretbaren Grenzen halten. Anhaltspunkte für Verstöße des Vertragspartners könnten etwa besonders niedrige Angebote und Berichterstattungen in den Medien oder Aussagen der eingesetzten Arbeitnehmer sein.[1036]

13. Übertragbarkeit auf das Mindestlohngesetz

Die Bußgeldhaftung des § 21 II MiLoG entspricht inhaltlich § 23 II AEntG. Ordnungswidrig handelt demnach, wer Werk- oder Dienstleistungen in erheblichem Umfang ausführen lässt, indem er als Unternehmer einen anderen Unternehmer beauftragt, von dem er weiß oder fahrlässig nicht weiß, dass dieser bei der Erfüllung dieses Auftrags die Mindestarbeitsbedingungen nicht gewährt oder einen Beitrag nicht leistet (§ 23 II Nr. 1 AEntG) bzw. den Mindestlohn nicht oder nicht rechtzeitig bezahlt (§ 21 II Nr. 1 MiLoG). Ordnungswidrig handelt zudem, wer Werk- oder Dienstleistungen in erheblichem Umfang ausführen

---

1033 Erfurter Kommentar 2018/*Schlachter*, § 23 AEntG, Rn. 5; *Kudlich*, in: Thüsing, AEntG, § 23 Rn. 41; Däubler/*Lakies*, TVG, § 23 AEntG, Rn. 11.

1034 BT-Drs. 13/8994, S. 72.

1035 BT-Drs. 13/8994, S. 72.

1036 *Koberski/Asshoff/Eustrup/Winkler*, AEntG 2011, § 23 Rn. 16.

lässt, indem er als Unternehmer einen anderen Unternehmer beauftragt, von dem er weiß oder fahrlässig nicht weiß, dass dieser bei der Erfüllung dieses Auftrags einen Nachunternehmer einsetzt oder zulässt, dass ein Nachunternehmer tätig wird, der Mindestarbeitsbedingungen nicht gewährt oder Beiträge nicht leistet (§ 23 II Nr. 2 AEntG) bzw. der den Mindestlohn nicht oder nicht rechtzeitig zahlt (§ 21 II Nr. 2 MiLoG). Mit Blick auf den tatbestandlichen Gleichlauf von § 23 II AEntG und § 21 II MiLoG kann man auf die zu § 23 II AEntG entwickelten Grundsätze zurückgreifen. Maßgeblich sind die Auslegung des § 13 MiLoG und § 14 AEntG und das Verständnis des Unternehmerbegriffs. Geht man im Rahmen der Bürgenhaftung vom Prinzip der Generalunternehmerhaftung aus, dann muss man im Rahmen des Bußgeldtatbestandes auch eine einschränkende Auslegung vornehmen.[1037] Dafür spricht schon allein die gleiche Begriffswahl „Unternehmer".[1038] Der Bußgeldtatbestand ist somit auf Generalunternehmer beschränkt.

a) „Werk- oder Dienstleistung in erheblichem Umfang"

Auch im Rahmen des Mindestlohngesetzes ist eine feste Grenze für die Frage der Erheblichkeit abzulehnen.[1039] Eine feste Grenze ist nicht sinnvoll, da ein kleiner Handwerksbetrieb offensichtlich weniger Auftragsvolumen hat als etwa ein global tätiger Automobilhersteller. Sinnvoll ist eine Entscheidung im Einzelfall.[1040] Ab einem Auftragswert von 10.000 € kann der Bußgeldtatbestand eingreifen[1041], wobei auch das Verhältnis der eingesetzten Arbeitnehmer zum Gesamtauftragsvolumen und die Höhe der Mindestlohnunterschreitung beachtet werden müssen.[1042]

1037 Im Ergebnis auch *Bissles/Falter*, BB 2015, 373 f.

1038 So auch *Riechert/Nimmerjahn*, MiLoG Kommentar, § 21 Rn. 52.

1039 *Kudlich*, in: Thüsing, MiLoG/AEntG, § 21 Rn. 19 MiLoG; *Kühn/Reich*, BB 2014, 2938, 2941.

1040 *Kühn/Reich*, BB 2014, 2938, 2941.

1041 *Lakies*, MiLoG 2017, § 21 Rn. 14; zur entsprechenden Vorschrift im AEntG: Erfurter Kommentar 2018/*Schlachter*, § 23 AEntG, Rn. 5.

1042 Zur Berücksichtigung der Höhe der Mindestlohnunterschreitung vgl. *Kudlich*, in: Thüsing, MiLoG/AEntG, § 21 Rn. 19 MiLoG.

b) *Positive Kenntnis und fahrlässige Unkenntnis*

Für die Beurteilung der Tatbestandsmerkmale „positive Kenntnis“ und „fahrlässige Unkenntnis“ im Rahmen des Mindestlohngesetzes kann auf die aufgeführten Grundsätze im Rahmen des § 23 II AEntG zurückgegriffen werden.

IV. Haftungsumfang

Der Haftungsumfang im Rahmen des § 13 MiLoG ergibt sich aus § 14 I 2 AEntG. Von der Haftung umfasst ist das Nettoentgelt.[1043] Dies ist der Betrag, der nach Abzug von Steuern und der Sozialversicherungsbeiträge und zur Arbeitsförderung oder entsprechenden Aufwendungen zur sozialen Sicherung an den Arbeitnehmer auszuzahlen ist.[1044] Der Anspruch des § 13 MiLoG wird nur für tatsächlich geleistete Arbeit gewährt.[1045] Nicht erfasst werden Entgeltfortzahlungsansprüche[1046] und individuell vereinbarte höhere Löhne[1047]. Aufgrund der Akzessorietät der Bürgenhaftung ist die Einstandspflicht des Unternehmers vom Bestand und Umfang der Mindestlohnverpflichtung des Nachunternehmers abhängig. Der Unternehmer kann somit auch sämtliche, dem Nachunternehmer zustehende Einwendungen gegenüber dem Arbeitnehmer geltend machen.[1048]

V. Möglichkeiten zur Haftungsbegrenzung/Praxisgerechte Lösungen de lege lata

Unternehmen treffen zunehmend Maßnahmen, um die Haftung zu begrenzen bzw. eine Bußgeldstrafe zu vermeiden.[1049] Nicht nur gefürchtete finanzielle

---

1043 *Lelley*, in: Thüsing, MiLoG/AEntG, § 13 Rn. 18 MiLoG.

1044 *Riechert/Nimmerjahn*, MiLoG Kommentar, § 13 Rn. 40; vgl. auch Wortlaut von § 14 S. 2 AEntG.

1045 *Lakies*, MiLoG 2017, § 13 Rn 27; *Lelley*, in: Thüsing, MiLoG/AEntG, § 13 Rn. 18 MiLoG; BAG, Urteil vom 12.01.2005, NZA 2005, 627, 634.

1046 *Schubert/Jerchel/Düwell*, Das neue Mindestlohngesetz, Rn. 232; hieran ändert auch das Urteil des BAG vom 13.05.2015, 10 AZR 191/14, nichts, da es in dieser Entscheidung nicht um die Haftung geht, sondern um den tariflichen Mindestlohnanspruch des Arbeitnehmers gegen den eigenen Arbeitgeber.

1047 Dies ergibt sich aus dem Wortlaut: in § 14 S. 1 AEntG ist nur die Rede von „... Verpflichtung ... zur Zahlung des Mindestentgelts ...“; vgl. auch *Lelley*, in: Thüsing, MiLoG/AEntG, § 13 Rn. 18 MiLoG; *Lakies*, MiLoG 2017, § 13 Rn 26.

1048 *Riechert/Nimmerjahn*, MiLoG Kommentar, § 13 Rn. 44.

1049 Vgl. etwa zu empfohlenen Maßnahmen im Rahmen der Haftung und darüber hinaus *Rittweger/Zieglmeier*, NZA 2015, 976 ff.

Belastungen bewegen sie dazu, auch die Angst vor Imageverlusten ist ein Auslöser. Welche Lösungen und Maßnahmen überhaupt praxis- und gesetzeskonform sind, wird im Folgenden untersucht.[1050]

1. Auswahl und Kontrolle der Geschäftspartner

Wichtig bei der Auswahl der Geschäftspartner im Rahmen der Auftragsvergabe sind die sorgfältige Prüfung der Angebote und die Kontrolle der Unternehmer im Hinblick auf die Vergütung der Arbeitnehmer. Auftraggeber haben anfangs die Möglichkeit, anhand der Preiskalkulation eine Plausibilitätsprüfung vorzunehmen.[1051] Diese Prüfung könnte zu Nachweiszwecken schriftlich dokumentiert werden.[1052] Im Rahmen der Baubranche dürfte eine Prüfung der Unternehmen über eine Bescheinigung einer Präqualifikation nachgewiesen werden können (vgl. § 28e IIIb SGB IV). Zur Erleichterung gibt es einen Verein für Präqualifizierungen für Bauunternehmen.[1053] In anderen Branchen dürfte eine Prüfung der Zuverlässigkeit und Zahlungswilligkeit schwieriger sein. Hier muss sich ein Unternehmer aber nicht allein auf den Leumund verlassen. Für den Fall, dass ihm bereits Verstöße gegen den Nachunternehmer bekannt sind, wird empfohlen, die Beibringung einer Selbstauskunft aus dem Gewerbezentralregister nach § 150 GewO einzufordern.[1054] Daneben besteht die Möglichkeit, sich anonymisierte Gehaltszettel vorlegen zu lassen[1055] oder Bestätigungen der Arbeitnehmer, dass sie den Mindestlohn erhalten. Bis dahin kann der Auftraggeber mit dem Beauftragten vereinbaren, dass er ein Teil des Werklohns bzw. der Dienstvergütung einbehält.[1056] Das schützt den Auftraggeber jedoch nicht davor, dass der Beauftragte Überstunden nicht vergütet oder nicht allen Arbeitnehmern den Mindestlohn bezahlt. Eine vom BAG[1057] angesprochene Kontrolle

---

1050 Näheres mit Formulierungsvorschlägen siehe *Oltmanns/Fuhlrott*, NZA 2015, 392, 396 ff.

1051 *Riechert/Nimmerjahn*, MiLoG Kommentar, § 13 Rn. 64; *Grimm* in Tschöpe, Arbeitsrecht Teil 6 E Rn. 128.

1052 *Bissels/Falter*, BB 2015, 373, 375.

1053 Homepage des Bundesministeriums für Umwelt, Naturschutz, Bau und Reaktorsicherheit, unter: http://www.bmub.bund.de/themen/bauen/bauwesen/bauauftragsvergabe/praequalifizierung/ (abgerufen am 21.02.2018).

1054 *Bissels/Falter*, BB 2015, 373, 375.

1055 *Insam/Hinrichs/Tacou*, NZA-RR 2014, 569, 574; zu datenschutzrechtlichen Vorgaben näher *Gola*, Lohn+Gehalt 2015, 86, 88 f.; *Riechert/Nimmerjahn*, MiLoG Kommentar, § 13 Rn. 66 und *Franck/Krause*, DB 2015, 1285, 1286.

1056 BAG, Urteil vom 12.01.2005, 5 AZR 617/01, NZA 2005, 627, 633.

1057 BAG, Urteil vom 12.01.2005, 5 AZR 617/01, NZA 2005, 627, 633.

des Auftraggebers vor Ort, ob tatsächlich wie vereinbart nur die vom Beauftragten benannten Arbeitnehmer eingesetzt werden, ist in der Praxis oft mit viel Aufwand verbunden und kaum zu bewältigen. Vor allem für kleine Unternehmen lassen sich solche Kontrollen schwer durchsetzen. Dennoch kann es durchaus sinnvoll sein, im Vertrag Auditierungsrechte zu vereinbaren.[1058] Bei anlassbezogenen Kontrollen kann so ein Mindestlohnverstoß überprüft werden. Das Haftungsrisiko nach § 13 MiLoG kann durch eine sorgfältige Auswahl und Kontrolle minimiert werden. Da es sich bei § 13 MiLoG um eine verschuldensunabhängige Haftung handelt, kann die Haftung durch die Maßnahmen aber nicht ausgeschlossen werden. Durch entsprechende Vorkehrungen kann jedoch wenigstens das für eine Bußgeldsanktion nach § 21 MiLoG notwendige Verschulden widerlegt werden. Verbindliche Maßstäbe für die Verschuldensprüfung werden jedoch erst durch die Rechtsprechung festgelegt werden.

2. Vereinbarung von Sicherheiten

Weder eine Plausibilitätskontrolle bei Vertragsschluss noch die Vorlage von Gehaltsbescheinigungen können die Gefahr der Haftung des Auftraggebers im Insolvenzfall ausschließen.[1059] Dieses Risiko kann der Auftraggeber durch Sicherheiten minimieren. Denkbar sind Sicherungsübereignungen, Sicherungsbürgschaften[1060] (etwa eine Bankbürgschaft) oder Bareinbehalte.[1061] Die Tauglichkeit dieser Sicherungsinstrumente dürfte in der Praxis aber durchaus begrenzt sein, haben viele kleine Unternehmen doch nicht die Möglichkeit, alle Aufträge durch entsprechende Bankbürgschaften oder Sicherungsübereignungen abzusichern.[1062] Letzteres ist außerdem wohl wenig praxistauglich, da den Beauftragten Liquiditätsmittel entzogen werden, was wiederum das Insolvenzrisiko erhöht.[1063] Die Vereinbarung von Sicherheiten stellt zudem einen Mehraufwand und zusätzliche Kosten dar. Diese Kosten trägt regelmäßig der Auftraggeber, da das Verlangen nach Sicherheit von ihm kommt und jedenfalls über einen

---

1058 *Vielmeier, Stephan*, Risiken der „Auftraggeberhaftung" nach § 13 MiLoG, Online-Artikel vom 21.11.2014, unter: http://www.noerr.com/de/presse-publikationen/News/risiken-der-%e2%80%9eauftraggeberhaftung%e2%80%9c-nach-%c2%a7-13-mindestlohngesetz-milog.aspx (abgerufen am 13.05.2017).

1059 *Riechert/Nimmerjahn*, MiLoG Kommentar, § 13 Rn. 68.

1060 *Mohr*, in: Thüsing, AEntG, § 14 Rn. 23; *Koberski/Asshoff/Eustrup/Winkler*, AEntG 2011, § 14 Rn. 53.

1061 BAG, Urteil vom 12.01.2005, 5 AZR 617/01, NZA 2005, 627, 633.

1062 Zur Zulässigkeit im Einzelnen vgl. mit Beispielen *Bayreuther*, NZA 2015, 961, 968.

1063 *Koberski/Asshoff/Eustrup/Winkler*, AEntG 2011, § 14 Rn. 53.

höheren Preis auf ihn umgewälzt wird. Eine Vorlage von Nachweisen wie etwa Bilanzen, Kontoauszüge oder Testate von Steuerberatern, dass genügend Liquiditätsreserven zur Zahlung des Mindestlohns vorhanden sind[1064], wird wohl in der Praxis kaum durchzusetzen sein, da solche Betriebsgeheimnisse regelmäßig gewahrt werden möchten. Die Stellung von Sicherheiten ändert zudem an der Haftung im Außenverhältnis nichts. Mit diesen Vorkehrungen lässt sich außerdem nicht das Verschulden des § 21 MiLoG widerlegen. Dadurch kann lediglich ein Rückgriff im Innenverhältnis erleichtert werden.

3. Vereinbarung eines Zustimmungsvorbehalts/Begrenzung in der Nachunternehmerkette

Für die Möglichkeit der Überprüfung der eingesetzten Subunternehmer ist es wichtig, dass der Auftraggeber vom Einsatz weiterer Unternehmen Kenntnis hat. Es ist deshalb sinnvoll, einen Zustimmungsvorbehalt des Auftraggebers für die Beauftragung weiterer Nachunternehmer durch den Beauftragten zu vereinbaren.[1065]

Auch der Einsatz der Arbeitnehmer des eingesetzten Nachunternehmers im Zusammenhang anderer Beauftragungen kann von der Zustimmung des Auftraggebers abhängig gemacht werden.[1066] So können im Regressfall Schwierigkeiten bei der Zuordnung der Arbeitsstunden der Arbeitnehmer vermieden werden. Dass hiermit ggf. ein Indiz für das Vorliegen einer Scheinselbstständigkeit gesetzt werden könnte[1067], ändert an der Empfehlung zur Vereinbarung eines Zustimmungsvorbehalts nichts. Für die Prüfung der Scheinselbstständigkeit sind im Rahmen einer Gesamtwürdigung andere Indizien ausschlaggebend.[1068] Bei der Prüfung des Verschuldens des Bußgeldtatbestands kann durch den vereinbarten Zustimmungsvorbehalt eine Entlastung gesehen werden.[1069] Solange die Zustimmung des Auftraggebers fehlt, muss er sich grundsätzlich nicht den Einsatz der Arbeitnehmer unerlaubter eingesetzter Nachunternehmer zurechnen lassen und kann ggf. eine Ordnungswidrigkeit abwenden. Die Bürgenhaftung

---

1064 Wird empfohlen von *Bissels/Falter*, BB 2015, 373, 375.

1065 BAG, Urteil vom 12.01.2005, 5 AZR 617/01, NZA 2005, 627, 633.

1066 *Riechert/Nimmerjahn*, MiLoG Kommentar, § 13 Rn. 66.

1067 *Bissels/Falter*, BB 2015, 373, 375 Fn. 18.

1068 Etwa Weisungsbefugnis hinsichtlich Ort, Zeit und Dauer der Ausführung der Tätigkeit, vgl. BSG, Urteil vom 13.12.1960, 3 RK 2/56, NJW 1961, 1134.

1069 Zum Verschulden im Rahmen der Bußgeldvorschrift vgl. auch *Riechert/Nimmerjahn*, MiLoG Kommentar, § 13 Rn. 57.

greift aber dennoch ein, sodass das Haftungsrisiko nicht gänzlich ausgeschlossen werden kann.

Denkbar ist zudem, dass der Auftraggeber eine vertragliche Vorgabe macht, dass die Subunternehmer der Beauftragten selbst keine Subunternehmer einsetzen dürfen.[1070] So wird die Haftung anhand der Nachunternehmerkette begrenzt und die Haftungssumme ist bei Einhaltung der Vorgabe überschaubar. Je kürzer die Nachunternehmerkette ist, desto kleiner ist das Haftungsrisiko.

Problematisch ist jedoch, ob ein striktes Verbot des Einsatzes von Subunternehmern zulässig ist. Der BGH hält ein pauschales Substitutionsverbot für AGB-rechtswidrig.[1071] Gerade beim Dienstvertrag ist aber die persönliche Leistungserbringung typisch (§613 BGB), sodass eine entsprechende Vereinbarung zulässig sein kann.[1072] Etwas anderes ergibt sich aber im Rahmen eines Werkvertrages. Hier liegt regelmäßig eine unverhältnismäßige Beschränkung der Dispositionsfreiheit des Beauftragten vor.[1073] Es muss jedoch auch hier ausnahmsweise zulässig sein, die vollständige Weitergabe des Auftrages bzw. die Weitergabe von wesentlichen Teilen zu verbieten.[1074] Ob eine Vereinbarung letztendlich zulässig ist, muss im Einzelfall geprüft werden.

4. Freistellungsvereinbarung

Denkbar ist eine Regelung, wonach sich der erste Nachunternehmer bei einer Nachunternehmerkette verpflichtet, den Generalunternehmer von Forderungen der Arbeitnehmer weiterer Nachunternehmer freizustellen.[1075] Wird der Auftraggeber folglich nach § 13 MiLoG in Anspruch genommen, kann er vollen Regress beim Auftragnehmer verlangen. Dies kann auf die erforderlichen Kosten, die dem Auftraggeber wegen der Geltendmachung von Ansprüchen der Arbeitnehmer entstehen, ausgeweitet werden.[1076] Bei Zahlungsunfähigkeit des Auftragnehmers läuft diese Freistellungserklärung jedoch ins Leere. Die

---

1070 U. a. *Bayreuther*, NZA 2015, 961, 969.

1071 BGH, Beschluss vom 05.06.1997, VII ZR 54/96, NJW-RR 1997, 1513; *Bayreuther*, NZA 2015, 961, 969.

1072 Ausführlich hierzu *Bayreuther*, NZA 2015, 961, 969; so auch BAG, Urteil vom 12.01.2005, 5 AZR 617/01, NZA 2005, 627, 633 ohne nähere Prüfung und Differenzierung hinsichtlich der Vertragstypen.

1073 Ausführlich hierzu *Bayreuther*, NZA 2015, 961, 969.

1074 *Bayreuther*, NZA 2015, 961, 969.

1075 BAG, Urteil vom 12.01.2005, 5 AZR 617/01, NZA 2005, 627, 633; näher hierzu *Bayreuther*, NZA 2015, 961, 967.

1076 *Oltmanns/Fuhlrott*, NZA 2015, 392, 396.

Freistellungserklärung wirkt nur inter partes und ändert nichts an der Haftungsverpflichtung gegenüber den Arbeitnehmern.[1077]

5. Schadensersatz und Vertragsstrafe

Die Vereinbarung von Schadensersatz oder Zahlung einer Vertragsstrafe für den Fall, dass der Nachunternehmer seiner Verpflichtung zur Zahlung des Mindestlohns nicht nachkommt, ist denkbar.[1078] Diese Sanktion kann auf die Nachweispflicht des Beauftragten bzw. die Beauftragung von Nachunternehmern ohne die vereinbarte Zustimmung des Auftraggebers ausgedehnt werden. ABG-rechtlich ist hier § 309 Nr. 6 BGB und § 307 BGB zu beachten, wobei die Vereinbarung einer Vertragsstrafe zwischen Unternehmern grundsätzlich wirksam sein kann.[1079] Eine endgültige Bewertung ist jedoch im Einzelfall vorzunehmen und anhand der konkreten Formulierung zu prüfen. Überhöhte und unverhältnismäßige Vertragsstrafen sind jedenfalls unzulässig.[1080]

Das Insolvenzrisiko trägt auch hier der Auftraggeber. Außerdem ist unklar, ob sich entsprechende Vertragsstrafen in der Praxis durchsetzen lassen. Aufgrund des hohen Haftungsrisikos im Rahmen von Nachunternehmerketten lehnen vermutlich viele Nachunternehmer eine Vertragsstrafe ab.

6. Vereinbarung eines Kündigungsrechts

Für den Fall der Nichteinhaltung der Vereinbarungen zur Kontrolle der Zahlung des Mindestlohns, der vereinbarten Zustimmungsvorbehalte oder bei Vorliegen tatsächlicher Verstöße gegen das Mindestlohngesetz, sollte ein außerordentliches, fristloses Kündigungsrecht vereinbart werden.[1081]

1077 *Schubert/Jerchel/Düwell*, Das neue Mindestlohngesetz, Rn. 233.

1078 *Koberski/Asshoff/Eustrup/Winkler*, AEntG 2011, § 14 Rn. 57; zur Vertragsstrafe auch *Grimm* in Tschöpe, Arbeitsrecht Teil 6 E Rn. 128.

1079 BGH, Urteil vom 30.06.1976, VIII ZR 267/75, NJW 1976, 1886; MüKo/*Wurmnest* § 309 Nr. 6 BGB Rn. 19 m. w. N.

1080 MüKo/*Wurmnest* § 309 Nr. 6 BGB Rn. 19 f.

1081 Zur Vereinbarung eines außerordentlichen Kündigungsrechts bei Verstoß gegen vereinbarte Nachweispflichten zur Einhaltung des MiLoG etwa *Sick*, RdA 2016, 224, 228; zur Frage der Notwendigkeit einer Vereinbarung eines Kündigungsrechts vgl. näher *Bayreuther*, NZA 2015, 961, 967 f.

a) Zulässigkeit im Rahmen von Dienstverträgen

Bei der Vereinbarung von Kündigungserweiterungen ist im Dienstvertragsrecht Vorsicht geboten. Im Rahmen von Einzelarbeitsverträgen sind Kündigungserweiterungen nämlich grundsätzlich unzulässig.[1082] Vereinbarungen zu den Kündigungsgründen können hier lediglich im Rahmen der Interessenabwägung eine Rolle spielen.[1083]

Im Rahmen von selbstständigen Dienstverträgen sind Erweiterungen der Kündigungsgründe in den Grenzen der §§ 138, 242 BGB hingegen zulässig.[1084] Auch wenn die Vereinbarung eines Kündigungsrechts für den Fall eines Mindestlohnverstoßes eigentlich entbehrlich ist, da bereits § 626 BGB greift, kann eine solche Vereinbarung Anhaltspunkte geben, ab welcher Intensität beispielsweise ein wichtiger Grund für die Kündigung vorliegt.[1085]

Eine solche Vereinbarung ist auch AGB-rechtlich durchaus zulässig. Dies ergibt sich aus einem Vergleich mit § 308 Nr. 3 BGB:[1086] Letztendlich ist die Vereinbarung eines Rücktrittsrechts zulässig, wenn der Rücktritt einen sachlich gerechtfertigten Grund erfordert. Die Nichtzahlung des Mindestlohns stellt einen solchen Sachgrund dar.[1087] Auch bei erheblichen Verstößen gegen die vereinbarten Pflichten zur Kontrolle der Mindestlohnvorgaben und Verstößen gegen die Zustimmungsvorbehalte, die den Verdacht eines Mindestlohnverstoßes des Vertragspartners begründen, muss eine Kündigung durch den Auftraggeber möglich sein. Zu beachten sind nämlich die Ordnungswidrigkeitstatbestände des § 21 II MiLoG.[1088]

b) Zulässigkeit im Rahmen von Werkverträgen

Ein Kündigungsgrund kann sich bereits aus § 648a BGB ergeben.[1089] Darüber hinaus kann bei Werkverträgen das Rücktrittsrecht gemäß §§ 241 II, 324 BGB

1082 BAG, Urteil vom 17.04.1956, 2 AZR 340/55, BeckRS 1956, 102326; *Preis* in: Staudinger Kommentar, 2016, § 626 BGB Rn. 43.

1083 *Preis* in: Staudinger Kommentar, 2016, § 626 BGB Rn. 45.

1084 *Preis* in: Staudinger Kommentar, 2016, § 626 BGB Rn. 44.

1085 *Bayreuther*, NZA 2015, 961, 967.

1086 *Bayreuther*, NZA 2015, 961, 967 f.; insbesondere Fn. 45: Vorschrift wird vergleichend herangezogen, da sie gemäß § 310 I 1 BGB keine Anwendung findet.

1087 *Bayreuther*, NZA 2015, 961, 968.

1088 *Bayreuther*, NZA 2015, 961, 968.

1089 Zur alten Rechtslage vor dem 01.01.2018 und § 314 BGB vgl. *Bayreuther*, NZA 2015, 961, 967 f.

eine Rolle spielen, sowie das Kündigungsrecht aus § 648 BGB.[1090] Darüber hinaus sind vertragliche Vereinbarungen zu Kündigungen möglich.[1091]

c) *Fazit*

Durch die Beendigung der Vertragsbeziehungen kann sich der Auftraggeber jedenfalls vor dem Entstehen ggf. neuer Zahlungsansprüche der Arbeitnehmer schützen. Die Haftung für bereits entstandene Ansprüche kann nicht ausgeschlossen werden. Eine außerordentliche fristlose Kündigung kann auch im Rahmen der Öffentlichkeitswirkung notwendig sein, um das Image des Auftraggebers zu wahren.

7. Vertragsklausel zur Selbstverpflichtung

Inwieweit eine Klausel in die Verträge eingefügt werden muss, in denen sich Nachunternehmer verpflichten, den Mindestlohn zu bezahlen und wiederum beim Einsatz von weiteren Nachunternehmern dafür zu sorgen, dass diese auch die Vorgaben des Mindestlohngesetzes einhalten (sog. Selbstverpflichtungsklauseln bzw. Zusicherungsklauseln), muss einzelfallbezogen beurteilt werden.[1092] Seit Geltung des gesetzlichen Mindestlohns werden solche Klauseln in der Praxis regelmäßig verwendet.[1093] Die Haftung wird dadurch nicht berührt. Die Verwendung solcher Klauseln kann jedoch im Rahmen des Bußgeldtatbestandes eine Rolle spielen. Für den Vorwurf der Fahrlässigkeit gem. § 21 MiLoG können entsprechende Regelungsdefizite in den Verträgen der Auftraggeber sprechen.[1094] Allein der Verweis auf die Klausel kann jedoch den Fahrlässigkeitsvorwurf nicht gänzlich ausschließen. Weitere Anhaltspunkte, wie etwa die regelmäßige Kontrolle der Nachunternehmer bzw. vereinbarte Zustimmungsvorbehalte, sind sinnvoll. Selbstverpflichtungsklauseln können aber, insbesondere bei ausländischen Vertragspartnern, die ggf. nicht wissen, dass sie verpflichtet sind, ihren in Deutschland beschäftigten Arbeitnehmern den Mindestlohn zu zahlen, das Regelungsbewusstsein stärken.[1095]

1090 *Bayreuther*, NZA 2015, 961, 967 f.

1091 MüKo/*Busche* § 648 BGB Rn. 1.

1092 Kritisch hierzu Bayreuther, NZA 2015, 961, 967.

1093 Bsp. zur Musterformulierung etwa *Hartmann*, Mindestlohn Kompakt, S. 14.

1094 *Bissels/Falter*, BB 2015, 373, 375.

1095 *Aufdermauer*, Anwaltspiegel 2015, 12, 15.

8. Vereinbarung eines Haftungsausschlusses

Vereinbarungen mit dem Auftragnehmer oder den Arbeitnehmern des Auftragnehmers, die auf einen Haftungsausschluss gerichtet sind, sind wegen § 3 MiLoG unwirksam. Im ersten Fall handelt es sich um einen unzulässigen Vertrag zu Lasten Dritter.[1096] Auch eine entsprechende Vereinbarung mit den Arbeitnehmern ist gemäß § 3 MiLoG unwirksam. Ein Verzicht durch den Arbeitnehmer ist nicht möglich. Die Auftraggeberhaftung kann nicht im Außenverhältnis abbedungen werden. Es gibt keine Möglichkeit, die Bürgenhaftung auszuschließen.

9. Analogie zu § 28e IIIb 1 SGB IV

Durch die Rechtsprechung könnte eine Analogie zu § 28e IIIb 1 SGB IV entwickelt werden. Die Norm beinhaltet eine Exkulpationsmöglichkeit für Generalunternehmer im Rahmen der Haftung für Sozialversicherungs- und Unfallversicherungsbeiträge. Voraussetzungen für eine analoge Anwendung sind eine planwidrige Regelungslücke und die Vergleichbarkeit der Interessenlage.[1097] Gegen die Planwidrigkeit der Regelungslücke spricht, dass der Gesetzgeber eine Exkulpationsmöglichkeit im Gesetzgebungsverfahren in Erwägung gezogen und letztlich nicht umgesetzt hat.[1098] Man kann nicht den Inhalt einer im Gesetzgebungsverfahren gestrichenen Norm durch eine Analogie entgegen dem Willen des Gesetzgebers wieder aufleben lassen. Auf die Frage der Vergleichbarkeit der Interessenlage kommt es deshalb nicht mehr an, wobei diese wegen der gesetzlich angeordneten Bürgenhaftung für gleichlaufende Fallkonstellationen vorliegen würde. Im Rahmen des § 28 IIIa, IIIb SGB IV geht es um die Bürgenhaftung eines Auftraggebers für die Zahlungspflicht eines anderen Unternehmers sowie eines von diesem beauftragten Verleihers. Auch hier soll der Hauptunternehmer bei der Auftragsvergabe verstärkt in die Verantwortung gezogen werden.[1099]

10. Fazit

Wegen erheblicher Rechtsunsicherheiten ist eine Überprüfung der Auftragsvergabe der Unternehmen sinnvoll. Auch wenn die Haftung im Außenverhältnis

---

1096 *Riechert/Nimmerjahn*, MiLoG Kommentar, § 13 Rn. 69.

1097 Zu den Voraussetzungen einer Analogie vgl. etwa *Musielak/Hau*, Rn. 1181.

1098 Vgl. § 13 MiLoG-Entwurf in BR-Drs. 147/14; zur Einschätzungsprärogative des Gesetzgebers vgl. hierzu Ziff. III. 3. b) cc) (2) dieses Kapitels.

1099 KassKomm/*Wehrhahn*, SGB IV § 28e Rn. 26.

nicht begrenzt werden kann, sind Möglichkeiten zur Haftungsmilderung zu prüfen. Zu empfehlen ist eine ausdrückliche Freistellungsvereinbarung für eine etwaige Inanspruchnahme aus der Bürgenhaftung.[1100] Hier ist eine Anpassung der Allgemeinen Einkaufsbedingungen für Werk- und Dienstleistungen denkbar.[1101] Zu strenge Vorgaben durch die Auftraggeber, wie z. B. der Ausschluss vom Einsatz von Subunternehmern, können jedoch bei der Preisbildung der Auftragnehmer eine Rolle spielen, weshalb im Einzelfall eine Kosten-Nutzen-Analyse sinnvoll sein kann. Daneben sollte auf jeden Fall eine sorgfältige Auswahl der Vertragspartner erfolgen und regelmäßige Kontrollen durchgeführt werden.

VI. Lösungen de lege ferenda

Wie mögliche Lösungen de lege ferenda aussehen könnten, wird im Folgenden dargestellt. Die Koalition hat zwar bereits vier Monate nach Einführung des Gesetzes einer Änderung vorübergehend eine Absage erteilt.[1102] Eine Anpassung durch den Gesetzgeber ist aber nicht ausgeschlossen.

1. Einführung einer Exkulpationsmöglichkeit

Denkbar ist die Einführung einer Exkulpationsmöglichkeit für Auftraggeber. Orientieren könnte sich der Gesetzgeber an der ursprünglichen Klausel im Gesetzesentwurf der Bundesregierung.[1103] Die Klausel könnte wie folgt lauten:

> *„Die Haftung des Auftraggebers entfällt, wenn er nachweist, dass er weder positive Kenntnis noch grob fahrlässige Unkenntnis davon hatte, dass der Arbeitgeber seiner Verpflichtung zur Zahlung des Mindestlohns nicht nachkommt."*

Als weitere Möglichkeit kommt eine Klausel entsprechend § 28e IIIb 1 SGB IV in Betracht:

> *„Die Haftung des Auftraggebers entfällt, wenn er nachweist, dass er ohne eigenes Verschulden davon ausgehen konnte, dass der Nachunternehmer oder ein von ihm beauftragter Verleiher seine Zahlungspflicht in Höhe des Mindestlohns erfüllt."*

1100 *Bertram*, GWR 2015, 26, 28.

1101 *Aufdermauer*, Anwaltspiegel 2015, 12, 15.

1102 Vgl. hierzu Handwerk Magazin, Beitrag vom 26.04.2015, unter: http://www.handwerk-magazin.de/mindestlohn-koalition-will-erst-einmal-nichts-aendern/150/18010/291734 (abgerufen am 13.05.2017).

1103 Vgl. § 13 MiLoG-Entwurf in BR-Drs. 147/14; im Gegensatz zum Referentenentwurf der Bundesregierung vom 19.03.2014, der noch keine Exkulpation vorsah.

Hier könnte man außerdem einen Satz 2 einfügen, der konkrete Maßnahmen für einen tauglichen Nachweis benennt, etwa die Vorlage von anonymisierten Lohnabrechnungen der eingesetzten Arbeitnehmer. Die Darlegungslast würde in beiden Fällen beim Auftraggeber liegen. Gegebenenfalls haben Auftraggeber entsprechende Maßnahmen zur Überprüfung der Vertragspartner schon umgesetzt, um einer Sanktion nach § 21 II MiLoG zu begegnen, sodass regelmäßig kein zusätzlicher Aufwand für die Unternehmen entsteht. Durch die Exkulpationsmöglichkeit wären die Auftraggeber jedenfalls motiviert, Kontrollen durchzuführen und nur solche Nachunternehmer einzusetzen, die den Mindestlohn tatsächlich zahlen. Dies lässt sich aber in der Praxis aufgrund des enormen Aufwandes nur schwer durchsetzen. Vor allem für kleine Unternehmen sind solche Kontrollen regelmäßig nicht möglich oder nur mit unverhältnismäßigem Aufwand verbunden. Außerdem besteht bei dieser Lösung die Gefahr, dass Haftungslücken zu Lasten der Arbeitnehmer entstehen. Wenn sich der Auftraggeber entlasten kann, geht dies letztendlich auf Kosten des Arbeitnehmers. Das Insolvenzrisiko liegt letztendlich beim Arbeitnehmer. Dementsprechend wird eine verschuldensabhängige Haftung mit Darlegungslast des Anspruchsinhabers hinsichtlich des Verschuldens erst recht dem Schutz des Arbeitnehmers nicht gerecht. Den Arbeitnehmern soll die Geltendmachung des Mindestlohnanspruchs so leicht wie möglich gemacht werden. Ob der Generalunternehmer Kenntnis oder fahrlässige Unkenntnis vom Mindestlohnverstoß hatte, kann der Arbeitnehmer des Beauftragten nur schwer nachweisen. Es handelt sich hierbei nämlich um eine subjektive Tatbestandsvoraussetzung, die die Sphäre des Auftraggebers betrifft.

2. Aufgabe des Prinzips der Generalunternehmerhaftung zusammen mit der Einführung einer Exkulpationsmöglichkeit

Aufgrund der Haftungslücken und Abgrenzungsschwierigkeiten bei der Anwendung des Prinzips der Generalunternehmerhaftung stellt sich die Frage, ob ein Auseinanderlaufen der Haftung des § 14 AEntG und des § 13 MiLoG und somit eine weite Fassung de lege ferenda sinnvoll ist. Dies wäre durch die Streichung des Verweises und die Aufnahme eines eigenen Gesetzestexts in § 13 MiLoG möglich. Dadurch würde Raum für die Auslegung zugunsten der weiten Auftraggeberhaftung geschaffen.

Auch wenn sich die Regelungsziele des Arbeitnehmer-Entsendegesetzes und des Mindestlohngesetzes überschneiden, gibt es wesentliche Unterschiede, die ein Auseinanderlaufen der Haftung rechtfertigen könnten. Im Gegensatz zum Arbeitnehmer-Entsendegesetz verfolgt das Mindestlohngesetz den Zweck, allen

Arbeitnehmern – unabhängig von der Branchenzugehörigkeit – einen existenzsichernden Lohn zu gewährleisten. Einen Branchenbezug, wie ihn das Arbeitnehmer-Entsendegesetz vorsieht, gibt es hier gerade nicht. Der Mindestlohn gilt flächendeckend und grundsätzlich für jedermann. Das Arbeitnehmer-Entsendegesetz zielt zwar auch auf angemessene Arbeitsbedingungen und angemessene Löhne ab, hierbei werden jedoch die branchenspezifischen Besonderheiten berücksichtigt und aufgrund dessen bei der Mindestlohnhöhe differenziert.[1104] Die spezielle Branchenkenntnis (u. a. auch die konkrete Höhe der Branchenmindestlöhne), um die Preisbildung der Anbieter nachvollziehen zu können, fehlt beim Auftraggeber. Auch deshalb wurde die Bürgenhaftung im Arbeitnehmer-Entsendegesetz zum Schutz der Auftraggeber eingeschränkt. Die Höhe des gesetzlichen Mindestlohns muss aber jedem Unternehmer bekannt sein, unabhängig welcher Branche. Des Weiteren sprechen gewichtige Gründe des Arbeitnehmerschutzes für die weite Fassung von § 13 MiLoG.[1105] Für das Schutzbedürfnis des Arbeitnehmers des Subunternehmers macht es keinen Unterschied, ob es sich bei der zu erbringenden Arbeitsleistung um die Erfüllung einer eigenen Verpflichtung des Auftraggebers handelt oder um die Deckung des Eigenbedarfs. Sein primäres Interesse ist es, nach den Vorgaben des Mindestlohngesetzes bezahlt zu werden und beim Einsatz bei einem Fremdunternehmen einen Bürgen für seinen Mindestlohnanspruch zu haben. Außerdem würde durch die Ausweitung der Haftung die Wirkungen des Mindestlohns verstärkt werden, indem Unternehmer vermehrt darauf achten (auch bei der Auftragsvergabe zur Eigenbedarfsdeckung), dass der Mindestlohn gezahlt wird. So könnte auch die bewusste Umgehung des Mindestlohns durch den Einsatz von Subunternehmern bei der Eigenbedarfsdeckung verhindert werden. Daneben würden Abgrenzungsschwierigkeiten vermieden werden.

Die Aufgabe des Prinzips der Generalunternehmerhaftung für sich betrachtet, führt jedoch dazu, dass die Arbeitgeber de lega ferenda einem noch höheren Haftungsrisiko ausgesetzt sind. Um die Arbeitgeber zu entlasten und keine unzumutbare Reichweite der Haftung zu schaffen, ist gleichzeitig die Einführung einer Exkulpationsmöglichkeit sinnvoll. Verfassungsrechtliche Bedenken hinsichtlich der weiten Fassung der Auftraggeberhaftung wären durch die verschuldensabhängige Haftung unbegründet. Grundsätzlich kann ein Eingriff nach Art. 12 I 2 GG nämlich verfassungsrechtlich zulässig sein, wenn er

1104 *Bissels/Falter*, DB 2015, 65 ff.

1105 Vgl. zu den Haftungslücken bei Anwendung der Generalunternehmerhaftung Ziff. III. 2. c) aa) dieses Kapitels.

durch zwingende Gründe des Gemeinwohls gerechtfertigt ist und dem Verhältnismäßigkeitsprinzip entspricht, wobei die Einschätzungsprärogative des Gesetzgebers zu berücksichtigen ist. Aufgrund der wesentlichen Bedeutung und flächendeckenden Durchsetzung des gesetzlichen Mindestlohns und dem Arbeitnehmerschutz kann von einem Auftraggeber verlangt werden, dass er auf die Einhaltung des Mindestlohns achtet, unabhängig davon, ob es hierbei um die Deckung des Eigenbedarfs oder um die Erledigung eigener Verpflichtungen geht. Auch wenn die Haftung nicht gänzlich ausgeschlossen werden kann, kann der Generalunternehmer die Haftungsgefahr überschauen, da er die Aufträge vergibt und somit das Auftragsvolumen festlegt.[1106] Wenn sich der Auftraggeber entlasten kann, geht dies jedoch auch bei dieser Lösung letztendlich auf Kosten des Arbeitnehmers, da er hier das Insolvenzrisiko trägt. Die Haftungslücken, die durch die vorliegende Lösungsvariante entstehen würden, wären jedoch geringer als die Haftungslücken, die durch die Anwendung des Prinzips der Generalunternehmerhaftung entstehen.

3. Einführung einer summenmäßigen Haftungsbegrenzung

Um unabsehbare Haftungsfolgen für die Unternehmen zu vermeiden, könnte eine Haftungsbegrenzung in der Höhe erfolgen. Die Rechtsprechung hat eine summenmäßige Begrenzung bereits in Erwägung gezogen.[1107] Der Auftraggeber sollte damit nur für die Summe haften, die ihm zurechenbar ist und mit der er rechnen kann.[1108] Maßstab für die konkrete Haftungshöchstgrenze könnte der Auftragswert sein. Dies könnte im Gesetz verankert werden:

> *„Die Haftung des Auftraggebers ist begrenzt auf die Summe des von ihm in Auftrag gegebenen Werk- oder Dienstvertrags."*

Problematisch ist, dass die eingesetzten Arbeitnehmer in der Nachunternehmerkette einem Wettlauf ausgesetzt wären, für den Fall, dass die Haftungssumme nicht für alle Arbeitnehmer ausreicht. Einige könnten dann leer ausgehen, was gerade dem Sinn der Bürgenhaftung widersprechen würde.[1109] Die Mehrheit der Gläubiger führt zu erheblichen praktischen Problemen und zu einer

---

1106 Vgl. Ziff. III. 3. a) bb) dieses Kapitels.

1107 Im Ergebnis hat das LAG mangels vorgetragenen Anhaltspunkten eine Begrenzung abgelehnt: LAG Düsseldorf (zu Urlaubskassenbeiträgen), Urteil vom 10.07.2002, 12 Sa 132/02, NZA-RR 2003, 10, 12.

1108 LAG Düsseldorf, Urteil vom 10.07.2002, 12 Sa 132/02, NZA-RR 2003, 10, 12.

1109 Zur Problematik vgl. ausführlich *Fischinger*, Kürzungsregelungen bei Haftungshöchstsummen, S. 4 ff., S. 77 ff.

komplizierten prozessualen Umsetzung.[1110] Außerdem stellt sich die Frage, ob eine solche Begrenzung mit Blick auf Art. 3 I GG überhaupt rechtlich möglich wäre. Zum einen im Hinblick auf die Ungleichbehandlung der Auftraggeber, die abhängig vom Auftragsvolumen in unterschiedlicher Höhe haften würden.[1111] Andererseits würden die Arbeitnehmer abhängig von der zeitlichen Geltendmachung des Anspruches ungleich behandelt werden. Für den Fall, dass die Haftungssumme nicht ausreicht, würden einige Arbeitnehmer leer ausgehen. Ohne auf eine nähere Prüfung eingehen zu können, ist eine Haftungshöchstsumme allein schon wegen dem Wettlauf der Gläubiger abzulehnen.

4. Fazit

Einzig sinnvolle Möglichkeit ist die Einführung einer Exkulpationsmöglichkeit mit gleichzeitiger Aufgabe des Prinzips der Generalunternehmerhaftung wie in Punkt 2 aufgeführt. Die anderen Lösungsvarianten führen teilweise zu ungewollten Haftungslücken und sind allesamt nicht zielführend.

VII. Gesamtergebnis zu Kapitel 4

Im Rahmen der Haftung sind viele Fragen offen. Eine Übertragung der Rechtslage des Arbeitnehmer-Entsendegesetzes ist nur eingeschränkt sinnvoll. Vor allem die fundierte Rechtsprechung zur Baubranche und das Prinzip der Generalunternehmerhaftung sind nicht problemlos auf andere Branchen übertragbar. Nach der Auslegung ist die Anwendung des Prinzips der Generalunternehmerhaftung zwar zu bejahen. Durch die verschiedenen Meinungsstände bestehen jedoch erhebliche Rechtsunsicherheiten. Klarheit können erst Gerichtsentscheidungen schaffen. Es besteht ein Restrisiko, dass die Gerichte sich aufgrund der Haftungslücken bei der Eigenbedarfsdeckung für eine weite Auslegung und somit gegen das Prinzip der Generalunternehmerhaftung entscheiden. Durch die Gefahr der Umgehung des Mindestlohngesetzes bei der Deckung des Eigenbedarfs ist eine weite Fassung zur Erreichung des objektiven Zwecks des Mindestlohngesetzes fast unumgänglich. Der Gesetzgeber hat sich jedoch klar für die eingeschränkte Auslegung entschieden. Die Haftungsrisiken wären andernfalls

---

1110 *Fischinger* a. a. O., S. 5 ff.

1111 Es ergibt sich nämlich nicht zwangsläufig aus einem höheren Auftragswert eine potentiell höhere Anzahl an Anspruchsgläubigern. Die Überschaubarkeit der Haftungssumme könnte jedoch einen sachlichen Grund für die Ungleichbehandlung darstellen.

für die Unternehmen nahezu unbeherrschbar. Diese Gefahr könnte wiederum mit der Einführung einer Exkulpationsmöglichkeit kompensiert werden. Eine Nachbesserung durch den Gesetzgeber ist in jedem Fall sinnvoll.

Rechtsunsicherheiten ergeben sich nicht nur im Rahmen des Haftungstatbestandes, sondern auch im Rahmen der weiteren Regelungen des Mindestlohngesetzes. Dadurch sind Unternehmer selbstverständlich verunsichert. Zusätzlich haben Arbeitgeber, die bisher unterhalb des Mindestlohns bezahlt haben, durch die Erhöhung der Personalkosten eine finanzielle Belastung. Nachdem in der vorliegenden Arbeit der persönliche und örtliche Anwendungsbereich ausführlich dargestellt wurde und die Haftungsnorm analysiert wurde, stellt sich im nächsten Kapitel somit die Frage, wie Arbeitgeber auf die Schaffung des Mindestlohngesetzes reagieren können.

Kapitel 5: Reaktionsmöglichkeiten für Arbeitgeber auf Schaffung des Mindestlohngesetzes

Durch die Einführung des Mindestlohns und die damit verbundene Erhöhung der Personalkosten besteht die Gefahr, dass Arbeitgeber versuchen werden, den Mindestlohn zu umgehen[1112], obwohl der Anspruch gemäß § 3 MiLoG unabdingbar ist und die Einhaltung des Mindestlohngesetzes durch den Zoll kontrolliert wird.[1113] Welche Versuche hierbei im Wesentlichen in Erwägung gezogen werden, wird im Folgenden untersucht. Dabei wird dargestellt, welche Reaktionsmöglichkeiten rechtlich zulässig sind und welche Rechte der Betriebsrat hierbei hat.

I. Vertragsanpassung

1. Einvernehmliche Vertragsanpassung

Fraglich ist, wie Arbeitgeber auf den gesetzlichen Mindestlohn reagieren können, wenn sie bisher eine Vergütung unterhalb des gesetzlichen Mindestlohns gezahlt haben. Findet keine Vertragsanpassung statt, gilt nämlich gemäß § 3 S. 1 MiLoG, dass Vereinbarungen, die den Anspruch auf den Mindestlohn unterschreiten, insoweit unwirksam sind.[1114] Ob der Arbeitnehmer stattdessen einen Anspruch auf den gesetzlichen Mindestlohn hat oder einen Anspruch auf die übliche Vergütung gemäß § 612 II BGB, ist umstritten.[1115]

1112 *Brenke, Karl/ Wagner, Gert G.*, SZ-Artikel vom 22.07.2014, Von wegen Mindestlohn, unter https://www.diw.de/sixcms/detail.php?id=diw_01.c.430695.de (abgerufen am 13.05.2017).

1113 Allein 2017 wurden über 5000 Verfahren wegen Verstößen gegen das Mindestlohngesetz eingeleitet, vgl. Pressemitteilung des BMAS vom 21.12.2017 in BB 2018, 436.

1114 Vgl. in diesem Zusammenhang auch die BAG Entscheidungen zu Ausschlussfristen, die den Mindestlohn erfassen BAG, Urteil vom 20.06.2018, 5 AZR 377/17; BAG, Urteil vom 18.09.2018, 9 AZR 162/18, Pressemitteilung Nr. 43/18 des BAG.

1115 U. a. für einen Anspruch in Höhe des Mindestlohns Erfurter Kommentar 2018/*Franzen*, § 3 MiLoG, Rn. 1a; *Riechert/Nimmerjahn*, MiLoG Kommentar, § 3 Rn. 5; *Lembke*, NZA 2015, 70, 77; *Waltermann*, AuR 2015, 166, 170; wohl auch BAG, Urteil vom 25.05.2016, 5 AZR 135/16, NZA 2016, 1327; a. A. etwa *Richardi/Fischinger*, in: Staudinger Kommentar, 2016, § 611 BGB Rn. 1371; *Däubler*, NJW 2014, 1924, 1927; *Bayreuther*, NZA 2014, 865, 866, der einen Anspruch gemäß § 612 II BGB bejaht, es

a) *Anspruch des Arbeitnehmers in Höhe des Mindestlohns und keine Anwendung von § 612 II BGB*

Gegen die Anwendbarkeit von § 612 II BGB wird der Regelungsgehalt und der Wortlaut von § 3 S. 1 MiLoG angeführt, nachdem Vereinbarungen, die den Anspruch auf Mindestlohn unterschreiten, nur insoweit unwirksam sind.[1116] Der Schutzzweck des Mindestlohngesetzes sei darauf beschränkt, nur den Mindestlohnanspruch zu sichern und etwaige unwirksame Vereinbarungen seien deshalb geltungserhaltend zu reduzieren.[1117] Das Verbot der geltungserhaltenden Reduktion stehe dieser Ansicht nicht entgegen, da § 3 S. 1 MiLoG die speziellere Vorschrift sei.[1118] *Waltermann* und *Franzen* argumentieren außerdem damit, dass das Mindestlohngesetz selbst die Vergütungshöhe „bestimme" und somit § 612 II BGB vom Wortlaut her nicht anwendbar sei.[1119] Arbeitnehmer hätten demnach nur einen Anspruch auf den Mindestlohn und nicht auf die übliche Vergütung. Auch das BAG geht wohl von einem Anspruch auf den gesetzlichen Mindestlohn aus, ohne dies jedoch näher zu begründen.[1120]

b) *Anspruch des Arbeitnehmers auf die übliche Vergütung gemäß § 612 II BGB*

Andererseits wird ein Anspruch auf die übliche Vergütung bejaht.[1121] Der Mindestlohn sei keine Taxe im Sinne von § 612 II BGB, sodass die übliche Vergütung zu zahlen sei.[1122] Als weiteres Argument wird angeführt, dass der Wortlaut

---

sei denn, der Arbeitnehmer hat die Anpassung in Höhe des Mindestlohns abgelehnt; ebenso *Pötters/Krause*, NZA 2015, 398.

1116 *Lembke*, NZA 2015, 70, 77; Erfurter Kommentar 2018/*Franzen*, § 3 MiLoG, Rn. 1a.

1117 *Lembke*, NZA 2015, 70, 77; Erfurter Kommentar 2018/*Franzen*, § 3 MiLoG, Rn. 1a.

1118 Erfurter Kommentar 2018/*Franzen*, § 3 MiLoG, Rn. 1a; a. A. etwa *Bayreuther*, NZA 2014, 865, 866.

1119 *Waltermann*, AuR 2015, 166, 170; Erfurter Kommentar 2018/*Franzen*, § 3 MiLoG, Rn. 1a.

1120 Vgl. ohne nähere Begründung BAG, Urteil vom 25.05.2016, 5 AZR 135/16, NZA 2016, 1327.

1121 Etwa *Richardi/Fischinger*, in: Staudinger Kommentar, 2016, § 611 BGB Rn. 1371; *Heukenkamp*, S. 341; *Däubler*, NJW 2014, 1924, 1927; Bayreuther, NZA 2014, 865, 866, der einen Anspruch gemäß § 612 II BGB bejaht, es sei denn, der Arbeitnehmer hat die Anpassung in Höhe des Mindestlohns abgelehnt; ebenso *Pötters/Krause*, NZA 2015, 398.

1122 *Richardi/Fischinger*, in: Staudinger Kommentar, 2016, § 612 BGB Rn. 51; *Bayreuther*, NZA 2014, 865, 866.

von § 3 S. 1 MiLoG auch dahingehend ausgelegt werden könne, dass die Unwirksamkeit auf die gesamte Lohnabrede begrenzt sei und nicht auf das Arbeitsverhältnis als solches. Die Wortwahl „insoweit" beziehe sich also nicht nur auf die Lohnhöhe als solche, sondern auf die gesamte Lohnabrede.[1123] Daneben sei eine härtere Bestrafung der Arbeitgeber gewährleistet, die keine Vertragsanpassung vornehmen, um den Mindestlohn zu umgehen.[1124] *Pötters/Krause* führen hierbei auch an, dass nur diese Lösung zu den Grundsätzen der Lohnwucher-Rechtsprechung des BAG passe.[1125]

c) Stellungnahme

Letztere Ansicht ist überzeugend, da andernfalls einige Arbeitgeber das Risiko eingehen könnten, eine Vertragsanpassung zu unterlassen. Entgegen der Ansicht von *Waltermann* und *Franzen*[1126] ist die Vergütungshöhe nicht durch das Mindestlohngesetz „bestimmt", sodass § 612 II BGB nach deren Ansicht unanwendbar sein soll. Die Norm findet entsprechende Anwendung, wenn die Vergütungshöhe von den Parteien bestimmt wurde, aber letztendlich nichtig ist.[1127] Entsprechend muss die Norm angewendet werden, wenn ein Lohn unterhalb des Mindestlohns vereinbart wurde und deshalb unwirksam ist.[1128] Außerdem ist der Mindestlohn keine Taxe im Sinne von § 612 II BGB, sodass richtigerweise die übliche Vergütung zu zahlen ist.[1129]

Letztendlich hat der Arbeitnehmer somit nicht nur einen Anspruch auf den Mindestlohn, sondern sogar auf die übliche Vergütung. Um das zu vermeiden sollte der Arbeitgeber den Vertrag ändern und die Lohnhöhe entsprechend anpassen. Verweigert der Arbeitnehmer jedoch die vertragliche Anpassung der

1123 *Pötters/Krause*, NZA 2015, 398.

1124 *Pötters/Krause*, NZA 2015, 398.

1125 *Pötters/Krause*, NZA 2015, 398.

1126 *Waltermann*, AuR 2015, 166, 170; Erfurter Kommentar 2018/*Franzen*, § 3 MiLoG, Rn. 1a.

1127 BAG, Urteil vom 05.08.1963, 5 AZR 79/63, NJW 1963, 2188; BAG, Urteil vom 22.04.2009, 5 AZR 436/08, NZA 2009, 837; MüKo/*Müller-Glöge* § 612 BGB Rn. 32; *Richardi/Fischinger*, in: Staudinger Kommentar, 2016, § 612 BGB Rn. 42 m. w. N.

1128 *Richardi/Fischinger*, in: Staudinger Kommentar, 2016, § 612 BGB Rn. 47; Bayreuther, NZA 2014, 865, 866; *Moll/Hexel*, MünchAnwaltsHdb-Arbeitsrecht, § 19 Rn. 39.

1129 *Richardi/Fischinger*, in: Staudinger Kommentar, 2016, § 612 BGB Rn. 51; *Bayreuther*, NZA 2014, 865, 866; MüKo/*Müller-Glöge* § 612 BGB Rn. 28, letztere erwähnen hierbei aber, dass die Bestimmungen des MiLoG dem System der Taxe zumindest nahe kommen.

Lohnhöhe auf Mindestlohnniveau, weil er etwa darauf spekuliert, dass die Rechtsprechung ihm entsprechend § 612 II BGB einen Anspruch auf die marktübliche Vergütung gewährt, kann er sich später nicht auf § 612 II BGB berufen und die übliche Vergütung verlangen. Solch ein Verhalten wäre rechtsmissbräuchlich gemäß § 242 BGB.[1130] Die Rechtsprechung hat anerkannt, dass das absichtliche Verursachen anspruchsbegründender Tatbestandsmerkmale durch den Arbeitnehmer rechtsmissbräuchlich sein kann.[1131] Die Verweigerung der Anpassung der Lohnhöhe auf Mindestlohnniveau würde vorliegend ohne sachlichen Grund erfolgen und nur deshalb, weil der Arbeitnehmer einen höheren Lohn erlangen möchte. Nach der Gesetzesänderung steht dem Arbeitnehmer, der bisher unterhalb des Mindestlohns bezahlt wurde, jedoch nur der Mindestlohn zu. Das Gesetz bezweckt keine höhere Vergütung als der Mindestlohn, sodass der Arbeitnehmer sich nicht auf § 242 BGB berufen kann.

d) Empfehlung für die Praxis

Da derzeit unklar ist, welcher Meinung die Rechtsprechung in Zukunft folgen wird, ist eine Vertragsanpassung umso wichtiger.[1132] Einvernehmliche Vertragsanpassungen sind aufgrund der Vertragsfreiheit unproblematisch möglich und sollten demnach primäres Ziel der Arbeitgeber sein.[1133] Keine Schwierigkeiten wird eine einvernehmliche Erhöhung des Stundenlohns unter Beibehaltung der bisherigen Arbeitsvertragsbedingungen bereiten. Einige Arbeitgeber greifen jedoch auf weitreichende Vertragsanpassungen zurück, um höhere Kosten zu vermeiden. Beispielsweise werden im Gegenzug zur Stundenlohnerhöhung (Leistungs-)Zulagen und Gratifikationen gekürzt.[1134] Viele Arbeitnehmer akzeptieren diese Vertragsänderungen aus Angst vor Arbeitsplatzverlusten.

1130 *Bayreuther*, NZA 2014, 865, 866.

1131 BAG, Urteil vom 18.09.1991, 5 AZR 581/90, NZA 1992, 411; MüKo/*Schubert* § 242 BGB Rn. 267 m. w. N.

1132 Das BAG geht wohl bei Unterschreitung des Mindestlohns von einem Anspruch lediglich in Höhe des Mindestlohns aus, vgl. BAG, Urteil vom 25.05.2016, 5 AZR 135/16, NZA 2016, 1327. Das Gericht ist aber bisher auf die Problematik nicht ausführlich eingegangen und setzt sich auch nicht mit den verschiedenen Ansichten auseinander. Weitere Entscheidungen bleiben abzuwarten.

1133 Vgl. jüngst auch zu den Ausschlussfristen BAG, Urteil vom 18.09.2018, 9 AZR 162/18, Pressemitteilung Nr. 43/18 des BAG; auch hier sollte eine Vertragsanpassung geprüft werden.

1134 HK-MiLoG/*Schubert*, § 20 Rn. 14.

e) Unzulässige Drohung durch Arbeitgeber

Doch nicht jeder Arbeitnehmer akzeptiert eine Vertragsanpassung. Die Arbeitnehmer, die bisher unterhalb des Mindestlohns bezahlt wurden, erhoffen sich durch den Mindestlohn nämlich regelmäßig eine effektive Gehaltserhöhung. Wenn der Arbeitgeber jedoch die Erhöhung des Stundenlohns durch die Kürzung von Zulagen und Gratifikationen kompensieren möchte und der Arbeitnehmer letztendlich keine Gehaltserhöhung erhält, kann dies selbstverständlich zu Unmut auf Arbeitnehmerseite führen, sodass eine Vertragsänderung abgelehnt wird. Es kann deshalb auch vorkommen, dass Arbeitgebern ihren Arbeitnehmern mit Beendigungskündigungen drohen, um die gewünschte Vertragsänderung zu erreichen. Fraglich ist, ob es sich hierbei um eine unzulässige Drohung gemäß § 123 I Alt. 1 BGB handelt und eine Anfechtung des Änderungsvertrages durch den Arbeitnehmer in Betracht kommt.[1135] Voraussetzung für die Anfechtung ist zunächst, dass der Arbeitgeber dem Arbeitnehmer gedroht hat, d. h. ein künftiges Übel in Aussicht gestellt hat, wenn der Arbeitnehmer die Vertragsänderung nicht akzeptiert.[1136] Der Arbeitgeber droht für den Fall der Ablehnung der Vertragsänderung damit, eine Beendigungskündigung auszusprechen. Die Drohung müsste widerrechtlich sein. Dies ist im vorliegenden Fall problematisch, da der Ausspruch einer Kündigung ein erlaubtes Mittel darstellt, da sie Ausdruck der Unternehmerfreiheit des Arbeitgebers ist. Zu prüfen ist deshalb, ob das Mittel zur Erreichung des verfolgten Zwecks unangemessen ist, was nach Treu und Glauben beurteilt werden muss.[1137] In Betracht kommt lediglich eine (ordentliche) betriebsbedingte Beendigungskündigung wegen Umsatz- bzw. Auftragsrückgängen wegen Preiserhöhungen durch den Mindestlohn. Diese ist nur unter bestimmten Voraussetzungen möglich, die nur im Ausnahmefall vorliegen dürften.[1138] Hat der Arbeitgeber lediglich seine Gewinnmaximierung im Blick, ohne dass irgendwelche Anhaltspunkte für einen Umsatz- bzw. Auftragsrückgang vorliegen, ist die Drohung widerrechtlich. Ein Arbeitgeber darf grundsätzlich auch keine Kündigung in Betracht ziehen, nur weil der Arbeitnehmer

---

1135 HK-MiLoG/*Schubert*, § 20 Rn. 14.

1136 Zu den Voraussetzungen des Anfechtungstatbestandes vgl. näher BeckOK-BGB/*Wendtland* § 123 Rn. 25 ff.

1137 BeckOK-BGB/*Wendtland*, § 123 Rn. 32; MüKo/*Armbrüster* § 123 BGB Rn. 107. BGH, Urteil vom 07.02.2013, IX ZR 138/11, NJW 2013, 1591 f. m. w. N.

1138 Vgl. näher unter Ziff. I. 2. e).

den Mindestlohn fordert.[1139] Wird der Arbeitnehmer durch die Drohung dazu bestimmt, der Vertragsanpassung zuzustimmen, ist eine Anfechtung, abgesehen von etwaigen Beweisfragen, möglich.[1140] Folge der Anfechtung ist grundsätzlich die Nichtigkeit (ex-tunc) gemäß § 142 I BGB. Da der Arbeitnehmer der Vertragsanpassung ohne die Drohung nicht zugestimmt hätte, gelten die ursprünglichen Vertragsbedingungen fort, mit der Folge, dass der Arbeitnehmer neben seinen bisherigen Zulagen und Gratifikationen einen Anspruch auf Zahlung der üblichen Vergütung gemäß § 612 II BGB hat.[1141] Daneben darf der Arbeitgeber den Arbeitnehmer natürlich auch nicht unzulässigerweise benachteiligen, weil dieser keine Vertragsanpassung akzeptiert. Hierbei ist nämlich das Maßregelungsverbot gemäß § 612a BGB zu beachten.[1142]

2. Einseitige Vertragsanpassung/Kündigungsmöglichkeiten des Arbeitgebers

Fraglich ist, wie der Arbeitgeber vorgehen kann, wenn der Arbeitnehmer eine einvernehmliche Vertragsanpassung nicht akzeptiert. Zunächst muss klargestellt werden, dass eine einvernehmliche Vertragsanpassung bei einem Stundenlohn unterhalb des gesetzlichen Mindestlohns nicht immer notwendig ist. Grundsätzlich werden nämlich bestimmte Zulagen und Zuschläge auf den Mindestlohn angerechnet.

a) Mindestlohnwirksame Anrechnung von Arbeitgeberleistungen

Welche Leistungen des Arbeitgebers im Einzelnen auf den Mindestlohn anrechenbar sind, ist höchst umstritten.[1143] Im Rahmen tarifvertraglicher

---

1139 LAG Sachsen, Urteil vom 24.06.2015, 2 Sa 156/15, BeckRS 2015, 71674; ArbG Berlin, Teilurteil vom 17.04.2015, 28 Ca 2405/15, BeckRS 2015, 68089; *Schiefer/Köster*, DB 2016, 169, 171.

1140 HK-MiLoG/*Schubert*, § 20 Rn. 14.

1141 Vgl. hierzu Stellungnahme unter Ziff. 1 c); a. A. HK-MiLoG/*Schubert*, § 20 Rn. 14.

1142 LAG Sachsen, Urteil vom 24.06.2015, 2 Sa 156/15, BeckRS 2015, 71674; ArbG Berlin, Teilurteil vom 17.04.2015, 28 Ca 2405/15, BeckRS 2015, 68089; *Schiefer/Köster*, DB 2016, 169, 171.

1143 Vgl. etwa Erfurter Kommentar 2018/*Franzen*, § 1 MiLoG, Rn. 4 ff.; *Riechert/Nimmerjahn*, MiLoG Kommentar, § 1 Rn. 92 ff.; *Jares*, DB 2015, 307 ff.; *Bayreuther*, in: Thüsing, MiLoG/AEntG, § 1 MiLoG Rn. 87 ff.; *Sura*, BB 2018, 437 ff.; *Weigert*, NZA 2017, 745; zur Frage der Anrechenbarkeit von Trinkgeldern vgl. etwa *Dommermuth-Alhäuser/Heup*, NZA 2015, 406 ff.; *Wobst*, RdA 2016, 110 ff; eine Übersicht hierzu vom Zoll unter: http://www.zoll.de/DE/Fachthemen/Arbeit/Mindestarbeitsbedingungen/

Mindestlöhne gibt es wegweisende Entscheidungen des EuGH[1144] und des BAG[1145]. Bei der Erfüllungswirkung wird hierbei darauf abgestellt, welche Leistung des Arbeitnehmers durch die Leistung des Arbeitgebers ihrem Zweck nach vergütet werden soll. Somit ist eine Leistung des Arbeitgebers anrechenbar, wenn zwischen dem Zweck der tatsächlich erbrachten Leistung und dem Zweck des tariflichen Mindestlohns eine funktionale Gleichwertigkeit besteht (sog. Äquivalenzprinzip).[1146]

aa) Übertragbarkeit der Rechtsprechung zu tariflichen Mindestlöhnen auf das Mindestlohngesetz

Fraglich ist zunächst, ob und inwieweit die Rechtsprechung des EuGH und des BAG zu tariflichen Mindestlöhnen auf das Mindestlohngesetz übertragbar ist.[1147] Dies ist nicht unumstritten.[1148]

Für die Übertragung der Rechtsprechung spricht die Tatsache, dass es sich sowohl bei tariflichen Mindestlöhnen als auch bei dem gesetzlichen Mindestlohn um einen entsenderechtlichen Mindestentgeltsatz im Sinne des Unionsrechts handle.[1149] Somit seien die Grundsätze des EuGH zur Auslegung der RL 96/71/EG (Arbeitnehmerentsenderichtlinie) auch im Rahmen des Mindestlohngesetzes zu beachten.[1150] *Richert/Nimmerjahn* führen daneben die systematische

---

Mindestlohn-Mindestlohngesetz/Berechnung-Zahlung-Mindestlohns/Sonstige-Lohnbestandteile-Zulagen-Zuschlaege/sonstige-lohnbestandteile-zulagen-zuschlaege_node.html (abgerufen am 19.03.2018).

1144 U. a. EuGH, Urteil vom 14.04.2005, C-341/02, NZA 2005, 573; EuGH, Urteil vom 07.11.2013, C-522/12, NZA 2013, 1359; EuGH, Urteil vom 12.02.2015, C-396/13, NZA 2015, 345.

1145 U. a. BAG, Urteil vom 18.04.2012, 4 AZR 139/10, NZA 2013, 392, 395, BAG, Urteil vom 16.04.2014, 4 AZR 802/11, NZA 2014, 1277, 1280.

1146 Zum sog. Äquivalenzprinzip vgl. BAG, Urteil vom 27.01.2004, 1 AZR 148/03, NZA 2004, 667; BAG, Urteil vom 30.03.2004, 1 AZR 85/03, NZA 2004, 1183; BAG, Urteil vom 18.04.2012, 4 AZR 139/10, NZA 2013, 392, 395; BAG, Urteil vom 16.04.2014, 4 AZR 802/11, NZA 2014, 1277, 1280.

1147 Zur Darstellung der Grundsätze der Rechtsprechung vgl. ausführlich *Riechert/Nimmerjahn*, MiLoG Kommentar, § 1 Rn. 94 ff.

1148 Für die Übertragbarkeit etwa: *Riechert/Nimmerjahn*, MiLoG Kommentar, § 1 Rn. 101; *Däubler*, NJW 2014, 1924, 1926; *Brors*, NZA 2014, 938; *Jöris/v. Steinau-Steinrück*, BB 2014, 2101, 2103, kritisch etwa: *Bayreuther*, in: Thüsing, MiLoG/AEntG, § 1 MiLoG Rn. 100; *Lembke*, NZA 2015, 70, 74; *Schweibert/Leßmann*, DB 2014, 1866, 1869; *Heukenkamp*, S. 281 ff.; *Sittard*, RdA 2015, 99, 102 f.

1149 *Riechert/Nimmerjahn*, MiLoG Kommentar, § 1 Rn. 102.

1150 *Riechert/Nimmerjahn*, MiLoG Kommentar, § 1 Rn. 102.

Auslegung und einen Vergleich mit den Rechtsfolgen der zivilrechtlichen Anspruchskonkurrenz an.[1151] Die Funktionsäquivalenz führe bei Vorliegen von echter Anspruchskonkurrenz des tarifvertraglichen und des gesetzlichen Vergütungsanspruchs dazu, dass bei einer Leistung des Arbeitgebers neben dem tariflichen Anspruch auch der gesetzliche Mindestlohnanspruch erlösche. Darüber hinaus sei auch der Gesetzgeber von einer Übertragung der Grundsätze ausgegangen.[1152]

Es gibt jedoch auch Stimmen, die einer Übertragung kritisch gegenüberstehen.[1153] *Bayreuther* führt hierbei die unterschiedliche Zweckrichtung des gesetzlichen Mindestlohns und der entsenderechtlichen Mindestlöhne an.[1154] Der gesetzliche Mindestlohn solle insbesondere das Existenzminimum der Arbeitnehmer sichern, während der entsenderechtliche Mindestlohn einen angemessenen Gegenwert für die geleistete Arbeit darstelle. Deshalb wird der gesetzliche Mindestlohn im Gegensatz zu tarifvertraglichen Mindestlöhnen tätigkeits- und qualifikationsunabhängig geleistet.[1155] Eine uneingeschränkte Übertragung der Rechtsprechung wird daher abgelehnt.[1156] *Heukenkamp* kritisiert ebenfalls die Übertragung der Rechtsprechung des EuGH und verlangt für die Anrechenbarkeit der Zulage lediglich ihre tatsächliche Zahlung zum Fälligkeitszeitpunkt des Lohnes, sodass alle Zulagen mindestlohnwirksam angerechnet würden, sofern keine Sonderregelung für einzelne Zulagen bestehe.[1157]

Richtigerweise muss man jedoch im Rahmen des gesetzlichen Mindestlohns das sog. Äquivalenzprinzip berücksichtigen. Als wesentliche Auslegungshilfe können die Gesetzgebungsmaterialien herangezogen werden. Der Gesetzgeber wollte im Rahmen des Mindestlohngesetzes keine neue unklare Rechtslage schaffen, sondern auf die bereits durch den EuGH und das BAG geklärte Rechtslage verweisen.[1158] Eine gesetzliche Klarstellung, welche Leistungen im Einzelnen anrechenbar sind, ist deshalb unterblieben. Auch wenn der gesetzliche

---

1151 *Riechert/Nimmerjahn*, MiLoG Kommentar, § 1 Rn. 103 ff.

1152 BT-Drs. 18/2010 (neu), S. 15; BT-Drs. 18/1558, S. 67; vgl. *Riechert/Nimmerjahn*, MiLoG Kommentar, § 1 Rn. 103 ff.

1153 U. a. *Bayreuther*, in: Thüsing, MiLoG/AEntG, § 1 MiLoG Rn. 100; *Lembke*, NZA 2015, 70, 74; *Schweibert/Leßmann*, DB 2014, 1866, 1869; *Heukenkamp*, S. 284 f.

1154 *Bayreuther*, in: Thüsing, MiLoG/AEntG, § 1 MiLoG Rn. 100; zur unterschiedlichen Zwecksetzung vgl. auch *Schweibert/Leßmann*, DB 2014, 1866, 1869.

1155 *Bayreuther*, in: Thüsing, MiLoG/AEntG, § 1 MiLoG Rn. 100.

1156 Etwa *Bayreuther*, in: Thüsing, MiLoG/AEntG, § 1 MiLoG Rn. 100.

1157 *Heukenkamp*, S. 284 f.

1158 BT-Drs. 18/2010 (neu), S. 15; BT-Drs. 18/1558, S. 67.

Mindestlohn – im Gegensatz zu tarifvertraglichen Mindestlöhnen – tätigkeits- und qualifikationsunabhängig geleistet wird[1159], handelt es sich hierbei um einen Mindestentgeltsatz im Sinne des Unionsrechts[1160], sodass auch die Rechtsprechung zur unionsrechtlichen Entsenderichtlinie anwendbar ist.

bb) Wesentliche Entscheidungen des BAG im Rahmen des Mindestlohngesetzes

Das BAG hat zur Problematik der Erfüllungswirkung bereits wesentliche Entscheidungen getroffen.[1161] Das Gericht hat festgestellt, dass alle Geldleistungen des Arbeitgebers, die im Synallagma stehen, geeignet sind, den Mindestlohnanspruch zu erfüllen, solange sie dem Arbeitnehmer endgültig verbleiben. Zahlungen, die der Arbeitgeber hingegen ohne Rücksicht auf die erbrachte Arbeitsleistung erbringt oder die auf einer gesetzlichen Zweckbestimmung beruhen, haben keine Erfüllungswirkung.[1162] Die Frage, welche Leistungen im Einzelnen anrechenbar sind, ist dadurch nicht endgültig geklärt. Die Entscheidungen geben jedoch die Grundsätze für die Erfüllungswirkung des Mindestlohnanspruchs vor und stützen sich hierbei, wie die oben aufgeführte Rechtsprechung des EuGH und des BAG zu tariflichen Mindestlöhnen, auf die Zwecksetzung der Arbeitgeberleistung. Für die Frage der Anrechenbarkeit von Arbeitgeberleistungen auf den Mindestlohn ist ausschlaggebend, welche Leistungen Erfüllungswirkung haben. Maßgeblich für die Frage der Anrechenbarkeit ist somit, ob die Arbeitgeberleistung Entgeltcharakter im Sinne des Mindestlohngesetzes hat oder nicht. Dies ist im Einzelnen zu prüfen.[1163] Anrechenbar auf den

---

1159 *Bayreuther*, in: Thüsing, MiLoG/AEntG, § 1 MiLoG Rn. 100.

1160 *Riechert/Nimmerjahn*, MiLoG Kommentar, § 1 Rn. 102.

1161 BAG, Urteil vom 25.05.2016, 5 AZR 135/16, NJW 2016, 3323; bestätigt und fortgeführt durch BAG, Urteil vom 06.09.2017, 5 AZR 317/16, NZA 2017, 1463; BAG, Urteil vom 21.12.2016, 5 AZR 374/16, NZA 2017, 378; BAG, Urteil vom 24.05.2017, 5 AZR 431/16, BeckRS 2017, 127064; BAG, Urteil vom 20.09.2017, 10 AZR 171/16, NZA 2018, 53; BAG, Urteil vom 08.11.2017, 5 AZR 692/16, BB 2018, 243; BAG, Urteil vom 06.12.2017, 5 AZR 699/16, NZA 2018, 582; BAG, Urteil vom 17.01.2018, 5 AZR 69/17, NZA 2018, 781; vgl. zu den Voraussetzungen der Mindestlohnwirksamkeit einer Anwesenheitsprämie: BAG, Urteil vom 11.10.2017, 5 AZR 621/16, NZA 2017, 1598.

1162 BAG, Urteil vom 25.05.2016, 5 AZR 135/16, NJW 2016, 3323, 3325.

1163 Vgl. etwa *Riechert/Nimmerjahn*, MiLoG Kommentar, § 1 Rn. 119 ff.; Lembke, NJW 2016, 3617, 3621; ein Überblick hierzu u. a. bei *Lakies*, AuR 2016, 14, 16 f.; *Lakies*, AuR 2017, 74, 76 f. Aufgrund des Umfangs der Problematik und der Vielfältigkeit der Zulagen und Zuschläge muss hier auf weiterführende Literatur verwiesen werden.

gesetzlichen Mindestlohn ist beispielsweise eine Sonderzahlung, die vorbehaltlos und unwiderruflich in jedem Kalendermonat gezahlt wird.[1164] Nicht anrechenbar sind beispielsweise sog. Erschwerniszulagen, da sie nicht nur die Normalleistung honorieren, sondern aufgrund der besonderen Arbeitsumstände bezahlt werden.[1165] Die Anrechenbarkeit scheidet auch bei jährlich gezahltem zusätzlichen Urlaubsgeld aus.[1166] Aufgrund der Rechtsunsicherheit ist im Rahmen der Anrechnung erhöhte Vorsicht geboten. Deshalb ist eine vertragliche Klarstellung zu empfehlen.

Neben der Problematik der Anrechenbarkeit stellt sich die Frage, ob der Arbeitgeber die Möglichkeit hat eine Vertragsanpassung nach den Grundsätzen der Störung der Geschäftsgrundlage durchzuführen oder eine Änderungskündigung auszusprechen. Es sind folgende zwei Fallkonstellationen zu unterscheiden:

b) Fall 1: Einseitige Anhebung des Grundlohns unter Beibehaltung der Vergütungsbestandteile

In der 1. Fallkonstellation möchte der Arbeitgeber den Grundlohn entsprechend dem Mindestlohn erhöhen und hierbei die Höhe der Zulagen und Zuschläge unverändert beibehalten. Fraglich ist, wie er dies rechtsicher gestalten kann, wenn der Arbeitnehmer der bloßen Anpassung bzw. Erhöhung des Grundlohns nicht zustimmt, weil er etwa darauf spekuliert, dass die Rechtsprechung ihm entsprechend § 612 II BGB einen Anspruch auf die marktübliche Vergütung gewährt.

1164 BAG, Urteil vom 28.09.2016, 5 AZR 188/16, BeckRS 2016, 74819; vgl. auch zur Anrechnung einer Anwesenheitsprämie LAG Mecklenburg-Vorpommern, Urteil vom 22.11.2016, 5 Sa 298/15, NZA-RR 2017, 140; vgl. zur (jährlichen) Sonderzahlung, die nicht anrechenbar ist, LAG Berlin-Brandenburg, Urteil vom 25.09.2015, 8 Sa 677/15, BeckRS 2015, 72883.

1165 Etwa *Riechert/Nimmerjahn*, MiLoG Kommentar, § 1 Rn. 124; a. A. MüKo/*Müller-Glöge* § 1 MiLoG Rn. 23.

1166 LAG Berlin-Brandenburg, Urteil vom 25.09.2015, 8 Sa 677/15, BeckRS 2015, 72883; *Bayreuther*, in: Thüsing, MiLoG/AEntG, § 1 MiLoG Rn. 90 m. w. N.; vgl. auch BAG, Urteil vom 20.09.2017, 10 AZR 171/16, ArbRAktuell 2017, 515.

aa) Vertragsanpassung gemäß § 313 I BGB

Gesetzesänderungen können grundsätzlich den Tatbestand der Störung der Geschäftsgrundlage begründen.[1167] Eine einseitige Vertragsanpassung kommt jedoch nur in Betracht, wenn sich die Umstände, die zur Grundlage des Vertrags wurden, schwerwiegend geändert haben und ein Festhalten am Vertrag nicht zumutbar ist.[1168] Fraglich ist, ob eine unveränderte Weiterbeschäftigung für den Arbeitgeber somit nach Geltung des Mindestlohns noch zumutbar ist.

Einerseits muss der Arbeitgeber zwar nicht die übliche Vergütung zahlen, wenn er dem Arbeitnehmer zuvor eine Vertragsanpassung in Höhe des Mindestlohns angeboten hat. Der Arbeitnehmer kann sich nämlich selbst dann nicht auf die übliche Vergütung berufen, wenn die Rechtsprechung solch einen Anspruch grundsätzlich anerkennt, da dies rechtsmissbräuchlich wäre.[1169]

Andererseits ergeben sich für den Arbeitgeber dennoch erhebliche Probleme, wenn der Arbeitnehmer die Entgelterhöhung auf Mindestlohnniveau nicht annimmt. Denn der Arbeitgeber verstößt durch die Nichtzahlung des Mindestlohns gegen das Gesetz. Hier drohen ihm Bußgeldverfahren gemäß § 21 I MiLoG, außerdem ist der Straftatbestand des § 266a StGB (Vorenthalten und Veruntreuen von Arbeitsentgelt) zu beachten. Denn selbst wenn der Arbeitgeber den Mindestlohnanspruch erfüllt, indem er einfach den Mindestlohn an den Arbeitnehmer überweist, begründet die bestehende vertragliche Vereinbarung den Verdacht eines Gesetzesverstoßes. Der Arbeitgeber muss dann bei Kontrollen durch den Zoll darlegen, dass er den Mindestlohn – trotz entgegenstehender vertraglicher Vereinbarung – bezahlt hat. Außerdem ist hier kein sachgerechter Grund ersichtlich, weshalb der Arbeitnehmer die Zahlung des Mindestlohns nicht annimmt. Der Arbeitnehmer ist hier nicht schutzwürdig, da er sich rechtsmissbräuchlich verhält, wenn er den Mindestlohn nicht entgegennimmt, um später die übliche Vergütung zu verlangen. Der Arbeitgeber ist dagegen schutzwürdig, da er lediglich seine gesetzliche Pflicht zur Zahlung des Mindestlohns erfüllen möchte. Die Voraussetzungen für eine Vertragsanpassung gemäß § 313 I BGB liegen somit grundsätzlich vor. Zu beachten ist jedoch der Vorrang des Kündigungsrechts. Das Kündigungsrecht ist lex specialis zur

---

1167 Etwa BAG, Urteil vom 23.09.2003, 3 AZR 551/02, BeckRS 2004,40545; BAG, Urteil vom 25.07.1990, 5 AZR 394/89, NJW 1991, 1562, 1563; MüKo/*Finkenauer* § 313 BGB Rn. 230 ff.

1168 BAG, Urteil vom 25.07.1990, 5 AZR 394/89, NJW 1991, 1562, 1563 m. w. N.

1169 Vgl. Ziff. I. 1. c).

Vertragsanpassung nach § 313 BGB.[1170] Tatbestände, die gemäß § 313 BGB zu einer Vertragsanpassung führen könnten, sind im Rahmen des Kündigungsrechts nach §§ 2, 1 KSchG zu würdigen.[1171]

bb) Änderungskündigung

Fraglich ist somit, ob eine Änderungskündigung in Betracht kommt. Voraussetzung für die Rechtfertigung der Änderungskündigung ist das Vorliegen eines dringenden betrieblichen Grundes. Fraglich ist, ob der Arbeitnehmer aus dringenden betrieblichen Gründen nicht mehr zu den bisherigen Bedingungen auf seinem bisherigen Arbeitsplatz beschäftigt werden kann.[1172] Hierbei ist der Verhältnismäßigkeitsgrundsatz zu beachten.[1173] Wie bereits im vorherigen Abschnitt dargestellt, ist das Festhalten am Vertrag und somit die unveränderte Weiterbeschäftigung für den Arbeitgeber nicht zumutbar. Der Arbeitgeber möchte eine gesetzeskonforme Vertragslage schaffen und den Mindestlohnanspruch gewähren. Der Arbeitnehmer muss die Änderung billigerweise hinnehmen, denn solange alle anderen Vertragsbestimmungen unverändert bleiben und lediglich die Vergütungshöhe angepasst wird, ist kein sachgerechter Grund ersichtlich, dass er der Vertragsänderung nicht zustimmt. Eine Änderungskündigung dahingehend, dass der Arbeitgeber den Grundlohn entsprechend dem Mindestlohn anpasst bzw. erhöht und hierbei die Zulagen und Zuschläge nicht kürzt, ist gerechtfertigt. Der Ausspruch einer Änderungskündigung stellt somit den rechtssicheren Weg für den Arbeitgeber dar.

c) Fall 2: Einseitige Anhebung des Grundlohns und gleichzeitige Streichung von Vergütungsbestandteilen

In der 2. Fallkonstellation möchte der Arbeitgeber den Grundlohn entsprechend dem Mindestlohn erhöhen und im Gegenzug Vergütungsbestandteile kürzen bzw. streichen.

1170 BAG, Urteil vom 08.10.2009, 2 AZR 235/08, NZA 2010, 465; MüKo/*Finkenauer* § 313 BGB Rn. 171; *Riechert/Nimmerjahn*, MiLoG Kommentar, § 3 Rn. 76.

1171 BAG, Urteil vom 08.10.2009, 2 AZR 235/08, NZA 2010, 465; BAG, Urteil vom 05.06.2014, 2 AZR 615/13, NZA 2015, 40, 42; vgl. auch LAG Berlin-Brandenburg, Urteil vom 25.09.2015, 8 Sa 677/15, BeckRS 2015, 72883.

1172 MüKo/*Hergenröder* § 2 KSchG Rn. 79; etwa BAG, Urteil vom 29.03.2007, 2 AZR 31/06, BeckRS 2007, 44931.

1173 BAG, Urteil vom 05.06.2014, 2 AZR 615/13, NZA 2015, 40, 43; MüKo/*Hergenröder* § 2 KSchG Rn. 79 m. w. N.

aa) *Vertragsanpassung gemäß § 313 I BGB*

Denkbar ist, dass der Arbeitgeber einen Anspruch auf eine Vertragsanpassung gemäß § 313 I BGB hat.[1174] Wie bereits bei Fallkonstellation 1 erwähnt, können Gesetzesänderungen zwar grundsätzlich den Tatbestand der Störung der Geschäftsgrundlage begründen.[1175] Voraussetzung ist jedoch, dass eine unveränderte Weiterbeschäftigung für den Arbeitgeber nach Geltung des Mindestlohns nicht zumutbar ist.[1176] Dies ist aber regelmäßig in der vorliegenden Fallkonstellation zu verneinen. Durch die Einführung des Mindestlohns erhöhen sich zwar die Personalkosten. Dies stellt aber keine schwerwiegende Änderung der Grundlagen des Arbeitsvertrages dar, die hier eine einseitige Vertragsanpassung rechtfertigen kann. Außerdem ist das (Änderungs-)Kündigungsrecht gegenüber der Vertragsanpassung gemäß § 313 I BGB lex specialis.[1177] Zu prüfen ist deshalb, ob die Voraussetzungen einer Änderungskündigung vorliegen.[1178]

bb) *Änderungskündigung*

Fraglich ist zunächst, welche Anforderungen an die soziale Rechtfertigung der Änderungskündigung zu stellen sind.[1179] Einerseits wird für die Anwendung der Rechtsprechung des BAG zur Kündigung von Nebenabreden plädiert.[1180] Andererseits wird die Rechtsprechung zur Entgeltreduzierung herangezogen.[1181] Die Prüfung der Rechtfertigung erfolgt in jedem Fall anhand des

---

1174 *Schweibert/Leßmann*, DB 2014, 1866, 1870.

1175 Etwa BAG, Urteil vom 23.09.2003, 3 AZR 551/02, BeckRS 2004,40545; BAG, Urteil vom 25.07.1990, 5 AZR 394/89, NJW 1991, 1562, 1563; MüKo/*Finkenauer* § 313 BGB Rn. 230 ff.

1176 Zur Frage der Zumutbarkeit der Weiterbeschäftigung nach Einführung des Mindestlohns vgl. Ziff. I. 2 b) dieses Kapitels.

1177 BAG, Urteil vom 08.10.2009, 2 AZR 235/08, NZA 2010, 465; MüKo/*Finkenauer* § 313 BGB Rn. 171; *Riechert/Nimmerjahn*, MiLoG Kommentar, § 3 Rn. 76.

1178 Zum Verhältnis des Kündigungsrechts zum Recht auf Vertragsanpassung gemäß § 313 I BGB als Reaktion auf Einführung des MiLoG vgl. LAG Berlin-Brandenburg, Urteil vom 25.09.2015, 8 Sa 677/15, BeckRS 2015, 72883.

1179 *Riechert/Nimmerjahn*, MiLoG Kommentar, § 3 Rn. 61.

1180 *Riechert/Nimmerjahn*, MiLoG Kommentar, § 3 Rn. 61 f.; *Schweibert/Leßmann*, DB 2014, 1866, 1870.

1181 Etwa LAG Berlin-Brandenburg, Urteil vom 25.09.2015, 8 Sa 677/15, BeckRS 2015, 72883; Urteil vom 11.08.2015, 19 Sa 819/15, 19 Sa 827/15, 19 Sa 1156/15, NZA-RR 2015, 125; Urteil vom 02.10.2015, 9 Sa 570/15, BeckRS 2015, 73252; *Schiefer/Köster*, DB 2016, 169, 171; vgl. zu den Voraussetzungen *Rosenau*, Anmerkungen zum Urteil des ArbG Berlin vom 17.04.2015, 28 Ca 2405/15, DB 2015, 1662, 1663.

Verhältnismäßigkeitsgrundsatzes und orientiert sich an der Frage, ob sich die der ursprünglichen Vereinbarung zugrunde liegenden Umstände so stark geändert haben, dass sie eine Änderung der Arbeitsbedingungen erforderlich machen und sich der Arbeitgeber darauf beschränkt hat, dem Arbeitnehmer nur solche Änderungen vorzuschlagen, die dieser billigerweise hinnehmen muss.[1182] Eine Änderungskündigung lässt sich nicht allein durch die Gesetzesänderung rechtfertigen, solange die Gesetzeskonformität des Arbeitsvertrages auf andere Weise hergestellt werden kann.[1183] Eine Anpassung der Vertragsbedingungen ist, wie bereits in Fallkonstellation 1 dargestellt, insoweit möglich, als der Grundlohn unter Beibehaltung der Zulagen und Zuschläge erhöht wird.[1184] Dagegen kann eine Änderungskündigung zur Anpassung des Grundlohns unter Streichung von Vergütungsbestandteilen ausnahmsweise in Betracht kommen, wenn durch die Senkung der Personalkosten die Stilllegung des Betriebs oder der Personalabbau verhindert werden kann und andere Maßnahmen zur Kostensenkung nicht denkbar sind.[1185] Dies ist regelmäßig abzulehnen.[1186] Änderungskündigungen zur Anpassung vertraglicher Nebenabreden (z. B. kostenlose Beförderung zum Betriebssitz, Fahrtkostenzuschuss, Mietzuschuss) an geänderte Umstände sind ebenfalls am Verhältnismäßigkeitsgrundsatz zu messen[1187], unterliegen hierbei jedoch nicht den gleichen strengen Maßstäben wie Änderungskündigungen zur Entgeltabsenkung.[1188] Die Frage, welche Maßstäbe anzuwenden sind, kann offenbleiben, denn selbst wenn man die weniger strengen Maßstäbe zur Rechtsprechung zur Kündigung von Nebenabreden anwendet, ist im Ergebnis eine Änderungskündigung mangels sozialer Rechtfertigung abzulehnen.[1189] Voraussetzung ist letztendlich, dass eine unveränderte Weiterbeschäftigung für

---

1182 BAG, Urteil vom 29.09.2011, 2 AZR 451/10, NZA-RR 2012, 158, 159; Erfurter Kommentar 2018/*Oetker*, § 2 KSchG, Rn. 48a m. w. N.

1183 Etwa BAG, Urteil vom 12.01.2006, 2 AZR 126/05, NZA 2006, 587; *Bayreuther*, in: Thüsing, MiLoG/AEntG, § 1 MiLoG Rn. 97 m. w. N.

1184 *Bayreuther*, in: Thüsing, MiLoG/AEntG, § 1 MiLoG Rn. 97.

1185 LAG Berlin-Brandenburg, Urteil vom 25.09.2015, 8 Sa 677/15, BeckRS 2015, 72883; BAG, Urteil vom 29.11.2007, 2 AZR 789/06, BeckRS 2011, 74166, unter Ziff. B. I. 2. der Gründe m. w. N.

1186 *Rosenau*, Anmerkungen zum Urteil des ArbG Berlin vom 17.04.2015, 28 Ca 2405/15, DB 2015, 1662, 1663; vgl. hierzu LAG Berlin-Brandenburg, Urteil vom 25.09.2015, 8 Sa 677/15, BeckRS 2015, 72883.

1187 *Riechert/Nimmerjahn*, MiLoG Kommentar, § 3 Rn. 62.

1188 BAG, Urteil vom 27.03.2003, 2 AZR 74/02, NZA 2003, 1029.

1189 *Riechert/Nimmerjahn*, MiLoG Kommentar, § 3 Rn. 62.

den Arbeitgeber unzumutbar ist.[1190] Die Rechtsprechung hat dies bereits für die Erhöhung von Sozialversicherungsleistungen verneint.[1191] Die Sachlage kann hier vergleichend herangezogen werden. Der gesetzliche Mindestlohn soll ja gerade für alle Arbeitsverhältnisse gelten und wurde bewusst mit Blick auf die Erhöhung der Personalkosten eingeführt. Der Arbeitnehmerschutz überwiegt hier dem Schutz des Arbeitgebers. Würde man hier eine Änderungskündigung zulassen, würde der Mindestlohnanspruch umgangen werden.[1192] Aus diesen Gründen kommt eine Änderungskündigung zur Änderung von bestehenden Vergütungsbestandteilen für den Arbeitgeber nicht in Betracht.

e) Betriebsbedingte Beendigungskündigung

Dass Arbeitgeber zur Vermeidung der Zahlung des Mindestlohns Beendigungskündigungen in Betracht ziehen, zeigt ein Fall des Arbeitsgerichts Berlin und des LAG Sachsen. Die Gerichte mussten sich mit der Frage beschäftigen, ob eine Kündigung aufgrund der Forderung des Mindestlohns bzw. wegen Ablehnung eines mindestlohnwidrigen Vertragsänderungsangebotes zulässig ist. Völlig zu Recht wurde dies mit Verweis auf das Maßregelungsverbot gemäß § 612a BGB abgelehnt.[1193] Fraglich ist jedoch, ob eine betriebsbedingte Beendigungskündigung ausnahmsweise zulässig sein kann. Aufgrund der steigenden Personalkosten durch Einführung des Mindestlohns könnten einige Arbeitgeber versuchen, sich von Mitarbeitern im Wege betriebsbedingter Kündigungen zu trennen.[1194] Voraussetzung von betriebsbedingten Kündigungen sind gemäß § 1 II 1 KSchG dringende betriebliche Erfordernisse, die einer Weiterbeschäftigung entgegenstehen.[1195] Maßgeblich ist die Frage, ob aufgrund einer Unternehmerentscheidung die Beschäftigungsmöglichkeit des betroffenen Arbeitnehmers weggefallen ist.[1196] Außerdem ist der Ultima-ratio-Grundsatz zu

---

1190 *Schweibert/Leßmann*, DB 2014, 1866, 1870; BAG, Urteil vom 27.03.2003, 2 AZR 74/02, NZA 2003, 1029.

1191 BGH, Urteil vom 02.11.1961, II ZR 126/59, NJW 1962, 250; hierauf hinweisend vgl. *Riechert/Nimmerjahn*, MiLoG Kommentar, § 3 Rn. 62.

1192 *Schiefer/Köster*, DB 2016, 169, 171.

1193 LAG Sachsen, Urteil vom 24.06.2015, 2 Sa 156/15, BeckRS 2015, 71674; ArbG Berlin, Teilurteil vom 17.04.2015, 28 Ca 2405/15, BeckRS 2015, 68089; *Schiefer/Köster*, DB 2016, 169, 171.

1194 *Hilgenstock*, Mindestlohngesetz, Rn. 290.

1195 Erfurter Kommentar 2018/*Oetker*, § 1 KSchG, Rn. 211.

1196 Erfurter Kommentar 2018/*Oetker*, § 1 KSchG, Rn. 211 f.; MüKo/*Hergenröder* § 1 KSchG Rn. 285.

beachten[1197] und es ist eine ordnungsgemäße Sozialauswahl erforderlich.[1198] Allein die Entscheidung des Arbeitgebers, aufgrund von Unrentabilität die Lohnkosten zu senken, reicht als betriebsbedingter Grund nicht aus.[1199] Ein dauernder Auftragsrückgang kann dagegen grundsätzlich betriebsbedingte Kündigungen rechtfertigen.[1200] Kündigungen wären somit denkbar, wenn durch die Erhöhung der Personalkosten und eine daraus folgende erforderliche Preissteigerung ein Auftragsrückgang entsteht und deshalb eine Personalreduzierung erforderlich ist.[1201] Diese Voraussetzung wird regelmäßig jedoch nicht vorliegen, da durch die Einführung des Mindestlohns die Personalkosten für alle Arbeitgeber steigen. Auch wenn nicht alle Arbeitgeber diese Kosten auf die Kunden umlegen, wird regelmäßig kein so erheblicher Umsatzrückgang eintreten, dass Arbeitsplätze zwingend wegfallen. Eine Kündigung kann beispielsweise auch gerechtfertigt sein, wenn die Existenz des Arbeitgebers durch die Erhöhung der Personalkosten bzw. den Auftragsrückgang bedroht ist und eine Betriebsstilllegung unmittelbar droht.[1202] Diese Voraussetzungen liegen jedoch sehr selten vor. Eine betriebsbedingte Kündigung ist daneben denkbar, wenn der Arbeitgeber sich entschließt, Aufgaben, die bisher in seinem Betrieb wahrgenommen wurden, auszulagern und an Fremdfirmen zu vergeben.[1203] Hierbei sind jedoch strenge Voraussetzungen zu prüfen, sodass eine wirksame Kündigung nur in Betracht kommt, wenn die Aufgaben zukünftig einem anderen Unternehmen zur selbstständigen Erledigung übertragen werden, ohne dass dessen Arbeitskräfte in die Betriebsstruktur des Arbeitgebers eingegliedert sind und der bisherige Arbeitgeber sein Weisungsrecht beibehält.[1204] Eine betriebsbedingte Kündigung

---

1197 BAG, Urteil vom 30.05.1978, 2 AZR 630/76, AP BGB § 626 Nr. 70; MüKo/*Hergenröder* § 1 KSchG Rn. 92 ff.

1198 Erfurter Kommentar 2018/*Oetker*, § 1 KSchG, Rn. 299 ff. m. w. N.

1199 MüKo/*Hergenröder* § 1 KSchG Rn. 331.

1200 Erfurter Kommentar 2018/*Oetker*, § 1 KSchG, Rn. 271; MüKo/*Hergenröder* § 1 KSchG Rn. 319.

1201 *Hilgenstock*, Mindestlohngesetz, Rn 295 ff.

1202 Vgl. zur Änderungskündigung LAG Berlin-Brandenburg, Urteil vom 25.09.2015, 8 Sa 677/15, BeckRS 2015, 72883; BAG, Urteil vom 29.11.2007, 2 AZR 789/06, BeckRS 2011, 74166, unter Ziff. B. I. 2. der Gründe m. w. N.

1203 Erfurter Kommentar 2018/*Oetker*, § 1 KSchG, Rn. 273; MüKo/*Hergenröder* § 1 KSchG Rn. 327 ff.; u. a. BAG, Urteil vom 07.12.2000, 2 AZR 391/99, NZA 2001, 495, 497.

1204 Erfurter Kommentar 2018/*Oetker*, § 1 KSchG, Rn. 273; BAG, Urteil vom 16.12.2004, 2 AZR 66/04, NZA 2005, 761, 763.

kommt letztendlich nur in Betracht, wenn keine anderweitige Beschäftigungsmöglichkeit besteht und somit kein milderes Mittel ersichtlich ist.[1205] Dies ist regelmäßig abzulehnen.

3. Rechte des Betriebsrats

Im Rahmen der Vertragsanpassung ist die Rolle des Betriebsrats zu beachten. Dieser kann grundsätzlich bei Fragen hinsichtlich der betrieblichen Lohngestaltung gemäß § 87 I Nr. 10 BetrVG mitbestimmen.[1206] Ein Mitbestimmungsrecht besteht nicht hinsichtlich der konkreten Vergütungshöhe.[1207] Das Mitbestimmungsrecht bezieht sich jedoch auf Änderungen der Entlohnungsgrundsätze.[1208] Hierunter fallen alle Änderungen, die den Lohn im weiteren Sinne betreffen, einmalige Sonderzahlungen wie z. B. Weihnachtsgeld und Treuprämien, sowie Leistungen der betrieblichen Altersversorgung.[1209] Werden somit im Rahmen der Umsetzung des Mindestlohngesetzes Zusatzleistungen kollektiv gekürzt, hat der Betriebsrat ein Mitbestimmungsrecht.[1210] Nicht vom Mitbestimmungsrecht erfasst werden einige wenige freiwillige Zusatzleistungen wie Erstattung von Kontoführungsgebühren, Tage- und Übernachtungsgelder, Umzugskosten oder Aufwandsentschädigungen für den Einsatz des privaten Pkw für Dienstfahrten, da diese keinen Vergütungscharakter haben.[1211]

Zu beachten ist daneben das Mitbestimmungsrecht gemäß § 87 I Nr. 11 BetrVG, wonach der Betriebsrat bei Akkord- und Prämiensätzen und leistungsbezogenen Entgelten mitbestimmen darf.[1212] Der Betriebsrat kann hierbei unmittelbar auf die Höhe der Festsetzung der Leistungszulagen einwirken.[1213] Wenn der Arbeitgeber beispielsweise die Höhe der Akkordlöhne ändern möchte,

---

1205 MüKo/*Hergenröder* § 1 KSchG Rn. 303 ff.

1206 BeckOK-BetrVG/*Werner* § 87 Rn. 156 ff.; ausführlich hierzu hinsichtlich der Auswirkungen des Mindestlohns vgl. *Salamon*, NZA 2017, 751.

1207 BeckOK-BetrVG/*Werner* § 87 Rn. 164; BAG, Urteil vom 15.04.2008, 1 AZR 65/07, AP BetrVG 1972 § 87 Lohngestaltung Nr. 133.

1208 *Koch*, in: Schaub, Arbeitsrecht, 2015, § 235, Rn. 96; vgl. hierzu konkret BAG, Urteil vom 25.04.2017, 1 AZR 427/15, NZA 2017, 1346.

1209 *Richardi*, § 87 BetrVG, Rn. 736; Erfurter Kommentar 2018/*Kania*, § 87 BetrVG, Rn. 97.

1210 Zur Mitbestimmung bei der Anrechnung von Zulagen vgl. auch HK-MiLoG (2. Auflage)/*Clemens*, § 1 Rn. 103 f.

1211 Erfurter Kommentar 2018/*Kania*, § 87 BetrVG, Rn. 98.

1212 *Stechow*, S. 105.

1213 DKKW/*Klebe*, § 87 BetrVG, Rn. 355.

um den Grundlohn auf Mindestlohnbasis anzupassen, kann der Betriebsrat mitbestimmen.

Aus der Überwachungsfunktion des Betriebsrats, die in § 80 BetrVG näher geregelt ist, ergibt sich zudem das Recht, das Gehalt der Mitarbeiter dahingehend zu kontrollieren, ob der gesetzliche Mindestlohn bezahlt wird.[1214] Der Betriebsrat hat nämlich ein Einblicksrecht in Lohn- und Gehaltslisten.[1215] Bei Nichtzahlung des Mindestlohns hat der Betriebsrat zwar kein Klagerecht, da es sich beim Mindestlohnanspruch um einen Individualanspruch des jeweiligen Arbeitnehmers handelt, er kann jedoch die betroffenen Mitarbeiter über den Verstoß informieren.[1216]

4. Fazit

Eine rechtssichere Möglichkeit des Arbeitgebers, die Kostenerhöhung durch den Mindestlohn so gering wie möglich zu halten, ist die einvernehmliche Vertragsanpassung. Hierbei sollte jedoch keinesfalls mit einer Kündigung oder anderen Nachteilen für den Arbeitnehmer gedroht werden. Die Möglichkeit der Anrechnung der Zulagen und Zuschläge sollte aufgrund der unklaren Rechtslage möglichst vermieden werden. Der Ausspruch von Kündigungen stellt grundsätzlich keine sinnvolle Reaktionsmöglichkeit für Arbeitgeber dar. Lediglich in extremen Ausnahmefällen können betriebsbedingte Kündigungen vor Gericht standhalten. Ausnahmsweise kann auch der Ausspruch einer betriebsbedingten Änderungskündigung zweckmäßig sein. Möchte der Arbeitgeber nämlich einseitig den Grundlohn entsprechend dem Mindestlohn erhöhen und die Zulagen und Zuschläge unverändert beibehalten, weil der Arbeitnehmer der Anpassung des Grundlohns nicht zustimmt, weil er darauf spekuliert, dass die Rechtsprechung ihm entsprechend § 612 II BGB einen Anspruch auf die marktübliche Vergütung gewährt, ist eine Änderungskündigung sinnvoll.

II. Einstellung neuer Mitarbeiter

Arbeitgeber könnten in Betracht ziehen, bei der Einstellung neuer Mitarbeiter die Ausnahmetatbestände voll auszunutzen. Dadurch können nämlich Mitarbeiter eingestellt werden, die keinen Anspruch auf den Mindestlohn haben.

1214 *Düwell*, AiB 2015, 37 ff.; *Kleinebrink*, DB 2015, 375 ff.

1215 *Matthes*, Münchener Handbuch zum Arbeitsrecht, § 237 Rn. 21 ff.; *Stechow*, S. 140.

1216 *Düwell*, AiB 2015, 37, 38.

1. Zulässige Ausnutzung der Ausnahmetatbestände (§§ 22 II, 22 IV 1 MiLoG)

Zum einen könnten gemäß § 22 IV 1 MiLoG Langzeitarbeitslose unterhalb des Mindestlohnanspruchs befristet für sechs Monate eingestellt werden[1217] bzw. bei unbefristeter Einstellung im Rahmen der sechsmonatigen Wartezeit gekündigt werden. Außerdem könnten vermehrt Jugendliche eingestellt werden, die gemäß § 22 II MiLoG keinen Anspruch auf den Mindestlohn haben.[1218] Rechtlich zulässig ist die Einstellung von Langzeitarbeitslosen und Jugendlichen unterhalb des Mindestlohns allemal, auch wenn diese Arbeitnehmer dieselben Aufgaben wahrnehmen wie mit dem Mindestlohn bezahlte Arbeitskräfte. Untere Grenze der Entlohnung stellt dann wie bisher die Sittenwidrigkeitsgrenze dar.

Problematisch sind die Fälle der offensichtlichen Ausnutzung der Gestaltungsmöglichkeiten des Mindestlohngesetzes für die Beschäftigung von Langzeitarbeitslosen, etwa wenn von Anfang an klar ist, dass dem Langzeitarbeitslosen innerhalb der Wartezeit gekündigt werden soll. Die Kündigung innerhalb der Wartezeit kann jedenfalls sitten- oder treuwidrig sein gemäß § 13 II, III KSchG, §§ 138, 242 BGB. Das BAG bejaht die Sittenwidrigkeit einer Kündigung jedoch nur in Ausnahmefällen. Damit eine Kündigung im Einzelfall sittenwidrig ist, muss sie dem Anstandsgefühl aller billig und gerecht Denkenden widersprechen, was aber nur in besonders krassen Fällen zu bejahen ist.[1219] Dies ist etwa der Fall, wenn eine verwerfliche Gesinnung vorliegt und der Arbeitgeber beispielsweise aus Rachsucht oder Vergeltung handelt.[1220] Dies ist hier nicht der Fall. Eine verwerfliche Gesinnung des Arbeitgebers liegt nicht vor, wenn er aus wirtschaftlichen Gründen Personalkosten sparen möchte und so den Ausnahmetatbestand ausnutzt.

1217 *Krusche/Steinheimer*, Mindestlohngesetz, S. 69; HK-MiLoG (2. Auflage)/*Schubert/Jerchel*, § 22 Rn. 72; *Preis/Ulber*, Gutachten 2014, S. 139; zur Zulässigkeit der befristeten Einstellung im Rahmen des Ausnahmetatbestandes vgl. ausführlich *Heukenkamp*, S. 142 f.

1218 Zur Frage der Altersdiskriminierung der Jugendlichen vgl. näher Kapitel 3 I. 1. c) bb).

1219 BAG, Urteil vom 19.07.1973, 2 AZR 464/72, AP BGB § 138 Nr. 32; BAG, Urteil vom 16.09.2004, 2 AZR 511/03, AP BetrVG 1972 § 102 Nr. 142; BAG, Urteil vom 21.02.2001, 2 AZR 15/00, AP BGB § 242 Kündigung Nr. 12 m. w. N; vgl. ausführlich hierzu mit zahlreichen Beispielen *Sack/Fischinger*, in: Staudinger Kommentar, 2011, § 138 BGB Rn. 530 ff.

1220 BAG, Urteil vom 14.12.2004, 9 AZR 23/04, NZA 2005, 637, 638; *V. Hoyningen-Huene/Linck/Krause*, KSchG, § 13 Rn. 57 m. w. N.

Eine Kündigung kann darüber hinaus gegen den Grundsatz von Treu und Glaube gemäß § 242 BGB verstoßen, wenn die Kündigung als Widerspruch zum Verhalten des Arbeitgebers steht.[1221] Eine Kündigung ist demnach unwirksam, wenn der Arbeitgeber den Eindruck erweckt, dass das Arbeitsverhältnis länger bestehen soll[1222], obwohl er von Anfang an beabsichtigt, es mit Ablauf der Wartezeit zu beenden, unabhängig davon, ob sich der Arbeitnehmer bewährt hat oder nicht. Dies widerspricht eindeutig dem Sinn der Wartezeit, nach dem der Arbeitgeber sich in der Zeit ein Bild machen soll, ob der Arbeitnehmer seinen Erwartungen entspricht.[1223]

Es ist zwar nachvollziehbar, dass der Arbeitgeber aus wirtschaftlichen Gründen Personalkosten sparen möchte und so den Ausnahmetatbestand nutzt. Es ist aber treuwidrig, wenn der Arbeitgeber dem Arbeitnehmer vortäuscht, dass er ein unbefristetes Arbeitsverhältnis erhält, obwohl der Arbeitgeber ihm keine Chance gibt, sich in der Wartezeit zu bewähren. Sinn der Ausnahmeregelung des § 22 IV 1 MiLoG ist die nachhaltige Integration von Langzeitarbeitslosen in den Arbeitsmarkt.[1224] Dieser Zweck wird nicht erreicht, wenn der Arbeitgeber von Anfang an nur eine sechsmonatige Beschäftigung beabsichtigt, um den Mindestlohnanspruch zu verhindern, ohne dem Arbeitnehmer eine Chance auf Weiterbeschäftigung zu geben. Wenn der Arbeitgeber von Anfang an eine zeitlich begrenzte Beschäftigung beabsichtigt, dann muss er eine Befristung vereinbaren. Andernfalls erweckt er den Eindruck, dass der Arbeitnehmer nach Bewährung in der Wartezeit ein unbefristetes Beschäftigungsverhältnis erreicht. Die Kündigung ist treuwidrig und somit unwirksam, wenn der Arbeitgeber unabhängig von der Qualität der Arbeitsleistung von Anfang an nur eine zeitlich begrenzte Beschäftigung beabsichtigt. In der Praxis wird die Unwirksamkeit der Kündigung jedoch kaum durchzusetzen sein, da der Arbeitgeber meist einen anderen Grund für die Kündigung vorschieben wird und der Arbeitnehmer die Beweislast für das Vorliegen der Treuwidrigkeit trägt.[1225] Möchte der Arbeitgeber die

---

1221 BAG, Urteil vom 08.10.1959, 2 AZR 501/56, AP BGB § 620 Nr. 1 Schuldrechtliche Kündigungsbeschränkung; BAG, Urteil vom 16.02.1989, 2 AZR 347/88, NZA 1989, 962, 964; LAG Baden-Württemberg, Urteil vom 05.07.2011, 22 Sa 11/11, BeckRS 2012, 65547; *V. Hoyningen-Huene/Linck/Krause*, KSchG, § 13 Rn. 81 m. w. N.

1222 *V. Hoyningen-Huene/Linck/Krause*, KSchG, § 13 Rn. 88; BAG, Urteil vom 08.06.1972, 2 AZR 336/7, AP KSchG 1969 § 13 Nr. 1; BAG, Urteil vom 21.03.1980, 7 AZR 314/78, AP SchwbG § 17 Nr. 1.

1223 BeckOK-KSchG/*Rolfs*, § 1 Rn. 36.

1224 BT-Drs. 18/1558, S. 43.

1225 BAG, Urteil vom 16.02.1989, 2 AZR 347/88, AP BGB § 138 Nr. 46; *V. Hoyningen-Huene/Linck/Krause*, KSchG, § 13 Rn. 59.

Ausnahme für Langzeitarbeitslose jedoch in zulässiger Weise nutzen, um den Mindestlohnanspruch zu vermeiden, muss er das Beschäftigungsverhältnis mit dem Langzeitarbeitslosen von vornherein befristen.[1226] Insgesamt ist die Ausnahmeregelung jedoch wenig praxistauglich, da viele Langzeitarbeitslose die Vorschrift nicht kennen[1227], sodass die Arbeitgeber erst auf Nachfrage und ggf. durch Vorlage einer Bescheinigung der Arbeitsagentur erfahren können, ob sie von der Ausnahmeregelung Gebrauch machen können.

2. Unzulässige Ausnutzung der Ausnahmetatbestände (§§ 22 I, II MiLoG)

Es ist offensichtlich unzulässig, die Verträge von Erwachsenen aufzuheben und einen Arbeitsverträge mit diesen verwandten Jugendlichen zu schließen, aber dennoch die Arbeitsleistung von den Erwachsenen zu erhalten.[1228] Dies stellt ein unzulässiges Scheingeschäft gemäß § 117 I BGB dar, sodass der Arbeitsvertrag mit dem Jugendlichen nichtig ist. Das Arbeitsverhältnis besteht weiterhin mit dem Erwachsenen, der die Arbeitsleistung erbringt, da schon der Aufhebungsvertrag gemäß § 117 I BGB nichtig ist.

Daneben ist die Einstellung von Praktikanten im Rahmen der Ausnahmetatbestände denkbar, die dann die Aufgaben der Arbeitnehmer übernehmen. Voraussetzung für den Ausschluss des Mindestlohnanspruchs ist jedoch, dass der Praktikant nicht wie ein Arbeitnehmer eingesetzt wird, sondern wie ein Praktikant im Sinne der Definition des § 22 I 2 MiLoG, andernfalls handelt es sich um ein sog. Scheinpraktikum. Durch diese Option hat der Arbeitgeber somit nicht die Möglichkeit, Arbeitsleistung, die unterhalb des Mindestlohns liegt, zu erhalten.

3. Rechte des Betriebsrats

Im Rahmen der Einstellung muss der Arbeitgeber den Betriebsrat unterrichten und informieren, gemäß § 99 I BetrVG. Der Betriebsrat kann hierbei seine Zustimmung zur Einstellung verweigern. Dies ist aber nur bei Vorliegen der

---

1226 Zur Möglichkeit der Befristung vgl. *Riechert/Nimmerjahn*, MiLoG Kommentar, § 22 Rn. 143 f.; ausführlich zur Zulässigkeit der Befristung im Rahmen des Ausnahmetatbestandes *Heukenkamp*, S. 142 f.

1227 Institut für Arbeitsmarkt- und Berufsforschung, Kurzbericht 23/2016, Mindestlohnausnahme für Langzeitarbeitslose, unter: http://doku.iab.de/kurzber/2016/kb2316.pdf (abgerufen am 07.02.2017).

1228 HK-MiLoG (2. Auflage)/*Schubert*, § 20 Rn. 14.

normierten Gründe gemäß § 99 II BetrVG zulässig. Gemäß Abs. 2 Nr. 1 kann die Zustimmung u. a. verweigert werden, wenn die Einstellung gegen ein Gesetz verstößt. Hierbei muss die Einstellung als solche gegen ein Gesetz verstoßen, nicht ausreichend ist das Vorliegen einer gesetzeswidrigen Bestimmung im Arbeitsvertrag.[1229] § 99 II Nr. 1 BetrVG ist somit nicht einschlägig, wenn der Arbeitnehmer unzulässigerweise unterhalb des gesetzlichen Mindestlohns eingestellt wird.[1230] Ein Zustimmungsverweigerungsgrund scheidet zudem aus, wenn Jugendliche oder Langzeitarbeitslose im Rahmen der Ausnahmetatbestände eingestellt werden. Auch bei einer Befristung des Langzeitarbeitslosen auf sechs Monate liegt kein Zustimmungsverweigerungsgrund vor.[1231] Es wird in der Praxis durchaus vorkommen, dass der Betriebsrat auch ohne Vorliegen eines normierten Grundes die Zustimmung verweigert, wenn er mit der unternehmenspolitischen Entscheidung des Arbeitgebers, vermehrt Jugendliche oder Langzeitarbeitslose einzustellen, nicht einverstanden ist. Dem Arbeitgeber bleibt dann regelmäßig nur der mühsame Weg über das Zustimmungsersetzungsverfahren gemäß § 99 IV BetrVG. Nach Ansicht des BAG reicht es für die Zustimmungsverweigerung nämlich aus, wenn es als möglich erscheint, dass einer der gesetzlichen Gründe geltend gemacht wird.[1232] Es ist somit auch eine nach Ansicht der Gerichte unzutreffende, aber nicht offensichtlich unsinnige Begründung beachtlich, sodass der Arbeitgeber das Gericht anrufen muss.[1233] Lediglich eine offensichtlich rechtsmissbräuchliche Zustimmungsverweigerung ist unbeachtlich, sodass ausnahmsweise kein Zustimmungsersetzungsverfahren nach § 99 IV BetrVG erforderlich ist.[1234] Allein deshalb ist das Einvernehmen mit dem Betriebsrat hilfreich. Daneben sind die Unterrichtungs- und Beratungsrechte im Rahmen des § 92 BetrVG zu beachten, die im Rahmen der Personalplanung und Entscheidungen zu Neueinstellungen eingreifen.[1235]

1229 *Fitting*, § 99 BetrVG Rn. 189; BAG, Beschluss vom 27.10.2010, 7 ABR 86/09, NZA 2011, 418, 419 m. w. N.

1230 *Fitting*, § 99 BetrVG Rn. 190; *Lakies* in: Kittner/Zwanziger/Deinert/Heuschmid, § 49 Rn. 136; *Stechow*, S. 118 f.

1231 Dies gilt sogar dann, wenn die Befristung an sich unzulässig ist. Vgl. Erfurter Kommentar 2018/*Kania*, § 99 BetrVG, Rn. 24; *Stechow*, S. 121.

1232 BAG, Beschluss vom 20.11.1990, 1 ABR 87/89, DB 1991, 1474; BAG, Urteil vom 16.03.2010, 3 AZR 31/09, NZA 2010, 1028, 1031 m. w. N.; näher zur grundlosen Zustimmungsverweigerung durch den Betriebsrat vgl. Ziff. III 3. dieses Kapitels.

1233 *Fitting*, § 99 BetrVG Rn. 263.

1234 BAG, Beschluss vom 16.07.1985, 1 ABR 35/83, AP BetrVG 1972 § 99 Nr. 21; *Dannhäuser*, NZA 1989, 617, 619.

1235 *Fitting*, § 92 BetrVG Rn. 13.

Beabsichtigt der Arbeitgeber von Anfang an, den Langzeitarbeitslosen mit Ablauf der Wartezeit zu kündigen und einen weiteren Langzeitarbeitslosen einzustellen, da er so den Mindestlohnanspruch umgehen möchte, liegt mit der Einstellung an sich grundsätzlich kein Rechtsverstoß vor, sodass der Betriebsrat dadurch keinen Zustimmungsverweigerungsgrund hat. Wie gezeigt ist die Kündigung jedoch unwirksam. Hier kann der Betriebsrat lediglich im Rahmen seiner Rechte des § 102 BetrVG agieren. Er kann Bedenken gegen den Ausspruch der Kündigung äußern und den Arbeitnehmer auf die Unwirksamkeit aufmerksam machen.

4. Fazit

Der Arbeitgeber hat grundsätzlich die Möglichkeit, die Ausnahmetatbestände des Mindestlohngesetzes auszuschöpfen, indem er vermehrt Jugendliche und Langzeitarbeitslose einstellt. Im letzteren Fall kann er jedenfalls für die ersten sechs Monate einen Kostenvorteil haben. Die Ausnahme wird jedoch in der Praxis kaum genutzt.[1236] Grund hierfür ist laut dem Forschungsbericht des Instituts für Arbeitsmarkt- und Berufsforschung zum einen der geringe Bekanntheitsgrad bei den Langzeitarbeitslosen und zum anderen die fehlende Attraktivität durch das Vorhandensein anderer Förderinstrumente durch die Arbeitsagenturen. Die Regelung ist somit wenig praxistauglich. Die Einstellung von Praktikanten stellt keine Alternative dar, da hier keine verwertbare Arbeitsleitung erwartet werden kann und die Ausbildung im Vordergrund steht. Im Rahmen der Einstellung neuer Arbeitnehmer kann außerdem der Betriebsrat Probleme bereiten.

III. Outsourcing

Arbeitgeber versuchen im Rahmen der Kostenoptimierung regelmäßig, Aufgaben auszulagern bzw. outzusourcen. Dies kann auf verschiedene Weise erfolgen.

1. Einsatz von Selbstständigen

Die Übertragung von Aufgaben, die bisher Arbeitnehmer erledigt haben, auf selbstständig Tätige ist im Einzelfall kritisch zu untersuchen. Arbeitnehmervertreter befürchten im Zusammenhang mit dem Mindestlohngesetz die

1236 Vgl. Institut für Arbeitsmarkt- und Berufsforschung, Kurzbericht 23/2016, Mindestlohnausnahme für Langzeitarbeitslose, unter: http://doku.iab.de/kurzber/2016/kb2316.pdf (abgerufen am 07.02.2017).

Zunahme von sog. Scheinselbstständigen.[1237] Arbeitnehmer werden hierbei als Selbstständige im Rahmen von freien Dienst- oder Werkverträgen beschäftigt und bekommen somit nur eine pauschale Vergütung, die regelmäßig unterhalb des Mindestlohns liegt. Eine Beschäftigung als Selbstständiger ist rechtlich nur zulässig, wenn es sich bei dem Beschäftigten nicht um einen Arbeitnehmer handelt. Die Abgrenzung erfolgt anhand der Kriterien zum Arbeitnehmerbegriff.[1238] Die Kriterien sind seit April 2017 in § 611a I BGB normiert. Arbeitnehmer ist gemäß § 611a I 1 BGB, wer im Dienste eines anderen zur Leistung weisungsgebundener, fremdbestimmter Arbeit in persönlicher Abhängigkeit verpflichtet ist. Das Weisungsrecht kann nach S. 2 Inhalt, Durchführung, Zeit und Ort der Tätigkeit betreffen. S. 3 konkretisiert anschließend die Weisungsgebundenheit. Weisungsgebunden ist demnach, wer nicht im Wesentlichen frei seine Tätigkeit gestalten und seine Arbeitszeit bestimmen kann.[1239] Im Gegensatz dazu ist die selbstständige Arbeit im Wesentlichen durch eine weisungsunabhängige und selbstbestimmte Tätigkeit geprägt, bei der die Arbeitszeit selbst bestimmt werden kann.[1240] Scheinselbstständigkeit liegt vor, wenn Erwerbstätige vertraglich wie Selbstständige behandelt werden, tatsächlich jedoch wie abhängig Beschäftigte arbeiten und sich auch wegen ihrer sozialen Schutzbedürftigkeit nicht von diesen unterscheiden.[1241] Dies muss im Einzelfall geprüft werden. Nur wenn eine Aufgabe klar abgrenzbar ist und ausgelagert werden kann, ohne dass für die Aufgabenerledigung ein Weisungsrecht des Arbeitgebers erforderlich ist, kann eine zulässige selbstständige Tätigkeit vorliegen. Dies kann etwa beim Einsatz von Aushilfstaxifahrern[1242] oder einem Frachtführer[1243] der Fall sein. Im Rahmen vorhandener Betriebsstrukturen dürfte es aber durchaus schwierig sein, vorhandene Aufgaben auf Selbstständige zu übertragen. Gerade in Niedriglohnsektoren, wie

---

1237 *Brenke, Karl/ Wagner, Gert G.*, SZ-Artikel vom 22.07.2014, Von wegen Mindestlohn, unter https://www.diw.de/sixcms/detail.php?id=diw_01.c.430695.de (abgerufen am 13.05.2017); diese Umgehungsgefahr sehen auch *Spielberger/Schilling*, NJW 2014, 2897, 2903.

1238 *Schubert/Jerchel/Düwell*, Das neue Mindestlohngesetz, Rn. 295; zur Abgrenzung vgl. etwa MüKo/*Müller-Glöge* § 611 BGB Rn. 169 ff.

1239 Vgl. zur Rechtslage vor Einführung von § 611a BGB etwa *Vogelsang*, in: Schaub, Arbeitsrecht, 2015, § 8, Rn. 6.

1240 MüKo/*Müller-Glöge* § 611 BGB Rn. 174.

1241 *Vogelsang*, in: Schaub, Arbeitsrecht, 2015, § 8, Rn. 54.

1242 BAG, Beschluss vom 29.05.1991, 7 ABR 67/90, NZA 1992, 36, 37.

1243 BAG, Urteil vom 19.11.1997, 5 AZR 653/96, NZA 1998, 364; weitere Beispiele vgl. MüKo/*Müller-Glöge* § 611 BGB Rn. 198.

etwa der Bau- und Hotelbranche, wird dennoch künftig der Einsatz von (noch mehr) Scheinselbstständigen befürchtet.[1244]

2. Einsatz von Leiharbeitnehmern und Subunternehmern

Neben dem Einsatz von Leiharbeitnehmern kann der Einsatz von Subunternehmen, die eigene Arbeitnehmer beschäftigen, eine kostengünstige Alternative darstellen, um Personalkosten zu reduzieren. Denkbar ist etwa die Fremdvergabe von unternehmensfremden Hilfsarbeiten, wie die Bewachung des Betriebsgeländes oder die Reinigung von Betriebsräumen.[1245] So trägt jedenfalls der Subunternehmer das Risiko von krankheitsbedingten Ausfällen und die wesentlichen Personalkosten. Aber durch die Verpflichtung zur Zahlung des Mindestlohns steigen auch die Personalkosten der Subunternehmer, die wiederum versuchen werden, diese auf die Auftraggeber umzulegen. Außerdem besteht hierbei die Gefahr der Haftung nach § 13 MiLoG, wenn die Auftragnehmer Arbeitskräfte unterhalb des gesetzlichen Mindestlohns einsetzen.

3. Rechte des Betriebsrats

Im Rahmen der Arbeitnehmerüberlassung ergeben sich Mitbestimmungsrechte aus § 99 BetrVG. Gemäß § 14 III AÜG ist der Betriebsrat des Entleiherbetriebs bei der Einstellung zu beteiligen.[1246] Dass der Betriebsrat die Umsetzung der unternehmenspolitischen Entscheidung des Arbeitgebers zunächst blockieren kann, wurde bereits dargestellt.[1247] Der Betriebsrat kann die Zustimmungsverweigerung etwa damit begründen, dass er befürchtet, dass wegen der Einstellung eines Leiharbeitnehmers ein Stammmitarbeiter gekündigt oder auf einen schlechteren Arbeitsplatz versetzt wird, weshalb eine Benachteiligung im Sinne des § 99 II Nr. 3 BetrVG vorliegt.[1248] Der Betriebsrat kann sich jedoch nicht darauf berufen, dass ein Zustimmungsverweigerungsgrund im Sinne des § 99 II Nr. 1 bzw. Nr. 4 BetrVG vorliegt, weil der gesetzliche Mindestlohn nicht bezahlt wird oder der Equal-pay-Grundsatz nicht beachtet wurde.[1249] Außerdem

1244 SZ-Artikel vom 22.07.2014, „Von wegen Mindestlohn".

1245 Vgl. hierzu mit weiteren Beispielen *Henssler*, NZA 1994, 294, 302.

1246 *Henssler*, NZA 1994, 294, 302.

1247 Vgl. zur Zustimmungsverweigerung durch den Betriebsrat Ziff. II. 3. dieses Kapitels.

1248 *Fitting*, § 99 BetrVG Rn. 220a; DKKW/*Bachner*, § 99 BetrVG, Rn. 212.

1249 BAG, Beschluss vom 01.06.2011, 7 ABR 117/09, NZA 2011, 1435, 1440; *Fitting*, § 99 BetrVG Rn. 245, 190.

ist die Zustimmungsverweigerung unbeachtlich, die offensichtlich auf keinen der gesetzlichen Verweigerungsgründe Bezug nimmt.[1250]

Ob dagegen Betriebsteile fremdvergeben oder Aufgaben ausgelagert werden, ist eine freie Entscheidung des Arbeitgebers, sodass keine gesetzlichen Mitbestimmungsrechte greifen.[1251] Aus § 92 BetrVG können sich lediglich Unterrichtungs- und Beratungsrechte ergeben. Der Arbeitgeber hat demnach den Betriebsrat über die Personalplanung zu unterrichten und mit ihm über erforderliche Maßnahmen zu beraten. Hierunter fällt u. a. die Personalbeschaffung. Eine externe Beschaffungsmaßnahme ist z. B. der Einsatz von Leiharbeitnehmern.[1252] Außerdem ist im Rahmen der Personalplanung beim Personalabbau durch den Einsatz von Fremdfirmen eine Unterrichtung und Beratung notwendig.[1253] Mitbestimmungsrechte ergeben sich hieraus aber nicht.

4. Fazit

Der Einsatz von Selbstständigen stellt regelmäßig keine taugliche Handlungsalternative für den Arbeitgeber dar, da diese Reaktionsmöglichkeit im Rahmen vorhandener Betriebsstrukturen nur schwer umsetzbar ist. Neben dem Einsatz von Leiharbeitnehmern, bei dem der Betriebsrat im Rahmen der Einstellungen zustimmen muss, kann die Fremdvergabe von betrieblichen Aufgaben genutzt werden, um langfristig Personalkosten zu sparen. Der Betriebsrat hat zumindest bei der Fremdvergabe grundsätzlich keine Mitbestimmungsrechte.

IV. Unentgeltliche Überstunden/Pauschalabgeltung der Überstunden

1. Unentgeltliche Überstunden

Arbeitnehmer haben gemäß §§ 1 I, 20 MiLoG einen Anspruch darauf, dass für jede geleistete Arbeitsstunde und somit auch für Überstunden der Mindestlohn bezahlt wird.[1254] Das Ableisten von unbezahlten Überstunden ist somit juristisch nicht zulässig. Praktisch bedeutsam ist hierbei die Frage, in welchem Referenzzeitraum der Mindestlohnanspruch erfüllt sein muss.[1255] Das BAG hat diese Frage

---

1250 BAG, Beschluss vom 13.05.2014, 1 ABR 9/12, NZA-RR 2015, 23, 25 m. w. N.

1251 *Henssler*, NZA 1994, 294, 303; LAG Niedersachsen, Beschluss vom 28.08.2014, 7 TaBV 83/13, BeckRS 2014, 74065.

1252 *Fitting*, § 92 BetrVG Rn. 13.

1253 Zum Personalabbau vgl. *Fitting*, § 92 BetrVG Rn. 17 ff.

1254 *Riechert/Nimmerjahn*, MiLoG Kommentar, § 1 Rn. 16.

1255 *Riechert/Nimmerjahn*, MiLoG Kommentar, § 1 Rn. 93 ff.

bereits beantwortet.[1256] Bei der Berechnung des Mindestlohnanspruchs reicht es aus, wenn die geleisteten Arbeitsstunden im maßgeblichen Abrechnungs zeitraum, also regelmäßig im Monat, im Durchschnitt mit dem Mindestlohn vergütet sind.[1257] Dennoch wird befürchtet, dass es durch die Einführung des Mindestlohngesetzes vermehrt zu unbezahlten Überstunden kommt.[1258] Arbeitgeber könnten versuchen, die Erhöhung des Stundenlohns zu kompensieren, indem sie die Arbeitszeit bei Beibehaltung des Arbeitspensums reduzieren.[1259] Dies kann letztendlich dazu führen, dass Überstunden geleistet werden, um das unveränderte Arbeitspensum zu bewältigen. Arbeitgeber könnten unzulässigerweise versuchen, die Zahlung des Mindestlohns für diese Überstunden zu verweigern, indem sie die Geschwindigkeit der Arbeitserledigung bemängeln. Eine Arbeitszeitreduzierung ist jedoch nur einvernehmlich möglich. Auch hier könnten Arbeitgeber versuchen, Druck auf die Arbeitnehmer aufzubauen und so eine Vertragsänderung herbeiführen.[1260] In Bezug auf die Arbeitszeit ist hierbei § 17 MiLoG zu beachten, der für besonders gefährdete Arbeitnehmergruppen vorschreibt, dass Arbeitgeber deren Überstunden aufzeichnen müssen. Der Zoll hat zudem die Möglichkeit, bei allen Arbeitgebern die Mindestlohngewährung zu überprüfen, vgl. § 15 MiLoG.[1261] Verweigert der Arbeitgeber dennoch unzulässigerweise die Bezahlung der Überstunden, muss der Arbeitnehmer letztendlich seine nicht bezahlten Überstunden einklagen.

2. Pauschalabgeltung der Überstunden

Denkbar ist zudem, dass einige Arbeitgeber Überstunden künftig pauschal abgelten möchten, um die Kostenerhöhung durch den Mindestlohn möglichst gering zu halten. Auch hier ist eine einvernehmliche Vertragsänderung

---

1256 BAG, Urteil vom 25.05.2016, 5 AZR 135/16, NZA 2016, 1327, 1329.

1257 Ausführlich zur Problematik und Zulässigkeit der Durchschnittsbetrachtung vgl. etwa *Schweibert/Leßmann*, DB 2014, 1866, 1869; Bayreuther, NZA 2014, 865, 867; *Riechert/Nimmerjahn*, MiLoG Kommentar, § 1 Rn. 19, 93 ff; MüKo/*Müller-Glöge* § 1 MiLoG Rn. 18 f.; BAG, Urteil vom 25.05.2016, 5 AZR 135/16, NZA 2016, 1327, 1329; kritisch hierzu *Pütz*, AuR 2016, 186, 187 ff.

1258 Vgl. SZ 22.07.2014, „Von wegen Mindestlohn"; Gastbeitrag von Karl Brenke und Gert G. Wagner für die SZ am 04.11.2013, veröffentlicht unter https://www.diw.de/sixcms/detail.php?id=diw_01.c.430695.de (abgerufen am 04.02.2017).

1259 Vgl. zu möglichen personalpolitischen Maßnahmen *Brändle* S. 18 ff.

1260 Zu den rechtlichen Konsequenzen einer Drohung durch den Arbeitgeber vgl. Ziff. I. 1. e) dieses Kapitels.

1261 *Schubert/Jerchel/Düwell*, Das neue Mindestlohngesetz, Rn. 296 f.

erforderlich.[1262] Stimmt der Arbeitnehmer zu, könnte es sein, dass der Mindestlohn nicht für alle tatsächlich geleisteten Arbeitsstunden bezahlt wird. Auch dieser Weg ist juristisch unzulässig. Eine solche Abgeltungsregelung ist aufgrund der Unabdingbarkeit des Mindestlohnanspruchs, die sich aus § 3 S. 1 MiLoG ergibt, unwirksam.[1263]

3. Rechte des Betriebsrats

Die dauerhafte Verkürzung der Arbeitszeit unterliegt nicht dem Mitbestimmungsrecht des Betriebsrats.[1264] Der Arbeitgeber kann somit grundsätzlich die Dauer der Arbeitszeit einzelvertraglich mit dem Arbeitnehmer vereinbaren, ohne den Betriebsrat zu involvieren. Der Betriebsrat hat jedoch gemäß § 87 I Nr. 3 BetrVG ein Mitbestimmungsrecht bei der vorübergehenden Verlängerung der betriebsüblichen Arbeitszeit.[1265] Hierunter fällt grundsätzlich das Ableisten von Überstunden.[1266] Das Mitbestimmungsrecht greift auch ein, wenn Überstunden nicht ausdrücklich angeordnet, sondern vom Arbeitgeber geduldet werden.[1267] Voraussetzung des Mitbestimmungsrechts ist jedoch, dass die Arbeitszeitänderung lediglich vorübergehend ist. Der Arbeitgeber verletzt somit nicht die Mitbestimmungsrechte des Betriebsrats, wenn er durch die Arbeitszeitreduzierung das dauerhafte Ableisten von Überstunden herbeiführt.

4. Fazit

Im Ergebnis sind die hier aufgeführten Möglichkeiten nicht zielführend, da der Zoll und der Betriebsrat die Einhaltung des Mindestlohngesetzes kontrollieren können und die Arbeitnehmer ihren Lohn für nicht bezahlte Überstunden einklagen können.[1268]

1262 *Krusche/Steinheimer*, Mindestlohngesetz, S. 37 f., zu beachten ist hier das Transparenzgebot (vgl. § 307 I 2 BGB).

1263 *Riechert/Nimmerjahn*, MiLoG Kommentar, § 3 Rn. 9; im Ergebnis auch *Schubert/Jerchel/Düwell*, Das neue Mindestlohngesetz, Rn. 296; zur Pauschalabgeltung vgl. auch *Bayreuther*, NZA 2015, 385, 387.

1264 *Fitting*, § 87 BetrVG Rn. 133; Erfurter Kommentar 2018/*Kania*, § 87 BetrVG, Rn. 25a.

1265 *Fitting*, § 87 BetrVG Rn. 133; Erfurter Kommentar 2018/*Kania*, § 87 BetrVG, Rn. 33; *Stechow*, S. 46.

1266 *Fitting*, § 87 BetrVG Rn. 140.

1267 BAG, Beschluss vom 27.11.1990, 1 ABR 77/89, AP BetrVG 1972 § 87 Arbeitszeit Nr. 41; *Fitting*, § 87 BetrVG Rn. 144; Erfurter Kommentar 2018/*Kania*, § 87 BetrVG, Rn. 34 m. w. N.

1268 *Schubert/Jerchel/Düwell*, Das neue Mindestlohngesetz, Rn. 296.

V. Gesamtergebnis zu Kapitel 5

Rechtlich haben Arbeitgeber kaum Möglichkeiten, den Mindestlohnanspruch abzuwenden. Einzige Möglichkeit ist es, eine einvernehmliche Vertragsanpassung herbeizuführen, um beispielsweise im Gegenzug zur Stundenlohnerhöhung (Leistungs-)Zulagen und Gratifikationen zu kürzen.[1269] Außerdem können Arbeitgeber versuchen, die Ausnahmetatbestände auf rechtlich zulässigem Weg auszunutzen, indem sie vermehrt Jugendliche und Langzeitarbeitslose einstellen. Hierbei sind jedoch die Mitbestimmungsrechte des Betriebsrats zu beachten. Langfristig können die Fremdvergabe und der Einsatz von Leiharbeitnehmern eine kostengünstige Alternative zur Senkung der Personalkosten darstellen. Andere rechtssichere und praxistaugliche Reaktionsmöglichkeiten scheiden aus. Einige Arbeitgeber werden dennoch versuchen, die Rechte der Arbeitnehmer zu umgehen. Neben Zahlungsklagen der Arbeitnehmer drohen den Arbeitgebern hier jedoch Bußgelder, der Ausschluss von öffentlichen Vergabeverfahren bis hin zu Strafverfahren.[1270]

1269 HK-MiLoG/*Schubert*, § 20 Rn. 14.

1270 *Schubert/Jerchel/Düwell*, Das neue Mindestlohngesetz, Rn. 294; zu den Folgen für Arbeitgeber vgl. auch *Heuschmid/Hlava*, NJW 2015, 1719 ff.

Kapitel 6: Zusammenfassung der Ergebnisse

I. Ergebnisse zu Kapitel 2

1. Wesentliche Ziele des Gesetzes sind der Schutz der Arbeitnehmer, die Förderung eines fairen Wettbewerbs und der Schutz der Sozialsicherungssysteme.[1271] Außerdem wirkt sich der Mindestlohn positiv auf die Gleichberechtigung von Frauen und die Privatautonomie der Arbeitnehmer aus.[1272]
2. Durch das Mindestlohngesetz werden keine gerechten und angemessenen Löhne für alle Arbeitnehmer geschaffen. Auch der Ausgleich sozialer Gegensätze wird nicht erreicht.[1273]
3. Ob die Tarifautonomie gestärkt wird, ist fraglich. Jedenfalls wird die Tariffordnung nicht dadurch verdrängt, dass eine gesetzliche Lohnuntergrenze besteht.[1274] Umstritten ist, ob die Arbeitslosigkeit bekämpft wird. Diese ökonomische Frage kann vorliegend nicht beantwortet werden.[1275]
4. Wesentliche Streitpunkte des Gesetzes sind Folgende: Ausnahmen von persönlichen Anwendungsbereich, Reichweite des örtlichen Anwendungsbereichs und die Auftraggeberhaftung gemäß § 13 MiLoG. Daneben werden die Übergangsregelungen im Rahmen des § 24 MiLoG, der bürokratische Aufwand für Arbeitgeber, die Besetzung der Mindestlohnkommission und die Kontrolle des Mindestlohns kritisiert.[1276]

II. Ergebnisse zu Kapitel 3

1. Persönlicher Anwendungsbereich

a) In § 22 I 2 MiLoG werden Praktikanten im Sinne des § 26 BBiG Arbeitnehmern im Sinne des Mindestlohngesetzes mithilfe einer gesetzlichen Fiktion gleichgestellt und erhalten dadurch grundsätzlich einen Anspruch auf den gesetzlichen Mindestlohn. Durch das Regel-Ausnahme-System[1277] des

1271 Kapitel 2 II. 1.-3.
1272 Kapitel 2 II. 6., 9.
1273 Kapitel 2 II. 7., 8.
1274 Kapitel 2 II. 4.
1275 Kapitel 2 II. 5.
1276 Kapitel 2 III. 3.
1277 Zur Auslegung der einzelnen Tatbestände vgl. Kapitel 3 I. 2. a).

§ 22 I MiLoG stellt sich die Frage, ob eine unzulässige Ungleichbehandlung von Praktikanten zu Auszubildenden vorliegt. Im Ergebnis wird dies abgelehnt.[1278] In § 22 I 3 MiLoG hat der Gesetzgeber außerdem eine Definition für den Begriff des Praktikanten aufgenommen, die systematisch besser in das Berufsbildungsgesetz gepasst hätte.[1279]

b) Die Ausnahmeregelung für Jugendliche gemäß § 22 II MiLoG verstößt sowohl gegen den verfassungsrechtlichen Gleichbehandlungsgrundsatz als auch gegen Unionsrecht.[1280]

c) Gemäß § 22 III MiLoG sind zur Berufsausbildung Beschäftigte vom Mindestlohn ausgenommen. Maßgeblich hierfür sind die besonderen Funktionen der Ausbildungsvergütung und die Tatsache, dass die Arbeitspflicht des Auszubildenden nicht im synallagmatischen Verhältnis zum Produktionsinteresse des Arbeitgebers steht.[1281]

d) In § 22 III MiLoG ist klarstellend geregelt, dass ehrenamtlich Tätige keinen Mindestlohnanspruch haben. Eine Abgrenzung des Ehrenamts zur Arbeitsleistung erfolgt nach einer Gesamtabwägung im Einzelfall und richtet sich insbesondere nach der Weisungsgebundenheit, dem Rechtsbindungswillen, den Beweggründen für die Ausübung der Tätigkeit und der Funktion der Vergütung.[1282]

e) In § 22 IV MiLoG werden Langzeitarbeitslose für die ersten sechs Monate ihrer Beschäftigung vom Mindestlohn ausgenommen. Eine Offenbarungspflicht des Langzeitarbeitslosen beim Vorstellungsgespräch besteht nicht.[1283] Problematisch ist, ob der potentielle Arbeitgeber beim Vorstellungsgespräch ein Fragerecht hinsichtlich der Langzeitarbeitslosigkeit hat und welche Rechtsfolgen sich aus der Falschbeantwortung ergeben. Im Ergebnis ist ein Fragerecht zu bejahen.[1284] Durch die Herausnahme der Langzeitarbeitslosen aus dem Anwendungsbereich für die ersten sechs Monate liegt keine rechtlich relevante Ungleichbehandlung im Vergleich zu anderen Arbeitnehmern vor.[1285]

1278 Kapitel 3 I. 2. e).
1279 Kapitel 3 I. 2. f).
1280 Kapitel 3 I. 1. c).
1281 Kapitel 3 I. 4.
1282 Kapitel 3 I. 5.
1283 Kapitel 3 I. 6. b).
1284 Kapitel 3 I. 6. c).
1285 Kapitel 3 I. 6. d).

2. Örtlicher Anwendungsbereich

a) Der örtliche Anwendungsbereich ergibt sich aus § 20 MiLoG, der im Einzelfall aus teleologischen Gründen eine einschränkende Auslegung erfordert. Dies gilt jedenfalls bei Transitfahrten und kurzzeitigen Tätigkeiten im Inland ohne jeglichen Inlandsbezug, wie etwa Schulungen ausländischer Arbeitnehmer im Inland.[1286]
b) In Bezug auf den Transitverkehr liegt ein Verstoß gegen Art. 92 AEUV vor. § 20 MiLoG verstößt zudem gegen die Dienstleistungsfreiheit, insoweit die Norm auf Transitfälle und kurzzeitige Einsätze ohne jeglichen Inlandsbezug, wie etwa Schulungen, angewendet wird. Deshalb ist eine unionsrechtskonforme Auslegung vorzunehmen. Ein Verstoß gegen die Warenverkehrsfreiheit liegt nicht vor.[1287]
c) De lege ferenda ist eine gesetzliche Klarstellung dahingehend sinnvoll, dass Transitfälle nicht vom Anwendungsbereich der Norm erfasst sind.[1288]

III. Ergebnisse zu Kapitel 4

1. Die Auftraggeberhaftung ist in § 13 MiLoG normiert. Aufgrund der Verweisung in § 13 MiLoG auf § 14 AEntG ist eine Übertragbarkeit der Rechtslage zum Arbeitnehmer-Entsendegesetz auf das Mindestlohngesetz vorzunehmen.[1289]
2. Nach der Auslegung der Norm ist die Anwendung des Prinzips der Generalunternehmerhaftung zu bejahen.[1290]
3. § 13 MiLoG ist verfassungsgemäß und europarechtskonform.[1291]
4. Übertragbarkeit der Rechtslage zum AEntG im Einzelnen:
   a) Der sachliche Anwendungsbereich der Haftung ist weit auszulegen. Entgegen dem Wortlaut ist die Haftung in § 13 MiLoG wegen dem Sinn und Zweck der Norm nicht auf die genannten Verträge beschränkt.[1292]

1286 Kapitel 3 II. 2.
1287 Kapitel 3 II. 2. e).
1288 Kapitel 3 II. 4.
1289 Kapitel 4 II.
1290 Kapitel 4 III. 2.
1291 Kapitel 4 III. 3.
1292 Kapitel 4 III. 4., 5.

b) Die öffentliche Hand ist vom Wortlaut der Haftungsnorm grundsätzlich nicht erfasst, es sei denn, sie handelt wie privatwirtschaftliche Unternehmen mit Gewinnerzielungsabsicht.[1293]
c) Anspruchsinhaber sind die Arbeitnehmer, die im Rahmen der beauftragten Dienst- oder Werkleistung beschäftigt waren. Wird ein Arbeitnehmer für mehrere Auftraggeber tätig, ist somit zu prüfen, in welchem Umfang er für die jeweiligen Auftraggeber tätig war.[1294]
d) Die Haftung greift bei Zahlungsunwilligkeit und insolvenzbedingter Zahlungsunfähigkeit. Im Insolvenzfall hat der Arbeitnehmer ein Wahlrecht dahingehend, dass er die Bürgenhaftung in Anspruch nimmt oder Insolvenzgeld beantragt. Mit Ausübung des Wahlrechts erlischt der Anspruch.[1295]
e) Da nach der hier vertretenen Meinung im Rahmen der Bürgenhaftung vom Prinzip der Generalunternehmerhaftung ausgegangen wird, ist auch im Rahmen des Bußgeldtatbestandes eine einschränkende Auslegung vorzunehmen.[1296]

5. Um die Haftungsrisiken möglichst gering zu halten sind folgende Maßnahmen nützlich: sorgfältige Auswahl und Kontrolle der Vertragspartner, Vereinbarung von Zustimmungsvorbehalten, Freistellungsvereinbarungen, Vereinbarung eines Kündigungsrechts und Selbstverpflichtungsklauseln. Wenig praxistauglich ist die Vereinbarung von Sicherungsübereignungen, Sicherungsbürgschaften (etwa eine Bankbürgschaft) oder Bareinbehalten und Vertragsstrafen. Eine analoge Anwendung der Exkulpationsmöglichkeit des § 28e IIIb 1 SGB IV scheidet aus.[1297]
6. De lege ferenda ist die Einführung einer Exkulpationsmöglichkeit des Auftraggebers zusammen mit einem eigenständigen Gesetzestext in § 13 MiLoG sinnvoll. So würde das Prinzip der Generalunternehmerhaftung aufgegeben und Haftungslücken geschlossen werden. Die Einführung einer summenmäßigen Haftungsbegrenzung ist wegen dem Wettlauf der Gläubiger abzulehnen. Auch die bloße Einführung einer Exkulpationsmöglichkeit für Arbeitgeber ist abzulehnen, da dies dem Arbeitnehmerschutz nicht gerecht wird.[1298]

1293 Kapitel 4 III. 6., 7.
1294 Kapitel 4 III. 8., 9.
1295 Kapitel 4 III. 10., 11.
1296 Kapitel 4 III. 12., 13.
1297 Kapitel 4 V.
1298 Kapitel 4 VI. 1.

IV. Ergebnisse zu Kapitel 5

1. Reaktionsmöglichkeiten für Arbeitgeber

a) Vertragsanpassung:
Vereinbarungen, die den Anspruch auf den Mindestlohn unterschreiten, sind gemäß § 3 S. 1 MiLoG insoweit unwirksam. Der Arbeitnehmer hat einen Anspruch auf die übliche Vergütung gemäß § 612 II BGB, es sei denn, er verweigert die Vertragsanpassung auf Mindestlohnniveau.[1299] Arbeitgeber sollten deshalb eine einvernehmliche Vertragsänderung herbeiführen.[1300]

b) Anrechnung von Zulagen und Zuschlägen:
Die Möglichkeit der Anrechnung der Zulagen und Zuschläge sollte möglichst vermieden werden, da höchst umstritten ist, welche im Einzelnen anrechenbar sind.[1301]

c) Änderungskündigung:
Eine Änderungskündigung zur Änderung bzw. Streichung von Vergütungsbestandteilen ist unzulässig. Eine betriebsbedingte Änderungskündigung zur Anpassung bzw. Erhöhung des Grundlohns unter Beibehaltung der Vergütungsbestandteile hingegen kann ausnahmsweise zulässig sein, wenn der Arbeitnehmer der Anpassung des Grundlohns nicht zustimmt, weil er darauf spekuliert, dass die Rechtsprechung ihm entsprechend § 612 II BGB einen Anspruch auf die marktübliche Vergütung gewährt.[1302]

d) Beendigungskündigung:
Betriebsbedingte Beendigungskündigungen sind regelmäßig unzulässig.[1303]

e) Einstellung neuer Mitarbeiter:
Der Arbeitgeber hat grundsätzlich die Möglichkeit, die Ausnahmetatbestände des Mindestlohngesetzes auszuschöpfen, indem er vermehrt Jugendliche und Langzeitarbeitslose einstellt. Die Einstellung von Praktikanten ist nicht nützlich, da keine verwertbare Arbeitsleistung erwartet werden kann und die Ausbildung im Vordergrund steht.[1304]

1299 Kapitel 5 I. 1. c).
1300 Kapitel 5 I. 1.
1301 Kapitel 5 I. 2. a).
1302 Kapitel 5 I. 2.
1303 Kapitel 5 I. 2. e).
1304 Kapitel 5 II.

f) Outsourcing:
Der Einsatz von Selbstständigen zur Kostenoptimierung ist wenig praxistauglich. Neben dem Einsatz von Leiharbeitnehmern kann der Einsatz von Subunternehmen eine kostengünstige Alternative darstellen, um Personalkosten zu reduzieren. Bei der Fremdvergabe ist jedoch die Haftung gemäß § 13 MiLoG zu beachten.[1305]

g) Überstunden:
Das Ableisten von unbezahlten Überstunden ist juristisch nicht zulässig. Auch eine Abgeltungsklausel für Überstunden, die dazu führt, dass der Mindestlohn nicht für alle tatsächlich geleisteten Arbeitsstunden gezahlt wird, ist unwirksam.[1306]

2. Rechte des Betriebsrats

a) Im Rahmen der Änderung der betrieblichen Lohngestaltung sind die Rechte des Betriebsrats aus § 87 I Nr. 10, Nr. 11 BetrVG und § 80 BetrVG zu beachten.[1307]
b) Zieht der Arbeitgeber den Ausspruch von Kündigungen in Betracht ist § 102 BetrVG zu beachten.[1308]
c) Im Rahmen der Einstellung neuer Arbeitnehmer sind die Rechte des Betriebsrats aus § 92 BetrVG, § 14 III AÜG und § 99 BetrVG zu berücksichtigen.[1309] Ob dagegen Betriebsteile fremdvergeben oder Aufgaben ausgelagert werden, ist eine freie Entscheidung des Arbeitgebers, sodass keine gesetzlichen Mitbestimmungsrechte greifen.[1310]
d) Zu beachten ist, dass der Betriebsrat gemäß § 87 I Nr. 3 BetrVG ein Mitbestimmungsrecht bei der vorübergehenden Herbeiführung von Überstunden hat, jedoch nicht, wenn das dauerhafte Ableisten von Überstunden herbeigeführt wird.[1311]

1305 Kapitel 5 III.
1306 Kapitel 5 IV.
1307 Kapitel 5 I. 3.
1308 Kapitel 5 I. 3.
1309 Kapitel 5 II. 3, III. 3.
1310 Kapitel 5 III. 3.
1311 Kapitel 5 IV. 3.

Literaturverzeichnis:

Rechtsprechung und Literatur wurden bis Oktober 2018 berücksichtigt.

Internetquellen:

BDA, Die Realität am deutschen Arbeitsmarkt, S. 3, unter: http://www.arbeitgeber.de/www%5Carbeitgeber.nsf/res/Die_Realitaet_am_deutschen_Arbeitsmarkt.pdf/$file./Die_Realitaet_am_deutschen_Arbeitsmarkt.pdf (abgerufen am 13.04.2015).

BMAS, Allgemeine Fragen zum Mindestlohn, unter: http://www.der-mindestlohn-wirkt.de/ml/DE/Ihre-Fragen/Allgemeine-Fragen-zum-Mindestlohn/faq-zum-mindestlohn-info.html (abgerufen am 13.05.2017).

BMAS, Hintergrund zum Mindestlohn, unter: http://www.der-mindestlohn-gilt.de/ml/DE/Alle-Fakten/Hintergrund/hintergrund-zur-tarifautonomie.html (abgerufen am 13.05.2017).

BMAS, Pressemitteilung vom 23.02.2015, unter: http://www.bmas.de/DE/Presse/Meldungen/2015/zukunft-vertragsamateure-gesichert.html;jsessionid=2CE68852A8D24980528EC2CE3B273FFB (abgerufen am 13.05.2017).

BMAS, Pressemitteilung vom 30.05.2015, unter: http://www.bmas.de/DE/Presse/Meldungen/2015/2015-01-30-interismloesung-ml-im-reinen-lkw-transitverkehr.html (abgerufen am 13.05.2017).

Brenke, Karl, DIW-Wochenbericht Nr. 5/2014, unter: http://www.diw.de/documents/publikationen/73/diw_01.c.436181.de/14-5-1.pdf (abgerufen am 13.05.2017).

Brenke, Karl/Wagner, Gert G., SZ-Artikel vom 22.07.2014, Von wegen Mindestlohn, unter: https://www.diw.de/sixcms/detail.php?id=diw_01.c.430695.de (abgerufen am 13.05.2017).

Bundesagentur für Arbeit, Presseinfo Nr. 9 vom 26.02.2015, unter: http://www.arbeitsagentur.de/web/content/DE/Presse/Presseinformationen/Arbeitsund-Ausbildungsmarkt/Detail/index.htm?dfContentId=L6019022DSTBAI728576 (abgerufen 01.03.2015).

Bundesagentur für Arbeit, Statistik – Die Arbeitsmarktsituation von langzeitarbeitslosen Menschen 2016 –, April 2017, unter: https://statistik.arbeitsagentur.de/Statischer-Content/Arbeitsmarktberichte/Personengruppen/generische-Publikationen/Langzeitarbeitslosigkeit.pdf (abgerufen am 28.10.2017).

Bundesministerium der Finanzen, Sonstige Lohnbestandteile – Zulagen und Zuschläge unter: http://www.zoll.de/DE/Fachthemen/Arbeit/Mindestarbeitsbedingungen/Mindestlohn-Mindestlohngesetz/Berechnung-Zahlung-Mindestlohns/Sonstige-Lohnbestandteile-Zulagen-Zuschlaege/sonstige-lohnbestandteile-zulagen-zuschlaege_node.html (abgerufen am 19.03.2018).

Bundesministerium für Umwelt, Naturschutz, Bau und Reaktorsicherheit, Information zur Präqualifizierung von Bauunternehmen, Homepage, unter: http://www.bmub.bund.de/themen/bauen/bauwesen/bauauftragsvergabe/praequalifizierung/ (abgerufen am 21.02.2018).

Bundesregierung, Arbeitsmarkt, Bericht vom 02.04.2014, unter: http://www.bundesregierung.de/Content/DE/Artikel/2014/04/2014-04-02-mindestlohn-kabinett.html (abgerufen am 13.05.2017).

Bundesregierung, Pressemitteilung vom 31.10.2018, unter: https://www.bundesregierung.de/breg-de/aktuelles/mindestlohn-steigt-1138404 (abgerufen am 05.11.2018).

Dettmer, Markus, Spiegelonline vom 10.09.2013 „Fleischkonzerne machen Weg frei für Mindestlohn", unter: http://www.spiegel.de/wirtschaft/tarifpolitik-mindestlohn-fuer-fleischbranche-a-921464.html (abgerufen am 13.05.2017).

Deutscher Gewerkschaftsbund, Artikel vom 30.05.2017, unter: http://www.dgb.de/themen/++co++c480daa2-4523-11e7-8713-525400e5a74a (abgerufen am 09.09.2017).

Deutscher Juristentag e. V., Beschlüsse zum 68. DJT, S. 7, unter: http://www.djt.de/fileadmin/downloads/68/68_djt_beschluesse.pdf (abgerufen am 13.05.2017).

DPA Nachrichtenagentur, SZ-Artikel vom 30.01.2015, unter: http://www.sueddeutsche.de/news/karriere/arbeitsmarkt-aussetzung-fuer-transit-lkw-heizt-streit-um-mindestlohn-an-dpa.urn-newsml-dpa-com-20090101-150130-99-02256 (abgerufen am 04.11.2017).

DPA Nachrichtenagentur, SZ-Artikel vom 27.04.2015, unter: http://www.sueddeutsche.de/news/politik/koalition-mindestlohn-streit-bringt-koalitionsklima-auf-tiefpunkt-dpa.urn-newsml-dpa-com-20090101-150427-99-01220 (abgerufen am 13.05.2017).

Esslinger, Detlef, Was ist ein gerechter Lohn?, SZ-Artikel vom 17.05.2010, unter: http://www.sueddeutsche.de/wirtschaft/tarifforderung-der-ig-metall-was-ist-ein-gerechter-lohn-1.693233 (abgerufen am 13.05.2017).

EU-Kommission, Pressemitteilung vom 19.05.2015, unter: http://europa.eu/rapid/press-release_IP-15-5003_de.htm (abgerufen am 13.05.2017).

EU-Kommission, Pressemitteilung vom 16.06.2016, unter: https://ec.europa.eu/germany/news/mindestlohn-f%C3%BCr-lkw-fahrer-eu-kommission-versch%C3%A4rft-vertragsverletzungsverfahren-gegen_de (abgerufen am 13.05.2017).

Handwerk Magazin, Beitrag vom 26.04.2015, unter: http://www.handwerk-magazin.de/mindestlohn-koalition-will-erst-einmal-nichts-aendern/150/18010/291734 (abgerufen am 13.05.2017).

Institut für Arbeitsmarkt- und Berufsforschung, Forschungsbericht im Auftrag des BMAS, 08/2016, unter: http://www.iab.de/185/section.aspx/Publikation/k160608304 (abgerufen am 13.05.2017).

Institut für Arbeitsmarkt- und Berufsforschung, Kurzbericht 23/2016, Mindestlohnausnahme für Langzeitarbeitslose, unter: http://doku.iab.de/kurzber/2016/kb2316.pdf (abgerufen am 07.02.2017).

Institut für Arbeitsmarkt- und Berufsforschung, Forschungsbericht Arbeitsmarktspiegel, Entwicklung nach Einführung des Mindestlohns, 02/2017, unter: http://www.iab.de/185/section.aspx/Publikation/k170215301 (abgerufen am 05.06.2017).

Jung, Ralf, Brutto-Netto-Rechner, unter: www.brutto-netto-rechner.info (abgerufen am 03.06.2017).

Low Pay Commission, Großbritannien, The National Minimum Wage Report 2013, unter: https://www.gov.uk/government/uploads/system/uploads/attachment_data/file/226822/National_minimum_wage_Low_Pay_Commission_report_2013.pdf (abgerufen am 15.03.2018).

Lübker, Malte/Schulten, Thorsten, WSI Report Nr. 39 vom Februar 2018 unter: https://www.boekler.de/wsi-tarifarchiv_7052.htm (abgerufen am 13.05.2018).

Mindestlohnkommission, Beschluss der Mindestlohnkommission nach § 9 MiLoG vom 26.06.2018, unter: https://www.mindestlohn-kommission.de/DE/Bericht/pdf/Beschluss2018.pdf?__blob=publicationFile&v=11 (abgerufen am 11.10.2018).

Mindestlohnkommission, Erster Bericht zu den Auswirkungen des gesetzlichen Mindestlohns, unter: https://www.mindestlohn-kommission.de/DE/Bericht/pdf/Bericht2016.pdf?__blob=publicationFile&v=4 (abgerufen am 06.03.2018).

Naumann, Annelie, Mindestlohn vernichtet Praktikumsplätze, unter: https://www.morgenpost.de/printarchiv/wirtschaft/article135772466/Mindestlohn-vernichtet-Praktikumsplaetze.html (abgerufen am 19.03.2018).

PersonalMarkt, Die Qualifikation als Faktor für die Gehaltseinstufung, unter: https://www.gehaltsvergleich.com/karriere/gehalt/gehaltsstufen (abgerufen am 12.07.2017).

Portal Sozialpolitik, unter: http://www.portal-sozialpolitik.de/info-grafiken/wo-der-mindestlohn-nicht-reicht (abgerufen am 13.05.2017).

Schulten, Thorsten, Böckler Impuls Ausgabe 18/2013, unter: https://www.boeckler.de/44681_44700.htm (abgerufen am 13.05.2017).

Statistisches Bundesamt, Gender Pay Gap, unter: https://www.destatis.de/DE/ZahlenFakten/Indikatoren/QualitaetArbeit/Dimension1/1_5_GenderPayGap.html (abgerufen am 13.05.2017).

Statistisches Bundesamt, Pressemitteilung Nr. 094 vom 14.03.2017, unter: https://www.destatis.de/DE/PresseService/Presse/Pressemitteilungen/2017/03/PD17_094_621.html (abgerufen am 27.01.2018).

Vielmeier, Stephan, Risiken der „Auftraggeberhaftung" nach § 13 MiLoG, Online-Artikel vom 21.11.2014, unter: http://www.noerr.com/de/presse-publikationen/News/risiken-der-%e2%80%9eauftraggeberhaftung%e2%80%9c-nach-%c2%a7-13-mindestlohngesetz-milog.aspx (abgerufen am 13.05.2017).

Literaturquellen:

Arndt, Hans-Wolfgang/Fischer, Kristian/Fetzer, Thomas, Europarecht, 11. Auflage, München 2015 (zit.: *Arndt/Fischer/Fetzer*, Europarecht, Rn. 342).

Ascheid, Reiner/Preis, Ulrich/Schmidt, Ingrid, Großkommentar Kündigungsrecht, 5. Auflage, München 2017 (zit.: *Bearbeiter* in Ascheid/Preis/Schmidt, § 14 TzBfG, Rn. 435j).

Aufdermauer, Christian, Die Bürgenhaftung des Auftraggebers für den gesetzlichen Mindestlohn, Deutscher Anwaltspiegel 2015, Ausgabe 3 vom 11.02.2015, S. 12 ff. (zit.: *Aufdermauer*, Anwaltspiegel 2015, 12, 14).

Aulmann, Peter, Behördliche Aufsicht über die Gewährung der Mindestlöhne, Administrative und justizielle Zusammenarbeit zur Aufdeckung von Arbeitgeber- und Auftraggeberverstößen, NZA 2015, 418 ff. (zit.: *Aulmann*, NZA 2015, 418 ff.).

Baeck, Ulrich/Winzer, Thomas/Kramer, Nadine, Neuere Entwicklungen im Arbeitsrecht, Das Mindestlohngesetz – ein erster Überblick, NZG 2015, 265 ff. (zit.: *Baeck/Winzer/Kramer*, NZG 2015, 265, 268).

Bamberg, Heinz Georg/Roth, Herbert/Hau, Wolfgang/Poseck, Roman (Hrsg.), Beck'scher Online-Kommentar BGB, München, 48. Edition, Stand: 01.08.2018 (zit.: BeckOK-BGB/*Bearbeiter*, § 665 Rn. 5).

Barczak, Tristan/Pieroth, Bodo, Mindestlohnausnahme für Zeitungszusteller?, Gutachten, Baden-Baden 2014 (zit.: *Barczak/Pieroth*, Gutachten 2014, S. 133, 135 ff.).

Bayreuther, Frank, Gesetzlicher Mindestlohn und sittenwidrige Arbeitsbedingungen, NJW 2007, 2022 ff. (zit.: *Bayreuther*, NJW 2007, 2022).

Bayreuther, Frank, Der gesetzliche Mindestlohn, NZA 2014, 865 ff. (zit: *Bayreuther*, NZA 2014, 865, 872).

Bayreuther, Frank, Generalunternehmerhaftung nach dem Mindestlohngesetz und dem Arbeitnehmerentsendegesetz, NZA 2015, 961 ff. (zit.: *Bayreuther*, NZA 2015, 961, 964 f.).

Bayreuther, Frank, Rechtsfragen des Mindestlohns in der betrieblichen und anwaltlichen Praxis – ein Update, NZA 2015, 385 ff. (zit.: *Bayreuther*, NZA 2015, 385, 387).

Becker, Irene, Mindestlöhne – ein Instrument (auch) zur Förderung der Gender-Gerechtigkeit?, in: Sterkel, Gabriele/Schulten, Thorsten/Wiedemuth, Jörg (Hrsg.), Mindestlöhne gegen Lohndumping, Hamburg 2006, S. 61–79 (zit.: *Becker*, in: Sterkel/Schulten/Wiedemuth, Mindestlöhne gegen Lohndumping, 2006, S. 77).

Benecke, Martina/Hergenröder, Carmen Silvia, Berufsbildungsgesetz Kommentar, 1. Auflage, München 2009 (zit.: *Bearbeiter,* in: Benecke/Hergenröder, BBiG, § 26 Rn. 9 f.).

Bepler, Klaus, Problematische Arbeitsverhältnisse und Mindestlohn, in: Annuß, Gregor/Picker, Eduard/Wissmann, Hellmut (Hrsg.), Festschrift für Reinhard Richardi zum 70. Geburtstag, München 2007, S. 189–203 (zit.: *Bepler*, in: Annuß/Picker/Wissmann, FS Richardi, 2007, S. 189, 199).

Bergwitz, Christoph, Arbeitgeberweisungen: unbillig oder doch verbindlich?, NZA 2017, 1553 ff. (zit.: *Bergwitz*, NZA 2017, 1553).

Bertram, Axel, Das Mindestlohngesetz als Compliance-Thema, GWR 2015, 26 ff. (zit.: *Bertram*, GWR 2015, 26, 27).

Bieback, Karl-Jürgen, Rechtliche Probleme von Mindestlöhnen, insbesondere nach dem Arbeitnehmer-Entsendegesetz, RdA 2000, 207 ff. (zit.: *Bieback*, RdA 2000, 207, 209).

Bissels, Alexander/Falter, Kira, Gesetzlicher Mindestlohn – Fallstricke bei der Haftung für Subunternehmer nach dem MiLoG, DB 2015, 65 ff. (zit.: *Bissels/Falter,* DB 2015,65 ff.).

Bissels, Alexander/Falter, Kira, Ordnungswidrigkeiten bei der Beauftragung von Subunternehmern nach § 21 Abs. 2 MiLoG, BB 2015, 373 ff. (zit.: *Bissles/Falter*, BB 2015, 373 f.).

Bissels, Alexander/Falter, Kira/Evers, Markus, Geltung des MiLoG bei Transitfahrten durch das Inland, ArbRAktuell 2015, 4 ff. (zit.: *Bissels/Falter/Evers*, ArbRAktuell 2015, 4, 5 ff.).

Bissels, Alexander/Falter, Kira/Krings, Hannah, Gesetzlicher Mindestlohn: Keine Haftung des Auftraggebers für insolvente Nachunternehmer, DB 2015, 1962 ff. (zit.: *Bissels/Falter/Krings*, DB 2015, 1962, 1964).

Boeck, Björn, Das Verhältnis von Mindestlohn und Sittenwidrigkeitsrechtsprechung, RdA 2018, 210 ff. (zit.: *Boeck*, RdA 2018, 210 ff.).

Bouabba, Raschid, Erste Erfahrungen mit dem gesetzlichen Mindestlohn, Lohn+Gehalt Fachmagazin 2016, 84 ff. (zit.: *Bouabba*, Lohn+Gehalt 2016, 84, 86).

Boecken, Winfried/Düwell, Franz Josef/Diller, Martin/Hanau, Hans (Hrsg.), Nomos Kommentar Gesamtes Arbeitsrecht, Baden-Baden 2016 (zit.: NK-GA/*Forst*, Einleitung MiLoG Rn. 25).

Brändle, Tobias, Die Betroffenheit der baden-württembergischen Betriebe durch den Mindestlohn, Bericht des Instituts für Angewandte Wirtschaftsforschung e.V., Tübingen 2016 (zit.: *Brändle* S. 18).

Brors, Christiane, Europäische Rahmenbedingungen für den neuen Mindestlohn und seine Ausnahmen, NZA 2014, 938 ff. (zit.: *Brors*, NZA 2014, 938, 942, 943).

Burgess, Pete, Der gesetzliche Mindestlohn in Großbritannien, in: Schulten Thorsten/Bispinck, Reinhard/Schäfer, Claus (Hrsg.), Mindestlöhne in Europa, Hamburg 2006, S. 31–55 (zit.: *Burgess*, in: Schulten/Bispinck/Schäfer, Mindestlöhne in Europa, 2006, S. 49).

Burkhard-Pötte, Julia/Sura, Stephan, Das Praktikum im neuen Gewand – Praxiseinblicke zwischen Mindestlohn und prekärem Beschäftigungsverhältnis, NJW 2015, 517 ff. (zit.: *Burkhard-Pötter/Sura*, NJW 2015, 517, 521).

Burkiczak, Christian/Dollinger, Franz-Wilhelm/ Schorkopf, Frank, Heidelberger Kommentar zum Bundesverfassungsgerichtsgesetz, 1. Auflage, Heidelberg 2015 (zit.: Heidelberger Kommentar/*Bearbeiter*, § 78 BVerfGG, Rn. 74 ff.).

Caspers, Georg, Mindestlohn und Tarifautonomie, in: Rieble, Volker/Junker, Abbo/Giesen, Richard (Hrsg.), Mindestlohn als politische und rechtliche Herausforderung – 7. Ludwigsburger Rechtsgespräch, 19.11.2010, München 2011, S. 147–163 (zit.: *Caspers*, in: Rieble/Junker/Giesen, Mindestlohn als politische und rechtliche Herausforderung, 2011, S. 147, 150).

Dannhäuser, Wolfgang, Die Unbeachtlichkeit der Zustimmungsverweigerung des Betriebsrats bei personellen Einzelmaßnahmen, NZA 1989, 617 ff. (zit.: *Dannhäuser*, NZA 1989, 617, 619).

Danwitz, Thomas von, Das neugefasste Arbeitnehmer-Entsendegesetz auf dem Prüfstand: Europa- und verfassungsrechtliche Schranken einer Neuorientierung im Arbeitsrecht, RdA 1999, 322 ff. (zit.: *Von Danwitz*, RdA 1999, 322, 324 f.).

Däubler, Wolfgang, Der gesetzliche Mindestlohn – doch eine unendliche Geschichte?, NJW 2014, 1924 ff. (zit.: *Däubler*, NJW, 2014, 1924, 1926).

Däubler, Wolfgang, Kommentar zum Tarifvertragsgesetz mit Arbeitnehmer-Entsendegesetz, 4. Auflage, Baden-Baden 2016 (zit.: Däubler/*Bearbeiter*, TVG, § 14 AEntG, Rn. 14).

Däubler, Wolfgang/Hjort, Jens Peter/Schubert, Michael/Wolmerath, Martin (Hrsg.), Nomos Handkommentar Arbeitsrecht, Individualarbeitsrecht mit kollektivrechtlichen Bezügen, 4. Auflage, Baden-Baden 2017 (zit.: HK-ArbR/*Bearbeiter*, § 13 MiLoG Rn. 10).

Däubler, Wolfgang/Kittner, Michael/Klebe, Thomas/Wedde, Peter (Hrsg.), Betriebsverfassungsgesetz, Kommentar, 13. Auflage, Frankfurt 2012 (zit.: DKKW/*Bearbeiter*, § 87 BetrVG, Rn. 355).

Degenhart, Christoph, Pressefreiheit als Vertriebsfreiheit – Verfassungsfragen eines gesetzlichen Mindestlohns für Zeitungszusteller, Gutachten im Auftrag des Bundesverbandes Deutscher Zeitungsverleger, Leipzig 2013 (zit.: *Degenhart*, Gutachten 2013, S. 4).

Deinert, Olaf, Tariffähigkeit, Tarifeinheit und Mindestlohn, AuR 2016, 444 ff. (zit.: *Deinert*, AuR 2016, 444, 448).

Deter, Gerhard, Ruf nach Ausnahmen vom Mindestlohn, AuR 2014, 61 (zit.: *Deter*, AuR 2014, 61).

Dommermuth-Alhäuser, Daniel//Heup, Eva, Anrechnung von Trinkgeld auf den Mindestlohn?, NZA 2015, 406 ff. (zit.: *Dommermuth-Alhäuser/Heup*, NZA 2015, 406 ff.).

Dörfler, Thorsten Friedrich, Die Nettolohnhaftung nach dem Arbeitnehmer-Entsendegesetz – Möglichkeit ihrer dogmatischen Einordnung – Prüfung ihrer Vereinbarkeit mit Europäischem Recht, Dissertation, Marburg 2002 (zit.: *Dörfler*, Die Nettolohnhaftung, S. 22).

Düwell, Franz Josef, Wächter für den Mindestlohn, AiB, Zeitschrift für den Betriebsrat, 2015, 37 ff. (*Düwell*, AiB 2015, 37 ff.).

Düwell, Franz Josef/Schubert, Jens, Mindestlohngesetz, Nomos Handkommentar, 1. Auflage, Baden-Baden 2015 (zit.: HK-MiLoG/*Bearbeiter*, § 22 Rn. 37).

Düwell, Franz Josef/Schubert, Jens, Mindestlohngesetz, Nomos Handkommentar, 2. Auflage, Baden-Baden 2017 (zit.: HK-MiLoG (2. Auflage)/*Bearbeiter*, § 22 Rn. 37).

Erbs, Georg/Kohlhaas, Max/Ambs, Friedrich, Beck'scher Kurzkommentar, Strafrechtliche Nebengesetze, 200. Ergänzungslieferung, München Oktober 2014 (zit.: *Erbs/Kohlhaas/Ambs*, § 23 AEntG Rn. 30).

Fechner, Heiner/Kocher, Eva, Mindestlohngesetz und Lauterkeitsrecht, NZA 2017, 755 ff. (zit.: *Fechner/Kocher*, NZA 2017, 755, 760 f.).

Ferrari, Franco/Kieninger, Eva-Maria/Mankowski, Peter/Staudinger, Ansgar, Otte, Karsten/Saenger, Ingo/Schulze, Götz, Kommentar Internationales Vertragsrecht, 1. Auflage, München 2012 (zit.: *Ferrari/Kieninger/Mankowski/Staudinger* VO (EG) 593/2008 Art. 9 Rn. 11).

Fischer-Lescano, Andreas, Verfassungs-, völker- und europarechtlicher Rahmen für die Gestaltung von Mindestlohnausnahmen, Gutachten im Auftrag der Hans-Böckler-Stiftung und des Deutschen Gewerkschaftsbundes, März 2014 (zit.: *Fischer-Lescano,* Gutachten 2014, S. 6).

Fischinger, Philipp S., Kürzungsregelungen bei Haftungshöchstsummen, Eine kritische Analyse de lege lata und de lege ferenda, Tübingen, 2012 (zit.: *Fischinger,* Kürzungsregelungen bei Haftungshöchstsummen, S. 4).

Fischinger, Philipp S., Anwendbarkeit des Mindestlohngesetzes im Sport?, Interview in: „im Spiel – Das Magazin der Fußballverbände in Baden und Württemberg", 2/2015, S. 10 (zit.: *Fischinger,* Magazin der Fußballverbände BW, 2/2015, S. 10).

Fischinger, Philipp S., Haftungsbeschränkung im Bürgerlichen Recht, Habilitationsschrift, Tübingen 2015 (zit.: *Fischinger,* Haftungsbeschränkung im Bürgerlichen Recht, S. 25).

Fitting, Karl, Handkommentar zum Betriebsverfassungsgesetz, 28. Auflage, München 2016 (zit.: *Fitting,* § 99 BetrVG Rn. 263).

Forst, Gerrit, Mindestlohn für Arbeitnehmer auf der Durchreise, ZESAR, 2015, 205 ff. (zit.: *Forst,* ZESAR 2015, 205, 207 ff.).

Franck, Lorenz/Krause, Daniel, Datenschutzrechtliche Aspekte des Mindestlohngesetzes, DB 2015, 1285 ff. *(zit.: Franck/Krause,* DB 2015, 1285, 1286).

Franzen, Martin, Mindestlohn und kurzzeitige Beschäftigung in Deutschland, EuZW 2015, 449 f. (zit.: *Franzen,* EuZW 2015, 449 f.).

George, Roman, Gesetzlicher Mindestlohn, Was kann Deutschland von den Nachbarn lernen?, Die Erfahrungen mit gesetzlichen Mindestlöhnen in Frankreich und Großbritannien, Marburg 2007 (zit.: *George,* Gesetzlicher Mindestlohn S. 56 ff.).

Giesen, Richard/Kreikebohm, Ralf/Rolfs, Christian/Udsching, Peter (Hrsg.), Beck'scher Online-Kommentar Sozialrecht, München, 49. Edition, Stand: 01.06.2018 (zit.: BeckOK-Gesetz/*Bearbeiter,* § 7 Rn. 3).

Gola, Peter, Mindestlohnkontrolle durch Auftraggeber?, Lohn+Gehalt Fachmagazin 2015, 86 ff. (zit.: *Gola,* Lohn+Gehalt 2015, 86, 88 f.).

Greiner, Stefan, Mindestlohn und Ehrenamt, NZA 2015, 285 ff. (zit.: *Greiner,* NZA 2015, 285, 286).

Greiner, Stefan, Die Praktikantenregelung in § 22 MiLoG, NZA 2016, 594 ff. (zit.: *Greiner,* NZA 2016, 594, 596).

Grobys, Marcel/Panzer-Heemeier, Andrea (Hrsg.), Stichwortkommentar Arbeitsrecht, 3. Auflage, Baden-Baden 2017 (zit.: *Bearbeiter* in: Grobys/Panzer, SWK-ArbR 2017, Mindestlohn Rn. 71).

Grzeszick, Bernd, Ausnahmen vom gesetzlichen Mindestlohn: Verfassungsrechtlich zulässiger Kompromissweg?, ZRP 2014, 66 ff. (zit.: *Grzeszick*, ZRP 2014, 66 ff.).

Haberzettl, Katja, Varianten der Kodifizierung eines Mindestlohns und ihre Vereinbarkeit mit höherrangigem Recht, Dissertation, Augsburg 2010 (zit.: *Haberzettl*, S. 45).

Hantel, Peter, Unionsrechtliche Grenzen für administrative Pflichten nach dem Mindestlohngesetz, NZA 2015, 410 ff. (zit.: *Hantel*, NZA 2015, 410 ff.).

Hantel, Peter, Unionsrechtliche Probleme bei der Anwendung des deutschen Mindestlohngesetzes, ZESAR 2015, 357 ff. (zit.: *Hantel*, ZESAR 2015, 357, 360).

Harbrecht, Thomas, Die Auswirkungen der Einführung des § 1a Arbeitnehmer-Entsendegesetz (AEntG), BauR 1999, 1376 ff. (zit.: *Harbrecht*, BauR 1999, 1376, 1377).

Hartmann, Andreas, Mindestlohn Kompakt, Praxisbrennpunkte und Gestaltungshinweise, Weil im Schönbuch 2017 (zit.: *Hartmann*, Mindestlohn Kompakt, S. 14).

Henssler, Martin, Aufspaltung, Ausgliederung und Fremdvergabe, NZA 1994, 294 ff. (zit.: *Henssler*, NZA 1994, 294, 302).

Henssler, Martin, Mindestlohn und Tarifrecht, RdA 2015, 43 ff. (zit.: *Henssler*, RdA 2015, 43 ff.).

Henssler, Martin/Sittard, Ulrich, Flexibler Mindestlohn durch Konkretisierung des Sittenwidrigkeitstatbestands – Zugleich Besprechung zum Urteil BAG v. 26.04.2006, 5 AZR 549/05, RdA 2007, 159 ff. (zit.: *Henssler/Sittard*, RdA 2007, 159, 161).

Henssler, Martin/Willemsen, Heinz Josef/Kalb, Heinz-Jürgen, Arbeitsrecht Kommentar, 8. Auflage, Köln 2018 (zit.: HWK/*Bearbeiter*, § 22 MiLoG Rn. 13).

Heukenkamp, Elisabeth, Gesetzlicher Mindestlohn in Deutschland und Frankreich, Dissertation, Baden-Baden 2017 (zit.: *Heukenkamp*, S. X).

Hilgenstock, Christopher, Mindestlohngesetz –eine systematische Darstellung, 1. Auflage, München 2014 (zit.: *Hilgenstock*, Mindestlohngesetz, Rn. 184).

Heuschmid, Johannes/Hlava, Daniel, Die Durchsetzungsmechanismen des Mindestlohngesetzes, NJW 2015, 1719 ff. (zit.: *Heuschmid/Hlava*, NJW 2015, 1719 ff.).

Hohnstein, Franziska, Der gesetzliche Mindestlohn – auch Folgen für die Logistikbranche?, NJW 2015, 1844 ff. (zit.: *Hohnstein*, NJW 2015, 1844, 1847).

Hoyningen-Huene, Gerrick von/Linck, Rüdiger/Krause, Rüdiger, Kommentar zum Kündigungsschutzgesetz, 15. Auflage, München 2013 (zit.: *V. Hoyningen-Huene/Linck/Krause*, KSchG, § 13 Rn. 59).

Insam, Alexander/Hinrichs, Lars/Tacou, Theofanis, Der Mindestlohn für Arbeitnehmer von Werk- bzw. Dienstleistungsunternehmen – Haftung des Auftraggebers um jeden Preis?!, NZA-RR 2014, 569 (zit.: *Insam/Hinrichs/Tacou*, NZA-RR 2014, 569, 570).

Jacobs, Matthias/Krause, Rüdiger/Oetker, Hartmut/Schubert, Claudia, herausgegeben von Dörner, Hans-Jürgen/Hauck, Friedrich, Kommentar zum Tarifvertragsrecht, 2. Auflage, München 2013 (zit.: JKOS-Kommentar zum TVG/*Bearbeiter*, § 7 Rn. 132).

Jarass, Hans/ Pieroth Bodo, Grundgesetzkommentar, 13. Auflage, München 2014 (zit.: *Bearbeiter*, GG Jarass/Pieroth, Art. 3 Rn. 12).

Jares, Patricia, Was gehört alles zum Mindestlohn? – Anrechnung von Zulagen, Zuschlägen und anderen Vergütungsbestandteilen –, DB 2015, 307 ff. (zit.: *Jares*, DB 2015, 307 ff.).

Jöris, Heribert/v. Steinau-Steinrück, Robert, Der gesetzliche Mindestlohn, BB 2014, 2101 ff. (zit.: *Jöris/v. Steinau-Steinrück*, BB 2014, 2101, 2103).

Junker, Abbo, Gesetzlicher Mindestlohn und Europäische Grundfreiheiten, EuZA, 2015, S. 399 ff. (zit.: *Junker*, EuZA 2015, 399).

Kainer, Friedemann, Mindestlohnregelungen im Lichte der europäischen Grundfreiheiten, NZA 2016, 394 ff. (zit.: *Kainer*, NZA 2016, 394 ff.)

Kittner, Michael/Zwanziger, Bertram,/Deinert, Olaf/Heuschmid, Johannes (Hrsg.), Arbeitsrecht Handbuch für die Praxis, 9. Auflage, Frankfurt am Main 2017 (zit.: *Bearbeiter* in: Kittner/Zwanziger/Deinert/Heuschmid, § 49 Rn. 136).

Kainer, Friedemann, Das deutsche Mindestlohngesetz bei transnationalen Verkehrsdienstleistungen, Beitrag in Winner, Martin/Cierpial-Magnor, Romana (Hrsg.), Arbeitsrecht, Insolvenzrecht, Kreditsicherheiten, Fünftes Jahrbuch des Krakauer Forums der Rechtswissenschaft, Wien 2017, S. 97–113 (zit.: *Kainer* in Winner/Cierpial-Magnor, S. 100).

Kleinebrink, Wolfgang, Kontrolle der Zahlung des gesetzlichen Mindestlohns durch den Betriebsrat?, DB 2015, 375 ff. (zit.: *Kleinebrink*, DB 2015, 375 ff.).

Klötzer-Assion, Antja/Mahnhold, Thilo, Paradigmenwechsel im deutschen Arbeitsrecht – Zu Non-Compliance-Folgen für Arbeit- und Auftraggeber nach dem Gesetz zur Regelung eines allgemeinen Mindestlohns, Wistra 2015, 88 ff. (zit.: *Klötzer-Assion/ Mahnhold*, Wistra 2015, 88, 91).

Koberski, Wolfgang/Asshof, Gregor/Winkler, Holger/Eustrup, Gabriele, Kommentar zum Arbeitnehmer-Entsendegesetz und Mindestarbeitsbedingungsgesetz, 3. Auflage, München 2011 (zit.: *Koberski/Asshoff/Eustrup/Winkler*, AEntG 2011, § 14 Rn. 11).

Kocher, Eva, Mindestlöhne und Tarifautonomie – Festlegung allgemeiner Mindestentgelte durch Verbindlicherklärung nach dem AEntG?, NZA 2007, 600 ff. (zit.: *Kocher*, NZA 2007, 600, 601).

Koch-Rust, Viktoria/Kolb, Pascal/Rosentreter, Gabriele, Mindestlohn auch für dual Studierende?, NZA 2015, 402 ff. (zit.: *Koch-Rust/Kolb/Rosentreter*, NZA 2015, 402, 404).

Krusche, Saskia/Steinheimer, Jörg, Mindestlohngesetz (MiLoG), Aktuelle Rechtslage zum 1.1.2017, 2. Auflage, Herne 2015 (zit.: *Krusche/Steinheimer*, Mindestlohngesetz, S. 37 f.).

Körner, Anne/Leitherer, Stephan/Mutschler, Bernd, Kasseler Kommentar zum Sozialversicherungsrecht, München 2015 (zit.: KassKomm/*Wehrhahn*, SGB IV § 28e Rn. 26).

Kühn, Matthias/Reich, Astrid, Haftung für die Zahlung des Mindestlohns für fremde Arbeitnehmer/-innen, BB 2014, 2938 ff. (zit.: *Kühn/Reich*, BB 2014, 2938, 2939).

Lakies, Thomas, Gesetzlicher Mindestlohn: Zur Legitimation der Staatsintervention gegen Niedriglöhne, AuR 2013, 69 ff. (zit.: *Lakies*, AuR 2013, 69, 70).

Lakies, Thomas, Rechtsprobleme des neuen Mindestlohngesetzes – ein erster Überblick, AuR 2014, 360 ff. (zit.: *Lakies*, AuR 2014, 360, 365).

Lakies, Thomas, Ein Jahr gesetzlicher Mindestlohn – gelöste und ungelöste Rechtsprobleme, AuR 2016, 14 ff (zit.: *Lakies*, AuR 2016, 14, 16).

Lakies, Thomas, Basiskommentar zum Mindestlohngesetz, 3. Auflage, Frankfurt a.M. 2017 (zit.: *Lakies*, MiLoG 2017, § 22 Rn. 37).

Lakies, Thomas, Drei Jahre allgemeiner Mindestlohn: Stagnation und Konsolidierung, AuR 2017, 74 ff. (zit.: *Lakies*, AuR 2017, 74, 76 f.).

Larenz, Karl, Richtiges Recht, Grundzüge einer Rechtsethik, München 1979 (zit.: *Larenz*, Richtiges Recht, Grundzüge einer Rechtsethik, S. 67 ff., 70).

Larenz, Karl/Wolf, Manfred, Allgemeiner Teil des Bürgerlichen Rechts, 9. Auflage, München 2004 (zit.: *Larenz/Wolf*, § 36 Rn. 106, 113).

Lembke, Mark, Das Mindestlohngesetz und seine Auswirkungen auf die arbeitsrechtliche Praxis, NZA 2015, 70 ff. (zit.: *Lembke*, NZA 2015, 70, 77).

Lembke, Mark, Der Mindestlohnanspruch, Erste Rechtsprechung zum Mindestlohngesetz, NJW 2016, 3617 ff. (zit.: *Lembke*, NJW 2016, 3617, 3621).

Lembke, Mark, Mindestlohngesetz – erste Rechtsprechung und praktische Erfahrungen, NZA 2016, 1 ff. (zit.: *Lembke*, NZA 2016, 1, 2).

Lobinger, Thomas, Mindestlohn und Menschenwürde, in: Andernheiden, Michael/Keil, Rainer/Kirste, Stephan/Schaefer, Jan Philipp (Hrsg.), Verfassungsvoraussetzungen – Gedächtnisschrift für Winfried Brugger, Tübingen 2013, S. 355–385 (zit.: *Lobinger*, in: Gedächtnisschrift Brugger, 2013, S. 355, 383).

Löwisch, Manfred, Gesetzlicher Mindestlohn?, ZRP 2011, 95 ff. (zit.: *Löwisch*, ZRP 2011, 95).

Löwisch, Manfred/Rieble, Volker, Tarifvertragsgesetz Kommentar, 3. Auflage, München 2012 (zit.: *Löwisch/Rieble*, TVG, 3. Auflage 2012, Grundlagen, Rn. 181).

Mankowski, Peter, Die Unionsrechtskonformität des Mindestlohngesetzes – unter besonderer Berücksichtigung des grenzüberschreitenden Straßenverkehrs, Rechtsgutachten, erstellt im Auftrag des Deutschen Gewerkschaftsbunds und des Bundesverbands Güterkraftverkehr Logistik und Entsorgung (BGL) e.V., Hamburg 2017 (zit.: *Mankowski*, Gutachten, S. 10).

Mankowski, Peter, Die Unionsrechtskonformität des Mindestlohngesetzes – unter besonderer Berücksichtigung des grenzüberschreitenden Straßenverkehrs, RdA 2017, 273 ff. (zit.: *Mankowski*, RdA 2017, 273, 280 ff.).

Maschmann, Frank, Die staatliche Durchsetzung des allgemeinen Mindestlohns nach den §§ 14 ff. MiLoG, NZA 2014, 929 ff. (zit.: *Maschmann*, NZA 2014, 929 ff.).

Medicus, Dieter, Allgemeiner Teil des BGB, 10. Auflage, München 2012 (zit.: *Medicus*, AT, Rn. 781).

Merkel, Philipp/Götz, Lenas, Der gesetzliche Mindestlohn in der Praxis – eine Bestandsaufnahme – Arbeitsrechtliche Probleme im betrieblichen Alltag, DB 2015, 1407 ff. (zit.: *Merkel/Götz*, DB 2015, 1407 ff.).

Meyer, Cord, Gesetzliche Neuregelungen im Renten- und Arbeitsförderungsrecht einschließlich des Arbeitnehmer-Entsendegesetzes, NZA 1999, 121 ff. (zit.: *Meyer*, NZA 1999, 121, 127).

Meyer, Cord, Mehr Schlagkraft gegen Lohn- und Sozialdumping, AuA 1999, 113 ff. (zit.: *Meyer*, AuA 1999, 113, 144).

Moll, Wilhelm, Münchener Anwaltshandbuch Arbeitsrecht, 4. Auflage, München 2017 (zit.: *Moll/Gragert*, MünchAnwaltsHdb-Arbeitsrecht, § 13 Rn. 1).

Moll, Wilhelm/Katerndahl, Christoph, Deutscher Mindestlohn auf der „Durchreise“?, DB 2015, 555 ff. (zit.: *Moll/Katerndahl*, DB 2015, 555, 557 ff.).

Musielak, Hans-Joachim/Hau, Wolfgang, Grundkurs BGB, 14. Auflage, München 2015 (zit.: *Musielak/Hau*, Rn. 1181).

Müller-Glöge, Rudi/Preis, Ulrich/Schmidt, Ingrid (Hrsg.), Erfurter Kommentar zum Arbeitsrecht, 16. Auflage, München 2016 (zit.: Erfurter Kommentar 2016/*Bearbeiter*, § 1 MiLoG, Rn. 1).

Müller-Glöge, Rudi/Preis, Ulrich/Schmidt, Ingrid (Hrsg.), Erfurter Kommentar zum Arbeitsrecht, 18. Auflage, München 2018 (zit.: Erfurter Kommentar 2018/*Bearbeiter*, § 1 MiLoG, Rn. 1).

Müller-Wenner, Dorothee, Mindestlohngesetz bewährt – Aufzeichnungspflichten erweitern, AuR 2016, 45 (zit.: *Müller-Wenner*, AuR 2016, 45).

Nassibi, Ghazaleh, Sicherung des Existenzminimums durch Entlohnung im Arbeitsverhältnis? AuR 2012, 305 ff. (zit.: *Nassibi*, AuR 2012, 305, 308).

Natzel, Ivo, Der Praktikant als Mindestlöhner, BB 2014, 2490 ff. (zit.: *Natzel*, BB 2014, 2490, 2492 f.).

Naujoks, Anke, Die Rechtsformen gesetzlicher Mindestlöhne und ihre zivilrechtlichen Sanktionen, Dissertation, Baden-Baden 2010 (zit.: *Naujoks*, S. 34).

Neufeld, Tobias, Besonderheiten der betrieblichen Altersversorgung bei der übertragenden Sanierung, BB 2008, 2346 (zit.: *Neufeld*, BB 2008, 2346).

Nielebock, Helga, Arbeitsrechtliche Neuerungen nach dem Koalitionsvertrag, AuR 2014, 63 ff. (zit.: *Nielebock*, AuR 2014, 63).

Oertmann, Paul, Hungerlöhne und Arbeitsvertrag, DJZ 1913, 254 ff. (zit.: *Oertmann*, DJZ 1913, 254 ff.).

Oltmanns, Sönke/ Fuhlrott, Michael, Die Auftraggeberhaftung bei Verstößen gegen das MiLoG, NZA 2015, 392 ff. (zit.: *Oltmanns/Fuhlrott*, NZA 2015, 392, 393).

Orlowski, Karolin, Praktikantenverträge – transparente Regelung notwendig, RdA 2009, 38 ff. (zit.: *Orlowski*, RdA 2009, 38, 41).

Orlowski, Karolin, Praktikanten- und Volontärverträge – Betriebliche Berufsvorbereitung im Spannungsfeld von Arbeits- und Ausbildungsrecht, Dissertation, Köln 2014 (zit.: *Orlowski*, S. 480).

Picker, Christian, Niedriglohn und Mindestlohn, RdA 2014, 25 ff. (zit.: *Picker*, RdA 2014, 25, 28).

Picker, Christian/Sausmikat, Philipp, Ausnahmsweise Mindestlohn?, NZA 2014, 942 ff. (zit.: *Picker/Sausmikat*, NZA 2014, 942, 943 f.).

Popella, Florian, Praktikanten zwischen Mindestlohngesetz und Berufsbildungsgesetz, Dissertation, Baden-Baden 2017 (zit.: *Popella*, S. 253).

Pötters, Stephan/Krause, Daniel, Konsequenzen eines Verstoßes gegen das Mindestlohngesetz, NZA 2015, 398 ff. (zit.: *Pötters/Krause*, NZA 2015, 398).

Preis, Ulrich/Sagan, Adam, Europäisches Arbeitsrecht, Köln 2015 (zit.: *Bearbeiter* in: Preis/Sagan, Europäisches Arbeitsrecht, § 5 Rn. 21).

Preis, Ulrich/Ulber, Daniel, Die Verfassungsmäßigkeit des allgemeinen gesetzlichen Mindestlohns, Gutachten im Auftrag der Hans-Böckler-Stiftung, Köln Mai 2014 (zit.: *Preis/Ulber*, Gutachten 2014, S. 71).

Pütz, Hendrik, Zur Vergütungspflicht von Überstunden durch das Mindestlohngesetz, AuR 2016, 186 ff. (zit.: *Pütz*, AuR 2016, 186, 187 ff.).

Richardi, Reinhard, Kommentar zum Betriebsverfassungsgesetz, 15. Auflage, München 2016 (zit.: *Richardi*, § 87 BetrVG, Rn. 736).

Richardi, Reinhardt/Wißmann, Helmut/Wlotzke, Otfried/Oetker, Hartmut (Hrsg.), Münchener Handbuch zum Arbeitsrecht, Band 2, 3. Auflage, München 2009 (zit.: *Bearbeiter*, Münchener Handbuch zum Arbeitsrecht, § 237 Rn. 21 ff.).

Rieble, Volker/Klebeck, Ulf, Gesetzlicher Mindestlohn?, ZIP 2006, 829 ff. (zit.: *Rieble/Klebeck*, ZIP 2006, 829 ff.).

Rieble, Volker/Lessner, Jan, Arbeitnehmer-Entsendegesetz, Nettolohnhaftung und EG-Vertrag, ZfA 2002, 29 ff. (zit.: *Rieble/Lessner*, ZfA 2002, 29, 48 ff.).

Riechert, Christian/Nimmerjahn, Lutz, Kommentar zum Mindestlohngesetz, Reihe Beck'sche Kommentare zum Arbeitsrecht, Band 31, 1. Auflage, München 2015 (zit.: *Riechert/Nimmerjahn*, MiLoG Kommentar, § 13 Rn 28).

Riechert, Christian/Nimmerjahn, Lutz, Kommentar zum Mindestlohngesetz, Reihe Beck'sche Kommentare zum Arbeitsrecht, Band 31, 2. Auflage, München 2017 (zit.: *Riechert/Nimmerjahn*, MiLoG Kommentar (2. Auflage), § 22 Rn. 76).

Rittweger, Stephan, Ausländerbeschäftigung, Mindestlohn und Beitragsrecht, DStR-Beiheft 2015, 88 ff (zit.: *Rittweger*, DStR-Beih. 2015, 88, 91).

Rittweger, Stephan/Zieglmeier, Christian, Checkliste Mindestlohn, Maßnahmen und Compliance-Management, NZA 2015, 976 ff. (zit.: *Rittweger/Zieglmeier*, NZA 2015, 976 ff.).

Rolfs, Christian/Giesen, Richard/Kreikebohm, Ralf/Udsching, Peter (Hrsg.), Beck'scher Online-Kommentar Arbeitsrecht, München, 48. Edition, Stand: 01.06.2018 (zit.: BeckOK-Gesetz/*Bearbeiter*, § 1 Rn. 10).

Rosenau, Marc, Anmerkungen zum Urteil des Arbeitsgerichts Berlin vom 17.04.2015, 28 Ca 2405/15, DB 2015, 1662 f. (zit.: *Rosenau*, Anmerkungen zum Urteil des ArbG Berlin vom 17.04.2015, 28 Ca 2405/15, DB 2015, 1662, 1663).

Rüthers, Bernd/Fischer, Christian/Birk, Axel, Rechtstheorie mit Juristischer Methodenlehre, 9. Auflage, München 2016 (zit.: *Rüthers/Fischer/Birk*, Rechtstheorie, Rn. 796).

Sachs, Michael, Grundgesetz Kommentar, 7. Auflage, München 2014 (zit.: *Bearbeiter*, Sachs Kommentar, Art. 3 GG Rn. 96).

Sachs, Michael, Verfassungsrechte II, Grundrechte, 3. Auflage, Berlin 2017 (zit.: *Sachs,* Verfassungsrecht II, S. 52 ff.).

Säcker, Franz Jürgen/ Rixecker, Roland/Oetker, Hartmut/Limperg, Bettina (Hrsg.), Münchener Kommentar zum Bürgerlichen Gesetzbuch, Band 1, Allgemeiner Teil, 7. Auflage, München 2015 (zit.: Mü-Ko/*Bearbeiter,* § 123 BGB, Rn. 18).

Säcker, Franz Jürgen/ Rixecker, Roland/Oetker, Hartmut/Limperg, Bettina (Hrsg.), Münchener Kommentar zum Bürgerlichen Gesetzbuch, Band 2, Schuldrecht Allgemeiner Teil, 7. Auflage, München 2016 (zit.: MüKo/*Wurmnest* § 309 Nr. 6 BGB Rn. 19 f.).

Säcker, Franz Jürgen/ Rixecker, Roland/Oetker, Hartmut/Limperg, Bettina (Hrsg.), Münchener Kommentar zum Bürgerlichen Gesetzbuch, Band 4, Schuldrecht – Besonderer Teil II, 7. Auflage, München 2016 (zit.: Mü-Ko/*Bearbeiter,* § 612a BGB, Rn. 11).

Säcker, Franz Jürgen/ Rixecker, Roland/Oetker, Hartmut/Limperg, Bettina (Hrsg.), Münchener Kommentar zum Bürgerlichen Gesetzbuch, Band 5/1, Schuldrecht – Besonderer Teil III/1, 7. Auflage, München 2018 (zit.: MüKo/*Busche* § 648 BGB Rn. 1).

Säcker, Franz Jürgen/ Rixecker, Roland/Oetker, Hartmut/Limperg, Bettina (Hrsg.), Münchener Kommentar zum Bürgerlichen Gesetzbuch, Band 12, Internationales Privatrecht II, Internationales Wirtschaftsrecht, Einführungsgesetz zum BGB, 7. Auflage, München 2018 (zit.: MüKo/*Martiny* Art. 9 Rom I-VO Rn. 122 ff.).

Sagan, Adam/Witschen, Stefan, Mindestlohn für alle? Zum Anwendungsbereich des Mindestlohngesetzes und dessen Kollision mit vertraglichen Entgeltabreden, juris – die Monatszeitschrift, 2014, 372 ff. (zit.: *Sagan/Witschen,* jM 2014, 372, 373).

Salamon, Erwin, Auswirkungen des gesetzlichen Mindestlohns auf betriebsverfassungsrechtliche Entgeltgrundsätze, NZA 2017, 751 ff. (zit.: *Salamon,* NZA 2017, 751).

Schaub, Günter, Arbeitsrechts-Handbuch – Systematische Darstellung und Nachschlagewerk für die Praxis, 15. Auflage, München 2013 (zit.: *Vogelsang,* in: Schaub, Arbeitsrecht, 2013, § 162, Rn. 43).

Schaub, Günter, Arbeitsrechts-Handbuch – Systematische Darstellung und Nachschlagewerk für die Praxis, 16. Auflage, München 2015 (zit.: *Vogelsang,* in: Schaub, Arbeitsrecht, 2015, § 66, Rn. 9).

Schiefer, Bernd/Köster, Hans-Wilhelm, Umsetzung der arbeits- und sozialrechtlichen Vorhaben der Großen Koalition – Bestandsaufnahme 2016, DB 2016, 169 ff. (zit.: *Schiefer/Köster,* DB 2016, 169, 171).

Schmid, *Bernhard/Schulten*, *Thorsten*, Der französische Mindestlohn SMIC, in: Schulten, Thorsten/Bispinck, Reinhard/Schäfer, Claus (Hrsg.), Mindestlöhne in Europa, Hamburg 2006, S. 102–126 (zit.: *Schmid/Schulten*, in: Schulten/Bispinck/Schäfer, Mindestlöhne in Europa, 2006, S. 113).

Schmitz-Witte, *Anita/Killian*, *Viktoria*, Die Dokumentations- und Meldepflichten nach dem Mindestlohngesetz – Die Last der Bürokratie, NZA 2015, 415 ff. (zit.: *Schmitz-Witte/Killian*, NZA 2015, 415 ff.).

Schrader, *Peter/Novak*, *Nancy*, Die Dokumentationspflicht nach dem Mindestlohngesetz, NJW 2015, 1783 ff. (zit.: *Schrader/Novak*, NJW 2015, 1783).

Schubert, *Jens*, Anmerkungen zu EuGH, Urteil vom 19.01.2010, C-555/07 (zit.: *Schubert*, EuZW 2010, 177, 180 ff.).

Schubert, *Jens/Jerchel*, *Kerstin/Düwell*, *Franz Josef*, Das neue Mindestlohngesetz – Grundlagen und Auswirkungen, Baden-Baden 2015 (zit.: *Schubert/Jerchel/Düwell*, Das neue Mindestlohngesetz, Rn. 11).

Schüren, *Peter/Wilde*, *Anna*, Die neue Entsendebescheinigung A-1 und die Voraussetzungen ihrer Erteilung, NZS 2011, 121 ff. (zit.: *Schüren/Wilde*, NZS 2011, 121 ff.).

Schweibert, *Ulrike/Leßmann*, *Jochen*, Mindestlohngesetz – der große Wurf?, DB 2014, 1866 ff. (zit.: *Schweibert/Leßmann*, DB 2014, 1866, 1867).

Sick, *Philipp*, Das Risiko der „Auftraggeberhaftung nach dem Mindestlohngesetz (MiLoG)“, RdA 2016, 224 ff. (zit.: *Sick*, RdA 2016, 224).

Siebert, *Jens/Klagges*, *Rhea-Christina*, 8,50 Euro für alle! (mindestens), ArbRAktuell, 2014, 577 ff. (zit.: *Siebert/Klagges*, ArbRAktuell 2014, 577, 578).

Sittard, *Ulrich*, Verfassungs- und europarechtliche Anmerkungen zu den Mindestlohnbeschlüssen des Deutschen Juristentags, NZA 2010, 1160 ff. (zit.: *Sittard*, NZA 2010, 1160 ff.).

Sittard, *Ulrich*, Das MiLoG – Ein Ausblick auf die Folgen und anstehenden Weichenstellungen, NZA 2014, 951 ff. (zit.: *Sittard*, NZA 2014, 951, 955).

Sittard, *Ulrich*, Das neue MiLoG: Mindestlohnberechnung und zivilrechtliche Folgen von Mindestlohnverstößen, RdA 2015, 99 ff. (zit.: *Sittard*, RdA 2015, 99, 102 f.).

Sittard, *Ulrich*, Gilt das Mindestlohngesetz auch beim Kurzeinsatz in Deutschland?, NZA 2015, 78 ff. (zit.: *Sittard*, NZA 2015, 78, 80).

Sittard, *Ulrich/Rawe*, *Luca*, Der Mindestlohn und das BVerfG, NJW 2015, 2695 ff. (zit.: *Sittard/Rawe*, NJW 2015, 2695, 2696).

Sodan, *Helge/Zimmermann*, *Markus*, Tarifvorrangige Mindestlöhne versus Koalitionsfreiheit, Die Neufassung des Mindestarbeitsbedingungsgesetzes und des Arbeitnehmer-Entsendegesetzes, NJW 2009, 2001 ff. (zit.: *Sodan/Zimmermann*, NJW 2001, 2003).

Spielberger, Marc/Schilling, Angela, Das Gesetz zur Regelung eines allgemeinen Mindestlohnes, NJW 2014, 2897 ff. (zit.: *Spielberger/Schilling*, NJW 2014, 2897, 2903).

Spielberger, Marc/Schilling, Angela, Der Regierungsentwurf zum Gesetz über die Regelung eines allgemeinen Mindestlohns (MiLoG), Eine Darstellung der wesentlichen Regelungen mit ersten kritischen Anmerkungen, NZA 2014, 414 ff. (zit.: *Spielberger/Schilling*, NZA 2014, 414, 417).

Spieß, Primin, Zur Einschränkung der Irrtumsanfechtung – Die Bindung des Irrenden an den fehlerfreien Teil seiner Willenserklärung, JZ 1985, 593 ff. (zit.: *Spieß*, JZ 1985, 593 ff.).

Staudinger, Julius von (Begründer), Kommentar zum Bürgerlichen Gesetzbuch mit Einführungsgesetzen und Nebengesetzen, Auftrag und Geschäftsbesorgung, Auflage 2006, Berlin (zit.: *Martinek*, in: Staudinger Kommentar, 2006, § 665 BGB Rn. 13).

Staudinger, Julius von (Begründer), Kommentar zum Bürgerlichen Gesetzbuch mit Einführungsgesetzen und Nebengesetzen, Gesetzliches Verbot, Verfügungsverbot, Sittenwidrigkeit, Auflage 2011, Berlin (zit.: *Bearbeiter*, in: Staudinger Kommentar, 2011, § 138 BGB Rn. 540 ff.).

Staudinger, Julius von (Begründer), Kommentar zum Bürgerlichen Gesetzbuch mit Einführungsgesetzen und Nebengesetzen, Einleitung zum BGB, Auflage 2013, Berlin (zit.: *Bearbeiter*, in: Staudinger Kommentar, 2013, § 14 BGB Rn. 53 ff.).

Staudinger, Julius von (Begründer), Kommentar zum Bürgerlichen Gesetzbuch mit Einführungsgesetzen und Nebengesetzen, Allgemeiner Teil 4b, Auflage 2015, Berlin (zit.: *Bearbeiter*, in: Staudinger Kommentar, 2015, § 142 BGB Rn. 35).

Staudinger, Julius von (Begründer), Kommentar zum Bürgerlichen Gesetzbuch mit Einführungsgesetzen und Nebengesetzen, Dienstvertragsrecht 1, Auflage 2016, Berlin (zit.: *Bearbeiter*, in: Staudinger Kommentar, 2016, § 611 BGB Rn. 1352).

Staudinger, Julius von (Begründer), Kommentar zum Bürgerlichen Gesetzbuch mit Einführungsgesetzen und Nebengesetzen, Sachen und Tiere, Geschäftsfähigkeit, Willenserklärung, Auflage 2017, Berlin (zit.: *Bearbeiter*, in: Staudinger Kommentar, Auflage 2017, § 119 BGB Rn. 94).

Stechow, Arietta von, Der Betriebsrat und das Mindestlohngesetz, Möglichkeiten zur Einführung und Durchsetzung des gesetzlichen Mindestlohns im Betrieb, Hamburg 2018 (zit.: *Stechow*, S. 105).

Stommel, Andreas/Valder, Hubert, Mindestlohngesetz im Güterkraftverkehr: ein Überblick, jurisPR-TransportR, 5/2014, Anm. 4 (zit.: *Stommel/Valder*, jurisPR-TranspR 5/2014, Anm. 4, C. I.).

Streinz, Rudolf (Hrsg.), Beck'scher Kurzkommentar zum EUV/AEUV, 3. Auflage 2018, München (zit.: *Streinz/Bearbeiter*, AEUV Art. 90 Rn. 1–4).

Sura, Stephan, Anrechnungsmöglichkeiten und Berechnungsgrundlagen von anderweitigen Entgeltelementen bei Erfüllung des gesetzlichen Mindestlohns, BB 2018, 437 ff. (zit.: *Sura*, BB 2018, 437 ff.).

Thüsing, Gregor, Kommentar zum Arbeitnehmer-Entsendegesetz und Erläuterungen zum Mindestarbeitsbedingungengesetz, 1. Auflage, München 2010 (zit.: *Bearbeiter*, in: Thüsing, AEntG, § 14 Rn. 16).

Thüsing, Gregor, Kommentar zum Mindestlohngesetz und Arbeitnehmer-Entsendegesetz, 2. Auflage, München 2016 (zit.: *Bearbeiter*, in: Thüsing, MiLoG/AEntG, § 1 MiLoG Rn. 87 ff.).

Tilch, Horst/Arloth, Frank (Hrsg.), Deutsches Rechts-Lexikon, Band 3, 3. Auflage, München 2001(zit.: Deutsches-Rechtslexikon, S. 4585).

Tschöpe, Ulrich, Arbeitsrecht Handbuch, 9. Auflage, Köln 2015 (zit.: *Bearbeiter* in Tschöpe, Arbeitsrecht Teil 6 E Rn. 128).

Tuengerthal, Hansjürgen, Mindestlohn in der Logistik, zugleich Besprechung der Entscheidung des BVerfG vom 25.6.2015, 1 BvR 555/15, BB 2015, 2997 ff. (zit.: *Tuengerthal*, BB 2015, 2997 ff).

Ulber, Daniel, Personelle Ausnahmen und Einschränkungen im MiLoG, AuR 2014, 404 ff. (zit.: *Ulber*, AuR, 2014, 404, 408).

Ulber, Daniel, Legislative Einschätzungsprärogative im Arbeitsrecht, NZA 2016, 619 (zit.: *Ulber*, NZA 2016, 619).

Ulber, Jürgen, Basiskommentar zum Arbeitnehmerentsendegesetz, 1. Auflage, Frankfurt a. M. 2009 (zit.: *Ulber*, AEntG 2009, § 14 Rn. 10).

Vedder, Christoph/Heintschel von Heinegg, Wolff, Handkommentar Europäisches Unionsrecht, 2. Auflage, Baden-Baden 2018 (zit.: HK-Europäisches Unionsrecht, *Bearbeiter*, Art. 58 Rn. 2 ff.).

Wagner, Regine/Knittel, Stefan (Hrsg.), Krauskopf, Soziale Krankenversicherung, Pflegeversicherung, Kommentar, München März 2016, (zit.: *Bearbeiter* in Krauskopf Kommentar, § 5 SGB IV Rn. 5 ff.).

Waltermann, Raimund, Abschied vom Normalarbeitsverhältnis? Welche arbeits- und sozialrechtlichen Regelungen empfehlen sich im Hinblick auf die Zunahme neuer Beschäftigungsformen und die wachsende Diskontinuität von Erwerbsbiographien?, Gutachten zum 68. Deutschen Juristentag, München 2010 (zit.: *Waltermann*, Abschied vom Normalarbeitsverhältnis?, Gutachten B zum 68. Deutschen Juristentag, 2010, S. B 88 ff.).

Waltermann, Raimund, Mindestlohn oder Mindesteinkommen?, NJW 2010, 801 ff. (zit.: *Waltermann*, NJW 2010, 801).

Waltermann, Raimund, Gesetzlicher Mindestlohn?, ZRP 2011, 95 (zit.: *Waltermann*, ZRP 2011, 95).

Waltermann, Raimund, Gesetzliche und tarifvertragliche Gestaltung im Niedriglohnsektor, NZA 2013, 1041 ff. (zit.: *Waltermann*, NZA 2013, 1041, 1048).

Waltermann, Raimund, Aktuelle Fragen des Mindestlohngesetzes, AuR 2015, 166 ff. (zit.: *Waltermann*, AuR 2015, 166, 170).

Wank, Rolf, Mindestlöhne – Begründung und Instrumente, in: Bauer, Jobst-Hubertus/Kort, Michael/Möllers, Thomas M.J./Sandmann, Bernd (Hrsg.), Festschrift für Herbert Buchner zum 70. Geburtstag, München 2009, S. 898–915 (zit: *Wank*, in: Bauer/Kort/Möllers/Sandmann, FS Buchner, 2009, S. 898, 899 f.).

Wank, Rolf, Der Mindestlohn, RdA 2015, 88 ff. (zit.: *Wank*, RdA 2015, 88, 90).

Wank, Rolf, Potentielle Auswirkungen des Mindestlohns auf den „Gender Pay Gap" in Deutschland, RdA 2015, 429 (zit.: *Wank*, RdA 2015, 429).

Weigert, Daniel-René, Die Anrechenbarkeit von Vergütungsbestandteilen auf den gesetzlichen Mindestlohn, NZA 2017, 745 ff. (zit.: *Weigert*, NZA 2017, 745).

Werner, Michael, Die gewerbliche Unternehmerhaftung nach § 1a AEntG – Ihre Auswirkungen auf die Baupraxis, NZBau 2000, S. 225 ff. (zit.: *Werner*, NZBau 2000, 225 ff.).

Wiedemann, Herbert/Oetker, Hartmut/Thüsing, Gregor/Wank, Rolf, (Hrsg.), Kommentar zum Tarifvertragsgesetz, 7. Auflage, München 2007 (zit.: *Bearbeiter*, in: Wiedemann, TVG-Kommentar, 2007, Rn. X).

Willemsen, Heinz Josef/Sagan, Adam, Mindestlohn und Grundgesetz – Staatliche Lohnfestsetzung versus Tarifautonomie, NZA 2008, 1216 ff. (zit.: *Willemsen/Sagan*, NZA 2008, 1216, 1220).

Wobst, Felix, Mindestlohn und Trinkgeld, RdA 2016, 110 ff. (zit.: *Wobst*, RdA 2016, 110 ff.).

Zeising, Patrick/Weigert, Daniel-René, Verfassungsmäßigkeit des Mindestlohngesetzes, NZA 2015, 15 ff. (zit.: *Zeising/Weigert*, NZA 2015, 15, 16).

Zöller, Richard, Kommentar zur Zivilprozessordnung, 30. Auflage, Köln 2014 (zit.: Zöller-ZPO/*Bearbeiter*, § 850c Rn. 1 ff.).

www.ingramcontent.com/pod-product-compliance
Ingram Content Group UK Ltd.
Pitfield, Milton Keynes, MK11 3LW, UK
UKHW021931290926
8980IPUK00016B/1560

9 783631 781982